JN409760

고려·조선 국도풍수론과 정치이념

고려·조선 국도풍수론과 정치이념

장 지 연 지음

신구문화사

머리말

이 책에서는 수도(首都)를 선정하고 이를 운용하는 것에 대한 풍수론을 국도풍수론으로 지칭하고, 신라 말부터 조선 초까지 그 논의와 실천이 어떻게 변화하였는지를 다루었다. 수도는 국가나 왕실 권력의 정당성을 상징적으로 구현하고 실천하는 장소로서, 국도풍수는 그러한 권위를 표상하여 중앙부터 말단까지 계서적(階序的)인 통치체제를 구축하게 한 원리였다. 특히 고려시기의 국도풍수는 태조 왕건이라는 상징과 결합하여 매우 중요한 정치적 상징이자 이념으로 기능하며, 국가 체제를 구축하는 데 활발히 활용되었다. 정치이념으로서 국도풍수는 정치 상황과 조건, 정치 주체의 사고 변화에 따라 함께 변화하였으며, 이는 정치사적으로 또 사상사적으로 큰 의미를 지닌다.

전근대 시기 수도계획에 대해 관심을 구체화하기 시작한 것은 석사과정 때부터였다. 다른 것도 아닌 수도계획에 대해 관심을 가지게 된 것은 단지 옛 서울의 모습이 궁금해서만은 아니었다. 우리 역사에서 서울이 지녀온 특별한 위상에 비할 때 그 기능과 상징적 의미 등에 대해서 이해하고 있는 부분은 너무 작았다. 오감으로 추체험이 되는 공간을 형식적인 언어로 재기술하기보다는, 그 속에 담긴 눈에 보이지 않는 당대 사람들의 생각의 방식을 드러내고 싶었다. 국왕이 거주하는 서울은 당대인들에게 어떤 의미를 지닌 곳이었을지, 그것이 서울에 어떠한 위상과 역할을 부여하고, 현재 우리 삶에 어떠한 궤적을 남기고 있는지가 궁금하였던 것이다. 이러한 문제의식에서 국가 질서의 정치공간적 정점이자 구심으로 수도가 작동하였던 당대의 방식을 탐구하여, 그를 통해 국가의 정치이데올로기와 세계에 대한 인식을 드러내는 것을 목표로 하였다.

이러한 연구를 위해서는 당대의 정치이데올로기로서 풍수와 성리학을 제대로 이해할 필요가 있었으며, 또 그것이 상징적으로 구현되는 의례에 대해서 집중할 필요가 있었다. 이 책의 바탕이 된 박사논문은 그 결과물로서, 우선 그 주제와 소재를 국도풍수로 압축하여 고려의 국도풍수가 고려 시기 내외의 조건에 조응하여 어떻게 변화하였으며, 성리학과 접변하며 어떻게 극복되었는지를 탐구하였다. 고려의 국도풍수가 '태조유훈(太祖遺訓)'으로서 강한 정치적 구속력과 상징성을 갖춘 이데올로기였다면, 조선의 한성은 고려의 개경과 국도풍수, 태조 왕건의 상징성으로부터, 한편 영향을 받으면서도 다른 한편으로는 성리학을 통해 극복하면서 성립된 장소였다.

이같은 결론을 얻기까지, 고려 초로 거슬러 올라가 사료를 보고 연구를 하면서, 때로는 역량의 한계를, 때로는 여러 선입견의 벽에 부딪혀 매우 힘이 들었다. 과연 공간을 통해 정치이념과 그 재현을 설명한다는 것이 가능할 것인지, 근대 도시와 수도를 보는 시각을 벗어나 전근대 시기의 '수도'를 당대의 맥락으로 설명한다는 것이 가능할 것인지, 그리고 그러한 설명이 단순히 소재 하나를 더 넣어 휘젓는 방식이 아니라 역사 서술의 시야를 새롭게 틔우는, 의미 있는 방식이 될 수 있을지 등이 항상 고민이었다.

그래도 다행인 것은 이 책을 집필하면서 적어도 개인적으로는 이러한 고민을 넘어 한 단계 진전할 수 있는 가능성을 보게 되었다는 점이다. 아직도 가야 할 길은 멀지만, 동아시아 사회에서 '수도'를 통한 과거로의 접근은 '근대'의 가능성을 찾기 위한 작업과는 달라져야 하며, 이러한 다른 방식을 통해 당대인들이 국가의 질서와 정치의 정당성을 확보하고 재현하는 방식을 이해할 수 있을 것이라는 전망을 가지게 되었다. 이를 바탕으로 고려와 조선의 수도가 당대의 정치이념 속에서 국가 질서와 '천하'의 공시적, 통시적 질서 속에서 어떻게 자리잡았는지를 확인하고, 당대인들의 심상 속의 체계를 규명하는 것이 향후의 과제가 될 것이다. 그러한 측면에서 새로운 분야와 시기적 경계를 넘나들며 고민하였던 그간의 어려움이 마냥 헛것은 아니었다고 나 자신을 다독이곤 한다.

모자라나마 학자라는 타이틀을 달게 된 것은 대학 시절 여러 은사님의 직간접적인 영향이 절대적이었다. 궁궐과 수도 분야의 전망을 열어주신 한영우 선생님, 조선 시기에 대한 열정을 불러 일으켜주셨던 정옥자 선생님, 능력은 생각도 않고 일을 벌인 제자도 마다하지 않고 품어주신 김인걸 선생님께 먼저 깊은 감사를 드린다. 또한 고려 시기를 볼 수 있는 시각과 방향을 제시해주신 최병헌 선생님과 모자란 논문이 되지 않도록 심사 때 성의를 다해주신 노명호 선생님께도 감사드린다. 노태돈 선생님 역시 크나큰 학은을 베풀어주셨고, 이익주 선생님은 주제에 대한 조언과 지지를 아끼지 않으셨다.

학자라는 존재는 사실 이기적인 인간형이다. 그럼에도 그런 모자람을 지켜봐주시는 부모님과 시부모님, 늘 격려해주는 남편, 항상 자랑스러워해주는 아들은 든든한 후원군이다. 나의 가족들에게도 이 책이 즐거움이 될 수 있으면 좋겠다.

마지막으로 이 책의 간행을 허락해주신 역사문화연구소와 신구문화사에 감사드린다. 인문학이 상아탑을 벗어나 대중과 홍청대라고 강요받는 한편, 상아탑 자체는 무너지고 있는 이 어지러운 시대에도, 묵묵히 이러한 작업을 지속해오신 열정에 존경의 말씀을 올린다. 이 책이 역사문화총서에 누가 되지 않기를 바랄 뿐이다.

2015년 5월

장지연

차례

표 목차

그림 목차

서론

도갑사도선국사진영

1) 개념정의

지리(地理), 감여(堪輿), 지술(地術), 음양술수(陰陽術數) 등 다양한 용어로 불려왔던 풍수(風水)는 동진(東晋)의 곽박(郭璞, 276~324)이 지었다고 전하는 『장서(葬書)』를 통해 땅을 살펴보는 방법, 혹은 학문을 가리키는 대표적인 어휘로 자리 잡았다. 이는 본래 '풍수'와 '지리'로 각각 단독으로만 쓰였고 '풍수지리'라고는 쓰이지 않았지만, 이병도가 이를 '풍수지리(風水地理)'로 지칭하고 '지리관상학'으로 적극적으로 해석하면서,[1] 현재 우리나라에서는 '풍수지리'라는 용어가 일반적으로 사용되고 있다.[2]

풍수에서는 땅의 생기(生氣)가 밀집한 곳에 주택이나 무덤을 위치시킨다면 인간이 좋은 생기의 영향을 받을 수 있다고 설명한다. 땅의 생기, 즉 지기(地氣)에 사람이 감응한다는 논리는 동기(同氣)를 매개로 한 땅과 사람 사이의 유기체적 관계를 전제로 하는 것이며, 그 감응의 원리는 『주역(周易)』과 음양오행설(陰陽五行說)에 바탕하고 있다.[3] 공간에 대한 인식이나 입지관은 어느 사회, 어느 종족에나 있기 마련이지만, 그 모든 것이 풍수라 할 수는 없다. 엄밀히 말할 때 풍수는 기(氣)를 매개로 한 유기체적 관계에 대한 전제, 『주역』 및 음양오행설에 따른 논리를 갖추고 그와 관련된 언어로 표현된 것만을 가리킨다.

풍수는 기(氣)를 핵심적 매개로, 사람의 운명과 발복(發福), 화란(禍亂) 등을 예언한다는 점에서 신비적 성격을 가지고 있다. 그러한 신비적 논리와 함께 풍

---

1) 李丙燾, 1980 『(개정판) 高麗時代의 硏究: 特히 圖讖思想의 發展을 中心으로』, 아세아문화사, 21쪽.

2) '풍수지리'라는 명칭의 창조가 근대주의적 시각과 관련이 있음에 대해서는 장지연, 2011 「풍수의 역사성과 고지도 재현의 상관성에 대한 검토」 『한국고지도연구』 제3권 제2호 참고.

3) 李丙燾, 위의 책, 21~30쪽.

수는 당대인들이 자연에 대해 인식하고 공간을 선정하고 운용하는 사고체계이기도 하다. 신비적 논리체계가 현실적으로 부합하는지 여부는 신앙의 차원이지, 학문의 영역은 아니다. 그러나 이는 근대 이전 사람들의 지리관으로는 주목될 필요가 있다. 특히 우리나라에서도 이른 시기부터 성행하였기 때문에 전근대 시기 우리나라 사람들의 자연관 및 지리관으로서 연구될 필요가 있다.

그런데 우리나라 사람들의 자연관과 지리관으로서 풍수를 주목할 때 유의해야 할 점이 있다. 이는 과거 사람들의 지리관이 한자(漢字)에 기반한 풍수적인 언설 아래 제 모습이 감추어져 있을 가능성이 크다는 점이다. 인간의 인식과 사고체계는 언어를 통해 성립하고 이를 통해 명료하게 드러나는 만큼, 고유의 자연관이 존재하였어도 이는 사용할 수 있는 언어의 한계 안에서 표현될 수밖에 없다. 이미 한대(漢代)에 양기풍수(陽基風水)와 음택풍수(陰宅風水) 및 이법(理法)과 형법(形法) 등의 기초적인 체계가 갖추어진 풍수는,[4] 우리나라에서 늦어도 삼국 시기부터는 영향을 주었다. 우리나라는 주변 사회에 비할 때 매우 이른 시기부터 풍수의 영향을 받은 데에다가 한자 문화권에 속하며 공식적인 기록들이 모두 한자로 작성되었다. 이 때문에 고유의 자연관이나 지리인식이 한자로 기록된 풍수적 언설 속에 가려지기 쉬웠다.

또한 현대는 여러가지 다양한 인공적 가시물들이 존재하고 지질(地質), 지층(地層), 고도(高度), 식생(植生) 등 지리환경을 서술할 수 있는 다양한 단어와 개념들을 가지고 있지만, 전근대시기에는 산(山)과 하천(河川)이라는 단순한 가시적 요소 외에는 해당 공간을 표현할 수 있는 다양한 언어를 가지기 힘

4) 溝口雄三 등편/김석근 등역, 2003『中國思想文化事典』 민족문화문고, 955~957쪽.
풍수는 크게 죽은 자를 위한 묘지를 다루는가, 산 자를 위한 거주지를 다루는가를 두고 陰宅風水와 陽基風水로 나뉘는데, 양기풍수가 먼저 시작되었고 음택풍수는 後漢代 이후 시작되어 확산되었다. 풍수를 보는 법을 두고 크게 지형을 중시하는 파와 방위를 중시하는 파 등 두 가지로 나누는데, 후자를 理法, 屋宅派라 하고, 전자를 形法, 巒體派라 한다. 양 유파는 일찍부터 시작되어 漢代 기초적인 체계를 갖춘 것으로 보이며, 唐代를 거치며 기본적인 이론이 형성되었다.

들다. 따라서 우리 역사 속의 자연관이나 지리인식을 살펴보기 위해서는 표면적으로 드러나는 풍수적 언설 이면에 그것이 지칭하고 있는 내용을 섬세하게 살펴볼 필요가 있다.

한편 동기감응(同氣感應)이라는 바탕 위에 『주역』과 음양오행설의 논리에 따른 것을 풍수라고 정의할 때 가지기 쉬운 또 한 가지 태도는, 그것을 고정불변의 사고체계로 간주할 수 있다는 점이다. 이 때문에 풍수가 사회나 지역에 따라 다양하게 표출될 수 있다거나 역사적 변천이 있을 수 있다는 점을 간과하기 쉽다. 『주역』에 대한 철학적 해석이 얼마나 변화하여 왔는가, 기(氣)에 대한 해석이나 음양오행설에 대한 해석이 시대에 따라 지역에 따라 얼마나 다양하게 받아들여졌는가 하는 점만 생각해보아도 풍수 지식은 고정불변일 수 없다는 점을 알 수 있다. 따라서 역사적인 연구를 위해서는 좀 더 열린 의미로 풍수를 정의하고 이것을 역사적으로 접근하는 태도가 필요하다.

그렇다면 열린 의미의 풍수는 무엇이라고 할 수 있을까? 우선 풍수를 공간이나 입지를 인식하고 설명하는 사고체계라는 넓은 의미로 정의할 필요가 있다. 좀 더 구체적으로는 인간과 자연의 유기체적 관계를 전제로,[5] 산과 물, 방위를 고려하여 공간이나 입지를 인식, 설명하는 사고체계이며 사상(思想)이다. 풍수는 사람이 자신의 주변을 구성하는 공간에 대하여 인식하고 이를 활용하며 설명하는 사상이라는 점에서 사상사적(思想史的)으로 접근할 필요가 있다. 사상은 고도로 철학화된 논리나 주장만을 말하는 것이 아니며, 사람의 생활양식인 문화 전반에 스며들어 이를 형성시키는 원리나 설명하는 태도 등도 넓은 의미의 사상에 해당한다.

풍수에 대해서 역사적이며 사상사적으로 접근하기 위해서는, 우선 그것이 현대적 시각에서는 미신(迷信)이지만 역사 속에서 당대 사람들이 신앙한

5) 인간과 자연의 유기체적 관계가 同氣를 매개로 한 관계와 동일시될 수는 없다. 여러 문화권에서 자연을 인간이나 살아있는 생물에 비유하는 유기체적 설명들이 사용되었는데, 이러한 유기체적 설명이 同氣를 통한 감응이라는 풍수의 논리와 동일한 것은 아니다.

정도에는 편차가 있더라도 기본적으로는 그들이 기반하고 있었던 담론이며 사상임을 인정해야 한다. 어떤 측면에서는 정제된 논설보다 풍수처럼 '미신'과 '상식'의 경계선에 위치한 사고체계가, 당대인들이 용인하는 상식의 뚜렷한 경계를 보여준다. '미신'이라는 개념 자체가 정확한 규정을 할 수 없는 어휘이기 때문이다. 대체로 일반적이며 건전한 상식으로 판단할 때 합리적이거나 과학적인 인과관계를 인정할 수 없는 지식이나 기술 중에서 사회에 유해하다고 생각되는 일을 믿거나 행동하는 것을 미신이라고 일컫는다. 그러나 이 개념 자체가 '일반적인 상식'에 기초하고 있기 때문에 일반적인 상식이 변화하거나 상이한 신념 체계일 경우 미신의 범주 자체가 전혀 다르게 설정될 수 있다. 따라서 풍수는 그 속에 얼마만한 합리성이 담겨 있는가라는 점에 대하여 당대인들이 동의한 범주를 보여주며, '상식'과 '미신' 사이의 경계선이 변화하는 모습을 읽을 수 있게 함으로써 사상사적으로 유용한 주제가 될 수 있다. 그런 측면에서 한국사 속의 풍수논의를 살펴보는 것은 한국인의 '공간 및 자연에 대한 사고가 어떻게 변화해왔는가'라는 질문에 대한 답을 찾아가는 과정이다.

실제 우리나라의 풍수론은 중국과 사뭇 다른 역사적 변천 양상을 보여왔다. 우리나라에서 풍수설이 본격적으로 도입되어 전국적으로 유행한 것은 신라 말이었다.[6] 고려 시기는 그 연장에서 정치적으로 수도, 궁궐 문제 등 주로 양기풍수(陽基風水) 관련 논란이 활발하였으며 풍수를 위해 절과 탑을 사용하는 등 불교와 밀접한 관계가 있었다. 양기풍수의 방법과 불교가 밀접한 관련이 있었다는 점, 또한 지덕(地德)에 쇠왕(衰旺)이 있고, 국왕(國王)의 순주(巡駐)를 위한 경(京)을 설치하는 등의 풍수적 논란과 행위는 중국에서는 볼 수 없는 독특한 특징이며 또한 조선 시기와도 차이점을 보인다. 상대적으로 고려 시기에는 음택풍수 문제가 그다지 부각되지 않았다는 점도 동 시기 중

6) 최병헌, 1975「도선의 생애와 나말여초의 풍수지리설」『한국사연구』11.

국과 구별되는 특징이다.

조선 시기에는 양기풍수와 음택풍수가 모두 사용되고 활발하게 이용되었지만, 양기풍수에서 절과 탑보다는 조산(造山)이나 숲 등을 더 활발히 사용하였고, 지덕의 쇠왕이나 국왕 순주를 위한 경(京)의 설치 등도 더 이상 보이지 않는다. 그러나 음택풍수는 성리학 사회에서 효(孝)윤리와 결합하며 중앙 정계는 물론 민간 차원에서 매우 활발히 거론되고 논의되었다. 조선 시기의 풍수론은 고려 시기에 비할 때 중국과 좀 더 유사한 경향을 보여주고 있지만, 그럼에도 불구하고 여전히 입지관이나 건물을 짓는 방식 등에 있어서는 상당한 차이를 갖고 있는 것이기도 하였다. 이처럼 한국의 풍수는 재래의 지리관념, 민간신앙, 불교, 유교 및 성리학과 결합하면서도 일정한 긴장관계를 유지하며 변모하였다. 따라서 사상사적인 측면에서 풍수를 살펴본다면 여러 사상체계와 결합하며 변화한 공간 및 자연에 대한 사고의 변천 과정이 드러날 수 있을 것이다.

우리 역사에서 이러한 사상적 결합과 변화를 통시적으로 명확히 볼 수 있는 것은 풍수론 중에서도 수도(首都)에 관한 양기풍수(陽基風水)이다. 앞서 서술하였듯이 음택풍수는 고려 시기에 그다지 논제가 되지 못하였다. 그에 비해 신라 말 이래, 고려~조선 초 정치사 속에서 활용되고 논란이 된 풍수는 거의 수도 문제에 대한 풍수론이라 해도 과언이 아니다. 그러면서도 수도를 건설하고 운영하는 것이 나라의 운을 좌우한다고 믿어진 시기를 지나 고려 말이 되면 수도를 옮기는 것이 정치에 어떤 효용성을 가질 수 있느냐는 논박이 이루어질 만큼 그 위상이 현격히 추락하였다. 이러한 급격한 위상 변화는 사고의 변화를 보여주는 주요한 단서가 된다.

이처럼 고려~조선 사회의 사상적 변화를 추적할 유용한 단서가 될 양기풍수를 '국도풍수(國都風水)'로 규정하며 고찰하고자 한다.[7] 국도풍수는 양기

---

7) '國都風水'라는 개념은 최병헌이 처음으로 제시하였다(최병헌, 1988 앞의 논문, 238쪽).

풍수 중에서도 수도를 선정하고 건설하며 운용하는 것에 대한 풍수론을 의미한다. 이는 고려 시기에 개경(開京)·서경(西京)·남경(南京) 등 여러 경(京)이나 궁궐(宮闕)을 건설하게 하고 이곳에 국왕이 순주하도록 한 사고였으며, 조선이 건국되면서 새로운 수도를 찾아 천도하게 한 풍수론이었다. 또한 이는 수도를 중심으로 전국의 사찰들을 비보(裨補)라는 개념으로 묶은 사고체계이었다.

이 책에서 이러한 논의를 국도풍수논의라고 칭하고 천도논의라고 하지 않은 이유는 다음과 같다. 첫째 천도논의라 할 경우 도읍을 옮기는 행위로 의미가 국한되어 이궁의 건설이나 수도를 중심으로 하는 사고체계 등은 포괄되지 않는다는 점, 둘째 비보사탑풍수론처럼 국도풍수와 밀접한 관련을 맺고 있는 사고는 천도논의라는 개념으로는 포괄될 수 없다는 점이 그것이다. 마지막으로 가장 중요한 이유는 이 책에서는 12·13세기의 순주(巡駐)·이어(移御)와 고려 말의 천도(遷都)논의가 동일하지 않으며 그 점이 바로 풍수론의 내용적 차이를 반영하기 때문에, '천도논의'라는 용어로 고려 전 시기의 국도에 대한 풍수논의가 포섭되지 않는다고 생각하기 때문이다.

고려~조선 초의 국도풍수논의는 중국을 비롯한 주변 국가와 구별되는 독특한 것으로서 이를 통해 주변 국가와 구별되는 고려~조선 초 사회의 성격을 드러내는 데 일조할 수 있을 것으로 기대한다. 또한 국도풍수논의는 중앙 정계의 공식적인 논의 속에서 일개 술승(術僧)이나 술사(術士)로부터 당대 최고의 관료와 학자군, 국왕에 이르기까지 광범위한 범주의 사람들 속에서 벌어진 논쟁이다. 따라서 이는 당대 최고 지식인층부터 민간의 사고까지 살펴볼 수 있는 좋은 주제이다. 구체적인 정치현실과 직접적인 관계를 맺고 있다는 점에서 정치체제나 현실 등과 사상이 서로를 추동하며 변화하는 모습을 역동적으로 살펴볼 수 있는 지점이 되기도 한다. 또한 구체적으로는 개경과 한양 같은 고려, 조선의 수도들이 어떠한 사고에서 건설되고 결정되었는지를 드러내고 이것이 사상적 변화와 어떻게 조응하는지를 설명할 수 있는

단서가 될 것이다.[8)]

2) 연구동향

일제시기에 풍수는 우리나라 기층 문화의 독특한 특징으로 일찍부터 주목되었는데, 대표적인 연구가 무라야마 지쥰(村山智順)의 『조선의 풍수(朝鮮の風水)』[9)]다. 이는 풍수 이론에 대한 설명과 현지 답사 등을 바탕으로 방대한 자료집의 성격을 가지고 있어 현재의 연구에도 상당한 영향을 미치고 있다. 그러나 기본적으로 총독부의 식민지 지배를 원활하게 하기 위한 민속지적 조사의 성격을 띠고 있으며, 조선인의 미신적 속성을 해명하기 위한 목적으로 조선의 풍수를 접근할 뿐만 아니라, 설화나 야사 등의 자료도 역사적 사실로 혼용되어 수록되었다는 점에서 상당히 유의할 필요가 있다.[10)]

무라야마의 연구가 전반적으로 전 시기에 걸친 풍수논의를 포괄하고 설

---

8) 사상적으로 큰 차이를 보이는 고려와 조선의 수도인 개경과 한양이 가지는 차이점과 동일함은 지금까지 그다지 잘 해명되지 못하고 있으며, 풍수와 성리학의 관계도 대립적인 것으로만 설명되는 경향이 있다. 필자도 한양의 도성계획에 대하여 고려 전통의 연장으로서 풍수지리적 입지관이 여전히 적용되었으나, 풍수도참적 측면은 배격되고 도성 계획에 있어서도 상당히 『周禮』에 입각하려 하였다고 보기도 하였다(장지연, 1999 「여말선초 천도논의와 한양 및 개경의 도성계획」 서울대학교 국사학과 석사학위논문). 이러한 평가는 풍수론을 이원적으로 서술하고 변하지 않는 고정적 지식체계로 간주한 것으로서, 고려와 조선의 풍수론이 외형상 동일해보이지만, 내부에 큰 변화가 있었다는 점을 간과한 것이었다. 이 글을 통해 과거 논지가 가졌던 문제의 일단을 해결하고자 한다.

9) 村山智順, 1931 『朝鮮の風水』 朝鮮總督府(村山智順 저/최길성 역, 1990 『朝鮮의風水』, 민음사).

10) 무라야마가 조선의 풍수를 대하는 시각은 일제 시기 식민사학의 논리와 동일하다. 그는 한국의 풍수신앙이 전적으로 중국 풍수서의 영역을 벗어나지 못한 것으로 보았으며, 풍수사상이 유행하게 된 것은 한반도가 잦은 외침 등으로 인해 불안하였으며 혈족 위주의 사회로서 자기 혈족의 번영만을 추구하였기 때문이라 보았다(무라야마, 위의 책, 머리말). 이는 식민사학의 타율성론, 반도적 성격론, 당파성론 등과 궤를 같이하며, 조선 사회를 혈족 중심의 고대적 사회의 연장으로 설명함으로써 정체성론 역시 드러내고 있다. 이러한 측면을 볼 때 『朝鮮の風水』는 자료로서 활용한다 하더라도 기본적으로 조선의 풍수를 대하는 그의 시각에 대해 상당한 주의를 기울일 필요가 있다.

화나 지역별 사례 등과 역사적 사실을 구별하지 않았던 것에 비해, 이병도는 『고려시대의 연구』를 통해 역사학 분야에서 최초로 고려 시기의 풍수 문제를 중점적으로 다루었다. 이는 고려 초부터 조선 세종대까지 망라하였을 뿐 아니라, 중국 철학 및 풍수서에 대한 이론적 해박함과 실제 답사까지 겸비함으로써 후대의 연구에 지대한 영향을 미쳤다. 그의 연구는 방대하게 자료를 섭렵하고 면밀히 이용했다는 점 외에도 역사 속의 풍수 문제를 학문적 대상으로 삼았다는 점에서 선구적이라 할 수 있다. 풍수를 미신으로만 취급하던 근대주의가 팽배했던 시기에, 당대 시대 상황에서 가졌던 영향력을 서술하려는 자세를 취하였다는 점은, 역사 속의 풍수를 그 자체로서 학문적 논제로 제시하였다는 점에서 큰 의의가 있었다. 특히 고려 시기의 풍수는 민간 생활 부문에 그치지 않고, 주요 정치사의 흐름과 깊은 연관을 맺고 있다는 점을 환기했다는 점에서 이후 고려사 연구에도 상당한 영향을 미쳤다.

다만 시대적 한계로 풍수를 사회에 해악을 미치는 미신으로 보는 근대적 사고틀을 전적으로 벗어나기 힘들었기 때문에, 그의 연구는 지리도참이라는 관념의 유희에 의하여 고려사회가 흥망성쇠를 겪게 되었다는 부정적 결론으로 이어지게 되었다. 정치, 외교, 경제 등 구조적인 여러 요소들이 간과된 채 풍수만으로 설명하다 보니,[11] 발전론적 시각에서 볼 때 고려사회의 긍정성을 찾기 힘든 결과를 가져온 것이다.[12] 한편 시기에 따른 풍수이론의 내용적 변

11) 이병도의 연구에서는 숙종대 남경 설치나 인종대 묘청의 난 같은 굵직굵직한 사건에 대하여 사료에 드러난 풍수적 설명만을 주로 서술함으로써, 그 배경이 될 수 있는 정치세력의 문제, 경제적·외교적인 문제 등 다양한 요소들을 간과하였다. 또한 천도논의가 표면적으로 드러나는 것에 따라 서술하다 보니 천도논의가 발생하지 않은 원간섭기는 공백기로서 간략하게 처리되었는데, 이 때문에 공민왕대 이후 천도논의가 다시금 발생하는 것에 대해 충분히 설명하지 못하게 되었다.

12) 이병도, 앞의 책, 345쪽.
"필경 신비한 延基方法에서 하등의 반응도 없이 자멸의 구렁텅이로 들어가고 만 것이다. 歷朝가 그 無靈無效함을 경험하면서도 굳이 어리석은 미신적 방법을 되풀이한 것은 무엇인가? 역시 자기생존·종족보전의 본능·충동에서 '혹시나' 하는 염원과 위안으로부터 나온 관념의 유희에 불과한 것이라 하겠다."

화가 서술되지 못함으로써 고려 초부터 조선 세종대까지 500여 년 기간의 풍수론이 가지는 내용상의 질적 차이도 간과되었다.

이후 역사학계의 연구들은 이병도의 연구에 대한 보완과 반작용으로 과거의 풍수논의가 갖는 발전적 의의를 찾거나, 풍수보다 좀 더 구조적인 이유들을 찾는 데 주목하였다. 전자의 대표적인 입장이 최병헌이었다. 그는 신라 말 고려 초 도선(道詵)을 중심으로 하여 도입한 선종불교의 풍수지리설을 통해 샤머니즘의 영향이 짙었던 재래의 신성지역관념과는 구별되는 산세(山勢), 수세(水勢) 같은 지세 조건이 고려되었고, 이 시기 도입된 풍수론이 강서(江西) 지방에서 유행하였던 형세론적 풍수임을 밝혔다. 또한 이 시기 풍수지리설은 경주 중심의 질서에서 벗어나 각 지역에서 성장하고 있었던 호족들을 지지할 수 있는 이념이 되었다고 평가하고, 국토의 균형적인 발전으로 이어지는 계기가 되었다고 함으로써, 신라 말 풍수설의 도입을 바라보는 새로운 관점을 제시하였다.[13] 한편 근래 풍수 관련 연구를 내놓고 있는 김기덕은 개경(開京)과 서경(西京)의 지세 해석을 재시도함으로써 이병도의 연구를 보완하고자 하였다.[14]

이와는 달리 고려사회를 미신에 의해 좌우된 것으로 결론을 내린 이병도 연구에 대한 반작용으로 고려사회에서 벌어진 풍수 논쟁이나 행위 이면의 구조적인 원인들을 찾으려는 연구경향도 생겨났다. 이는 서경(西京)이나 남경(南京) 같은 세부 주제들에 대한 연구에서 좀 더 분명하게 보이는데, 이병도 이후 연구들은 대부분 이러한 방향을 취하고 있다. 서경(西京), 즉 평양은 고려사회에서 차지하고 있었던 독특한 위치 때문에 그동안 많은 연구가 행해졌는데, 주로 고구려 계승의식의 표방, 북진정책, 혹은 그 일대 정치세력의

13) 최병헌, 1975「도선의 생애와 나말여초의 풍수지리설」『한국사연구』 11; 1988「고려건국과 풍수지리설」『한국사론』 18 국사편찬위원회; 2002「도선의 풍수지리설과 고려의 건국이념」『한국의 풍수문화』, 박이정.

14) 김기덕, 2001「고려시대 개경의 풍수지리적 고찰」『한국사상사학』 17; 2004「한국 중세의 수도와 천도: 고려시대 개경과 서경의 풍수지리와 천도론」『한국사연구』 127.

기반과 관련되는 것으로 관심이 기울여졌다.[15] 서경에 비해 남경에 대한 연구는 상대적으로 많지 않지만, 경제력의 문제나 고려 말의 천도논쟁과 조선 한양천도의 전사(前史)라는 측면에서 관심이 기울여졌다.[16] 이러한 연구들을 통해 고려 시기 서경이나 남경 등이 가지는 의미에 대하여 다양한 접근이 이루어지고 여러가지 구조적 원인들이 지적됨으로써 서경이나 남경 천도논의 등이 고려사회에서 가진 의미들이 폭넓게 밝혀질 수 있었다.

그런데 이러한 연구들은 역으로 '풍수'라는 사상적 요소를 지나치게 배제함으로써, 고려 시기에만 발현된 풍수적 행위의 독특성이 갖는 의미를 발견하지 못하게 되었다. 국왕의 순주(巡駐)나 연기(延基) 궁궐의 건설 같은 것은 고려 시기에만 독특하게 발현되었던 풍수적 행위들인데도 불구하고, 풍수가 배제된 채 설명하게 된 것이다. 해당 시기의 역사성을 분명히 드러내고자 한다면, 해당 행위가 가졌던 목적뿐만 아니라, 그러한 목적을 달성하기 위해 사용된 방법에 대해서도 섬세히 설명할 필요가 있다.[17]

---

15) 하현강, 1967「고려서경고」『역사학보』35·36합집.
하현강, 1970「고려 서경의 행정구조」『한국사연구』5.
이태진, 1977「김치양난의 성격」『한국사연구』17.
강옥엽, 1997「고려 전기 서경세력의 연구」, 이화여자대학교 박사학위논문.
이혜옥, 1982「고려초기 서경세력에 대한 일고찰」『한국학보』8.
김창현, 2007「고려 서경의 행정체계와 도시구조」『한국사연구』137.

16) 권순형, 1990「고려중기 남경에 대한 일고찰: 문종-인종대를 중심으로」『향토서울』49.
나각순, 1997「고려시대 남경의 도시시설」『성대사림』12·13.
나각순, 2002「高麗末 南京復置와 漢陽遷都」『강원사학』17·18.
박종기, 2003「고려시대 남경지역의 개발과 경기제」『연구논문집』1, 서울역사박물관.
최혜숙, 2004『고려시대 남경연구』, 경인문화사.
김창현, 2006『고려의 남경, 한양』, 신서원.

17) 홍승기는 풍수가와 정치인들이 서로를 이용한 것이라는 견해를 보였는데(홍승기, 1994「고려초기 정치와 풍수지리」『한국사시민강좌』14), 이는 현상적으로는 맞는 설명이지만 역사적인 설명은 아니다. 정치인들은 언제나 자신의 주장을 정당화하기 위해 당대의 이념을 사용하고 당대의 이념들은 정치적 권위를 얻고자 하는데, 이는 보편적이며 어느 시기나 그러하다. 따라서 역사적인 설명을 하기 위해서는 그 시기의 정치인들이 그 시기에만 통용된 어떠한 이념에 기반하였는지, 그 이념의 성격과 내용, 기능은 무엇이었는지를 밝혀주어야 그 시대의 특징이 드러난다.

한편 고려 시기 풍수 관련 주제들이 비교적 다양한 각도로 연구된 것에 비해 조선의 풍수 문제는 본격적인 연구들이 별로 없었다.[18] 이 때문에 풍수론에 내용상 어떠한 변화가 있었는지, 있었다면 그것은 어떠한 성격을 갖는 것인지 등에 대하여 심도 있게 고찰되지 못하였다.

지리학계에서는 1980년대 말부터 풍수에 관련한 다양한 연구들이 행해졌는데, 풍수설을 전근대의 지리학으로 보고 한국 풍수사를 정리한 연구,[19] 서구식 자연관에 대비하여 자연과 조화를 이루는 인문지리학으로서 주목한 연구,[20] 음택(陰宅), 발복(發福) 등과 관련하여 수많은 폐단을 일으킨 조선 시기의 풍수를 중국식 풍수로 보고 이와 구별하여 고려 시기의 '비보풍수(裨補風水)'를 한국의 자생적인 풍수사상으로 보려는 입장[21] 등이 있다. 또한 과거의 풍수적 내용을 현재의 지리 경관 분석을 통해 복원해보기 위해 구체적인 지역에 대하여 세밀한 분석을 행하기도 하였다.[22] 한편 풍수 경관을 의미의 담지체로 보고 권력, 담론과의 관련성에 주목한 포스트모더니즘적인 연구도 있었다.[23] 풍수 연구의 확산은 풍수학 분야가 대학에 자리 잡는 성과를 내기도 하여, 여러 대학에 풍수학과, 혹은 풍수명리학과 등이 신설되었고, 『장서(葬書)』와 『청오경(青烏經)』 등의 역주뿐만 아니라 『지리신법(地理新法)』 및 『명산론(明山論)』 등 조선 시기에 활용된 풍수서들이 역주되고 사전이 편찬되기도 하였다.[24]

---

18) 조선 초 한양천도가 풍수설에 미친 영향에 대한 연구로는 이태진, 1994 「한양천도와 풍수설의 패퇴」 『한국사시민강좌』 14를 들 수 있다.

19) 이몽일, 1991 『한국풍수사상사연구』, 일일사.

20) 윤홍기, 1994 「풍수지리설의 본질과 기원 및 그 자연관」 『한국사시민강좌』 14.

21) 최창조, 1997 『한국의 자생풍수』, 민음사.

22) 성동환, 1999 「나말여초 선종계열 사찰의 입지연구: 九山禪門의 풍수적 해석」, 대구효성카톨릭대박사학위논문.
최원석, 2004 『한국의 풍수와 비보: 영남지방 비보경관의 양상과 특성』, 민속원.

23) 권선정, 2003 「풍수의 사회적 구성에 기초한 경관 및 장소 해석」, 한국교원대학교 박사학위논문.

24) 김두규, 2001 『호순신의 지리신법』, 장락; 2002 『명산론』, 비봉출판사; 2005 『풍수학사전』, 비

민속학 분야에서는 도선의 비보사탑설이나 솟대 신앙이 생활 속에 어떠한 형태로 남아 있고 신앙화되었는지 등을 주목하기도 하였으며,[25] 고려 말 조선 초 풍수설 변화의 성격에 대해 주목하기도 하였다.[26] 종교학 분야에서도 풍수를 하나의 독자적인 신앙체계로 접근하여 조선 시기 유교와 상호관계 속에서 살펴보는 연구가 있었는데, 그 전사(前史)로서 고려 시기를 다루었다.[27] 조경학과 건축학계, 국문학 분야에서도 풍수와 관련한 다양한 연구들이 나오고 있으나 그 대부분은 조선 시기에 집중되어 있다.

지리학계 등을 비롯한 다양한 분야에서 행해지고 있는 풍수 관련 연구들은 풍수에 대한 이해폭을 넓혀주는 한편, 고려와 조선의 풍수론이 이론적으로 상이하다는 점이 지적되었고 문헌에 대한 고증이 진행되는 등 좀 더 심도 있는 연구가 진행되고 있다. 그런데 일부 연구에서는 풍수적 사고의 현재적 유용성을 입증하기 위한 방향으로 접근하고 여전히 풍수를 객관적이고 변화하지 않는 절대 지식으로 간주하는 경향이 있다. 결국 풍수의 핵심인 기(氣)의 신비성 문제를 어디까지 인정하고 어떻게 해석할 수 있는가라는 부분이 해결되지 않은 채 논자에 따라 다양한 시각의 편차를 보이는 것이다. 이는 동양 '전통 과학' 전반에 걸쳐져 있는 '기(氣)'의 해석 문제와 공통적으로 연결되어 있는 것으로서, 극단적으로는 학문이 아니라 신앙의 차원으로 전이되곤 하였다.

이와 같이 우리나라 풍수의 역사적 의미에 대해서는 역사학계에서 먼저 주목하여 연구가 시작되었으나, 이후 후속 연구들은 풍수 자체보다는 다른 원인

봉출판사.

장성규, 2009 「청오경의 문헌적 연구」『건축역사연구』 63.

25) 송화섭, 1999 「민속과 사상-유교, 불교, 도교, 풍수지리설 연구성과를 중심으로」『한국사론』 29, 국사편찬위원회.

26) 오석민, 2003 「여말선초 풍수설의 변화와 특징」『건축역사연구』 34; 2007 「풍수지리 고서의 분류와 해제」『풍수지리문화의 이해』, 형지사.

27) 이화, 2005 『조선조 풍수신앙연구: 유교와의 상호관계를 중심으로』, 한국학술정보.

들을 해명하는 데에 주력하였다. 지리학계 등 다른 분야의 연구는 다양한 접근으로 연구의 폭을 넓혀주고 있지만, 풍수를 현재의 환경생태학과 동일시하거나, 현재적 유용성을 찾는 입장을 보이는 경향이 있어서 역사 속의 풍수론을 당대의 맥락에서 설명하지 못하는 한계가 있다. 분과를 떠나서 상당수의 논자들이 풍수 지식이 변천해왔다는 것을 전제하지 않고 조선후기의 자료나 중국 이론풍수의 논리로 전 시기의 풍수논의를 설명하는 문제점을 보여주고 있으며, 일부 논자들은 풍수를 현재 신앙의 대상으로 삼는다는 점에서 학문으로서의 객관성을 상실하기까지 하였다는 점은 상당한 문제라 하겠다.

3) 연구방법

이 책에서는 양기풍수 중에서도 수도에 대한 풍수론을 '국도풍수(國都風水)'라고 정의하고 이것을 고려의 정치이념의 주요한 한 축이었다고 설명하고자 한다. 국도풍수는 고려 태조와 결합하면서 고려 왕실과 국가에서 주요한 정치적 상징이 되었을 뿐만 아니라, 중앙-지방의 체제를 구축하고 이를 뒷받침한 이념이었다. 이러한 관점에서 이 책에서는 국도풍수가 고려의 정치이념으로 구성될 수밖에 없었던 배경이 되는 신라 말부터 그것이 해체된 조선 초까지 그 변화과정을 서술하였다.

이 책은 총 4장으로 구성되어 있다. 1장은 신라 말부터 고려 현종대까지, 2장은 정종(靖宗)대부터 무신집권기까지, 3장은 원간섭기부터 고려 말까지, 4장은 조선 초를 다루고 있는데, 이는 국도풍수론의 성격 변화에 따라 시기를 구분한 것이다.

이병도는 이 책과 유사하게 고려전기를 태조~현종대로 규정하고 "건국 및 통일중심의 도참"이 유행한 시기로, 고려중기를 문종~무신집권기로 규정하고 "연기(延基)·순주(巡駐) 중심의 도참"이 유행한 시기로, 고려후기를 원간섭기 이후로 보아서 "이어(移御)·천도(遷都) 중심의 도참"이 유행한 시기로 구분하였다.[28] 풍수설의 측면에서 볼 때, 이러한 시기구분과 각 시기 풍수설의 성격 규정은 비교적 타당하다고 생각하여, 큰 틀에서 이를 따랐다.

하지만 그의 연구에서는 국도풍수론의 전사(前史)로서 신라 말 풍수설의 성격과 그 의미가 전제되지 않았고, 조선 초 시기는 부록으로 다루면서 도참의 유행이라는 관점에서 고려 시기와 별 다름없이 평면적으로 서술되었다. 이는 풍수를 고정적인 개념으로 정의하여 고려 초부터 조선 초까지 약 500년의 시기를 정태적으로 접근하고, 풍수적 언설 속에 고유의 지리인식이 숨겨져 있을 수 있다는 점을 전제하지 못하였기 때문이다. 또한 정치이념으로서 태조 왕건과 결합하였던 국도풍수의 상징성이 변화하는 부분에 주목하지 못하였기 때문에, 그 변화를 파악하지 못한 것이기도 하다. 따라서 이 글에서는 큰 틀에서는 이병도의 시기구분에 동의하면서도 일부 수정하고 해당 시기의 국도풍수론의 성격을 동태적으로 드러내고자 한다.

국도풍수의 성격과 기능을 규명하기 위해서는 그 이론적 측면, 실제 행위의 분석, 사회 조건의 변화 등 삼자가 유기적으로 분석되어야 한다. 시기별로 시대적 상황과 맞물리며 행위가 이루어졌으며, 그 속에서 논리를 찾을 수 있기 때문이다. 또 역으로 논리의 변화가 행위 및 시대 상황에 영향을 미치기도 하였다. 따라서 각 장에서는 국도풍수의 논리적 분석과 실제 행위 양태-특히 국왕의 순주사례-, 사회 조건의 변화 등을 함께 다루었다.

1장은 신라 말부터 고려 태조대~현종대에 해당하는데, 이 책에서는 이 시기를 국도풍수의 형성기로 성격을 규정하였다. 고려의 국도풍수는 도선(道詵)의 풍수를 내용으로 하며, 태조(太祖)의 권위를 바탕으로 정치현실에서 작동한 이념이었다. 태조가 도선의 풍수를 거론하며 남긴 유훈이 훈요십조인데, 이것이 고려사회에 공개된 것이 현종·덕종대이므로 신라 말부터 현종·

28) 이병도, 앞의 책.

덕종대에 이르는 고려 전기를 고려 국도풍수가 이론적으로 모양을 갖추고 권위를 갖게 된 형성기로 규정하고 접근하였다.

2장은 정종(靖宗)~무신집권기로서 고려 국도풍수가 의례적인 측면에서 정비, 구현되었다가 변화해간 시기이다. 이 시기는 다시 정종~인종대까지와 의종~무신집권기로 구분하였다. 이병도는 문종대부터를 고려 중기로 삼았는데, 이는 주로 토목 건축 여부에 바탕한 것이었다. 그러나 이 글에서는 국도풍수에 기반한 국왕의 순주 패턴을 분석한 결과 순주 방식이 정형화되고 순주경(巡駐京)에 대한 일관된 의미가 부여되기 시작한 것은 그 이전인 정종대부터임을 확인할 수 있었고, 이것이 인종대 묘청(妙淸)의 난을 전후로 또 한 차례 큰 변화를 겪는다는 점에서 의종 이전과 이후를 구분하였다. 이 시기에는 국도풍수론이 활발히 전개되는 한편 이에 대한 비판론도 함께 제기되어 풍수론의 사상적 교섭과 갈등을 잘 보여주며, 3장에서 다룰 고려후기의 변화와 좋은 비교가 된다.

3장은 고려후기로서 원간섭기 이후에 해당한다. 원간섭기에는 순주나 천도 등이 공개적으로 논의될 수 없었을 뿐만 아니라 국왕 순주 전통이 단절되었다는 점에서 이 시기는 이전 시기와 구분되는 주요 기점이다. 반원개혁이 진행된 공민왕대 이후에서야 다시금 국왕이 순주할 장소를 찾고 실제 몇 차례 순주가 행해졌다. 그런데 공민왕대 이후의 순주론은 명목상으로 '천도론'으로 거론되거나 이해되는 상황이 빚어졌다. 또한 이를 둘러싸고 제기된 신료들의 비판론은 2장에서 다룬 국도풍수 비판과 좋은 비교가 된다. 이 장에서는 이 시기 국도풍수론의 성격 변화와 비판론이 고려중기와 어떠한 차이를 갖는지를 비교, 분석하였다.

4장은 조선 초를 다루었는데, 단순히 왕조의 변화에 따른 것이 아니라 새로운 왕조가 탄생하면서 명목과 실제가 일치하는 진정한 의미의 천도논의가 벌어졌기 때문이다. 이 장에서는 이 시기 고려 국도풍수가 한양천도에 미친 영향과 함께 그것이 이후 어떻게 정리되어 쇠퇴해 가는지를 서술하였다. 또한 새롭게 정비된 지리학 분야의 도서들을 당대 성리학자들의 자연관과 비교함으로써, 조선 초 풍수서들이 가진 독특한 특징과 성리학적 세계관을 구축하는 데 풍수가 가진 의의를 서술하였다.

이상과 같은 연구를 위해서는 우선 기존에 활용해온 『고려사(高麗史)』, 고려 시대 각종 문집, 『동문선(東文選)』, 『신증동국여지승람(新增東國輿地勝覽)』 각종 묘지명(墓誌銘) 및 승려들의 비문(碑文)을 비롯하여 조선 초의 문집과 실록을 활용하였다. 이를 통해 고려 말 이색(李穡)이나 다른 인물들의 시문(詩文)에서 풍수 관련 내용들을 상당히 확보할 수 있었으며, 기존에 풍수설의 측면에서는 그다지 주목된 적이 없는 글들에 대해서 새로운 의미를 발견할 수 있었다.

한편 이 글이 고려~조선 초의 풍수설을 다루고 있는 만큼 이를 규명하기 위해서는 풍수서들의 검토가 필수적일 것이나 고려 시기의 풍수서는 물론이고 조선 초의 풍수서들도 현존하지 않은 것이 대부분이어서, 풍수설의 검토에는 한계가 있었다. 따라서 『고려사』나 조선 시기 실록에 인용된 내용에 대하여 세밀하게 검토하기 위해 노력하였으며, 중국 풍수서와 비교를 통해 고려 국도풍수의 논리적 특징을 드러내고자 하였다. 『장서(葬書)』, 『청오경(靑烏經)』, 『명산론(明山論)』, 『지리신법(地理新法)』 등 조선 시기 활용된 주요 풍수서는 적극적으로 검토하였는데, 이를 조선 초 유자(儒者)의 사상과 비교하는 한편 중국 판본이나 중국의 풍수서 유행 상황과 비교하여 그 성격을 규명하고자 하였다.

일차적인 자료 외에도 이 책은 지금까지 축적된 고려~조선 초까지 정치세력의 성격 및 변천, 대외관계에 대한 수많은 연구 및 불교, 성리학 등 각 분과별 사상사, 또한 의례(儀禮)에 대한 연구 등 풍부한 기존의 연구성과에 힘입어 가능할 수 있었다. 이에 대해서는 일일이 열거할 수 없으므로 생략하고자 한다.

제1장

고려전기 국도풍수론의 형성

1. 신라 말 풍수설의 성격
2. 태조의 풍수설과 국도풍수의 형성
3. 태조~현종대 국왕의 순주(巡駐)

태조 왕건 동상

1. 신라 말 풍수설의 성격

우리나라에서 풍수는 신라 하대에 이르러 본격적으로 유행하기 시작하였다. 삼국 말, 통일기의 능묘 등에서 풍수적 형국을 감안하여 조성한 흔적들이 보이지만, 그 영향력은 중앙에 한정되고 제한적이었을 것으로 생각된다.[1] 중국에서도 당대(唐代)에 이르러서 이전 시기의 풍수서들에 주석이 달리고 풍수행위가 활발히 유행하였으며, 도당(渡唐) 유학 등을 통해 신라와 당 사이의 문물 교류가 활발해진 시기가 신라 하대인만큼 이 시기가 본격적으로 풍수설이 유행한 시기로 보인다.

최치원(崔致遠)이 지은 숭복사비(崇福寺碑)를 보면, 중국 풍수의 전설적인 인물로 꼽히는 청오자(靑烏子)나 대표적인 풍수서인 곽박(郭璞)의 『장서(葬書)』 등을 알고 있었음이 확인된다. 이 비문은 원성왕릉(元聖王陵)을 숭복사 자리에 조성하고 절을 다른 장소로 옮기고서, 건립한 내력을 서술한 것으로서 896년(진성왕 9) 지어졌다. 여기에서는 절을 옮기고 원성왕릉을 그 자리에 지어야 하는 정당성이 다음과 같이 설파되고 있다.

> 다만 이 땅은 위엄이 鷲頭보다 낮고, 德은 龍耳처럼 높으니 절을 짓기보다는 왕릉을 마련해야 할 것입니다.[2]

윗글에서는 숭복사 자리가 석가모니가 설법을 했던 취두산(영취산)보다

---

1) 이병도, 1980 『(개정판) 고려시대의 연구』, 아세아문화사, 29쪽; 최병헌, 1975 「도선의 생애와 나말여초의 풍수지리설」 『한국사연구』 11, 125~133쪽.

2) 崇福寺碑(한국고대사연구회 편, 1992, 『역주 한국고대금석문』 Ⅲ) "但玆地也 威卑鷲頭 德峻龍耳 與晝金界 宜闢玉田."
이하 이 역주본에 실린 비문들의 해석은 대체로 역주의 내용을 따랐으나 약간 수정하였다.

위엄이 낮으며, 덕은 용의 귀처럼 높기 때문에 절이 아니라 왕릉이 되어야 한다고 표현하였다. 취두산이 불교 명산이라면 용의 귀라는 표현은 풍수적 표현이다. '위엄'과 '덕'이 구체적으로 어떠한 의미를 띠는지는 분명치 않지만 이 자리가 불교적 장소가 되기보다는 풍수적인 측면에서 의미가 있다는 표현이라 하겠다. 용(龍)은 풍수에서 산형을 비유할 때 거론되는 것으로서, 『장서(葬書)』에서는 산세가 멈추어 봉긋한 형을 이루어 앞에는 물이 있고 뒤에는 언덕이 있는 곳을 용의 머리로 본다. 그중에서도 용의 귀에 해당하는 자리는 후왕(侯王)이 이르는 곳으로 꼽히기 때문에,[3] 윗글에서는 이 터에 왕릉을 조성해야 한다는 주장의 논거로 삼을 수 있었다. 또한 위 비문에서는 풍수를 잘 보는 인물로서 청오자(靑烏子)가 거론되기도 하여[4] 중국의 풍수설이 신라 중앙 사회에서 유통되었으며, 절을 옮기고 왕릉을 조성하게 할 정도로 영향력을 발휘하고 있었음을 문헌으로 증명해준다.

이러한 중앙의 사례보다 신라 말 도선(道詵)으로 대표되는 선승(禪僧)들의 풍수설 도입과 이를 바탕으로 한 행위들이 주목된다. 그 사회적 기능 때문이다. 당시에는 여러 선사(禪師)들이 풍수지식을 바탕으로 활약하면서 기존의 지리 개념을 극복하고 있었으며, 그것이 지역세력의 성장에 상응하고 있었기 때문이다.[5] 이와 관련한 사료들을 살펴보면 다음과 같다.

---

3) 『葬書』 제7 形勢篇(최창조, 1995 『(역주) 청오경 금낭경』, 민음사, 165쪽) "經曰 勢之形昻 前澗後岡 龍首之藏 鼻顙吉昌 角目滅亡 耳致侯王 脣死兵傷."
郭璞의 『장서』는 편찬 연대에 대해 논란이 많은데, 대체로 唐宋 시기의 위작으로 보고 있다(王玉德著, 2003 『神秘的風水』, 廣西人民出版社, 86~87쪽). 그렇지만 龍耳와 관련한 고사는 『晉書』의 郭璞傳(권72, 列傳 42)에 실려 있기 때문에 『晉書』가 편찬된 唐初에는 이미 상식적으로 곽박과 관련한 내용으로 알려졌음을 알 수 있다. 따라서 본문 인용문의 龍耳 관련 내용은 당대인들이 곽박의 고사로 여겼던 것에 바탕하고 있다고 볼 수 있다.
곽박의 고사에서 '후왕이 이른다'는 말의 의미는 엄밀하게는 왕이 나온다는 것은 아니지만, 용의 귀는 좋은 땅을 가리키는 말로 광범위하게 쓰였다.

4) 崇福寺碑(한국고대사연구회 편, 1992, 『역주 한국고대금석문』 Ⅲ)

5) 최병헌, 1975 「도선의 생애와 나말여초의 풍수지리설」 『한국사연구』 11.

A1: 제자 粹忍과 義光이 각기 南嶽의 북쪽 들에 살았는데 ▨▨ 들판으로 빼어나 짝할 만한 곳이 없었는데 법운사라 이름붙이시니 마음이 경계를 따랐기 때문에 그렇게 이름붙인 것이다. 『十地境』을 지으시어 三山을 진압하신 것은 그 감응에 응하신 것이다. …… 비밀한 가르침과 직접 지켜본 도리는 후학들을 더욱 노력하도록 채찍질하는 것이다. 대사는 말이 없이 근세에 마음 공부를 하시어 괴력난신을 힘쓰지 않으셨으니 …… 그대들은 옛일을 상고하여 마땅히 멀리까지 뿌리삼아야 할 것이다(深源寺 秀澈和尙塔碑).[6]

A2: 沈忠은 대사(지증대사)의 이치를 분별하는 칼날이 선정과 지혜에 넉넉하고, 사물을 비추어 보는 거울이 천문과 지리를 환히 들여다보며, 의지가 曇蘭처럼 확고하고 학술이 安廩과 같이 정밀하다는 말을 듣고, 찾아가 만나뵙는 예의를 표현한 뒤 아뢰기를, "제자에게 남아도는 땅이 있는데, 희양산 중턱에 있습니다. 鳳巖龍谷으로 지경이 괴이하여 사람의 눈을 놀라게 하니, 바라건대 禪寺를 지으십시오."라고 하였다. 대사가 천천히 대답하기를, "내가 分身하지 못하거늘 어찌 이를 사용하겠는가."라고 하였으나, 심충의 요청이 워낙 굳세고 게다가 산이 신령하여 갑옷 입은 기사를 前騶로 삼은 듯한 기이한 형상이 있었는지라, 곧 석장을 짚고 나뭇꾼이 다니는 좁은 길로 빨리 가서 두루 살피었다. 산이 사방에 병풍같이 둘러막고 있음을 보니, 붉은 봉황의 날개가 구름 속에 치켜 올라가는 듯하고 물이 백 겹으로 띠처럼 두른 것을 보니, 이무기가 허리를 돌에 대고 누운 것 같았다. 그 자리에서 놀라 감탄하며 말하기를, "이 땅을 얻음이 어찌 하늘의 돌보심이 아니겠는가. 승려의 거처가 되지 않는다면 도적의 소굴이 될 것이다."라고 하였다. 마침내 대중에 솔선하여 후

6) 深源寺 秀澈和尙塔碑(한국고대사연구회 편, 1992, 『역주 한국고대금석문』 Ⅲ) "弟子粹忍義光 各居南岳北埜 ▨野▨源 勝地絶倫 法雲爲〇〇〇心隨境家 有以是名 撰十地境 壓三山者 應其感應 …… 秘說目擊 倚〇〇〇〇 是尤加鞭後者 大師無言 近世心學▨▨ 無爲亂神之資 是無交▨ 故爾▨稽古 ▨宜遠有根."(▨는 판독불능자, 〇는 다른 이의 판독에서 좀 더 글자가 있다고 본 경우이다.)

환을 방비하여 터를 삼았는데, 기와로 인 처마가 사방으로 이어지도록 일으켜 지세를 진압하게 하고, 철불 2구를 주조하여 절을 호위하도록 하였다(鳳巖寺 智證大師塔碑).[7)]

A3: 이 절(봉림사)은 비록 지세가 산맥과 이어지고 문이 담장 뿌리에 의지하였으나, 대사는 수석이 기이하고 안개와 노을이 빼어나며, 준마가 서쪽 산봉우리에서 노닐고 올빼미가 옛터에서 운다고 여겼으니, 뜻밖에 大士의 정에 과연 마땅하며 신인의 ▨에 깊이 맞았다. 그러므로 띠집을 새로 수리하고 바야흐로 가마를 멈추고 봉림이라 이름을 고치고 선방을 중건하였다(鳳林寺 眞鏡大師塔碑).[8)]

A1은 898년(진성왕 7)에 조성된 심원사(深源寺) 수철화상탑비(秀澈和尙塔碑)로서, 수철화상이 제자들이 머문 남악(南嶽) 지리산(智異山)에 와서, 『십지경(十地境)』을 지어 삼산(三山)을 진압하였다는 내용이다. 삼산(三山)이 어디를 지칭하는지는 분명치 않으나[9)] 제자들을 위해 절 터 주변 땅을 진압하였다는

---

7) 鳳巖寺 智證大師塔碑(한국고대사연구회 편, 1992, 『역주 한국고대금석문』 Ⅲ) "有居乾慧地者曰沈忠 聞大師刃餘定慧 鑑透乾坤 志確曇蘭 術精安廩 禮足已 白言 弟子有剩地 在曦陽山腹 鳳巖龍谷 境駭横目 幸構禪宮 徐答曰吾未能分身 惡用是 忠請膠固 加以山靈有甲騎爲前騶之異 乃錫挺樵溪而歷相焉 且見山屛四迾 則獄鳥翅掀雲 水帶百圍 則虬腰偃石 既愕且嗟曰 獲是地也 庸非天乎 不爲青衲之居 其作黃巾之窟 遂率先於衆 防後爲基 起瓦▨四注以壓之 鑄鐵像二軀以衛之."

8) 鳳林寺 眞鏡大師塔碑(한국고대사연구회 편, 1992, 『역주 한국고대금석문』 Ⅲ) "此寺雖地連山脈 而門倚墻根 大師以水石探奇 煙霞選勝 (驎)遊西岫 梟唳舊墟 豈謂果宜大士之情 深愜神人▨▨ 所以捌修茅舍 方止蔞輿 改號鳳林 重開禪宇."
『朝鮮金石總覽』에는 遊西岫 앞에 '驎'자가 들어가 있는데(『조선금석총람』상 99쪽;최병헌, 1975 앞의 논문 134쪽), 역주본에는 이에 대한 교감 설명이 없이 驎자가 빠져 있다. 탁본을 확인하지 못하였으나, 역주본의 해석문에서는 驎의 의미를 살리고 있으므로 오자인 듯하여 괄호로 처리하였다.

9) 역주에서는 삼산을 신라에서 국가적인 제사를 지낸 三山인 경주 낭산, 영천 금강산, 청도 오산으로 추정하였으나 지리산에 건설한 절을 위해 삼산을 진압한 것이므로 신라 삼산이라기 보다는 지리산 주변의 세 산을 의미하는 것으로 보아야 할 듯하다.

것으로 볼 수 있을 것이다. 이를 통해 승지(勝地), 즉 뛰어난 땅을 고르려는 풍수적 행위의 단서를 볼 수 있으며, 그것이 삼산(三山)으로 대표되는 민간신앙을 억압하면서 이루어짐을 볼 수 있다. 또한 심법(心法)을 공부한 대사가 괴력난신을 힘쓰지 않았다는 내용이 이어짐으로써, 선(禪) 사상이 괴력난신이라 할 수 있는 잡신, 즉 민간신앙에 습합하지 않았음을 잘 보여준다. 이 사례는 풍수적 행위와 선승의 관계, 또한 그것이 민간신앙을 억누르면서 행해진 과정을 잘 보여준다.

A2는 봉암사(鳳巖寺) 지증대사탑비(智證大師塔碑)로서 지증대사 도헌(道憲)을 현창하기 위해 893년 무렵 찬술되었고 924년(경애왕 1)에 건립된 것으로 최치원이 찬술하였다.[10] 위 인용문에서도 드러나듯이 희양산(曦陽山) 봉암사(鳳巖寺)는 미개척지로서 지세가 매우 험하여 사람을 놀라게 할 만한 땅이었다. 이 터를 추천한 심충(沈忠)이라는 인물은 지방세력으로서, 그의 부탁으로 지증대사가 이곳에 절을 창건하면서 이 땅을 개척하게 되었다. 이는 지방세력이 자신의 영역을 개척하는 데 있어서 선승의 도움을 어떻게 받았는가를 구체적으로 잘 보여준다.[11]

또한 심충이 선승(禪僧)인 지증대사를 천문과 지리를 꿰뚫고 있는 존재로 여기고 있어, 이 시기 선승들이 천문이나 지리지식 분야에서 상당한 권위를 가지고 있다고 인식되었음을 볼 수 있다. 그러한 권위를 가진 지증대사가 이 터에 대해, 승려들의 거처가 되지 않는다면 도적들의 거처가 될 것이라는 풍수적 설명을 함으로써 사찰 개창의 정당성을 마련해준 것이다.

한편 A3는 923년(경명왕 7) 건설된 봉림사(鳳林寺) 진경대사탑비(眞鏡大師塔碑)로서, 이 터를 추천한 사람도 이 지역의 유력자였던 김율희(金律熙)였다. 그런데 이 땅은 지세가 산맥과 연이어 있고 문이 담장 뿌리에 의지하고

---

10) 한국고대사연구회 편, 1992,『역주 한국고대금석문』Ⅲ, 174쪽.

11) 최병헌, 1972「신라하대 선종구산파의 성립–최치원의 사산비명을 중심으로」『한국사연구』 7, 109쪽.

있다는 결함이 있었는데,[12] 진경대사(眞鏡大師)가 그 터에 대해 "수석이 기이하고 안개와 노을이 빼어나며, 준마가 서쪽 산봉우리에서 노닐고 올빼미가 옛 터에서 운다."라고 해석해줌으로써 절을 창건하여 이 지역을 개척할 수 있었다.

A2와 A3의 사례를 통해서 이 시기 선승들은 지방세력의 요청에 따라 미개척 지역에 절을 창건하도록 도움을 주었음을 알 수 있다. 선승들이 그러한 역할을 할 수 있었던 데에는 당대 사회에서 선승들이 지리지식 등에 있어서 상당한 권위를 가지고 있다고 인식되었기 때문이었다. 이들은 해당 지역에 대해 절을 건립하기에 알맞다는 풍수적 해석을 내놓음으로써 사찰 건립을 가능하게 하였고, 이는 해당 지역의 개척으로 이어질 수 있었다.[13] 한편 A1에서 보이듯이 절의 창건은 심법(心法)을 익힌 선승이 당시의 민간신앙과 일정한 거리두기를 하고 그를 진압하며 가능해진 것이기도 하였다.

이처럼 이 시기에는 풍수적 지식을 가진 권위있는 존재로 여겨진 선사들이 여럿 있었으며, 풍수 지식을 바탕으로 강한 신령이 있다고 여겨진 땅을 진압하고 새로운 지역을 개척하는 데에 정당성을 제공하는 등 큰 역할을 하였다. 이는 신라 시기까지 편제된 5악을 넘어서서 각 지방에서 성장하는 세력들의 신앙적 바탕으로서, 지방세력의 성장에 상응하는 변화였고, 기존의 경주 중심의 전통적인 성소를 넘어서려는 도전이었다.[14]

12) '門倚墻根'의 의미는 분명치 않지만, 문맥상 봉림사가 위치한 땅이 비록 어떤 문제가 있다고 여겨졌지만 대사가 이를 긍정적으로 해석함으로써 절을 창건하게 되었다는 내용이다.

13) 절을 건립하는 것은 지역 개발로 이어질 수 있었는데, 신라 말 선종 사원에는 수백에서 수천 명의 규모로 상인들이나 유망민들이 모여들어 평시에는 농사 등에 종사하고 유사시에는 승병으로 조직되기도 하였다(최병헌, 1975 「나말여초 선종의 사회적 성격」 『사학연구』 25, 204~210쪽).

14) 최병헌, 1975 「도선의 생애와 나말여초의 풍수지리설-선종과 풍수지리설의 관계를 중심으로 하여-」 『한국사연구』 11, 141쪽.
이 시기 구산선문의 위치를 보면, 신라 외곽의 요충지를 차지하고 있을 뿐만 아니라, 산문과 가까운 거리에는 당대 대표적인 지방세력들이 성장하고 있었다(조성호·성동환, 2000 「신라말 구산선문 사찰의 입지 연구」 『한국지역지리학회지』 제6권 제3호, 62~63쪽).

한편 신라 말 사회에서 유행한 풍수론을 살펴보면, 고려 시기 유행한 풍수설들의 원형이 보인다는 점에서 매우 주목된다. 우선 절이나 탑을 건설함으로써 나쁜 땅을 진압하거나 부족한 부분을 보완해준다는 비보사탑풍수 개념이 이미 이 시기 확인되는데, A2 지증대사비가 그 예이다. A2의 지증대사비에서는 험한 지세를 누르기 위하여 집의 기와가 연이어지게 하고 철불 2구를 설치하였다고 밝혔다. 이는 나쁜 땅을 진압하기 위하여 절을 건설하면서 철불 등의 요소들을 통해 진압하는 모습이다.

그런데 이러한 행위가 가능하기 위해서는 절이나 탑을 조성하는 것이 험한 땅을 진압하거나 보완할 수 있다는 논리적 근거가 있어야 한다. 그렇다면 그 근거는 무엇일까? 이에 대해서는 숭복사비를 통해 그 단서를 얻을 수 있다. 숭복사를 옮기고 원성왕릉을 조성하려 할 때 이에 반대하는 의견이 나오자, 담당자는 다음과 같이 논박하였다.

> 절이란 자리하는 곳마다 반드시 교화되며 어디를 가든지 어울리지 않음이 없어 재앙의 터를 능히 福된 마당으로 만들어 한없는 세월 동안 위태로운 세속을 구제하는 것이다. 무덤이란 아래로는 지맥[坤脈]을 가리고 위로는 천심[乾心]을 헤아려 반드시 묘지에 四象을 포괄함으로써 천만대 후손에 미칠 경사를 보전하는 것이니 이는 법칙이다. 불법은 머무르는 모양이 없으나 禮에는 번성하는 때가 있으니 땅을 바꾸어 자리함이 하늘의 이치에 따르는 것이다. 다만 靑烏子와 같이 땅을 잘 고를 수만 있다면 어찌 절이 헐리는 슬픔이 있겠는가.[15]

15) 崇福寺碑(한국고대사연구회 편, 1992, 『역주 한국고대금석문』 Ⅲ) "莅政者議曰 梵廟也者 所居必化 無逢不諧 故能轉禍基爲福場 百億劫濟其危俗 靈隧也者 頫砼坤脈 仰揆乾心 必在苞四象于九原 千萬代保其餘慶 則也 法無住相 禮有盛期 易地而居 順天之理 但得靑烏善視 豈令白馬悲嘶."

윗글에 따르면 절은 불법(佛法)을 바탕으로 교화를 펼치는 장소인데 불법은 한 장소에 고착된 것이 아니기 때문에, 어떠한 장소에 위치해도 상관이 없으며 재앙의 터라 할지라도 이를 복된 터로 만들 수 있다고 하고 있다. 숭복사는 헐어도 되지만, 무덤은 꼭 그 자리여야 하는 이유는 바로 이러한 불교의 교화력에 대한 믿음에 기초한다. 무덤은 정해진 터와 정해진 발복(發福)이 있어 고정되어 있는 것에 비해, 사찰은 불법에 기반하여 안 좋은 곳이나 중생을 구제하는 적극적인 능력을 가졌다고 한다. 이는 불법을 통하여 그 절이 위치한 땅과 그 땅의 중생이 변화할 수 있다는 가능성을 피력한 것으로써, 풍수적으로 부족한 부분이 있는 땅일 경우에 절을 짓거나 철불을 앉히거나 탑을 조성하는 등의 행위를 통해 그 땅을 보완할 수 있다는 비보사탑풍수론으로 이어질 수 있는 논리적 바탕이었다.[16]

풍수는 가장 좋은 땅을 통해 가능한 발복이 정해져 있기도 하지만, 다른 한편으로는 그러한 땅을 찾는 인간 행위가 바탕을 한 것이기도 하다. '탈신공(奪神工) 개천명(改天命)'이라는 『장서(葬書)』의 말에서 단적으로 알 수 있듯이,[17] 풍수는 땅에 발복이 정해져 있다는 논리를 가지면서도 역으로 좋은 땅을 찾는다면 정해진 운명을 고칠 수 있다는 적극적인 의미를 가지고 있기도 하다.[18] 그중에서도 비보(裨補) 개념은 좋은 땅을 찾는 데 그치지 않고 모자란 땅도 보완함으로써 좋은 땅으로 만든다는 것이기 때문에 불법을 통한 교화라는 부분에서 서로 연결될 수 있었다.

또한 위 인용문에서 불법(佛法)은 머무는 모양이 없으나 예(禮)에는 번성하는 때가 있다는 점 역시 흥미롭다. 국도풍수론의 주요한 논리축 중 하나인 연기설(延基說)과 관련지을 수 있기 때문이다. 하나의 터가 번성하는 때

16) 최병헌은 선종과 풍수설이 초월적인 것을 현세적인 것으로 집약시키려는 공통점이 있어 이 시기 지식층에게 모순없이 받아들여졌고 은둔적이거나 소극적이 아니라 적극적인 자세를 취하였던 것으로 보았다(최병헌, 앞의 논문, 118쪽).

17) 『葬書』 권4, 山勢篇 "禍福不旋日 是以君子 奪神工 改天命."

18) 이화, 앞의 책, 43~44쪽.

가 있고, 쇠퇴하는 때도 있기 때문에 쇠퇴할 때에는 이를 도와줄 방법이 필요하다는 것이 연기설의 논리인데, 예에 번성하는 때가 있기 때문에 바로 지금 왕릉이 되어야 한다는 위의 주장과 논리적으로 상통한다.

한편 비보사탑풍수론은 위에서 본 것처럼 모자란 땅을 보완할 뿐만 아니라, '나쁜 땅을 진압한다'는 사고도 보여주는데, 이는 기존의 민간신앙, 특히 산천신앙의 억압과 관련이 깊다. A1 인용문에서 보이듯이 심법(心法)을 공부한 수철화상이 괴력난신에 힘쓰지 않았으며 삼산(三山)을 진압하였다는 것은 산천신앙을 극복하는 모습이다. 또한 A2에서는 신령한 산에 절을 건설하며 기와가 이어지게 하고 철불을 설치함으로써 지세를 눌렀다고 하였는데, 이러한 점들은 풍수적 방법을 통해 험한 산천, 그에 바탕한 산천신앙을 진압하였음을 잘 보여준다.

그런데 이 시기의 풍수설이 일방적으로 산천신앙을 극복하는 방향이었던 것만은 아니었다. 영험함을 보여준 산을 표창하는 재래의 전통이 살아 있었으며 산신(山神)이 절의 창건을 이끌기도 하였다. 이를 보여주는 것이 890년(진성왕 4)에 건립된 월광사(月光寺) 원랑선사탑비(圓朗禪師塔碑)이다.

> 여름 저녁의 꿈에 月嶽의 神官이 나타나서 그곳으로 오기를 청하였다. 그런데 다음날 새벽이 되자 慈忍禪師가 글을 보내어 말하기를 '月光寺는 神僧 道證이 세운 곳으로 과거에 우리 태종대왕[무열왕]께서 백성들이 도탄에 빠진 것을 불쌍히 여기시고 (사해가 괴로워하는 것을 안타깝게 여기셔서?) 三韓에서 전쟁을 그치게 하고 통일을 달성하신 때에 □□□의 □을 입어 □□의 재앙을 영원히 없앴다고 하여 특별히 이 산을 봉하여 으뜸되는 공이 있음을 드러내었다. (그리하여) 일찍부터 金剛에 기록되어 있고 仙記에 이름이 전해왔다. 시냇물은 맑고 차가우며 안개는 뭉게뭉게 피어오르는 속에 빼어난 영험함을 간직하고 있고 □傳을 두루 갖추고 있으니 禪師는 거기에 가서 거주하라' 하였다. 선사는 메아리가 소리를 따르듯이 곧바로 옷을 떨치고 나아갔다. (4자

결락) 저녁의 꿈에 전에 나타났던 神官이 나타나 모시면서 (7자 결락) 예를 행하고 가까이 다가와 얼굴을 바라보며 말하기를 "전에 외람되게 말씀드린 바 있었는데 수고롭게도 멀리서 와 주셨군요." 하였다.[19]

윗글에서 원랑선사는 월광사에 주석하게 된 인연을 펼쳐놓고 있는데, 산천신앙과 사찰 사이의 강한 관련성을 보여주고 있어서 매우 흥미롭다. 이 글에 따르면 태종 무열왕이 삼한 통일의 염원을 담아 월악산을 봉하여 관련 기록이 금강(金剛)에 있고, 이름이 선기(仙記)에 전한다고 한다. 우선 금강이 불교적 용어라는 점으로 볼 때 이는 월광사에 관한 기록을 의미하고, 선기는 국가적으로 봉한 산을 등재한 기록이 아닐까 한다. 그런 점에서 통일신라 시기에 절과 절이 입지한 산천을 하나로 묶어 관리하던 체계가 있었던 것으로 보인다.

산천신앙의 측면에서 이곳은 신라에서 소사(小祀)로 편제되어 있었던 월형산(月兄山)으로서 상당한 비중이 있었던 지역임을 알 수 있다.[20] 이를 입증하듯, 원랑선사가 이곳의 월광사에 오게 된 직접적인 계기를 월악산(月嶽山)의 신관(神官), 즉 산신의 청으로 신비화하고 있다.

한편 자인선사는 편지에서 월광사가 입지한 곳이 '시냇물이 맑고 차가우며 안개가 뭉게뭉게 피어오르는 속에 빼어난 영험함을 간직하고 있다'고 언급하였다. 이를 바로 풍수적인 언급이라고 볼 수는 없지만, 관련이 없는 것은

19) 月光寺 圓朗禪師塔碑(한국고대사연구회 편, 1992, 『역주 한국고대금석문』 Ⅲ) "夏夜夢 月嶽神官來請 及曉 慈忍禪師致書云 月光寺者 神僧道證所刱也 昔我太宗大王痛黔黎之塗▨ ▨▨海之▨▨ 止戈三韓之年 垂衣一統之日 被▨▨▨之▨ 永除▨▨之災 別封此山 表元勳也 曾授錄於金剛 又傳名於仙記 淸冷泉澗 靉靆煙霞 廣孕珠靈 備存▨傳 師其居焉 師如響應聲 振衣卽▨ ▨▨▨夕夢 前神侍衛 ▨▨▨▨▨▨▨行致禮 肘步瞻容曰 先有叨陳 勞遠相應."

20) 『三國史記』 권33, 雜志 제1 祭祀 新羅; 『新增東國輿地勝覽』 권14, 忠淸道 淸風郡 "月岳山 在郡南五十里 新羅稱月兄山 爲小祀"
주지하듯이 신라에서는 전국의 산천을 대·중·소사의 체계로 구분하였는데, 山만을 놓고 보았을 때 大祀에는 경주 주변의 三山이, 中祀에는 五岳이 편제되었으며, 小祀에는 25개의 산이 편제되어 있었다.

아니다. 풍수에서 물이 중요한 것은 물론이거니와 안개에 대한 언급은 기(氣)에 대한 고전적 이해를 보여주는 것으로 해석할 수 있기 때문이다. 『설문해자(說文解字)』에서는 기(氣)를 운기(雲氣)로 해설하고 있고 그것을 산천(山川)의 기(氣)로 해설하고 있다.[21] 그런데 이러한 언급이 "빼어난 영험함"으로 표현되었다는 점, 자인선사의 편지를 결국 월악산 신관의 청으로 신비화하는 것은 풍수적인 설명과 산천신앙이 습합한 모습이다. 이러한 습합은 이 지역이 특히 산천신앙의 전통이 강했기 때문으로, 신라에서도 소사(小祀)에 편제하였을 정도로 강한 신앙 전통이 있었던 곳인 만큼 산천신앙의 영향이 여전하였던 것으로 보인다.

그런데 이처럼 비보사탑풍수론에서 재래의 산천신앙과 습합한다 하더라도 이는 단순히 산천의 힘에 좌우되거나 그에 기원하기만 하는 타력적인 것은 아니었다. 윗글에서도 월악산 신관은 이곳에 거주해야 하는 원랑선사를 수식해주는 역할일 뿐 그 이상의 것은 드러나지 않는다. 월광사가 의미를 갖게 된 것은 원랑선사가 이곳에 거주하며 "현묘한 이치를 드러내 보이고 불법의 요체를 선양"하는 등 불법에 기초한 교화를 펼쳤기 때문이다. 나쁜 땅을 진압하여 적극적으로 활용 가능한 땅으로 개척한다는 점, 혹은 기존의 성지(聖地)를 계승한다 하더라도 그곳의 산천에 기원하는 것이 아니라 불법을 통한 교화를 펼친다는 점 등을 볼 때, 비보사탑풍수설은 불력(佛力)을 매개로 인간의 주체적 노력을 경주하는 행위였다. 물론 그러한 노력이 불력, 그중에서도 절이나 탑의 조성과 같은 외면적인 신앙적 수단에 상당 부분 기대고 있다는 점에서, 인간의 내면적 노력이나 주체성에서는 분명한 한계가 있는

---

21) 小野澤精 등편/전경진 역, 『氣의 思想-중국에 있어서의 자연관과 인간관의 전개』, 원광대학교 출판국, 37쪽.
신라 말 禪門 개창이나 절의 건설과 관련한 내용들을 보면, 지세를 설명함에 있어서 구름이나 안개가 피어오르는 땅 등의 묘사가 많은 것을 볼 수 있다. 이는 山水의 수려함에 대한 단순한 묘사일 수도 있다. 그러나 안개나 구름은 초기 氣 관념 형성에 주요 부분을 차지하고 있기 때문에 이에 대한 묘사는 氣에 대한 이해로 주목할 수도 있지 않을까 한다.

것이기도 하였다.

이처럼 비보사탑풍수설은 새로운 지역을 개척하거나 기존의 지역이라도 퇴락하였던 지역을 재개발하는 데 적극적으로 활용되었는데, 지증대사나 수철화상의 예에서처럼 산천신앙과 갈등하며 이를 진압하는 구조를 띠기도 하는 한편, 월악산처럼 산천신앙의 정치적 전통이 강한 지역에서는 월광사의 예에서처럼 산천신앙과 습합하기도 하였다.[22] 이러한 양면적 경향은 고려로 이어졌는데, 이에 대해서는 2절에서 후술하겠다.

한편 고려 국도풍수의 직접적인 기원이 되는 것으로는 후삼국 시기 삼한 통합과 관련한 다양한 풍수적 예언이 유행했다는 점으로서, 비보사탑풍수설이 이와 결합하기도 하였다. 삼한 통합과 관련한 풍수적 행위는 신라 통일기의 황룡사 9층 목탑 건설처럼 이른 시기부터 그 원형이 확인된다.

> (慈藏大師가) 선덕왕 12년 계묘년(643년)에 신라에 돌아오고자 하여 終南山의 圓香禪師에게 머리 조아려 사직하니 선사가 "내가 觀心으로 그대의 나라를 보매, 황룡사에 9층의 탑을 세우면 海東의 여러 나라가 모두 그대의 나라에 항복할 것이다"라고 하였다. 자장이 이 말을 듣고 (신라에) 돌아와 나라에 알렸다.……과연 三韓을 통합하여 (하나로 만들고) 군신이 안락한 것은 지금에 이르기까지 이에 힘입은 것이다.[23]

윗글은 872년 황룡사를 수리할 때 작성한 것으로서, 황룡사 9층 목탑 건립 당시에 대한 내용을 서술하고 있다. 초창 당시 자장대사의 스승인 원향선사

22) 수철화상의 사례에서 거론된 법운사도 신라에서 중사로 편제되어 있었던 남악 지리산의 북쪽 들에 개창한 것이어서, 정치적·신앙적 의미를 놓고 본다면 월악산에 못지않았다. 다만 법운사는 새로 개창한 곳인데 비해 월광사는 기존에 건립된 절이라는 차이점이 있다.

23) 皇龍寺 刹柱本紀(한국고대사연구회 편, 1992, 『역주 한국고대금석문』 Ⅲ) "癸卯歲 欲歸本國 頂辭南山圓香禪師 禪師謂曰 吾以觀心 觀公之國 皇龍寺建九層窣堵波 海東諸國 渾降汝國 慈藏持語而還 以聞……果合三韓 以爲▨▨ 君臣安樂 至今賴之."

는 황룡사에 9층탑을 세우면 해동의 여러 나라가 신라에 항복하여 삼한을 통합할 것이라고 하였다. 872년 본기(本紀)를 작성한 시점에서도 탑 건설의 의의를 긍정적으로 평가하고 있어서 이때까지도 그러한 사고가 계승되고 있었음을 보여 준다.[24] 이는 부족한 점이 있는 땅에 절이나 탑을 조성함으로써 보완하는 비보사탑풍수와도 무관하지 않을 뿐만 아니라 비보사탑풍수가 삼한 통합이라는 예언과 결합된 사례로 주목할 만하다.

황룡사탑에서 보이는 이러한 사고는 신라 하대 각처에서 지방세력들이 성장하자 지방세력의 중심지들에 관한 다양한 풍수적 예언을 낳게 한 것으로 보인다. 이 시기 유행했던 풍수적 예언을 열거하면 다음과 같다.

B1: 세조가 이때 松嶽郡沙粲이었는데, 乾寧 3년(896, 진성왕 10년) 丙辰에 郡을 가지고 궁예에게 귀부하니, 궁예가 기뻐하여 金城太守로 삼았다. 세조가 그를 설득하기를, "대왕이 朝鮮, 肅愼, 卞韓의 땅에 왕이 되고자 하신다면 송악에 성을 쌓아 나의 큰 아들을 성주로 삼는 것보다 급한 것이 없습니다."라고 하였다. 궁예가 이를 따라 태조로 하여금 발어참성을 쌓게 하고 성주로 삼았으니, 이때 태조의 나이가 20세였다.[25]

B2: (897년) 선종(궁예)이 松岳郡이 한강 북쪽의 이름난 고을로서, 山水가 기이하고 뛰어났다고 여겨, 드디어 이곳에 도읍을 정하였다.[26]

---

24) 唐人인 원향선사가 황룡사9층탑 건설의 의미를 전수하였다는 인용문의 내용은 중국인이 그러한 언급을 하였다는 점에서 그다지 정합적으로 보이지도 않으며 설화적 차원의 각색으로 보인다. 그러나 적어도 신라인들이 황룡사9층탑에 대하여 그러한 의미를 부여하였으며 대중적으로 받아들였음은 확인할 수 있다.

25) 『高麗史』 권1, 世家 1 太祖 1 "世祖時爲松嶽郡沙粲 乾寧三年丙辰 以郡歸于裔 裔大喜以爲金城太守 世祖說之曰 大王若欲王朝鮮肅愼卞韓之地 莫如先城松嶽 以吾長子爲其主 裔從之 使太祖築勃禦塹城 仍爲城主 時太祖年二十."

26) 『三國史記』 권50, 列傳 제10 弓裔 "四年丁巳……善宗謂 松岳郡漢北名郡 山水奇秀 遂定以爲都."

B3: 효공왕 7년(903년) 궁예가 도읍을 옮기고자 하여 鐵圓 斧壤에 이르러 山水를 두루 살펴보았다.[27)]

B4: (王昌瑾이 異人에게서 산 古鏡讖)은 古詩같았는데, 거기에 대략 이르기를 '上帝降子於辰馬 先操鷄後搏鴨 於巳年中二龍見 一則藏身青木中 一則顯形黑金東'이라 하였다. …… 왕이 文人 宋含弘·白卓·許原 등에게 명하여 해석하게 하였다. 含弘 등이 서로 이르기를, "上帝降子於辰馬는 辰韓과 馬韓이요, 二龍見 一藏身青木 一顯形黑金에서 青木은 松이니, 松岳郡人으로서 龍을 이름으로 삼은 자의 자손이니, 지금 波珍湌 侍中을 일컬은 듯하다. 黑金은 鐵이니, 지금 도읍인 鐵圓을 이름이다. 지금의 주상이 처음에는 여기에서 흥하지만, 마침내 여기서 멸망할 것이라는 표징이다. 先操鷄後搏鴨은 波珍湌侍中이 먼저 鷄林을 얻고 후에 鴨綠을 거둘 것이라는 뜻이다."라고 해석하였다.[28)]

B5: 天安府. 태조 13년 동서도솔을 합하여 천안부를 삼고 都督을 두었다. 민간에서 전하기를, 術師 藝方이 태조에게 "삼국의 중심으로 五龍이 구슬을 다투는 형세이니 大官을 설치하면 百濟가 스스로 항복할 것입니다."라고 아뢰자 태조가 산에 올라 두루 살펴보고 비로소 府를 설치하였다 한다.[29)]

---

27) 『三國史記』 권12, 新羅本紀 제12 孝恭王 "七年 弓裔欲移都 到鐵圓斧壤 周覽山水."

28) 『三國史記』 권50, 列傳 제10 弓裔 "若古詩 其略曰 上帝降子於辰馬 先操鷄後搏鴨 於巳年中二龍見 一則藏身青木中 一則顯形黑金東 …… 命文人宋含弘·白卓·許原等解之 含弘等相謂曰 上帝降子於辰馬者 謂辰韓馬韓也 二龍見一藏身青木 一顯形黑金者 青木松也 松岳郡人以龍爲名者之孫 今波珍湌侍中之謂歟 黑金鐵也 今所都鐵圓之謂也 今主上初興於此 終滅於此之驗也 先操鷄後搏鴨者 波珍湌侍中先得鷄林 後收鴨綠之意也."

29) 『高麗史』 권56, 志10 地理1 "天安府 太祖十三年 合東西兜率爲天安府 置都督 諺傳術師藝方啓太祖云 三國中心五龍爭珠之勢 若置大官 則百濟自降 太祖乃登山周覽 始置府." 李詹(1345~1405)의 글에서는 王氏 始祖가 백제를 항복시키기 위해 地理師 倪方의 말에 따라 湯井, 大木, 蛇山을 나누어 천안부를 두었다고 하였다(『雙梅堂篋藏集』 권22, 雜著 論地理倏欵 "王氏始祖欲降百濟 地理師倪方以其術進之曰 三國之中 三陽之地 實三千戶邑 鍊兵於其地 則百濟將自降矣 乃分湯井大木蛇山之地 寘天安府 即今寧州也").

B6：東京留守官. 慶州는 원래 新羅의 古都이다. …… 顯宗 3년에 留守官을 폐지하고 慶州防禦使로 강등하였다. 5년에 安東大都護府로 고쳤다가 21년에 다시 東京留守라고 하였다. 이때 銳方이 올린 三韓會土記에 高麗에 三京이 있다는 글이 있어서 다시 둔 것이었다.[30)]

B7：(太祖가) 群臣에게 선유하기를 "예전에 서경을 完葺하여 백성을 옮겨 충실하게 하였으니, 地力을 빌어 三韓을 평정하고 장차 이곳에 도읍하려고 한 것이었다.……"라고 하였다.[31)]

B1과 B2는 왕건의 아버지가 궁예에게 귀부하며 송악에 성을 쌓도록 권하고, 이듬해에 궁예가 송악을 수도로 정한 과정을 담고 있으며, B3는 송악을 수도로 삼은 6년 후에 다시 철원으로 도읍을 옮길 때의 기사이다. B2와 B3에서는 궁예가 해당 지역의 산수(山水)를 두루 살펴보는 모습을 서술하고 있는데, 이는 풍수적으로 지세를 살피는 행위로 해석할 수 있다.

B1은 후에 왕건의 즉위를 정당화하기 위해 신비화하고 과장한 측면이 있겠지만, B2에서 송악이 '산수가 기이하고 빼어나다'라고 언급되어 있고, 실제로 궁예가 송악에 천도하였다는 점 등을 볼 때, 적어도 이 지역을 풍수적으로 미화하는 일이 있었을 것으로 보인다. 그런데 몇 년 후 궁예가 다시 산수를 살펴 철원으로 도읍을 옮겼다는 사실은 이 시기에 송악뿐만 아니라 여러 지역에 대하여 그러한 풍수적 미화가 존재하였다는 점을 의미한다. 물론 궁예가 송악에 도읍을 정했다가 철원으로 옮기는 제반의 과정은 당시의 여러 정치적, 군사적 관계와 요구들이 맞물려 있는 것이었다. 그러나 천도를 행할 때

30) 『高麗史』 권57, 志11 地理2 "東京留守官慶州 本新羅古都 …… 顯宗三年 廢留守官 降爲慶州防禦使 五年改安東大都護府 二十一年復爲東京留守 時銳方所上三韓會土記 有高麗三京之文 故復置之."

31) 『高麗史』 권2, 世家2 太祖 15년 5월 甲申 "諭群臣曰 頃完葺西京 徙民實之 冀憑地力 平定三韓 將都於此."

에 풍수적 행위나 풍수적 언설들에 의한 미화가 상당히 행해졌다는 것은 풍수의 정치적 권위를 확인할 수 있는 부분이다.

B4의 왕창근 고경참 역시 왕건의 즉위를 정당화하기 위하여 후에 조작되었을 가능성이 농후하다. 그러나 참설의 구조가 왕건과 궁예를 '靑木=송악'과 '黑金=철원'으로, 지역=인물의 도식으로 거론하여 왕업에 대한 예언을 한다는 점이 주목된다. 지역을 통해 예언을 한다는 점은 이 시기의 특징이다. 후대에도 새로운 시대에는 어떤 지역이 중심지가 될 것이라든가 집터에 왕기(王氣)가 있다는 등 풍수적 예언이 만연하였다. 그러나 지역 대 지역으로 예언이 거론되는 것은 그다지 볼 수 없다. 그보다는 십팔자(十八字)나 정씨(鄭氏)에 대한 예언처럼 성씨와 관련한 예언이 많다. 지역 대 지역으로 거론되는 예언은 삼국 시기나 신라 하대처럼 지방별로 세력이 대치하던 시기에 가능한 사고였다. 예언 역시 해당 시기 사고체계의 틀 안에 존재한다.

B5와 B6는 좀 늦은 시기의 사례로서, 전자는 고려 태조대, 후자는 현종대에 해당한다.[32] 하지만 두 기록 모두 어떤 지역에 대한 풍수적 방법이 삼한의 통합이라는 목적에 기여할 것이라고 본 점에서 신라 말 풍수설의 연장선상에 있다.

B5에서는 천안이 삼국의 중심으로 거론되고, B6에는 자세한 내용은 없지만 책의 제목을 볼 때 고려에 삼경(三京)이 있어 삼한을 회토(會土), 즉 통합한다는 것으로 추정된다. 즉, 풍수적으로 좋은 어떤 지역을 차지하여, 경(京)이나 군현을 설치한다면 삼한을 통합할 수 있다는 지력(地力)에 대한 믿음을 의미한다. 이러한 믿음은 B7에서 단적으로 등장하는데, 서경의 지력을 통

32) B5와 B6 기록에 한자만 다르게 쓴 '예방'이라는 인물이 등장하는데, 동일 인물을 지칭하는 것으로 보인다. 그런데 시기적으로 태조대와 현종대에 같이 존재할 수 없는 데다 예방이라는 인물 자체가 모호하다는 점에서 이 기록들을 문자 그대로 신뢰할 수는 없다. 그러나 두 기록의 이야기 구조가 이 시기 도참들과 일치하고 실제 정치적 행위와 부합하는 측면을 보이고 있어, 구체적인 사실관계는 모호한 부분이 있다 하더라도 이런 식의 이야기 구조는 상당히 유행하였던 것으로 보인다.

해 삼한의 통합을 꾀하려 하였다는 태조 왕건의 언급은, 삼한 통합을 가능하게 해준다고 일컬어지는 땅을 찾으려는 열망이 이 시기 강렬하였음을 보여준다. 정치 주체들이 지력(地力)과 삼한 통합 사이의 상관관계를 얼마만큼 신뢰하였는가라는 점을 떠나서, 삼한의 통합에 대한 욕구가 강한 당대에는 지력에 대한 언설을 믿었거나 적어도 이러한 수식을 필요로 한 것이다.

궁예뿐만 아니라 견훤(甄萱)도 무진주(武珍州)에서 완산(完山)으로 천도한 것처럼[33] 이 시기에는 지방세력들이 성장하면서 정치적, 군사적인 목적 등으로 좀 더 좋은 입지를 찾거나, 자신의 지역을 미화하려는 움직임이 활발하였다. 이는 그만큼 풍수적 예언이 유행할 수밖에 없는 환경을 조성하였을 것이다. 위에 제시한 사료들은 대부분 왕건과 관련된 것으로서, 다른 지방세력들의 풍수적 예언들은 잘 보이지 않지만, 이는 사료 전승의 한계일 것이다. 신라 하대 지방세력의 각축이 최종적으로 왕건의 승리로 마무리되면서, 각처에 존재했을 풍수적 예언들이 전승될 수 없었을 것이기 때문이다. 제한적이지만 위의 기록들을 통해서 이 시기에 왕자(王者)의 땅, 삼한을 통합할 수 있는 국도(國都), 혹은 그것을 가능하게 할 수 있는 땅에 대한 관심이 높았고 여러 지역이 제시되었음을 짐작할 수 있다.

이처럼 신라 말에는 기존의 경주 진골 귀족 중심의 사회에서 전국적으로 정치적 단위들이 확대되는 것과 조응하며, 이에 상응하는 다양한 방법이 모색되었다. 여러 지방세력들은 상호 각축을 벌이면서 불교, 산천신앙, 풍수설 등을 활발히 이용하였으며, 당시에는 이와 관련된 예언이나 미화도 상당히 성행하였다. 이처럼 지방세력이 성장하면서 불교, 산천신앙, 풍수설 등이 지역적 특색에 따라 여러 방식으로 혼합되어 활발하게 이용되고, 각 지역에

33) 견훤이 완산으로 천도할 때의 언급에서는 풍수적 언설은 보이지 않으며, 百濟 계승의식만이 뚜렷이 보인다(『三國史記』 권50, 列傳 제10 甄萱). 그러나 견훤도 慶甫처럼 당대 禪僧들을 포섭하기 위해 매우 노력하였으며, 경보의 휘하에 術者 宗訓 등이 있었다는 점으로 볼 때, 그 역시 풍수설과 무관하지 않았다(최병헌, 앞의 논문, 146쪽).

다양한 풍수적 예언이 존재했던 속에서 고려가 건국되었다. 고려 초에는 이러한 다양한 신앙들과 풍수설 등의 영향 속에서 왕권을 확립하고, 지방에 대응하여 국가의 중심성을 확보해야 한다는 과제가 남아 있었다.

2. 태조의 풍수설과 국도풍수의 형성

1) 태조의 풍수설 활용

신라 말에는 지방세력이 성장하면서 선(禪)을 포함한 불교, 산천신앙이나 풍수설 등이 그에 조응하며 사회 변화를 촉진시켰다. 이러한 분위기는 고려 태조대에도 이어져서 이들의 영향력을 여전히 확인할 수 있으며, 태조 역시 이를 이용하였다. 1절에서 신라 태종 무열왕이 월악산과 월광사를 각각 봉한 것처럼 태조 역시 산과 절에 사액(賜額)하였는데, 다음에서 이를 확인할 수 있다.

C1: 大王이 이르기를 ……(결락)…… 하니, (필자 주: 慶猷가) 수많은 골짜기가 마주 대하고 수많은 암석이 돌 위에 ▨하는 장소를 몸소 찾았다. (태조가) 이 산을 이름하여 踊巖이라 하고 이 절을 이름하여 五龍이라 하였다(五龍寺法鏡大師碑文).[34)]

C2: 위로 부처님의 힘에 의탁하고, 다음에 하늘과 신령의 위엄에 의지하여, 20여 년간의 水戰과 火攻으로 몸소 矢石을 무릅쓰고, 천리 길 南으로 치고 東으로 쳐서 친히 방패와 창을 베개로 삼았습니다.…… 부처님의 붙들어 주

34) 法鏡大師碑文(『朝鮮金石總覽』 上, 168쪽; 최병헌, 앞의 논문, 138쪽 재인용) "大王謂曰 如▨▨▨▨▨▨嶺境▨▨居▨▨▨大▨▨入▨山晩爲如葦▨▨▨▨▨▨▨ 躬尋萬壑面對 千巖▨石上 名此山曰踊巖 號此寺以爲五龍."

심에 보답하고, 山靈의 공을 갚으려고 특별히 맡은 官司에 명하여 불당을 창건하였습니다. 이제 완성되어 보찰을 새롭게 하였으니, 위로는 하늘의 도움을 계승하고 아래로는 神의 공을 입어, 천하가 맑아졌고 나라가 편안해졌습니다. 이에 산의 이름을 天護라 하고, 절의 이름을 開泰라고 하나이다. …… 원하옵건대 부처님의 위엄으로 덮어 주고 보호하시며, 하늘의 힘으로 붙들어 주옵소서(開泰寺華嚴法會疏).[35]

C1은 법경대사(法鏡大師) 경유(慶猷)의 비문으로 최언휘(崔彦撝)가 지은 것으로 추정되며 944년(혜종 1) 세워졌다. 윗글에 따르면 태조의 권유로 법경대사가 절을 지을 만한 자리를 찾자 태조가 그곳의 산을 용암산이라 봉하고 절을 오룡사라 명명하였다.

C2는 태조 왕건이 직접 지었다고 하는 개태사화엄법회소(開泰寺華嚴法會疏)로서, 태조 19년에 후백제를 정벌하고 손수 지었다고 한다. 태조는 부처님의 힘과 산의 도움으로 정벌에 성공할 수 있었음을 감사하며, 산의 이름을 천호산, 절의 이름을 개태사라 하였다. 이들 사례를 통해서 산천과 불법의 힘을 비는 방식을 태조가 계승하여 활용하였음을 알 수 있다.

그런데 C1은 풍수적인 측면에서 1절에서 인용한 태조대 천안(天安)에 부(府)를 설치한 B5 기사와 직접적인 관련성을 보인다. B5의 기사를 다시 보면

術師 藝方이 태조에게 "(천안이) 삼국의 중심으로 五龍이 구슬을 다투는 형세이니 大官을 설치하면 百濟가 스스로 항복할 것입니다."라고 아뢰자 태조가

35) 『東人之文四六』 권8, 「開泰寺華嚴法會疏」(『高麗名賢集』 5, 89~91쪽) "上憑佛力 次仗玄威 二紀之水擊火攻 身蒙矢石 千里之南征東討 親枕干戈……合佛聖之維持 酬山靈之贊助 特命司局 創造蓮宮 今已就圓 一新寶刹 仰承天佑 俯荷神功 寰宇克淸 邦家寧泰 故乃以天護爲山號 以開泰爲寺名 …… 所願佛威庇護 天力扶持……."
『新增東國輿地勝覽』 권18, 連山縣 佛宇 開泰寺조에 실린 내용은 본문의 원 글을 상당히 축약한 것이어서, 여기에서는 『동인지문』의 것을 따랐다.

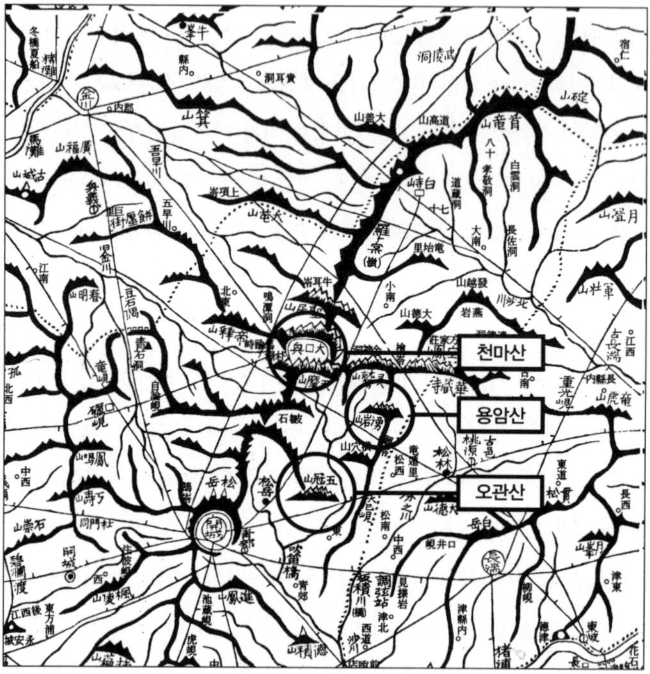

〈그림 1〉「大東輿地圖」 중 開城 주변

산에 올라 두루 살펴보고 비로소 府를 설치하였다.[36)]

라고 하여, 천안(天安)에 대해서 술사가 오룡쟁주지세(五龍爭珠之勢), 즉 오룡이 구슬을 두고 다투는 형세로서 백제를 항복시킬 수 있는 땅이라고 하여 태조가 지세를 살펴보고 부(府)를 설치했다고 하고 있다. 그런데 천안부의 지세를 설명하는 데 등장한 '오룡(五龍)'이라는 표현이 C1에서는 절의 이름에 사용되고 있다.[37)] 이처럼 오룡이라는 용어가 공통적으로 등장하는 것을 볼 때

36) 『高麗史』 권56, 志10 地理1

37) 五龍은 불교적인 용어로는 그다지 사용되지 않는 것으로 보인다. 한국불교전서를 검색하였을 때, 오룡 관련 검색결과가 7건에 불과할 뿐만 아니라, 그중에서도 불교적인 용어로 사용된 경우는 찾을 수 없었다.(한국불교문화종합시스템 http://buddha.dongguk.edu)

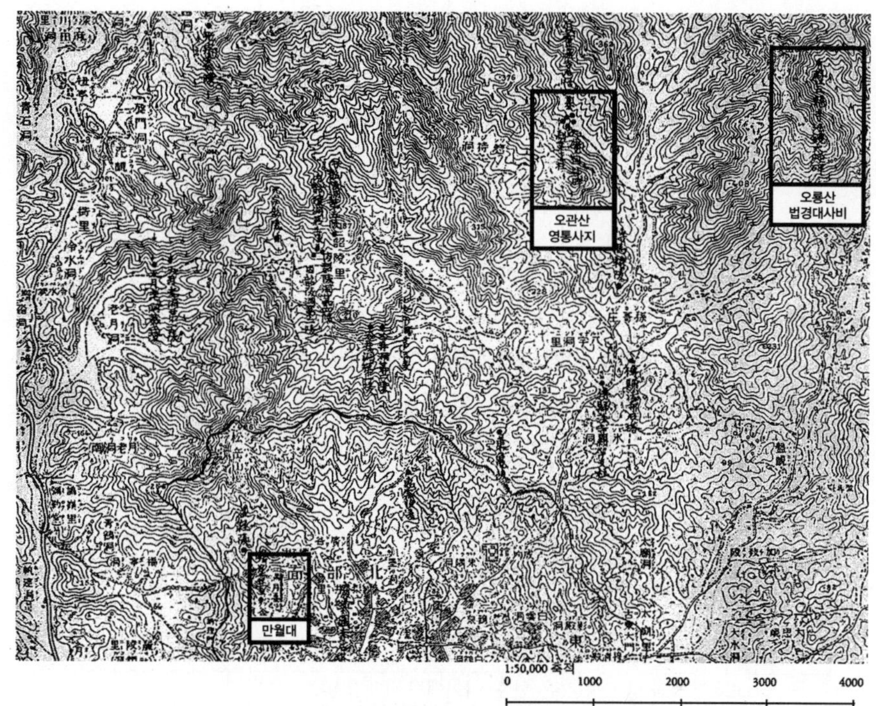

〈그림 2〉 개성 주변 지도
* 출전: 조선총독부, 『조선고적도보』 수록, 일본육지측량부 작성, 1911년 1:50,000 지도

당시에 삼한 통합과 오룡으로 표현되는 지세에 대한 풍수적 예언이 돌았고, 태조가 이를 이용하여 오룡쟁주지세(五龍爭珠之勢) 같이 오룡으로 풀이되는 지세를 찾으려 하였다고 추정된다.

한편 이러한 지세 찾기는 태조가 자신의 지역을 현창하려던 노력과도 관련되어 있다. C1의 오룡사가 위치했던 용암산은 오관산(五冠山)으로부터 멀지 않은 곳으로서, 고려세계(高麗世系)와도 연관성을 가지고 있기 때문이다. 〈그림 1〉의 「대동여지도(大東輿地圖)」를 살펴보면, 오관산과 용암산은 지맥이 천마산으로부터 갈라진 별개의 지맥으로 표현되어 있다. 그러나 〈그림 2〉의 현재 지도와 대비시켜 보면, 용암산 오룡사는 오관산(五冠山) 영통사(靈通寺)와 매우 가깝다. 실제 용암산은 오관산, 천마산과 연이어 있으면서 봉우리만 다른 것으로 여겨졌다.[38] 이로 볼 때 원래 오관산으로 포괄되어 별도의 이름이 없었거나 혹은 다른 이름을 가졌던 이 봉우리에, 태조가 '용암산'이라는 이름을 부여하면서 위상을 높여준 것이다.

오관산 일대는 태조 선대의 성장과정에서 매우 중요한 위치를 차지하고 있다. 『고려사』 고려세계의 기록에 따라 왕건 선대의 지역적 기반의 변천을 정리하면 다음 〈표 1〉과 같다.[39]

〈표 1〉 高麗世系를 통해본 王建 先代의 이주과정

인물	내용 요약
虎景	백두산에서부터 遊歷하다 扶蘇山 左谷에 자리잡음
康忠	西江(예성강) 永安村 부잣집 딸과 결혼 五冠山 摩訶岬에 거주. 신라 監干 八元의 풍수에 의한 건의로 부소군을 부소산 북쪽에서 남쪽으로 옮기고 산에 소나무를 심고 송악군으로 고침. 마하갑 저택을 왕래하며 살아 감
寶育	平那山(구룡산/성거산) 북쪽 기슭으로 돌아와 살다가 다시 마하갑으로 옮김
	⇦ 보육의 딸과 당 숙종(혹은 선종) 사이에서 작제건 낳음
作帝建	서해 용녀와 결합 永安城에 거주하다 송악산 남쪽 기슭에 새집을 짓고 왕래하며 거주 용녀가 처음 우물을 판 곳: 大井 송악산 남쪽으로 이사 후 우물을 판 곳: 廣明寺
龍建 (세조)	송악산 옛집에 살다가 새집을 그 남쪽에 건설하였는데 곧 延慶宮 奉元殿임

*『高麗史』 卷首, 高麗世系를 바탕으로 작성함.

38) 『新增東國輿地勝覽』 권12, 京畿 長湍都護府 "湧岩山 在五冠山東北 山與五冠天磨諸山相連 但峯巒有異耳."

39) 고려세계는 의종대 지어진 「편년통록」에 기초하기 때문에 연대상 매우 떨어지고 내용에서도 설화적으로 부회된 부분이 많다. 특히 진의의 꿈은 김춘추 결혼 설화와, 작제건 설화는 거타지 설화와 일치하는 점 등에서 상당 부분 설화적으로 꾸며졌음을 알 수 있다. 그러나 선대의 행적을 서술할 때 적어도 지명 부분에서는 구체적으로 당대 어느 곳에 해당하는지를 정확히 거론하고 있다는 점에서 볼 때, 왕건 선대의 지역적 기반에 대해서는 비교적 정확한 전승에 기반하고 있다고 사료된다. 혹은 이 자체가 역사적 사실이 아니라 할지라도 고려 중기에 이미 이들 지역이 왕실 선대의 행적지로 믿어 의심치 않았다는 점은 확실하다.

우선 강충과 보육이 거처하고 왕건의 할아버지에 해당하는 작제건이 태어난 곳이 오관산 마하갑이다. 강충은 이곳을 '영업지지(永業之地)'로 삼아 누천금(累千金)을 모았으며, 또 보육의 딸 진의가 이곳에서 당 숙종을 만나 작제건을 낳았다.[40)]

오관산 마하갑에 있었던 보육의 집은 태조가 절로 만들어 숭복원(崇福院)이라 하였다가 인종대 이를 중창하여 흥성사(興聖寺)로 개명하였다.[41)] 이곳에는 보육대(寶育臺), 마하비(摩訶碑)와 같이 직접적으로 그를 기리는 장소들이 마련되었다.[42)]

이처럼 오관산이 태조 선대와 밀접한 관련이 있다는 점에서, 이 일대의 산에서 오룡의 땅을 찾으려는 C1의 행위는 왕건이 자신의 세거지를 풍수적으로 미화하려는 노력이었을 가능성이 크다. 이는 다른 사례에서도 드러난다. 선각대사(先覺大師) 형미(迥微)의 탑비에는 태조가 오관산에 대해 직접적으로

---

40) 『高麗史』 卷首, 高麗世系 "康忠體貌端嚴 多才藝 娶西江永安村富人女 名具置義居五冠山摩訶岬 時新羅監干八元 善風水到扶蘇郡 郡在扶蘇山北見山形勝而 童告康忠曰若移郡山南植松 使不露巖石 則統合三韓者出矣 於是康忠與郡人徙居山南 栽松遍嶽 因改名松嶽郡 遂爲郡上沙粲 且以摩訶岬第爲永業之地往來焉 家累千金生二子 季曰損乎述 改名寶育 寶育性慈惠 出家入智異山 修道還居平那山北岬 又徙摩訶岬 嘗夢登鵠嶺 向南便旋溺溢 三韓山川 變成銀海 明日以語其兄伊帝建 伊帝建曰汝必生支 天之柱以其女德周妻之 遂爲居士 仍於摩訶岬 稱木菴 有新羅術士見之 曰居此必大唐天子來作壻矣."

41) 『高麗史』 권15, 世家15 仁宗 2년 6월 戊申 "幸靈通寺 命有司 修葺崇福院."
『高麗史』 권15, 世家15 仁宗 3년 3월 己亥 "幸崇福院 賜號興聖寺 設齋張樂 以落之 仍宴宰樞侍從官."

42) 『東國李相國全集』 권7, 古律詩 遍閱院宇 還讀石碑 復用前韻 感舊記事 "記得香城締搆端 鑾輿曾此擁千官 [寺是寶育之古家 捨以爲寺 仁宗重刱 嘗幸于此 命立碑] 苔侵篆額碑文暗 雨染紅泥壁畫殘 寶育臺含孤月冷 [北有寶育臺] 摩訶岬觸斷雲寒 [五冠山此其一也名摩訶岬] 巖僧見慣慵廻首 付與閑人自在看."([ ] 표기 부분은 주석에 해당함. 이하 동일)
한편 홍성사는 병화로 소실되었다가 공민왕대 노국대장공주의 원찰로 중창되었는데, 이색의 기문에 따르면 태조대 숭복원이라고 이름했던 현판이 이때에도 남아 있었다고 한다.(『牧隱文藁』 권2, 記 五冠山興聖寺轉藏法會記 "貞和公主之考曰寶育 實居之 我大祖之曾祖作帝建之外大父也 大祖化家爲國 捨家爲寺 名曰崇福 觀其額可知已 厥後燬于兵 未遑修造久矣 敬孝大王志在追遠 凡於祖宗所立法度 悉皆修明 至於寺院 完舊增新 無不如意 乃曰貞和之所居 后妃宜盡心焉 由是魯國公主自爲功德主.")

그 지맥을 긍정적으로 평하고, 선사의 부도를 세우도록 적극적으로 유도하였던 사실을 전하고 있다.

> (太祖가) 이듬해 3월 마침내 문하 제자인 閑俊 化白 등을 불러 이르기를, "開州의 오관산은 胎를 거두는 곳으로서, 이 산은 산봉우리가 빼어나게 아름답고 지맥이 평안하여 무덤을 둘 만하여 반드시 尊宗의 도움이 이를 것이니, 스님들과 有司가 속히 山寺를 수리하십시오."라고 하였다(無爲岬寺先覺大師遍光靈塔碑).[43]

형미는 왕건의 요청에 따라 철원에 가서 궁예에게 간언하다 죽음을 당했는데, 왕건은 고려 개국 후 오관산의 산사를 수리하게 하고 그를 위한 탑을 조성하게 하였다. 윗글을 보면, 그 과정에서 태조가 다른 어떤 지역보다도 오관산이 풍수적으로 훌륭하다고 하며, 형미의 부도를 세우도록 적극적으로 유도하고 있다. 위 인용문과 C1을 종합하여 볼 때 태조는 자신의 세거지 주변에 절을 개창하도록 하거나 부도를 세우게 함으로써 당대 여러 승려들을

---

43) 無爲岬寺先覺大師遍光靈塔碑는 崔彦撝가 지었고 946년(정종 1)에 세워졌다.
본문 판독에 차이가 있는데, 탁본을 확인할 수 없어 내용으로 교감하였다. 『조선금석총람』과 허흥식의 판독문(1984, 『韓國金石全文』 中世上篇; 한국금석문 종합영상정보시스템 재인용)을 제시하면 다음과 같다.
『조선금석총람』 상, 173쪽 "至明年三月日 遂召門弟子閑俊化白等曰 ❶開州之▨冠山 ❷▨▨之藏胎處 此山也 山崗勝美 地脈平安 宜爲置家之岾 必致尊宗之祐 可師等與有司 宜速修山寺."
허흥식의 판독문 "至明年三月日 遂召門弟子閑俊化白等曰 聞州之▨冠山 ▨▨之藏昭處 此山也 山崗勝美 地脈平安 ❸宜爲置冢之居 必致▨▨▨▨尊宗之祐 可師等與有司 宜速修山寺."
본인은 우선 이것이 개성 오관산에 대한 거론이므로, ❶은 開州라고 판독한 『조선금석총람』이 맞다고 보았으며 ❷의 경우, 고려의 지리업 고시 과목 중 『胎藏經』이 있으며 문맥상 풍수와 관련한 표현으로 보는 것이 낫다고 보아서 이 역시 『조선금석총람』의 판독을 따랐다. ❸의 경우는 이 비문이 부도를 건설하는 것과 관련한 것이기 때문에 冢이라고 판독한 허흥식의 판독문이 내용상 적합하다고 보았다.

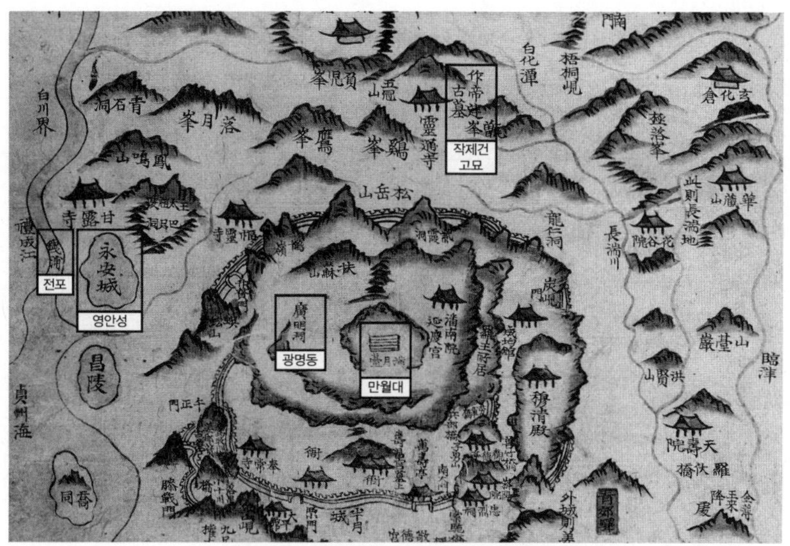

〈그림 3〉「廣輿圖」(〈古4790-58〉) 중 開城府

포섭하고, 이를 통해 풍수적으로 이들 지역들을 미화하였다.

이처럼 태조에게 있어 의미가 큰 오관산 일대에 대하여, 법경대사 경유에게 일부러 이 지역에 절을 창건하게 하고 절의 이름을 오룡으로 짓거나(C1), 선각대사 형미의 부도를 이 일대로 유치한 것 등은 오관산 주변 지역의 신성화와 직접적으로 관련된 것이었다.[44] 이러한 사례들은 이 시기 지방세력들이 자신의 지역을 신성화함으로써 세력 확장을 꾀하려던 흐름들과 일치하는 것으로서, 태조 왕건 역시 이러한 흐름을 이용하고 있음을 잘 보여준다. 또한 왕건의 선조인 호경이 구룡신사의 산신으로 모셔지는 것에서는 산천신앙 역시 선대의 현창에 이용되었음을 알 수 있다.

이러한 과정을 통해 개경은 태조와 그의 선대들의 설화로 의미가 가득찬

44) 태조는 C1과 선각대사 형미의 부도 사례 외에도 오관산에 大興寺를 창건하고 利言을 초빙하여 머무르게 하기도 하였는데, 이는 결과적으로 오관산 일대의 위상을 높이는 데 도움이 되었을 것이다(『高麗史』 권1, 世家1 太祖1 太祖 4년 10월 丁卯 "冬十月丁卯 創大興寺于五冠山 迎置僧利言師事之").

도시가 되었다. 19세기 경 편찬된 「광여도(廣輿圖)」(〈古4790-58〉)에는 그러한 장소들이 잘 표현되어 있다.[45] 이 지도를 보면 예성강에는 당(唐) 숙종(肅宗)이 돈을 깔고 상륙하였다는 전포(錢浦)와 작제건과 용녀(龍女)가 처음 다다른 창릉(昌陵), 그리고 그들에게 주변 사람들이 쌓아준 영안성(永安城)이 표현되어 있다. 송악산 아래에는 용녀가 드나든 광명사(廣明寺)와 도선이 점찍어준 본궐(本闕)터가 존재하고, 그 북쪽 오관산(五冠山)에는 강충(康忠)과 보육(寶育)이 거처하던 마하갑이 있다. 지도에는 잘렸지만 그 북쪽 성거산(聖居山)은 호경(虎景)이 들어가 산신이 된 구룡산이기도 하다.[46] 이처럼 태조는 풍수와 그 속에 포함된 산천신앙을 활용하여 자신의 선대를 현창하고, 이는 개경의 곳곳에 고려 왕실과 관련한 장소들을 만들어내어 다시 고려 왕실을 수식하게 되었다.

2) 훈요십조와 국도풍수

태조는 절을 창건하거나 부도를 건립하는 불교적 방법에, 풍수적 미화, 봉산(封山), 산신(山神) 설화 같은 산천신앙적인 행위 등을 다양하게 활용하였다. 이는 이들 신앙들이 광범위하게 유통되고 수용되었던 현실을 반영하는 것이었다. 태조는 새로이 국가 체제를 구성함에 있어서 이러한 현실 속에서 지방세력 및 불교 교단을 포섭하면서도 이를 통제하여 왕실의 우월한 위치를 정립해야 한다는 과제 등을 고려할 필요가 있었다. 이러한 당면 과제와 사회적 현실이 혼합되어 독특한 특징을 보여주고 있는 것이 바로 훈요십조이다.

---

45) 「광여도」는 규장각에 소장되어 있는 19세기 전반에 편찬된 군현지도집으로서, 18세기 군현지도집이 민간에 유출되면서 만들어진 것으로 추정된다. 이 지도의 개성부편은 특히 역사지도라 할 만큼 개경의 여러 사적지들이 풍부히 표현되어 있는데, 정확한 위치정보를 담고 있는 것도 아니며 오관산의 作帝建古墓라던가 하는 일부 정보는 신빙성에도 문제가 있다. 그러나 적어도 개성 주변에 위치한 왕건 선대와 관련한 사적들의 상대적인 위치를 확인할 수 있으며, 이곳이 가지고 있는 역사적 의미를 드러내는 데에는 오히려 유용한 지도여서 이를 활용하였다.

46) 『東文選』 권74, 記 聖居山文殊寺記

943년(태조 26) 태조가 죽으면서 대광(大匡) 박술희(朴述希)를 불러 친히 주었다고 한 훈요(訓要)는 서론격인 신서(信書)와 총 10개조의 본문으로 구성되어 있다. 태조 사후 알려지지 않다가 현종대 거란의 침입으로 나주까지 몽진했다 돌아온 후[47] 최제안(崔齊安)이 최항(崔沆)의 집에서 발견하면서 고려 관료사회에 알려지게 되었다.

훈요십조는 1910년대 일본인 학자 이마니시 류(今西龍: 이하 이마니시로 칭한다)가 처음으로 위작설을 제기하고 이것이 고려 사회에서 어떠한 영향도 끼치지 못했다는 연구를 내놓으면서 이후 논란이 발생하게 되었다.[48] 이러한 이마니시의 주장에 대한 본격적인 반론은 이병도에 의해 행해졌는데,[49] 현재까지도 심심치 않게 논란이 되어 왔다.

그런데 훈요십조 진위 논란에서 간과되고 있는 지점이 있다. 이마니시의 훈요십조 위작설은 그 최종적인 목적이 고려 사회에는 정치 현실에서 주요한 가치 기준으로 작용할 수 있는 성헌(成憲) 등이 존재하지 않았다는 주장을 하기 위한 것이었다는 점이다. 그러나 훈요십조는 고려 현종대 등장한 이후 조선 시기까지, 즉 이마니시 이전까지 단 한 차례도 위작이라고 의심받은 적이 없다. 오히려 고려 시기에는 태조의 유훈으로 언급되며 중시되었을 뿐만 아니라, 조선 시기에는 그 내용을 가지고 조선적 시각에서 고려를 비판하곤 하였다. 이는 그만큼 훈요십조가 고려 시기에 정치적으로 중요한 역할을 하고 있었다는 의미인데, 그간의 논쟁에서는 몇 조항을 지켰느냐 말았느냐의 차

---

47) 훈요십조가 알려진 시기에 대하여 『高麗史』에서는 병란을 겪은 후라고 되어 있는데, 현종 초반의 거란 침입을 일컫는다고 본 이병도의 의견이 무난하다고 본다.

48) 今西龍, 1912 「新羅僧 道詵に就っきて」 『동양학보』 제2권 제2호; 今西龍, 1918 「高麗太祖訓要十條に就きて」 『東洋學報』 제8권 제3호.

49) 李丙燾, 1948 『高麗時代의 硏究: 特히 圖讖思想의 發展을 中心으로』, 서울대학교 문리과대학 박사학위논문.
같은 해 을유문화사에서 단행본으로 간행되었으며, 1954년 재간행되고, 1980년 아세아문화사에서 같은 제목으로 개정판이 나왔다. 이하 이병도의 책은 1980년 아세아문화사본에 근거한다(이병도, 1980 『(개정판) 고려시대의 연구』, 아세아문화사, 59~74쪽).

원에서 이를 분석하는 우를 범하였다. 조항의 준수 여부가 중요한 것이 아니라, 훈요십조는 총체적으로 고려 사회의 이상군주였던 태조대를 정치적으로 상징하고 있기 때문에 고려 사회에서 매우 중요한 위상을 지니고 있었음을 염두에 둔 분석을 해야 한다.

훈요십조는 원래는 왕가에 비밀스럽게 내렸던 유훈이었기 때문에, 태조의 공식적인 조서 등에서는 그다지 드러나지 않는 산천신앙과 풍수적인 내용들이 매우 적나라하게 드러나 있다. 여기에는 지방세력에서 출발하였으나 이들을 뛰어넘는 위상을 고민하였던 흔적이 역력하다.[50)]

먼저 훈요십조에 어떠한 내용이 담겨 있었는지를 분석해보도록 하겠다.[51)]

---

50) 이병도는 태조의 훈요가 성문화한 법전이나 詔書가 아니라, 오즉 '은근하게 후사왕을 위하여 지은 훈칙'으로 평가하였으며, 김철준과 최병헌 역시 훈요의 성격을 豪族的 체질을 가지고 있는 고려 왕족이 그 왕실의 운영을 위하여 만든 家戒와 같은 것으로 주목하면서 이를 정치설계와 전국가적인 정치이념으로는 평가할 수 없다고 보았다(이병도, 앞의 책, 65쪽; 김철준, 1969「韓國古代政治의 性格과 中世政治思想의 成立過程」『동방학지』10, 26쪽; 최병헌, 2002「도선의 풍수지리설과 고려의 건국이념」『한국의 풍수문화』, 박이정, 26쪽).

51) 『高麗史』권2, 世家2 太祖 26년 4월 癸卯 "御內殿 召大匡朴述希 親授訓要曰 朕聞大舜耕歷山 終受堯禪 高帝起沛澤 遂興漢業 朕亦起自單平 謬膺推戴 夏不畏熱 冬不避寒 焦身勞思 十有九載 統一三韓 叨居大寶二十五年 身已老矣 第恐後嗣 縱情肆欲 敗亂綱紀 大可憂也 爰述訓要 以傳諸後 庶幾朝披夕覽 永爲龜鑑."

其一曰 我國家大業 必資諸佛護衛之力 故創禪敎寺院 差遣住持焚修 使各治其業 後世姦臣執政 徇僧請謁 各業寺社 爭相換奪 切宜禁之

其二曰 諸寺院 皆道詵推占山水順逆而開創 道詵云 吾所占定外 妄加創造 則損薄地德 祚業不永 朕念後世國王公候后妃朝臣 各稱願堂 或增創造 則大可憂也 新羅之末 競造浮屠 衰損地德 以底於亡 可不戒哉

其三曰 傳國以嫡 雖曰常禮 然丹朱不肖 堯禪於舜 實爲公心 若元子不肖 與其次子 又不肖 與其兄弟之衆 所推戴者 俾承大統

其四曰 惟我東方 舊慕唐風 文物禮樂 悉遵其制 殊方異土 人性各異 不必苟同 契丹是禽獸之國 風俗不同 言語亦異 衣冠制度 愼勿效焉

其五曰 朕賴三韓山川陰佑 以成大業 西京水德調順 爲我國地脈之根本 大業萬代之地 宜當四仲巡駐 留過百日 以致安寧

其六曰 朕所至願 在於燃燈八關 燃燈所以事佛 八關所以事天靈及五嶽名山大川龍神也 後世姦臣建白加減者 切宜禁止 吾亦當初誓心 會日不犯國忌 君臣同樂 宜當敬依行之

其七曰 人君得臣民之心 爲甚難 欲得其心 要在從諫遠讒而已 從諫則聖 讒言如蜜 不信則

〈표 2〉 訓要十條

조항	내용
信書	내가 듣건대, 大舜은 歷山에서 밭을 갈다가 마침내 堯의 선위를 받았고, 漢 高帝는 沛澤에서 일어나 드디어 한 나라 帝業을 일으켰다. 나 또한 가난하고 평범한 집안에서 일어나 사람들에게 잘못 추대되어 여름에는 더위를 두려워하지 않고 겨울에는 추위를 피하지 않으면서 몸과 마음을 괴롭힌 지 19년 만에 삼한을 통일하였고, 외람되이 왕위에 있은 지 25년이니 이 몸은 이제 늙었다. 다만 염려되는 것은 後嗣들이 기분내키는 대로 욕심을 부려 기강을 무너뜨릴까 크게 근심스럽다. 이에 훈요를 기술하여 후세에 전하니 아침저녁으로 펴 보고 길이 거울로 삼기를 바란다.
제1조	우리 국가의 대업은 반드시 여러 부처가 호위해주는 힘을 의지하였다. 그러므로 禪敎 사원들을 창건하고 住持들을 파견하여 향을 사르고 도를 닦게 함으로써 각각 그 업을 다스리도록 하였다. 후세에 姦臣이 권력을 잡으면 승려들을 사주하고 청탁을 받아 각 業의 寺社들을 쟁탈하려 들 것이니 엄격히 금지하여야 한다.
제2조	여러 사원들은 모두 道詵이 산수의 순역을 미루어 점찍어서 개창한 것이다. 도선이 이르기를 "내가 선정한 것 이외에 망녕되게 추가로 짓는다면 地德을 훼손시켜서 국운이 길지 못할 것이다."라고 하였다. 짐이 생각하기에 후세 국왕이나 公侯, 后妃, 朝臣들이 각각 원당이라 칭하면서 추가로 더 많은 사원들을 지을 듯하니 이것이 크게 근심되는 바이다. 신라 말기에 다투어 浮屠를 세워서 地德을 훼손시켜 결국은 나라가 멸망하였으니 어찌 경계할 일이 아니겠는가?
제3조	嫡子에게 왕위를 계승시키는 것이 비록 常禮라고는 하지만 丹朱가 불초하여 堯가 舜에게 선양한 것은 실로 公心 때문이었다. 만일 元子가 불초하거든 왕위를 그 次子에게 줄 것이며 次子가 또 불초하거든 형제 중에서 추대 받은 자에게 대통을 잇도록 하라.
제4조	우리 동방은 오래전부터 唐風을 본받아 문물 예악은 모두 그 제도를 준수하여 왔다. 지역이 다르고 사람의 성품도 각각 같지 않으니 구태여 억지로 맞출 필요는 없다. 거란은 금수의 국가로서 풍속도 같지 않고 언어도 다르니 그들의 의관 제도를 아예 본받지 말라.
제5조	짐은 삼한 산천의 陰佑를 받아 대업을 이루었다. 西京은 水德이 순조로워 우리나라 지맥의 근본으로 되어 대업이 만대 동안 이어질 터전이다. 마땅히 四仲에 순주하여[52] 국왕이 거기에 가서 1백 일 이상 체류함으로써 안녕을 도모하게 할 것이다.

讒自止 又使民以時 輕徭薄賦 知稼穡之艱難 則自得民心 國富民安 古人云 芳餌之下 必有懸魚 重賞之下 必有良將 張弓之外 必有避鳥 垂仁之下 必有良民 賞罰中則陰陽順矣

其八曰 車峴以南 公州江外 山形地勢 並趨背逆 人心亦然 彼下州郡人 叅與朝廷 與王侯國戚婚姻 得秉國政 則或變亂國家 或啣統合之怨 犯蹕生亂 且其曾屬官寺奴婢津驛雜尺 或投勢移免 或附王侯宮院 姦巧言語 弄權亂政 以致灾變者 必有之矣 雖其良民 不宜使在位用事

其九曰 百辟群僚之祿 視國大小 以爲定制 不可增減 且古典云 以庸制祿 官不以私 若以無功人及親戚 私昵虛受天祿 則不止下民怨謗其人 亦不得長享福祿 切宜戒之 又以强惡之國爲隣 安不可忘危 兵卒宜加護恤 量除徭役 每年秋 閱勇銳出衆者 隨宜加授

其十曰 有國有家 儆戒無虞 博觀經史 鑑古戒今 周公大聖 無逸一篇 進戒成王 宜當圖揭出入觀省 十訓之終 皆結中心藏之四字 嗣王相傳爲寶

제6조	짐의 지극한 바람은 燃燈과 八關에 있다. 연등은 부처를 섬기는 것이요, 팔관은 하늘의 신령과 5岳, 명산, 대천, 龍神을 섬기는 것이다. 후세 간신들이 함부로 가감하려는 건의는 절대로 금지하라. 나도 당초에 이 會日이 忌日과 상치되지 않게 하고 君臣이 함께 즐기기로 굳게 맹세하여 왔으니 마땅히 공경하여 이대로 시행할 것이다.
제7조	임금은 臣民의 마음을 얻는 것이 매우 어렵다. 그 마음을 얻는 것은 무엇보다 간하는 말을 좇고 참소하는 자를 멀리하는 데 있을 뿐이다. 간하는 말을 좇으면 현명하게 된다. 참소하는 말은 꿀처럼 달지만, 그것을 믿지 않으면 참소가 자연히 없어질 것이다. 또 백성들에게 일을 시키되 적당한 시기에 하고 부역을 가볍게 하며 조세를 적게 하는 동시에 농사짓는 것이 어려운 일이라는 것을 알게 되면 자연히 民心을 얻어 나라는 부강하고 백성은 편안하게 될 것이다. 옛사람이 말하기를, "좋은 미끼 끝에는 반드시 큰 고기가 물리고 중한 상이 있는 곳에는 반드시 훌륭한 장수가 있으며 활을 겨누면 반드시 피하는 새가 있고 仁을 펼치면 반드시 착한 백성이 있다고 하였다." 상과 벌이 적절하면 음양이 순조로워진다.
제8조	車峴 이남 公州江 바깥은 산형과 지세가 모두 背逆하여, 人心도 그러하다. 저 아래 州郡人들이 조정에 참여하거나 왕후, 국척들과 혼인하여 나라의 정권을 잡게 되면 혹은 국가에 변란을 일으킬 것이요 혹은 통합한 원한을 품고 왕실을 침범하여 난을 일으킬 것이다. 또한 그 일찍이 官寺의 노비나 津驛의 雜尺에 속하였던 자들이 혹 세력가들에 투탁하여 천한 신분을 면하거나 혹은 王侯宮院에 붙어서 간교한 말로써 정치를 어지럽게 하여 재변을 초래하는 자가 반드시 있을 것이다. 비록 그 良民일지라도 관직을 주어 用事하게 하지 말라.
제9조	여러 제후와 신료들의 녹봉은 나라의 대소를 보아 일정한 제도를 마련하는 것이니 증감할 수 없다. 또 古典에 이르기를 공으로써 녹을 정하고, 사사로움으로 관직을 주지 않는다고 하였다. 만일 공이 없는 사람 및 친척이 개인적인 친분으로 天祿을 헛되이 받는다면 下民이 그 사람을 원망하는 데 그치는 것이 아니라 福祿을 오래도록 누릴 수가 없으니 절대 경계해야 할 것이다. 또 우리는 강하고도 악한 나라가 이웃으로 있으니 어찌 위태로움을 잊을 수 있겠는가. 병졸들을 보호하고 돌보아 주어야 하며 부역을 헤아려 덜어 주고 매년 가을에 무예가 특출한 자들을 검열하여 적절히 관직을 더해 주어라.
제10조	나라를 가진 자는 근심거리가 없도록 경계하여 經史 서적을 널리 보아 옛일을 거울로 삼아 오늘날을 경계한다. 周公은 큰 성인으로서 無逸 한 편을 成王에게 올려 그를 경계하였으니, 마땅히 그림으로 그려 붙여 드나들 때에 보고 자기를 반성하도록 하라.

* 高麗史』 권2, 世家2 太祖 26년 4월 癸卯 (각주 51번 원문 참고)

훈요십조에 따르면 고려라는 나라가 건국될 수 있었던 대업이 가능했던 원인이 두 가지로 꼽힌다. 제1조에서 보이는 불교의 힘과, 제5조에서 강조하

52) 四仲은 두 가지 뜻을 가지는데, 춘하추동의 사계절 중 仲月을 가리키기도 하고(이 경우, 음력 2월, 5월, 8월, 11월이 된다), 子午卯酉의 地支가 들어간 해를 가리키기도 한다. 훈요에서는 100일 이상 머무르라고 한 것을 보아 四仲月이 아니라 四仲年을 가리키는 것으로 봐야 할 것이다. 기존 연구들에서는 이에 대하여 분명한 설명이 없이 사계절의 중간달로 해석하거나 4년에 1번으로 해석하곤 하였다.

는 산천의 도움이 그것이다. 이 두 가지는 고려의 가장 중요한 의례로 상징되는데, 전자는 연등회(燃燈會)로 후자는 팔관회(八關會)로[53] 거행된다(제6조). 고려가 불교와 산천(山川)이라는 두 가지 신앙을 기반으로 건국되었다는 위 언급은 산천신앙과 불교가 광범위하게 유행하던 당대 현실을 반영하며, 앞서 C1과 C2에서 볼 수 있었던 실제 태조의 행위와도 일치한다.

훈요에서 특징적인 점은 산천신앙이 '풍수'와 관련되어 있다는 점이다. 제5조에서 산천의 음우에 대한 언급을 바로 이어 평양이 수덕이 순조로우며 지맥의 근본에 해당한다는 언설이 나온다는 것이 바로 그 예이다. 그런데 이는 산천신앙과 풍수가 지역에 따라 대립하기도 하고 습합하기도 하며 혼재하였던 신라 말의 상황과 비교해볼 때 또 한 차례 변화한 것이다. 즉, 이전의 지역별 유행에서는 수직적으로 계서화되거나 상위 권위가 존재하지 않았다. 그러나 훈요에서는 서경을 지맥의 근본이라 하여 우월한 지역으로 설정함으로써, 지역별로 산재한 신앙체계를 하나의 논리로 계서화시키고 중심지로 결속하였다. 거기에 신라 말에 존재했던 여러 선승들과 술사들은 배제한 채 제2조에서 풍수의 권위자로서 도선(道詵)만을 언급함으로써 다양한 풍수지식을 차단하고 이를 단일화하는 것을 볼 수 있다.

도선의 풍수는 불교의 통제와도 밀접한 관련을 맺고 있다. 훈요십조 중 불교 관련 조항으로는 제1조, 2조, 6조를 들 수 있는데, 제1조와 2조의 관계를 보면 불교를 존숭하지 않을 수 없으나(제1조) 남설을 피하고 도선이 정한 곳에만 지어야 한다(제2조)고 함으로써, 불교를 존중하면서도 이를 통제해야 한다고 하였다. 이는 도선(道詵) 풍수(風水)가 불교 통제의 방책이 되는 것을 의미한다.

풍수로 범주화된 산천신앙과 불교를 대업 완성의 큰 축으로 삼은 것은 원래 탄탄한 입지를 지니고 있었던 불교에, 새로이 광범위하게 유행한 풍수, 산

53) 팔관회는 산천과 함께 하늘, 용 신앙 등 각종 민간신앙을 기리는 것이라고 언급되어 있다.

천신앙 등이 다양한 정치세력들의 권력 기반을 이루었던 현실에 기인한다. 이러한 정치세력들을 통제하여 우월한 왕권의 위상을 유지하려 할 때 일방적으로 불교나 풍수, 산천신앙을 배제해서는 소기의 목적을 달성하기 힘들다. 당대 사회적 현실에서 이들 신앙이 가지는 힘을 무조건 배척하거나 무시하는 것은 불가능하기 때문이다. 그러나 풍수적 측면이건 불교건 간에 도선의 풍수라는 방법을 통해 일부분 이러한 신앙들을 포섭하면서도 질서를 잡고 통제를 한다면, 민심(民心)을 수렴하면서도 왕실의 우월한 지위를 확보하고 지방세력과 불교 교단을 통제할 수 있을 것이다.

그렇다면 훈요십조에서도 풍수 관련 조항인 제2, 5, 8조의 분석을 통해 풍수설이 구체적으로 어떠한 특징을 가지고 있었는지를 자세히 살펴보자. 제2조는 풍수의 권위자로 도선이 직접적으로 거론되는데, 전국 산천(山川)의 순역(順逆)에 따라 사찰을 개창하도록 하였다는 내용을 담고 있다. 이는 비보사탑풍수에 관련한 것이며, 절을 남설할 경우 지덕(地德)이 훼손됨으로써 국운이 쇠한다는 논리는, 고려 국도풍수의 지덕쇠왕설(地德衰旺說)과 관련된다. 한편 제5조는 산천의 음우, 즉 산천신앙을 거론하여 이것이 고려에서 풍수로 발전하였다는 점을 잘 보여주고, 서경에 국왕이 순주하라는 언급을 담고 있다. 이것이 바로 연기(延基)를 위한 궁궐 건설 및 천도논의와 같은 고려 정치사의 중요한 이슈들을 낳은 조항이며 국도풍수와 직접적으로 연관되는 조항이다. 가장 논란이 많은 제8조는 특정 지역 및 신분제적 차별과 등용문제를 담고 있는데, 이 역시 고려 국도풍수(國都風水)의 특징과 관련하여 볼 필요가 있다.

우선 제2조에서 직접적으로 언급된 도선과 그의 풍수에 대해 살펴보자. 훈요에서는 풍수 지식의 권위자로서 유일하게 도선이 언급되었다. 도선에 대한 기록은 여러가지가 남아 있지만 이 중 사료적으로 신뢰할 수 있는 것은 1150년(의종 4) 최유청(崔惟淸)이 왕명을 받아 찬술한 「백계산옥룡사증시선각국사비명(白鷄山玉龍寺贈謚先覺國師碑銘)」이다.[54] 여기에서는 도선이 본래 선승이며 풍수설은 그의 여기(餘技)였다고 서술되어 있는데, 이러한 설명은 1절에서 본 일반적인 선승들과 크게 다르지 않다. 도선 역시 선승(禪僧)이면서도 지리지식을 가지고 있었던 여타 인물들과 비슷한 인물이었던 것이다. 그러나 그의 풍수설이 왕건에 의해 언급되어 정치적으로 권위를 부여받으면서 풍수 술승으로서 위상이 더욱 강조되고, 그 결과 왕건의 선대와 도선의 관계에 대한 설화적인 내용들이 부가된 것으로 보인다.

당시에는 선사들이나 여러 술사들이 활동하며, 지방세력들의 성장에 기여하였다. 그러나 고려 초는 그 지방세력들을 통제하는 것이 가장 주요한 과제였고, 그런 의미에서 훈요십조를 통해 도선이라는 유일한 권위가 설정되었다는 것은 중요한 지점을 시사한다. 훈요 제2조에서 드러나듯이 도선에 의해 사찰 건립 장소가 선정되어 있다는 언설은 지세 해석이 고려의 중앙 권력에 의해 독점된다는 것을 의미하기 때문이다.

제2조는 제1조와 결합하면 불교 교단을 존중해야 한다는 당위 아래에서도 이를 물리적으로 통제할 수 있는 방법을 제공하게 된다. 이 시기는 불교의 교화력이 믿어 의심치 않았던 데다 최승로(崔承老) 같은 유교적 지식인들조차 내면의 수양에 있어서는 불교가 필요하다고 보았던 시기였다. 따라서 불교 교단을 효율적으로 통제하기 위해서는 무리하지 않은 방법이 필요한데, 도선의 풍수를 통해 사찰의 건립을 통제해야 한다는 제2조의 언설은 바로 이러한 목적을 달성할 수 있었던 것이다.[55]

---

54) 최병헌, 2002 「도선의 풍수지리설과 고려의 건국이념」『한국의 풍수문화』, 박이정, 17~24쪽.
「白鷄山玉龍寺贈謚先覺國師碑銘」도 도선의 입적 후 252년이 지나 도선에 대한 선양 사업이 추진되는 과정에서 세워진 것이어서 상당 부분 윤색되었다는 점 역시 감안되어야 한다. 이 비문은 내용상 크게 세 부분으로 구성된다. 첫째 화엄종에서 출발하여 선승이 된 사적을 정리한 부분, 둘째 智異山 異人으로부터 풍수설을 전수받은 부분, 마지막으로 태조의 선대와 도선의 관계에 대한 부분이 그것이다.

55) 도선이 점찍어둔 장소에만 사찰을 건립해야 한다는 제2조는 고려 초 상황에서는 사찰 건립

그런데 도선의 풍수는 지세 해석을 독점하고 불교계를 통제하는 것뿐만 아니라 이를 바탕으로 경주 중심의 질서를 새로운 국도(國都) 중심으로 재편하고 이를 국운(國運)과 관련시키고 있다는 특징이 있다. 그런 점에서 주목되는 것이 제2조에서 거론하고 있는 산천(山川)의 순역(順逆)과 제8조의 배역지세에 대한 언급이다.

제2조에서 산천의 순역(順逆)을 따라 사찰의 장소를 점찍었다는 것은 도선 풍수의 가장 큰 특징인 비보사탑풍수를 의미한다. 그런데 도선의 비보사탑풍수법은 그 층위를 나누어 볼 필요가 있다. 첫 번째로는 불완전한 격국(格局)을 보완한다는 의미이다.[56] 격국의 보완이라는 차원에서 볼 때 산천의 순역은 격국 내에서의 순함과 거스름의 의미로, 지세에서 지나친 부분은 누르고 부족한 부분은 보완해주는 방법을 취한다. 격국의 보완을 위한 풍수적 방법은 개경의 허결한 부분을 보완하기 위해 나성(羅城) 동남쪽에 제방을 축조한 것처럼[57] 고려 시기 이래로 조선 시기까지도 많이 사용된 것이었다. 이러한 방법은 중국 풍수에서도 드러나는 비보풍수 개념으로서, 중국 풍수서의 경전이라 할 수 있는 『금낭경(錦囊經)』[58]은 물론, 『호순신(胡舜申)』 등에서도 혈처를 찾은 후 적절히 높이거나 낮추고 더하거나 덜하는 등의 일을 한다고 밝히고 있다.[59]

을 억제하는 논리였으나, 시대상황에 따라 이러한 의미가 역전되어 기존의 사찰들을 보호하고 중창해야 한다는 논리로도 바뀔 수 있었다. 실제 이후에는 제2조를 언급하며 기존의 비보사사들을 중창하거나 새로운 사찰을 창건하였다.

56) 格局은 形局과 동일한 의미로서, 중심의 穴과 그 주위의 사신사로 구성된 하나의 단위를 일컫는 말이다.

57) 『高麗史』 권7, 世家7 文宗 7년 8월 丁酉 "御史臺上言 准尙書工部奉制 羅城東南隅高岸者所以補都邑之虛缺 今爲川潦襄壞 宜徵役夫三四千人修防 當司勘會 其岸傍邊 皆是田疇恐損禾稼 請待收穫 從之."
제방을 통한 격국의 보완 외에도 개경 내 사찰들의 입지도 개경 격국의 보완이라는 측면에서 주목되기도 하였다(이병도, 앞의 책, 97~99쪽).

58) 『금낭경』은 곽박의 『葬書』를 가리킨다. 唐 玄宗이 금낭에 넣어 옥좌 뒤의 휘장 안에 두고 아꼈다는 고사에서 이름이 비롯되었다.

59) 이화, 2005 『조선조 풍수신앙 연구』, 한국학술정보, 43~44쪽.

두 번째로는 험한 산천을 진압한다는 의미로서, 이는 1절에서 보았듯이 유래가 오랜 방법이었다. 그런데 어떻게 진압할 수 있는 것일까? 조선 초 기록이긴 하지만 아랫글에서 좀 더 자세한 설명을 볼 수 있다.

> 前副司正 鄭安宗이 上言하기를, "……山川이 험하면 地精이 나쁩니다. 그러므로 道詵이 이르기를, '地脈에 靜力이 없으면 많이 動하니 靜하면 補하고, 動하면 鎭한다'라고 하였습니다. 禳鎭裨補하여 和氣에 순하게 합하도록 하는 것은 옛 神仙의 자취입니다. 지금 風水라는 것은 오로지 무덤을 앉히고 집을 짓는 것만 일삼을 뿐이고 山川의 國脈을 양진비보하는 술은 듣지를 못하였으니 이것은 분명히 성명의 시대에 흠결이 아니겠습니까.……"[60]

정안종은 도선의 풍수를 풀이하면서 지맥의 정동(靜動)을 따져 이를 양진비보하는 것이라고 하며 이를 신선의 자취라 하였다. 1절에서 살펴보았듯이 험한 산천의 진압은 재래의 산천신앙을 진압하는 것과 무관하지 않은데, 위 인용문을 통해 도선의 비보풍수가 험한 산천을 진압함으로써 해당 지역의 산천신을 압박하는 것임을 알 수 있다. 이럴 때 산천의 순역은 편안함과 험함으로 풀이할 수 있는데, 이는 양균송(楊筠松)의 법과도 차이가 있다.[61] 산천

최창조는 비보풍수가 특별히 융성하였던 점을 우리나라 풍수의 특징으로 설명한다(최창조, 1997 『한국의 자생풍수』, 민음사, 60~62쪽). 비보풍수는 중국 풍수이론서에서도 관련 내용을 찾을 수 있으나 송대 이전에는 이론상 큰 비중을 차지하지는 않았다(최원석, 2004 『한국의 풍수와 비보』, 민속원, 93~113쪽).

60) 『文宗實錄』 권7, 文宗 1년 4월 壬午 "前副司正鄭安宗上言……山川險 則地精惡 故詵曰 地脈無靜力 而多動 靜則補之 動則鎭之 禳鎭裨補 順合和氣 古神仙之遺迹 今也風水者 唯事安墳立宅而已 未聞山川國脈 禳鎭裨補之術 此非明時之欠事歟……."

61) 양균송은 형법 풍수의 대표자로서, 당 멸망 후 江西 지방에 은거하며 제자를 키우면서 이 일대에 그의 풍수설이 유행하게 하였다. 강서 지방은 신라 말 선승들이 주로 유학하였던 지역이라는 점에서 그의 풍수설과 신라 말 이래 고려 사회에서 유행한 풍수설 사이의 관계가 주목되어 왔다(최병헌, 1975 「도선의 생애와 나말여초의 풍수지리설」 『한국사연구』 11). 그러나 양균송이 도선과 거의 동 시기 인물이라는 점에서 양균송의 풍수설이 직접적으로 영향을 미쳤다기 보다는, 이 지방에 유학한 선승들이 풍수설의 기능에 대해 새로이 주목할

의 순역(順逆)에 대한 언급은 양균송(楊筠松)의 저서로 알려진 『청낭오어(青囊奧語)』 및 제자 증문천(曾文遄)이 지은 『청낭서(青囊序)』 등에서 확인된다. 이 들 도서에서는 『주역(周易)』의 설괘(設卦)에서 거론한 음양순역(陰陽順逆)의 예에 따라 산수(山水) 방위의 순역을 따졌다. 좀 더 부연하면 산수가 도는 방향을 음과 양으로 나누어서 좌선(左旋)은 음(陰)으로, 우전(右轉)은 양(陽)으로 구분하여 순역을 따지는 방식이다.[62] 이와 비교해 볼 때 도선 풍수에서 볼 수 있는 산천의 형세에 따른 순역이라는 개념은 이러한 양균송의 법과 차이가 있다.[63]

세 번째로는 한 사찰의 건립이나 작은 격국 단위가 아니라 전국을 단위로 산천의 순역이 언급된다는 점인데, 국도풍수와 관련하여 가장 주목되는 부분이다. 위 정안종의 상언에서도 도선의 풍수가 '산천의 국맥을 양진비보' 한다고 함으로써 전국을 대상으로 하고 있음을 드러낸다. 그런데 전국을 단위로 산천을 살펴볼 때 그 기준은 무엇일까? 이에 관련한 사료를 제시하면 다음과 같다.

> D1: 議政府에서 禪教 각 종파를 합하여 남겨둘 寺社를 정하도록 청하는 계에서 다음과 같이 아뢰었다. …… 前朝의 密記에 붙은 各寺라면 그 명목이 舊都[개성]의 명당을 裨補하는 것이니, 新都[한양]의 명당에는 실로 損益이 없습니다(『太宗實錄』).[64]

계기를 제공하는 등 간접적인 영향을 미친 것으로 보아야 할 것으로 보인다.

62) 양균송의 제자로 대표적인 인물이 曾文遄으로서, 양균송이 지었다는 『青囊奧語』에 서문에 해당하는 『青囊序』를 지었는데, 본문보다 훨씬 자세한 원리적 설명을 붙이고 있어서 두 책을 합쳐 『青囊經』이라 부르곤 하였다(『四庫全書』 『青囊奧語』 해제 참조).

63) 양균송은 형법파 풍수가로 꼽히지만 『청낭경』은 오히려 이법적 풍수서로 꼽힌다(김혜정, 2008 『풍수지리학의 천문사상』, 한국학술정보, 201쪽). 양균송의 여러 저서들이 眞僞와 성립 연대 등에 대해 논란이 많다는 점에서 『청낭경』도 후대에 양균송을 가탁하여 지어진 저서일 가능성도 있다.

64) 『太宗實錄』 권11, 太宗 6년 3월 丁巳 "議政府請定禪教各宗 合留寺社 啓曰……若前朝密記付各寺 則名爲舊都名堂裨補 其於新都明堂 實無損益."

D2: 江南의 모든 산은 그 형세가 달리는 龍과 엎드린 범과 같은데, 扶蘇山 [송악]을 끌어당기며 大內에 조회하는 모양으로 된 것은 道康郡에 있는 月生山 처럼 기이한 것이 없다(逸齋記).[65]

D3: 훈요 제8조 – 車峴 이남 公州江 바깥은 산형과 지세가 모두 背逆하여, 人心도 그러하다.

D4: 綿紬洞. 오관산 아래 있으며 골 안이 넓고 깊숙한데 절이 하나도 없다. 전하는 말에, "만약 여기에 절을 지으면 나라의 복이 길지 못한다." 하였으니, 대개 고려의 裨補의 의미다(『新增東國輿地勝覽』).[66]

D1은 조선 초 기록이지만, 명시적으로 도선(道詵)에 의해 산천의 순역에 따라 만들어졌다는 비보사사가 개경이라는 명당을 비보하는 것이라고 함으로써 비보의 대상이 국도(國都)임을 단적으로 보여준다. D2는 예종대 술사인 처사(處士) 은원충(殷元忠)과 선사(禪師) 익종(翼宗)이 남부 지역의 여러 산 중 도강군 월생산, 즉 영암 월출산을 추천하며 그 산세에 대하여 '부소산을 끌어당기며 대내에 조회하는 모양'이라는 식으로 설명하여, 국도를 기준으로 산세를 파악하는 것을 잘 보여준다. 이는 일반적인 풍수에서 음양오행에 따른 분류나 천문(天文)에 대응한 산의 종류로써 설명을 하거나 산맥의 흐름에 대해 서술하는 것과는 차이가 있다.[67]

---

65) 『東文選』 권65, 記 逸齋記 "處士殷元忠 與禪師翼宗解秘術 遂貽書以誠告之 二人者謀曰 江南諸山 其形勢若奔螭伏虎 控扶蘇而朝大內者 莫奇於道康郡之月生山."

66) 『新增東國輿地勝覽』 권12, 京畿 長湍都護府 "綿紬洞 在五冠山下 洞中宏曠幽阻 無一寺刹 諺傳 若構佛宇於此 國祚不長 盖高麗裨補之意也."

67) 양균송의 『撼龍經』에서는 山脈의 형세를 貪狼, 巨門, 祿存 등 九星에 대비하여 서술하였는데, 고려의 국도풍수는 이처럼 天文에 대응한 서술 사례가 보이지 않는다는 점에서 양균송의 법과 일정한 차이가 있다고 봐야 할 것이다. 혹은 현재 접할 수 있는 양균송 관련 저서들이 신라 말 고려 초 유입한 것과는 차이가 있을 가능성도 배제할 수 없다. 양균송 관련

논란이 많은 D3의 훈요 제8조와 같은 언급, 즉 차현 이남과 공주강 밖 배역의 형세라는 설명은 가리키는 지역이 어디인지를 떠나서 국도인 개경을 기준으로 하여야 가능한 설명이다. 조선 후기에 이익(李瀷, 1681~1763)은 『성호사설(星湖僿說)』에서 공주강이 반궁수(反弓水)로서 송도와 한양 두 도읍을 등지고 있다고 하며 훈요 제8조의 배역을 해석하였다.[68] 이러한 설명이 맞는지 여부는 차치하고 이런 식의 설명을 한다는 것은 개경을 기준으로 설명하지 않는다면 이 지역이 배역이라는 설명이 나올 수 없음을 반영하는 것이다.[69]

한편 비보사사는 국운(國運)과 연결되어 있는 것이기도 하였다. 이를 보여주는 것이 D4의 기록으로서 이는 훈요 제2조를 그대로 반영하고 있다. 면주동은 영통사가 위치한 영통동 부근인데(〈그림 4〉 참조),[70] 영통동에는 영통사가 건립된 것에 비해 면주동에는 비보 때문에 절을 설립하지 말라고 하고 있다. 절을 설립하면 국조(國祚)를 해치기 때문이다.

이처럼 훈요 제2조에서 거론하고 있는 산천의 순역과 이에 따른 비보사탑의 설치는 국도를 기준으로 한 것이다. 국왕이 거주하는 국도(國都)는 전근대 시기에 세계의 중심으로 여겨졌고, 이를 기준으로 한 비보사탑은 국가의 운수를 좌우하는 것으로 주장되었다.

그런데 위에서 본 것처럼 국도를 기준으로 한 비보사탑에 대한 사고는, 전

저서들이 新唐書 藝文志 등에는 보이지 않고 宋史 藝文志에서 등장한다는 점, 일부 저서들은 이기론적 풍수로 꼽힌다는 점 등이 이러한 의문을 갖게 한다. 중국 풍수 관련 텍스트들의 성립 연대에 대한 좀 더 면밀한 고찰이 필요하다.

68) 『星湖僿說』 권3, 天地門 漢都

69) 차현 이남 공주강 밖 지역은 이익의 주장처럼 전라도 전체를 가리키는 것이 아니라, 현재에는 후백제의 중심지에 한정하여 보는 편이다. 즉 목천, 공주, 논산, 전주 등 현 충청남도 남부와 전라북도 북부 지역으로서, 이는 후백제에서 최후의 저항 근거지였던 곳들이다. 후삼국시기 지역 세력들의 귀부나 저항 여부를 고려 정부가 민감하게 받아들였다는 점은, 주군현, 향소부곡 등의 편제와 역로망 편제 등에서도 잘 드러난다. 관련 연구로 박종기, 2002 『지배와 자율의 공간, 고려의 지방사회』, 푸른역사; 정요근, 2008 「高麗·朝鮮初의 驛路網과 驛制 연구」, 서울대학교 국사학과 박사학위논문 참조.

70) 『息山集』(李萬敷) 권4, 地行附錄 五冠

〈그림 4〉「海東地圖」(古大4709-41) 중 松都
* 위쪽 동그라미가 면주동 일대이며, 아래쪽 동그라미가 영통사가 있는 영통동에 해당한다.

국토의 지세에 대한 거시적 안목을 반영하는 것이기도 하다. 전국 사찰의 위치가 이미 정해져 있다는 훈요의 언급은 적어도 전 국토를 대상으로 거시적인 지세 파악이 완료되었음을 의미한다. 그러한 안목에 바탕하여 세워진 절들이 국도(國都)를 비보한다는 개념은 결과적으로 개경을 중심으로 한 전국의 재편을 의미한다. 곧 신라 경주 중심의 질서로부터 새 수도를 중심으로 지방 지배체제를 재편하는 것이다.

국도를 기준으로 산천의 순역을 거론한 도선의 풍수는 고려의 중앙 정부가 지방을 통제하는 논리로 기능할 수 있었다. 이 시기 불사들은 중앙에서 행하는 것도 있었지만 지방 단위로 행해진 것들이 상당하였다. 고려 시기에는 지방의 향도(香徒)가 모여서 석탑을 건설하거나 지방 호족들이 불상 조성을 주도한 경우들을 확인할 수 있다.[71] 이는 곧 지방의 불사(佛事)가 종교적 차원

71) 이태진, 1972「예천 개심사 석탑기의 분석」『진단학보』53.
윤선태는 신라 중대에 이미 촌주 이하 지방 유력자들이 주도한 신앙결사(香徒)가 존재하였

에서 결속을 다질 뿐만 아니라 대규모로 인원을 동원하는 계기가 되는 것이었다. 따라서 이를 거꾸로 적용한다면, 불사를 통해 지방세력을 통제할 수도 있다는 것이다.

이렇게 국도를 기준으로 하여 선정된 전국의 비보사찰들을 수록한 문서에는 사원의 소속종파와 변경사항은 물론이고, 산천의 형세와 각 호장층(戶長層)의 인적사항까지도 기재되어 있었다. 그리고 각 사원의 관리에는 지방관들이 깊숙이 관여하여 있었으며, 각 행정조직은 불교계의 통제와 밀접하였다.[72] 이처럼 도선의 풍수는 사찰 건립 등을 관리함으로써 사찰들을 통제하고 이를 통해 지방세력들을 통제할 수 있는 방법이었다.

한편 개경은 왕건의 세거지로서 자신의 입지를 안정적으로 유지할 수 있는 장점을 지녔지만, 큰 틀에서 볼 때에는 일개 지방세력의 중심지에 불과하다. 따라서 이 지역을 전국의 중심으로 설정하기 위해서는 앞에서 보았듯이 풍수설이나 산천신앙 등에 기대어 다양한 신비화와 미화가 꾀해져야 했다. 그러나 이미 상당한 위상을 지니고 있는 지역을 선택한다면 이러한 미화를 위한 공력을 적게 들이고도 소기의 효과를 거둘 수 있을 것인데, 그곳이 바로 서경(西京)이었다. 훈요 5조는 물론이고 다른 사료들을 통해서도 태조 왕건이 서경을 중시하였음은 익히 잘 알려져 있는데 이는 태조로부터 비로소 시작된 것은 아니었고 궁예(弓裔)에게서도 이미 드러난 것이었다. 아래 궁예의 언설에서는

으며, 이들 중에서 신라 하대의 '지방호족'들이 성장하였다고 보았다(윤선태, 2002「신라 중고기의 村과 徒」『한국고대사연구』 25). 이는 향도로 대표되는 신앙결사가 지방 공동체와 밀접하다는 사실을 다시금 보여준다 하겠다.

72) 고려 말 조선 초 사원의 종파 문제나 분쟁에 비보 문적이 활용되었을 뿐 아니라, 一然이 인용한 청도「郡中古籍裨補記」(『三國遺事』 권4, 義解5 寶壤梨木)에는 전현직 호장층의 인적사항이 기록되어 있으며, 조선 세종대에는 충주사고로부터 가져오게 한 州府郡縣裨補寺社創立文籍에는 산천의 형세가 기록되어 있다고 한 것(『世宗實錄』 권28, 世宗 7년 6월 庚子) 등에서 비보 문적에 사원 관련 내용뿐만 아니라 지방의 형세와 호장층 등의 내용이 포함되어 있었음을 알 수 있다(한기문, 1998『고려사원의 구조와 기능』, 민족사, 110~117쪽). 또한 한기문은 비보지적의 문서에 산천의 형세까지 기록되어 있다는 점에서 고려시대 사원이 산천숭배 신앙과 밀접하게 연관되어 파악되었을 것이라 보았다.

고구려의 마지막 수도였던 평양이 고구려 그 자체로 인식되었다.

> 天復元年 辛酉에 善宗이 스스로 王이라 칭하고 사람들에게 이르기를 "옛날에 新羅가 唐에 병사를 청하여 高句麗를 격파하였다. 그래서 平壤 舊都가 황무지가 되고 말았으니 내가 반드시 그 원수를 갚겠다."라고 하였다.[73]

윗글에서는 고구려 패망과 황무지가 된 평양이 등치되고 있다. 이를 통해 평양이라는 지역이 고구려를 상징하는 그 자체로 받아들여지고 있는 것을 볼 수 있다.

'서경'이라는 지역이 특별히 등장한 것은 이 일대에서 고구려의 위상이 상당했던 것과 떼래야 뗄 수 없다. 발해, 거란 등 한반도 북부와 요동 일대에서 건국되었던 여러 국가들이 고구려를 계승하였음을 표방하고, 궁예나 왕건 역시 '고려'라는 국호를 택하였다는 등의 사실은 이전 시기 수(隋)·당(唐)에 맞서는 강대국이었던 고구려의 위상이 이 일대에서 상당했음을 반영한다.[74] 이러한 의식은 궁예의 언설에서 볼 수 있듯이 고구려를 멸망시킨 신라(新羅)를 치고 새로운 정치체를 구성하겠다는 명분을 제공해주는 것이기도 하였다.

태봉(泰封)으로 국호를 바꾸면서 고구려 계승의식으로부터 차별화를 꾀하였다가 패망한 궁예와 달리, 왕건은 꾸준히 서경(西京)을 중시하여 성(城)을 쌓고 사민(徙民) 정책을 취하였으며 여러 차례 순주하였다.

태조는 즉위한 원년부터 평양에 대도호부를 설치하고 사민정책을 취했는데, 얼마 지나지 않아 양경(兩京)이라 칭하는 기사가 있는 것으로 보아 서경

---

73) 『三國史記』 권50, 列傳10 弓裔傳 "天復元年辛酉 善宗自稱王 謂人曰 往者新羅 請兵於唐 以破高句麗 故平壤舊都 鞠爲茂草 吾必報其讐."

74) 동명숭배와 관련한 문화가 한반도 중, 북부를 비롯하여 12세기 전반의 발해유민 등에게도 나타난다는 점에서 이 일대 세력들에게 고구려의 위상과 인식이 상당했음을 알 수 있다(노명호, 2009 『고려국가와 집단의식』, 서울대학교 출판문화원, 57쪽).

으로 개칭한 것으로 보인다.[75] 922년(태조 5)에 양가(良家)의 자제를 옮기고 관부를 설치하였으며, 이듬해에는 재성(在城)도 완공되었다. 이후 주위의 여러 주에 성(城)과 진(鎭)을 설치하여 태조가 친히 평양을 거쳐 이들을 순시하였다. 930년(태조 13)에는 서경에 학교를 창설하였으며, 938년(태조 21)에는 나성(羅城)까지 건설함으로써 상당히 완비된 체제를 갖추게 되었다. 이러한 태조의 조처들은 개경보다 서경에 확실히 더 비중을 둔 것이었다.[76]

태조의 조처는 두 가지 측면을 갖는다. 첫째는 서경의 지력(地力)을 통해 삼한을 통합한다는 풍수적인 설명을 통해, 대내적으로 다른 지역들에 비해 우월한 위상을 확보하겠다는 차원이다. 둘째는 대외적으로 여진을 비롯한 주변 종족을 진압하여 북방을 안정시키겠다는 차원이다.

우선 전자부터 보면, 932년(태조 15)에 태조는 서경을 중시한 것이 다음과 같은 이유 때문이라고 하였다.

> 群臣에게 선유하기를 "예전에 西京을 完葺하여 백성을 옮겨 충실하게 하였으니, 地力을 빌어 三韓을 평정하고 장차 이곳에 도읍하려고 한 것이었다."[77]

위의 기사는 태조가 삼한 평정을 위한 땅으로서 지력(地力)을 가진 서경(西京)을 주목하였음을 보여주는데, 이는 훈요 제5조에서 이곳이 지맥의 근본이

75) 노명호, 앞의 책, 78쪽.
태조 2년에는 평양에 성을 쌓았다는 기록이 있는데, 태조 4년에는 서경에 행차하였다는 기록이 있는 등 관습적으로 평양과 서경이라는 호칭은 혼용되었을 가능성도 있다(『高麗史』 권1, 世家1 太祖 2년 10월; 太祖 4년 10월 壬申).

76) 이병도, 앞의 책, 104~106쪽.
서경에 설치된 관제가 중앙과 비슷할 뿐만 아니라, 학교의 창설이나 성곽의 건설 등이 개경에는 없었던 데 비해, 서경에는 연이어 설치되었다. 개경과 서경에 건립된 탑의 경우도 개경이 7층탑인데 비해 서경이 9층탑으로 좀 더 격이 높다. 이러한 점들은 태조대에 개경보다 서경이 중시되었다는 것을 보여준다(『高麗史』 권53, 五行志 1 火 火災, 定宗 2년 10월).

77) 『高麗史』 권2, 世家2 太祖 15년 5월 甲申

된다는 언설과 통한다.

서경 지역은 고구려의 중심지로서 상당한 위상을 가지고 있었지만, 고구려 멸망 후 사실상 방치되었던 상태였다. 태조대에는 성을 쌓고 학교를 설치하는 등의 여러 조처를 통해 이 지역을 다시금 종합적으로 개발하고 이를 계승한다는 의미를 부여하였다. 지력을 빌어 삼한을 평정하려 하였다는 언급은 대내적으로 지방세력들을 통합하고 그들에게 우월한 지위를 구축하여 하나의 국가를 건설하겠다는 지향이다. 서경의 지력과 삼한 평정이 관련되었다고 보는 사고는 태조의 순주 양태에서도 드러난다. 태조는 즉위 후 4년부터 18년까지 총 9차례 서경에 행차하였으나, 18년 이후로는 행차하지 않았다. 태조 18년이란 시점은 바로 경순왕(敬順王)이 귀부한 때이며, 이듬해에는 견훤(甄萱)까지 투항하여 실질적으로 삼한 통합이 이루어진 시기였다. 이때 이후 서경을 순주하지 않았다는 것은 이제 삼한 통합을 이루었기 때문에 서경의 지력을 빌어야 할 절박함이 사라졌다는 의미가 될 것이다.

한편 후자의 측면에서, 서경 순주는 대외적으로 여진을 비롯한 주변 종족들보다 우위를 차지하고 북방을 안정화하려는 목적에서 실행되었다. 태조는 평양을 대도호부로 만들 때 조서를 내리면서,

> 평양 옛 도읍이 황폐해진 지가 비록 오래되었지만 그 터는 아직도 남아 있는데, 가시덤불이 무성하여 蕃人들이 그 사이에서 사냥하다가 인하여 邊邑들을 침략하니 매우 큰 해가 된다. 마땅히 백성들을 이주시켜 충실히 하고 울타리를 공고히 하여 백대의 이로움으로 삼아야 할 것이다.

라고 하며 사촌동생인 왕식렴 등을 보내어 지키게 하였다.[78] 위 조서는 여진

78) 『高麗史』 권1, 世家1 太祖 元年 9월 丙申 "諭群臣曰 平壤古都 荒廢雖久 基址尙存 而荊棘滋茂 蕃人遊獵於其閒 因而侵掠邊邑 爲害大矣 宜徙民實之 以固藩屛爲百世之利 遂爲大都護 遣堂弟式廉 廣評侍郞列評 守之."

족 등을 비롯한 번인들이 평양 주변에 출몰하여 결국 그 주변의 읍들을 침략함으로써 북방이 안정되지 못하고 있다는 점을 지적한 것으로서, 여진을 비롯한 주변 종족을 진압하여 북방을 안정화하려는 의도를 잘 보여준다.

이상에서 본 것처럼 서경은 대내적으로는 중앙 왕실이 여러 지방세력을 넘어서는 우월적 지위를 구축하는 명분을 제공해줄 수 있었고, 대외적으로는 여진(女眞)을 비롯한 주변 종족들을 진압하여 북방을 개척할 수 있는 거점이었다.

고구려의 중심지라는 것 외에 서경이 중시되어야 하는 이유는 지력(地力), 즉 훈요 제5조에서 드러나듯이 수덕(水德)이 순조로워 지맥의 근본이 되는 곳이라는 측면에서 제시된다. 수덕(水德)이란 표현은 중층적으로 해석된다. 첫째 풍수적 조건에서 물의 형세를 잘 얻은 지역이라는 측면과, 둘째 오덕(五德) 중 수덕(水德)을 의미하는 것이다. 전자의 측면에서 개경은 조밀한 산세로 꽉 짜여진 장풍국(藏風局)이라는 평가를 받으며 물길이 순조롭지 못하다는 평가를 받는 데 비해, 평양은 국면이 넓어 평탄하고 대동강과 보통강이 그 동쪽과 남쪽을 감싸 흐르는 형상을 하고 있어 득수(得水)에 있어서 훌륭하다는 평가를 받는다.[79]

후자의 측면에서는 오행상생설(五行相生說)에 의하여 금덕(金德)에 해당한 신라에 대하여 고려는 수덕(水德)을 내세워 고려의 건국을 정당화하였다.[80] 이러한 중층적 사고 속에서 수덕이 순조로운 서경은 고려라는 나라 역시 '순조롭게' 할 수 있는 것이다.

서경이 지맥의 근본이라는 사실에 더하여 또 한 가지 주목할 점은 훈요에서 이곳에 국왕이 순주하라고 한 점이다. 이것이 고려 국도풍수의 중요한 특징 중 하나인 국왕순주설(國王巡駐說)이다. 중국에서도 국왕이 사방을 순수(巡狩)하거나 여러 개의 경(京)을 두는 일은 있었지만, 풍수적인 의미로서 여

79) 이병도, 앞의 책, 85~104쪽

80) 최병헌, 1978「고려시대의 五行的 역사관」『한국학보』13.

러 경(京)에 순주해야 한다는 논리는 보이지 않는다. 이는 조선에서도 세종대 이후로는 보이지 않는 사고로서 고려 국도풍수만의 매우 독특한 논리이다.[81] 이는 이후에 여러 성소들에 – 여러 곳에 건설된 이궁이나 남경·서경 등의 도시 – 왕이 머무는 것을 통해 지덕의 힘을 얻어 왕업을 이어갈 수 있다는 연기설(延基說)의 바탕이 되었으며, 송도의 지덕이 쇠했기 때문에 천도를 해야 한다는 주장으로 이어졌다. 이들은 모두 상호 밀접한 관련을 갖고 있는 논리였다.

국왕순주설을 살펴보기 위해서는 지덕쇠왕설의 문제를 짚고 먼저 넘어갈 필요가 있다. 우선 '지덕'과 '지기'가 동일한 의미인가 라는 문제와 '지덕쇠왕설'이 훈요에서 볼 수 있는 논리인가 하는 점이다.

기존 연구에서 지덕쇠왕설은 지기쇠왕설과 동일하게 취급되었다. 그러나 엄밀하게 볼 때 훈요 제2조에서는 지덕(地德)이라고만 거론되었고, 후대에도 훈요의 조항을 가리킬 때에는 대부분 지덕이라 칭하였다. 지덕(地德)과 지기(地氣)가 혼용되어 같은 의미로 사용된 것은 고려 말 이후이며 그 경우에도 지덕이라 칭한 사례가 훨씬 많다. 이들 사례들을 열거하면 〈표 3〉과 같다.

〈표 3〉에서 알 수 있듯이 훈요의 언급은 명확히 지덕(地德)이며, 지덕의 훼손은 훈요 혹은 도선의 말에 근거하고 있다. 지기(地氣)라는 표현은 『고려사』에서 천기(天氣)에 대응하여 사용된 적은 있으나,[82] 훈요에 근거한 지기쇠왕

---

81) 태종은 상왕으로 있던 세종 초반에 한양 주변 동, 서, 남쪽에 延基궁궐을 건설하여, 재변이 있을 때 避方을 위한 장소로 삼았다(『世宗實錄』 권7, 世宗 2년 1월 辛丑). 광해군대에도 道詵을 거론하며 교하로 천도하자는 주장 등이 있었지만, 이는 국왕의 순주라는 의미가 아니었으므로 별개의 내용으로 봐야 할 것이다. 실질적인 의미에서는 태종의 연기궁궐 건설이 고려 국도풍수의 마지막 흔적이라고 할 수 있다. 그러나 이때의 연기궁궐도 국왕 개인의 피방을 위한 차원이었기 때문에, 고려 전·중기 국운을 연장하기 위한 국왕순주의 개념에 비할 때 매우 협소한 이유로 건설된 것이었다.

82) 『高麗史』 권50, 志4 曆1 宣明曆上 推五行用事 "小雪 十月中 兌九五 虹藏不見 天氣騰 地氣降 閉塞而成冬."
『高麗史』 권51, 志5 曆2 授時曆經上 氣候 "十月 立冬 十月節小雪 十月中 水始冰 地始凍 雉入大水 爲蜃虹藏不見 天氣上升 地氣下降 閉塞而成冬."

〈표 3〉 地德 · 地氣의 사용례

地德	地氣
○ 훈요 제2조 ○ 『高麗史』 권95, 列傳8 崔冲傳 附惟善 王命創興王寺于德水縣 移縣于楊川 惟善諫曰 昔唐太宗 神聖英武 千百年以來 未有倫比 不許度人爲僧 創立寺觀 以遵高祖之志 史傳美之 我太祖神聖王訓要曰 國師道詵 察國內山川順逆 凡可以創造寺院之地 無不營建 後世嗣王 及公侯貴戚后妃臣僚 無得爭修願宇虧損地德 ○ 『高麗史』 권84, 志38 刑法1 公式 職制 충선왕 초즉위년 是年正月 忠宣王卽位下敎曰 一太祖創立禪敎寺社 皆以地鉗相應置之 今兩班私立願堂 虧損地德 ○ 『高麗史』 권38, 世家38 恭愍王 1년 2월 丙子 宣有境內曰……祖王代 創置禪敎寺院 所以裨補地德 以利國家 今多頹圮 只有遺基其有土田者 收其租 有臧獲者 收其庸 以備重修 又遵太祖信書 諸人毋得擅起寺舍爲僧者必須度牒 不許居家 ○ 『高麗史』 권45, 世家45 恭讓王 2년 12월 乙亥 刑曹判書安瑗等 上書曰 …… 頃者遷幸之初 術士論曰 天灾屢見於上 地怪每興於下此皆地德之衰 巡幸 南京 則禍可弛也 今駐驛未久 獸多損傷人物 人或潛謀不軌 變怪亦云不息 術士之論地德之說 寧可信乎 ○ 『高麗史』 권112, 列傳 25 朴宜中傳 書雲觀上疏曰 道詵密記有地理衰旺之說 宜幸漢陽 以休松都地德 ○ 『柳巷詩集』 詩 扈駕至南京 韓山君在神勒寺 寄示絶句 次韻奉答 君王到此戒三風 端拱無爲坐法宮 地德豈非裨聖德 放歸歌舞遠頑童 ○ 『柳巷詩集』 詩 自南京歸松都 馬上口號 南都告暇往松京 首路三峯東面行 雲淡雲濃惱人意 山明山暗起詩情 美材應入侠家用 沃壤寧容野老耕 地德果能延國祚 日官宜不念民生 ● 『陽村集』 권1, 進風謠 前朝季世 運祚衰替 良由王政之失 抑亦地德有盛衰也歟 ● 『太祖實錄』 권6, 太祖 3년 8월 己卯 政堂文學鄭摠曰……道詵謂 若都扶蘇 統有三土 前朝自始祖王建已前 三國鼎峙 統三以後 只都開京 王氏之終於五百年 以其運數 而不必係於地德	○ 『高麗史』 권117, 列傳30 姜淮伯傳 姜淮伯……陞判密直司事兼吏曹判書 上疏曰……近日演福之役 民有破產失業 是乃傷仁政之大端也 天時地利不如人和 一治一亂自然之理 安有地氣衰王 而國祚有盛衰乎 ○ 『高麗史』 권133, 列傳46 우왕 4년 11월 禑嘗召左使洪仲宣 政堂文學權仲和等 曰京城控海 慮有不虞之患 且地氣有衰旺 而定都已久 宜擇地徙都之 其考道詵書以聞 ● 『太祖實錄』 권6, 太祖 3년 8월 戊寅 上至毋岳 相定都之地……上曰 此地旣不可 何地爲可 旱雨對曰 臣不知 上怒曰 汝爲書雲觀 謂之不知 欺誰歟 松都地氣衰旺之說 汝不聞乎……上曰 予將決意遷都 若曰近境之內 更無吉地 則三國所都 亦爲吉地 宜合議以聞 乃謂左侍中趙浚 右侍中金士衡曰 書雲觀在前朝之季 謂松都地德已衰 數上書請遷漢陽……

* 비고: 조선 시기의 언급은 ● 표시를 달았다.

이라는 표현은 거의 등장하지 않는다. 등장한 경우도 고려 말 조선 초에 잠시 혼용된 것에 불과하다.[83)]

지덕이라는 표현은 숭복사비에서 "덕(德)이 용의 귀보다 높다"는 표현으로 사용된 것처럼 신라 말부터 이미 땅 혹은 지세(地勢)를 가리키는 용어로 사용되었다. 그러나 이는 중국의 용례와는 약간 차별점이 있어 비교해볼 필요가 있다.

지덕은 중국에서도 자주 사용된 용어로서, 크게 두 가지 용례를 가지고 있다. 첫 번째로는 만물을 육성하는 생산력이라는 의미로 지덕(地德)이 사용된 경우인데, 이는 산천(山川)과 직접적인 관련이 없다. 이러한 용례는 『주역(周易)』이나 『회남자(淮南子)』 등 이른 시기의 문헌에서 이미 확인되며,[84)] 『장서(葬書)』에서 거론된 지덕의 용례와도 상통한다. 『장서』에는 "하늘의 빛이 아래에 임하고 땅의 덕이 위에 싣는다(天光下臨 地德上載)"는 구절이 있다. 중국에서 전통적으로 땅은 만물을 싣고 가는 수레에 비유되었다는 점에서 볼 때 '지덕상재(地德上載)'라는 표현은 만물을 생산해내고 지지해주는 땅이라는 의미의 범주를 그다지 벗어나지 않는다.[85)]

두 번째로는 명산(名山)이나 영험함(靈)을 의미하는 경우이다. 사직(社稷)에 제사지낼 때 쓰는 영고(靈鼓)에 대하여, 송대(宋代) 진양(陳暘)은 영(靈)

여기에서 地氣는 땅의 기가 아니라 陰氣라는 의미를 가진 것으로 봐야 할 것이다.

83) 〈표 3〉의 『太祖實錄』 권6, 太祖 3년 8月 戊寅條에서 이성계가 같은 내용에 대하여 이성계가 地氣와 地德을 혼용하여 사용하고 있다. 이를 통해 고려 말 조선 초에는 분명히 '지덕쇠왕'이 '지기쇠왕'과 동일하게 인식되었음을 확인할 수 있다.

84) 『周易』 上經 坤卦 "文言曰 坤至柔而動也剛 至靜而德方 [本義 剛方釋牝馬之貞也 方謂生物有常]."
『國語』 魯語下 "天子大采朝日 與三公九卿 朝識地德 [地德所以廣生]."
『淮南子』 俶眞訓 "萬民猖狂 不知東西 含哺而游 鼓腹而熙 交被天和 食于地德."

85) 사고전서본의 주석에서도 『장서』의 위 구절 의미를 '하늘의 별이 빛을 드리워 아래를 비추니 땅의 덕이 유순하여 위에 싣는다'고 해설함으로써 『주역』의 설명을 따르고 있다.
『葬書』(사고전서본) 外篇 "天光下臨 地德上載 [天有一星 地有一穴 在天成象 在地成形 葬得其所 則天星垂光而下照 地德柔順而上載也]."

은 지덕(地德)을 의미하기 때문에 지기(地祇)에 제사를 지낼 때 영고를 사용한다고 하였다.[86] 영(靈)은 기본적으로 신령을 의미하는 단어일 뿐만 아니라 이것이 지기에 대한 제사로 이어진다는 점에서 땅의 신에 대한 신앙과 관련한 용어로 볼 수 있다. 또한 『주례(周禮)』에서는 "구주(九州)의 주(州)별로 명산(名山)을 진(鎭)이라고 함으로써 지덕을 편안하게 한다."[87]는 내용이 있어 지덕이 산천신앙적인 의미를 가진 것으로 해석할 수 있다.

그렇다면 훈요 제2조에 거론된 지덕은 어떠한 의미일까? 훈요 제2조에서는 사찰의 남설이 지덕을 훼손시켜 나라가 멸망할 것이라고 하며 도선이 산천(山川)의 순역(順逆)에 따라 미리 땅을 점찍었다고 하고 있다. 여기에서는 지덕을 언급한 후에 산천이 등장한다는 점에서 생산력이라는 첫 번째 용례보다는 산천과 관련된 두 번째 용례와 관련이 깊다고 볼 수 있다.[88] 이는 아래 정안종의 상소에서 좀 더 구체적으로 드러난다.

> 前副司正 鄭安宗이 上言하기를, "……오직 道詵이 踏山한 뜻을 보니 유독 諸賢의 歌訣보다 특이하니, 그 道眼과 神術이 헤아릴 수 있겠습니까? 무릇 우리나라의 山川은 白頭山에서 근원하여 大脈이 나뉘고 大勢가 분명하며 천지만엽이 분분하게 어지럽게 내려오고 천태만상으로 활을 당기고 손톱을 펼친 것처럼 종횡으로 달려옵니다. 그 사이에 음양 두 길의 산이 내외의 門戶를 단속하니[鉗] 산형의 기색과 산수의 성정이 運脈의 성쇠와 함께하고, 山川의 地德이 時運에 서로 부합하는 것을 전인 도선이 철두철미하게 보고 알아서 당시의 길흉이 발한 것을 대놓고 발하니 미래의 화복과 예정이 허황하지 않았습

86) 『世宗實錄』 권47, 世宗 12년 2월 庚寅 "祭享之鼓 有雷鼓靈鼓路鼓 凡三樣也 陳暘云 雷天聲也 故祀天神用雷鼓 靈地德也 故祭地祇用靈鼓 路人道也 故享人鬼用路鼓."

87) 『周禮注疏』(1815년 阮元刻本) 권33, 職方氏 "東南曰揚州 其山鎭曰會稽 其澤藪曰具區 其川三江 其浸五湖 其利金錫竹箭 其民二男五女 其畜宜鳥獸 其穀宜稻 [鎭名山 安地德者也]."

88) 1절에서 인용한 월악산 월광선사비문에서 월광사의 입지에 대하여 "빼어난 영험함"이라 표현한 것도 '지덕'이라 풀이할 수 있을 것이다.

니다. 병오년의 화재와 임자, 계축년의 병난이 어찌 헛된 것이겠습니까? 이미 신효함을 증험한 것이 한두 가지가 아닙니다.……山川이 험하면 地精이 나쁩니다. 그러므로 道詵이 이르기를, '地脈에 靜力이 없으면 많이 動하니 靜하면 補하고, 動하면 鎭한다'라고 하였습니다. 禳鎭裨補하여 和氣에 순하게 합하도록 하는 것은 옛 神仙의 자취입니다. 지금 風水라는 것은 오로지 무덤을 앉히고 집을 짓는 것만 일삼을 뿐이고 山川의 國脈을 양진비보하는 술은 듣지를 못하였으니 이것은 분명히 성명의 시대에 흠결이 아니겠습니까.……"[89]

정안종의 상언에 따르면, '산형의 기색, 산수의 성정, 산천의 지덕'은 운맥(運脈)과 시운(時運)과 서로 부합한다고 함으로써 지덕이 구체적으로 산천의 덕, 혹은 힘을 가리키는 것임을 알 수 있다. 이것이 시운과 서로 부합한다는 내용은 땅의 생산력과는 무관한 예언적인 서술인 대신, 훈요 제2조에서 사찰의 남설이 국운의 훼손을 가져왔다는 운수적(運數的) 서술과 일치한다. 또한 도선의 양진비보하는 법이 옛 신선의 자취라는 서술은 지덕에 대한 언설과 비보풍수가 산천신앙적인 측면을 내포하고 있음을 보여준다.

위 언급 외에도 고려 혹은 그 이전 시기 기록에서 지덕이 생산력이라는 의미보다는 영험함이라는 후자의 뜻으로 사용된 경우가 보인다. 『세종실록지리지(世宗實錄地理志)』의 합천군(陜川郡) 해인사(海印寺)조를 보면, 다음과 같이 고기(古記)를 인용하였다.

古記에 이르기를, "(해인사가 위치한 가야산은: 필자) 山形이 天下의 으뜸이

---

89) 『文宗實錄』 권7, 文宗 1年 4월 壬午 "前副司正 鄭安宗上言 …… 惟道詵踏山之旨 獨異於諸賢歌訣 其道眼神術 豈可量哉 夫我國山川 原於白頭山 大脈分散 大勢磊磊落落 千枝萬葉 紛紛亂來 萬狀千態 張弓布爪 縱橫奔馳 其間陰陽兩路山 鉗內外門戶 山形氣色 山水性情 與夫運脈盛衰 山川地德 時運相當 前人道詵 徹看徹知 當時吉凶所發 觸面而指 未來禍福 預定不虛 如丙午之火壬子癸丑之兵 豈其虛哉 已驗神效 非一二矣 …… 山川險則地精惡 故詵曰 地脈無靜力 而多動 靜則補之 動則鎭之 禳鎭裨補 順合和氣 古神仙之遺迹 今也風水者 唯事安墳立宅而已 未聞山川國脈 禳鎭裨補之術 此非明時之欠事歟."

며 地德이 海東에 짝이 없으니 진실로 精修하는 땅이다. 절에는 崔致遠이 岩碁閣이라고 쓴 것이 있다."[90]

윗글에 따르면 해인사에 대한 고기(古記)에 산의 형태가 천하에서 제일가고 지덕이 해동에서 으뜸인 땅이라고 하였다. 산의 형태를 운운한다는 점에서 지덕이 생산력으로 해석될 여지가 적다. 더구나 해인사는 재래의 성지로서, 그 안에는 산신이 된 대가야국왕후인 정견(正見)을 모신 정견천왕사(正見天王寺)가 있었다.[91] 윗글에서는 '고기(古記)'를 인용하였다는 점에서 지덕에 대한 인식은 고려나 그 이전 시기의 인식을 반영하는 것으로 이때 지덕은 영험함을 보여주는 재래의 성소 및 산천을 의미하는 것이라 할 수 있다.

다음으로는 '지덕의 쇠왕'이 언제부터 언급되었는가 하는 점이다. 훈요에서는 사찰의 남설이 지덕의 훼손을 가져왔다는 언급일 뿐, 지덕을 쉬어주면 다시 왕성해진다는 쇠왕의 논리는 보이지 않는다. 서경(西京)에 대한 국왕의 순주 역시, 이곳이 지맥의 근본이므로 국왕이 머무를 것만을 거론하였을 뿐 그것이 송도의 지덕을 쉬어주는 것과 상관이 있다는 의식은 보이지 않는다. 다만 지덕이 운맥이나 운수와 밀접하게 관련되어 있다고 보는 인식이 있었다는 점을 미루어본다면, 이것이 쇠왕의 논리로 이어지는 것은 논리상 무리는 아니다. 그럼에도 〈표 3〉에서도 볼 수 있듯이 송도의 지덕이 쇠했기 때문에 다른 곳으로 천도해야 한다는 주장은 고려 말에 집중적으로 제기되었다. 이로 볼 때 훈요에서는 지덕과 그것이 훼손될 가능성까지는 거론하였지만, 쇠했다가 왕성해진다는 지덕쇠왕의 사고는 고려 중기 이후에 본격화된 사고로 봐야 할 듯하다. 이에 대해서는 2장에서 좀 더 자세히 살펴보겠다.

---

90) 『世宗實錄』 地理志 慶尙道 尙州牧 陜川郡 "海印寺在伽倻山南 屬敎宗 給田二百結 古記曰 山形絶於天下 地德隻於海東 眞精修之地 寺有崔致遠書岩碁閣."

91) 『新增東國輿地勝覽』 권30, 慶尙道 陜川郡 祠廟條
신라 시기 전통적인 성지들이 불교 사원으로 대치되었음은 주지의 사실인데, 신라 애장왕대 개창되었다는 해인사 역시 전통적인 성지를 불교사원이 차지한 것임을 보여주는 사례이다.

태조는 서경에 순주하였을 당시 북방의 주진(州鎭)을 순찰하고 재제(齋祭)를 올렸다. 이를 통해 북방의 방어선을 점검하고 그 일대 지방세력 및 주변 종족들을 검속함으로써 정치적, 외교적, 방어상 문제들을 해결하였다. 그런데 이러한 행위의 당위성을, 이곳이 지맥의 근본이므로 순주해야 한다는 논리로 포장한 것은 중국이나 조선에서는 볼 수 없는 매우 독특한 것이다. 이는 산천신앙 같은 고유의 민간신앙을 풍수로 번안하여 실천한 것이었다. 산천신의 영험함은 지덕이라는 용어 속에 살아 있었고, 국왕이 지맥의 근본인 서경에 때때로 순주하는 것은 국왕이 이들 신앙의 최고 권위자임을 대내외적으로 천명하는 의례적 행위였다. 훈요의 풍수 관련 조항들에서 보이는 이와 같은 특징들은 풍수설과 산천신앙 등이 만연한 현실을 일정 부분 포섭하면서도 이를 풍수라는 논리로 체계화함으로써, 그에 기반한 사회현실을 통제하려는 목적에서 기인한 것이었다.

이처럼 고려 태조는 신라 말 이래 각처에서 유행한 풍수설이나 민간신앙, 불교 등을 풍수를 가지고 일련의 체계를 구성하였다. 서경이라는 중심 장소를 설정하고 도선(道詵)이라는 풍수의 권위자를 설정하였다. 이를 통해 중앙정부가 지방세력과 불교 교단에 대하여 우위를 점하고 이들을 통제하게 한 것이다. 훈요십조는 이후 태조의 유훈으로 거론되면서, 태조의 권위를 통해 고려 정치 현실에 이들 신앙들이 기능할 수 있는 공식적 창구가 되기도 하였다. 또한 이들 신앙들은 태조의 선대를 수식해주면서 고려 왕실의 신성성을 보장해주었다.[92] 그 결과 고려의 국도풍수는 도선의 풍수를 내용으로 삼고 태조의 권위를 바탕으로 정치현실에서 활용되는 이데올로기가 되었다. 풍수설이 이후 사회적, 학문적 진전과 비판 속에서도 쉽게 도태되지 않았던 것은

92) 김열규는 고려의 건국설화를 통해 고려 왕실이 그 정통을 산신과 수신신앙으로 성화하였다고 평가하면서, 여기서 고려의 왕권과 민간신앙이 맺어지게 되었다고 보았다. 그런 측면에서 도참사상을 국가 이념으로 삼은 것은 필연적인 추세이며, 고려 시기 풍수설의 한 연원을 여기에서 구할 수 있다고 하였다(김열규, 1977 『한국신화와 무속연구』, 일조각, 105~106쪽).

태조의 권위에 기반하고 그 권위를 수식해준 논리 그 자체였기 때문이다.

3. 태조~현종대 국왕의 순주(巡駐)[93]

태조대에는 고구려의 고도(古都), 북방 안정화를 위한 전진 기지, 삼한 통합을 가능하게 하는 지력(地力)을 가진 땅 등 다각적인 측면에서 서경(西京)이 중시되었다. 태조가 서경에 행차하고 그곳에서 행한 행위들은 이후 국왕들

〈표 4〉 太祖代 西京 순행 사례

연 월			내용	비고
행차	年干支[94]	還御		
921년 (태조 4) 10월	辛巳	미상	幸西京	12월辛酉 太子책봉
922년 (태조 5) 미상	壬午	미상	幸西京 新置官府員吏 始築在城	
925년 (태조 8) 3월	乙酉	미상	幸西京	
926년 (태조 9) 12월 癸未	丙戌	미상	幸西京 親行齋祭 巡歷州鎭	
929년 (태조 12) 4월 乙巳	己丑	미상	幸西京 歷巡州鎭	
930년 (태조 13) 5월 壬辰	庚寅	6월 庚子	幸西京	
930년 (태조 13) 12월 庚寅	庚寅	미상	幸西京 創置學校	
931년 (태조 14) 11월 辛亥	辛卯		幸西京 親行齋祭 歷巡州鎭	
934년 (태조 17) 1월 甲辰	甲午	미상 (5월 전)	幸西京 歷巡北鎭	5월乙巳 예산진조서
935년 (태조 18) 9월 甲午	乙未	미상 (11월 전)	幸西京 歷巡黃海州	11월 신라왕 귀부

* 『高麗史』 世家에 바탕하여 정리함.

의 순주 행위에 전형이 된다는 점에서 주목될 필요가 있다.

〈표 4〉에서 보이듯이 태조의 서경 행차는 동절기(冬節期)가 많지만, 봄이나 여름철에도 행해져서 딱히 시기가 정해진 것은 아니었다. 서경에 행차하였을 때에는 성을 짓거나 학교를 설치하는 등 서경을 완비하는 조처들이 행해졌다. 이외에 태조 13년에는 5월과 12월에 걸쳐 두 차례나 행해졌다는 점이 주목된다. 이 해가 후백제와 고창군(古昌郡) 전투를 치열하게 벌인 시기였음을 감안하면 두 차례의 행차는 전투의 승리를 기원하기 위한 풍수적 언설과 밀접한 관련이 있었기 때문으로 추정된다.

또한 국왕이 이 일대의 주진(州鎭)을 역순(歷巡)하고 재제(齋祭)를 행한 것 역시 주목할 필요가 있다. 이 일대의 주진을 순력한 것은 북방의 안정과 관련되어 있었다. 931년(태조 14)에 태조는 유사(有司)에 아래와 같은 조서를 내렸다.

> 北蕃 사람들은 사람의 얼굴을 하고 있으나 짐승 같은 마음을 가지고 있어서 굶주리면 왔다가 배부르면 가버리고 이익을 보면 부끄러움도 잊는다. 지금은 비록 굴복하고 있지만 향배가 무상하니 지나온 州鎭으로 하여금 성 밖에 館을 지어서 접대하게 하라.[95]

위 조서는 북번 사람들을 성 안으로 들이지 말고 성 밖에 따로 장소를 마련하여 접대하라고 조처한 것이다. 이것이 서경에서 내려진 것인지 분명히

---

93) 현종의 다음 시기인 덕종대에는 순주 관련 내용이 확인되지 않는다. 따라서 이 글에서는 분석 대상에서 제외하였다.
국왕의 순주는 사료상 巡住, 혹은 巡駐라고 쓰여졌는데, 뜻에 있어서는 큰 차이가 없으나 후자가 빈도가 더 높으므로 巡駐를 선택하여 용어를 통일하였다.

94) 훈요에서 언급된 四仲의 의미를 파악하기 위해 연간지를 부기하였으나, 子午卯酉로 끝나는 사중년과도 일치하지 않아서, 그 의미는 여전히 미상이다.

95) 『高麗史』 권2, 世家2 太祖 14년 "是歲詔有司曰 北蕃之人 人面獸心 飢來飽去 見利忘恥 今雖服事 向背無常 宜令所過州鎭 築館城外 待之."

밝히고 있지는 않지만 이 해 11월에 서경에 행차하였고 주진순력도 겸했다는 점에서 그 무렵 반포되었을 가능성이 크다.

한편 태조는 서경에서 재제(齋祭)를 행하였는데, 개경에서는 이를 행한 적이 없었다. 이는 고구려의 옛 수도에서 새로운 국왕에 의해 몇 백 년 만에 거행되는 제례였던 만큼 매우 상징적이었고 대내·대외적으로 통치의 정당성을 표방할 수 있는 좋은 방법이었다. 그렇다면 재제는 어떠한 형식의 의례였을까? 후대에 서경에서의 재제는 팔관회로(혹은 연등회도 포함) 해석된 듯하다. 그러나 태조대 사료에서는 개경의 팔관회는 분명히 팔관회라고 칭해진 것에 비해[96] 서경에서의 제례는 재제(齋祭)라 칭해졌을 뿐 팔관회라고 칭해지지 않았다. 따라서 태조대 재제가 어떠한 형태를 가지고 있었는지는 단언하기 어렵다.

전반적으로 태조대 개경과 서경에 대한 조처를 함께 살펴보면, 나성(羅城)을 건설하지 않은 개경에 비할 때, 서경에 대해서는 성곽과 학교를 건설하고 개경보다 더 높은 탑을 쌓는 등 서경을 중시하였다. 그러나 서경을 지맥의 근본이라 하고 풍수적인 측면에서 이곳이 중심임을 천명하면서도 자신의 세거지인 개경(開京)을 미화하는 것 역시 소홀하지 않았고, 실제로 서경으로 천도하지도 않았다. 이와 같은 개경과 서경에 대한 태조의 이중적 태도는 서경이 폐허였던 데다 당시로서는 지나치게 북방에 위치하였기 때문에, 서경을 수도로 삼고 싶다 해도 현실적으로 이것이 용이하지 않았기 때문으로 추정된다. 그러나 이러한 태조의 이중적 태도는 결과적으로 현종대 양경(兩京)의 관계가 어느 정도 자리 잡기 전까지 어느 쪽이 실질적인 수도인가라는 정치적인 혼란을 불러일으킨 원인이 되었다.

태조 사후 혜종(惠宗)대에는 서경에 대한 어떠한 조처도 취해진 바가 없었다. 혜종의 재위기간이 짧았기 때문일 수도 있으나, 그 뒤를 바로 이은 정

---

96) 『高麗史』 권1, 世家1 太祖 元年 11월 "始設八關會 御儀鳳樓觀之 歲以爲常."

종(定宗) 역시 재위기간이 그다지 길지 않으나 서경 천도 계획까지 세웠던 것과 비교한다면 현격하게 차이가 난다. 이는 혜종의 외가인 나주(羅州) 오씨(吳氏)나 박술희(朴述熙) 등의 지지 기반이 서경(西京)과 관련이 없을 뿐더러 오히려 대립 관계였던 데에서 비롯한 것이었다.

그러나 태조에 의해 평양(平壤)에 보내졌던 왕식렴(王式廉) 등의 북부 세력을 기반으로 즉위한 정종(定宗)은 극단적인 서경 천도 정책을 폄으로써, 후대에 강한 비판을 받았다.[97] 태조가 주변 군현의 백성들로 서경을 채웠던 것에 비해 정종은 개경의 민호(民戶)들로 서경을 채우려 했다.[98] 이는 단순히 서경을 중시한 데 그치는 것이 아니라, 아예 수도를 옮기는 행위였다.

이처럼 서경을 중시한 것은 정종의 왕권이 왕식렴으로 대표되는 평양 세력에 기반한 데서 일차적으로 비롯하였겠지만, 대외적인 문제도 결부되었던 것으로 추정된다. 서경에 토목공사가 본격화된 것은 서경(西京) 왕성(王城)을 쌓았다고 하는 947년(정종 2) 무렵이었던 것으로 보이는데,[99] 이 시기는 거란 침입을 대비하여 광군(光軍)을 뽑고 북변 지역에 집중적으로 성을 쌓은 시기였다.[100] 거란의 위협에 대비함에 있어 중요한 것 중 하나는 거란과 고려 사이의 점이 지대에서 생활하는 여진, 발해유민 등의 향배였다. 이는 태조대부터 서경을 주시하게 한 중요한 요인이기도 하였다.[101] 그런 측면에서 정종은

---

97) 『高麗史』 권2, 世家2 定宗 4년 3월 丙辰

98) 윗 기사 "王性好佛多畏 初以圖讖 決議移都西京 徵發丁夫 令侍中權直 就營宮闕 勞役不息 又抽開京民戶 以實之."

99) 『高麗史』 권2, 世家2 定宗 2년 봄 "築西京王城."

100) 이병도는 정종 2년 무렵이 거란의 위협이 걱정되던 때였으므로 천도 경영의 기점은 2년 무렵이 아니라, 즉위 직후거나 혹은 거란의 위협이 풀린 다음일 것으로 추정하였다(이병도, 앞의 책, 109~110쪽). 그러나 본문에서 서술하듯이 거란의 위협이 가시화된 때에 정종이 오히려 공세적으로 서경 천도를 시도한 것으로 보인다.

101) 태조대 이래로 여진 집단에게 관작을 수여하고 代價品을 수여하는 등 여진족을 포섭하기 위한 다양한 정책을 취한 것으로 보인다. 936년(태조 19) 후백제와의 최후 결전에 여진 기병이 동원되기도 하였다는 점에서 여진의 고려 복속은 매우 중요한 문제였다(노명호, 앞의 책, 167~168쪽).

공세적으로 서경 천도를 실행하여 북번인들의 이탈을 막고 세력을 다지려는 의도가 있었던 것으로 추정된다. 이와 함께 정종 3년 가을에는 말과 방물을 바쳐온 동여진(東女眞)의 소무개(蘇無盖) 등에게 후한 폐백으로 보답해줌으로써[102] 포섭적인 정책도 함께 취하였다.

광종대에는 서경세력은 물론이고 지방세력들을 본격적으로 탄압하면서 중앙집권화를 시도하였다.[103] 이에 따라 서경의 위상 역시 정종대에 비할 때 상당히 저하되었는데, 이를 단적으로 보여주는 것이 960년(광종 11)에 개경을 황도(皇都)로, 서경을 서도(西都)로 개칭한 것이다.[104] 정종대 서경으로 천도하려고 했던 것에 비할 때, 광종대에는 '황도'라는 명칭에서 볼 수 있듯이 개경의 위상은 절대화되었지만 서경은 서쪽에 있는 수도-서도-라는 상대적인 의미밖에 갖지 못하였다. 이렇게 명칭을 개정한 후 961년(광종 12)부터 2년에 걸쳐 개경의 궁궐을 수축하여 963년(광종 14)에 완공하였다.[105] 특히 이 시점은 광종의 정치행태와 직접적인 상관성을 보이고 있어 흥미롭다. 개경을 황도로 개칭하고 궁궐을 수축한 광종 11년 무렵은 광종이 독단적으로 정치를 펼치고 정적을 본격적으로 숙청하던 시기였기 때문이다.[106] 이처럼 군주의

---

102) 『高麗史』 권2, 世家2 定宗 3년 9월

103) 정종대에 비할 때 광종대는 중국 본토의 정세가 後周 世宗대를 거쳐 宋의 건국으로 이어지면서 五代의 혼란한 상황이 어느 정도 진정 국면으로 접어들었다. 광종은 2년부터 후주의 연호를 시행하고 책봉을 받았으며 사신을 왕래하였다. 宋의 건국 후에도 사신이 계속 왕래하였고 14년부터는 송의 연호를 사용하였다. 정종 역시 3년부터 後漢의 연호를 시행하였다는 점을 볼 때 본토와의 교류를 무시한 것은 아니었지만, 광종의 조처는 본토와 교류하는 데에 좀 더 방점이 있었고 본토의 정세도 안정화됨으로써 이에 걸맞게 되었다고 본다. 이는 대외적인 측면에서 서경이 광종대에 큰 의미를 띠지 못하게 된 원인이었을 것으로 추정한다.

104) 『高麗史』 권2, 世家2 光宗 11년 "改開京爲皇都 西京爲西都."
이 조처가 개경의 절대적 위치를 강화하는 것이라는 점에 대해서는 이태진, 1977 「김치양 난의 성격」 『한국사연구』 17, 86쪽 참조.

105) 『高麗史』 권2, 世家2 光宗 14년 6월 "還御宮 詔曰 朕比爲重修大內 久在離宮 心存警備 事異尋常 百官奏事 多不親聽 慮恐衆心 或生疑阻 其爲軫念 寢食難忘 今者修營功畢 聽政有所 凡爾百僚 各敬爾事 依舊進奏 毋得稽留 庶幾魚水同歡 毋致君臣相阻."

106) 최승로는 광종 11년인 庚申年을 참소와 중상이 성행하고 구세력들인 공신들이 본격적으

위상을 절대화하며 지방세력들 및 구세력들을 철저히 숙청하던 광종대에는 개경의 위상이 확고해지고, 서경의 위상이 상대적으로 저하되었다.[107] 이는 서경 지역의 반란을 불러일으키기도 하였다.[108]

광종의 정치에 대해 반동적 행태가 표출되었던 경종대에도 서경에 대한 특별한 조처나 국왕의 순주 사실은 나타나지 않는다. 경종의 혼사(婚事)에서 드러나듯이 친신라계가 대두하고 있다는 점,[109] 경종의 유조(遺詔)에서 서경 등지 군권자(軍權者)들이 임소를 떠나 부궐(赴闕)하는 것을 금지시키는 점 등에서[110] 서경세력에 대한 경계와 견제를 읽을 수 있으며, 이러한 분위기는 성종대 초반까지 이어진 것으로 보인다.

성종대에도 초기에는 서경을 그다지 중시하지 않았다. 오히려 987년(성종 6)에 대도독부(大都督府)였던 경주(慶州)를 동경(東京)으로 승격시키고 유수관(留守官)을 설치하였다. 동경의 설치를 통해 새로이 경(京)이 추가된 것은, 이전 시기 서경과 개경만이 존재했던 정치 전통과는 차별화된 것으로서 새로운 지향을 보여주는 것이기도 하였다. 동경이 설치된 것은 최승로(崔承老), 최량(崔亮)처럼 경주 출신의 구신라 계열의 문신들이 정치에 집중적으로 참여하고 있었다는 점이 주요하였고, 동경유수가 설치된 성종 6년에 개경과 서경의 팔관회가 폐지된 것은 그러한 맥락에서 파악할 수 있을 것이다.[111]

로 숙청된 시기로 꼽았다(『高麗史』 권93, 列傳6 崔承老傳 "况自庚申 至乙亥 十六年間 姦兇競進 讒毁大興 君子無所容 小人得其志 遂至子逆父母 奴論其主 上下離心 君臣解體 舊臣宿將 相次誅夷 骨肉親姻 亦皆翦滅").

107) 이병도는 광종대 서경 순주 등과 관련한 기록이 보이지 않는 것에 대해 기록의 탈루일 것이라 보았지만(앞의 책, 114~115쪽), 그보다는 정치세력과 지향이 정종대와 현격하게 달라졌다고 보는 것이 나을 듯하다.

108) 『高麗史』 권2, 世家2 光宗 25년 是歲 西京居士緣可 謀叛伏誅

109) 경종의 첫 혼인이자 즉위하면서 동시에 이루어진 혼례는 바로 敬順王 金傅의 딸과 이루어진 것으로서 김부에 대한 책봉까지 이어지는데, 이는 경주계의 정치적 움직임으로 간주된다(이태진, 앞의 논문, 89쪽).

110) 『高麗史』 권2, 世家2 景宗 6년 7월

111) 『高麗史節要』 권2, 成宗 6년 10월; 11월

그러나 성종 후반기에 이르면 다시 상황이 역전되었다. 이천(利川) 서희(徐熙), 장단(長湍) 한언공(韓彦恭) 등 북부와 중부 지역 세력이 정국을 주도하였는데, 이 무렵 서경에 대한 순주가 다시 시작된다. 이를 정리하면 다음 〈표 5〉와 같다.

〈표 5〉 成宗代 西京 및 東京 순행 사례

연 월			행차 지역	내용	비고
행차	年干支[112]	還御			
990년(성종 9) 10월 甲子	庚寅	미상	서경	幸西都(교서)	12월 戊申 開寧君 책봉 서경에 修書院 설치
991년(성종 10) 10월 戊辰	辛卯	미상	서경	幸西都 所經州縣父老 有持牛酒以獻者 酒以賜軍士 牛還之	10월 압록강 밖 여진을 백두산 밖으로 쫓아내 거주하게 함.
993년(성종 12) 윤10월 丁亥	癸巳	미상	서경	幸西京 進次安北府 聞契丹蕭遜寧攻破蓬山郡 不得進乃還	5월 거란 침입, 10월 侍中 朴良柔 등 보내어 북계에서 거란병을 막게함.
997년(성종 16) 8월 乙未	丁酉	9월 己巳	동경	幸東京 宴群臣扈從臣僚軍士 賜物有差 中外官各加勳階 義夫節婦孝子順孫 旌門賜物 遂頒赦	9월 興禮府 大和樓에서 군신 연향, 왕이 불편하여 개경으로 돌아옴.

*『高麗史』 世家에 바탕하여 정리함.

성종대 서경 순행은 9년과 10년, 12년 세 차례에 걸쳐 이루어졌으며 모두 10월(혹은 윤10월)에 행해졌다. 경주는 성종 6년에 동경(東京)으로 승격되었지만, 16년에 이르러서야 이곳으로 순행하였다.

성종 9년 최초 행차 때에는 순행 전인 9월 기묘일(己卯日)에 교서를 내려 서경 순행의 의의를 역설하였다. 이때의 순행은 935년(태조 18) 태조의 마지막 서경 순행 이후 55년 만에 재개된 것이었으며, 두 차례나 서경에 행차하였

112) 〈표 5〉에서도 훈요에서 언급된 四仲의 의미를 파악하기 위해 연간지를 부기하였으나, 子午卯酉로 끝나는 사중년과도 일치하지 않는다.

던 태조 13년으로부터는 꼭 60년만의 일이었다.[113] 당시 순행에는 상당한 의미가 부여되어 행차 전과 행차 중에 두 차례에 걸쳐 교서를 반포하였다. 행차 전에 반포한 교서를 보면 다음과 같다.

> 우리 太祖께서 때에 맞추어 세상에 태어나시어 德으로써 사람들에게 임하니 모든 고을들이 조정에 이르러 三韓이 편안하게 되었다. 높이 南面하시어 西京을 창건하여 두고 종실의 친척을 차출하여 긴요한 땅을 지키게 하였으며 관서와 직무를 나누어서 각각 일을 맡게 하셨다. 매번 봄 가을로 친히 齋祭를 행하시어 오랑캐를 막아서 울타리를 튼튼하게 하고자 하여 이 평양이라는 웅대한 도읍에 의지하여 우리 조종의 패업을 공고히 하려 하였다. 이후 훌륭한 임금들이 서로 이어서 사직이 편안하였으니, 혹은 옛 자취에 따라 준행하기도 하고, 혹은 근신들을 보내었는데 때에 따라 결정한 것이요, 역대의 풍모가 다르기 때문이었다. 과인이 어린 나이로 일찍이 왕위에 올라 當年의 성대한 교화에 감동받아 매양 마음에 절실하게 따르고 싶었고, 지난날의 위대한 계책을 생각하니 직접 훈계를 받드는 것 같다.
>
> 지금은 天人이 함께 기뻐하여 먼 데나 가까운 데나 모두 편안하며, 三農이 함께 풍작을 축하하고 九穀이 모두 잘 익었으니, 10월을 택해 遼城에 가서 조상의 옛 법을 행하고 나라의 새로운 令을 반포하고자 한다. 비단 1) 關河의 험난함과 평탄함만 보려는 것이 아니라 2) 백성들의 안위를 겸하여 알고, 3) 尹牧(지방 관원)의 수를 증감하고, 4) 산천의 제사를 산정하려고 한다. 그 행차와 의장, 시종관료 및 御膳과 악관 등은 모두 줄여야 할 것이니, 서도유수관과 연로의 주현수령, 제진 장수들은 마음대로 任所를 떠나지 말고 나의 검소하

113) 定宗이 서경으로 천도할 계획을 세우고 과도한 토목공사를 일으켰다고 하나 정작 서경에 순행하였다는 기록은 보이지 않는다. 성종의 교서에 따르면 태조 후사왕 중 일부는 친히 서경에 행차하였던 것처럼 보이기도 하지만(아래 각주 기사 참조), 현재 남아 있는 기록상으로는 확인할 수 없다.

려는 교훈을 본받아 너희의 번화한 풍습을 경계하도록 하라.[114)]

윗글에서는 우선 서경 행차가 '조상의 옛 법을 행하여 나라의 새로운 령을 반포하려 한다'고 하여 하나의 새로운 정치적 전환임을 선언하였다. 교서 후반부에서는 서경 행차의 주요 목적이 제시되었는데, 1) 북변 지역의 방어체제를 점검하고, 2) 민간 시찰을 바탕으로 3) 지방제도와, 4) 산천의 제사를 정비하겠다는 것이다.

1) 북변 지역의 방어체제를 점검하는 것은 거란의 압박이 가시화되던 시기였기 때문에 필연적이었다. 그런 의미에서 성종이 태조대 서경 행차 행위에서도 특히 중시하였던 것은 재제(齋祭)였다. 위 교서에서는 봄가을에 재제를 행하여 오랑캐를 막으려 했다고 거론함으로써 제사의 중요성을 환기하였다. 10년 순주 때에도 그 근본적인 목적이 재제라고 표방되고,[115)] 행차의 시점이 겨울 10월로 고정된 것 등은 서경에서 제례가 정례화될 필요가 있다는 점이 새로이 강조된 것이었다.[116)]

---

114) 『高麗史』 권3, 世家3 成宗 9년 9월 己卯 "敎曰 我太祖應期降世 敷德臨人 百郡來庭 三韓安堵 尊居南面 創置西京 差宗室之親 守咽喉之地 分司職務 各掌權機 每當春秋 親修齋祭 欲防戎虜 以固藩籬 憑玆平壤之雄都 固我祖宗之霸業 厥後聖神相繼 社稷以寧 或依前跡以遵行 或命近臣而發遣 臨時制斷 歷代風殊 寡人謬以眇冲 早承顧托 感當年之盛化 每切心遵 聞往日之洪猷 如承面訓 今者天人合慶 遐邇咸寧 三農共賀於豐穰 九穀皆登於實熟 欲取十月 言邁遼城 行祖禰之舊規 布邦家之新令 非但視關河之夷險 將兼知黎庶之安危 減增尹牧之員 刪定山川之祀 其行次儀仗 侍從官僚 御膳樂官 皆當減損 西都留守官幷沿路州縣守令 諸鎭戎帥 不得輒離任所 稟予儉素之訓 戒爾繁華之風."

115) 『高麗史』 권80, 志34 食貨3 賑恤 鰥寡孤獨賑貸之制 "鰥寡孤獨賑貸之制 成宗十年…… 十月幸西都 篤疾癈疾者給藥 且謂有司曰 此行雖因齋祭 亦爲省方 所歷州郡男女年八十以上者 特加賑卹."

116) 이태진은 齋祭의 行·不行이 이 지역의 기존세력에 대한 포용 여부를 의미하는 것이라 보고, 성종 9년 기록에서 성종이 재제를 행했다는 기록이 없으며 산천 제사를 산정하겠다는 내용이 있었음을 볼 때 재제를 행하지 않음으로써 지역세력에 제재를 가하려고 한 것으로 보았다(이태진, 앞의 논문, 93쪽).
교서의 전반적인 내용과 산천 제사 산정이 지역세력을 통제하는 맥락에서 파악할 수 있다는 점은 상당히 의미있는 지적이다. 그러나 재제의 시행 여부가 지방세력의 포용과 직결

그런데 방어체제의 점검보다 더 중요한 점은 바로 그 뒷부분이다. 2)와 3), 4)는 서로 밀접한 관련을 맺고 있는데, 서경 행차를 통해 국왕이 민간 백성들의 안위를 직접 시찰하겠다는 목적을 표방하고 있다는 것, 그리고 이를 바탕으로 지방 관원의 숫자를 조정하겠다는 것은 지방제도 개편과 이를 통한 중앙집권화를 시도하겠다는 의지를 표방한 것이다. 이는 여전히 지역별 자율성이 강했던 시기에 국왕 주도의 지방 통치를 시도하려는 것이었다 하겠다. 더구나 마지막에 자신의 검소한 교훈과 지방관의 번화한 풍습을 대비시킴으로써 지방세력들을 격하하는 것을 볼 수 있다.

그런 의미에서 4)의 산천의 제사를 정비한다는 것 역시 주목된다. 산천신앙과 그 제사권이 지역세력의 상징적 정당화와 밀접히 결부되어 있었던 신라 말 고려 초 상황에서, 이들 제사 체계를 정비한다는 선언이 최초로 행해진 것이다. 지맥의 근본이라 인식된 서경에서, 중앙 주도로 산천신앙 체계를 정비한다는 것은 상징적 의미를 가질 수 있었다.

성종의 서경 행차는 직접적으로 태조대 사례를 거론하고 있었으나, 실제 그 양상과 의미에 있어서는 미묘하게 다른 부분이 있었다. 성종은 자신의 순주를 순임금의 순수(巡狩)나 당의 황제가 낙양에 행차하였던 것에 비유하였다.[117] 이는 중국적인 순수 개념을 통해 서경 순주를 설명하는 것이다. 중국 고대 군주 의례인 순수(巡狩)는 하늘을 대신하여 군주가 백성들을 지키고 보살피는 행위이다. 이는 군주가 하늘이나 신령, 모든 백성들로부터 통치자

되는 것으로 보는 것은 재검토할 필요가 있다. 성종이 재제를 행했다는 기록이 없는 것은 기록의 탈루일 가능성이 크며, 성종 10년 순주 때에는 재제를 목적으로 서경에 행차한 것이라고 언급하였다. 어떤 측면에서는 국왕이 주도하여 재제를 거행하는 것이 지방세력의 통제에 더 유용할 수도 있는데, 이는 국왕 휘하의 정연한 질서를 구현하는 후대 팔관회의 사례를 통해서도 알 수 있다.

117) 『高麗史』 권3, 成宗 9년 10월 甲子 "幸西都 教曰 虞舜巡泰嶽之年 諸侯麏至 唐皇幸洛陽之日 四海咸蘇 是以遐開展義之風 大舉省方之禮 緬徵古列 屬在時行 朕纂御 靈圖思崇寶業 自卽眞於南面 十換炎涼 未展禮於西巡 再思行邁 遵祖先之軌 順時令之宜 親省關河 歷觀黎庶."

로서 승인을 받는 것인 동시에 제후국을 통제하는 방법이었다. 가장 이상화된 원형을 제시하고 있는 것이 『서경(書經)』 순전(舜典)인데, 이에 따르면 동방에서 시작하여 해지는 방향을 따라가면서 1년여에 걸쳐 중국의 4대 명산을 방문하는데, 멈추는 곳마다 하늘에 번제(燔祭)를 지내고 제후들을 검속하였다. 이러한 순수는 5년에 1번 행하도록 하였다.[118)]

중국식 순수(巡狩)를 거론하건, 훈요의 국왕순주설에 의지하건, 제례를 통해 통치의 정당성을 천명하고 주변 지역세력에 대한 검속한다는 측면에서 그것이 달성하려는 목적은 별 차이가 없다. 그러나 이를 달성하기 위해 표방하는 언설이, 훈요의 경우는 풍수적 언급을 통하고 있지만 중국식 순수는 삼대(三代)의 이상형에 있다는 점에서 중국의 순수를 거론한 성종의 교서는 유교적인 문화 개변 의지를 반영하고 있는 것이었다.

이듬해인 10년과 12년의 서경 행차는 거란의 위협과 밀접한 관련을 맺고 있었다. 10년 순주 때에는 압록강 밖 여진을 백두산 밖에 거주하도록 축출하여, 북번(北藩)을 배제하였다. 12년에는 거란이 침공해오는 상황에서 서경에서 군신이 회합하며 대책을 강구하였다. 당시 서경 이북 지역을 떼어주자는 할지론(割地論)이 대두되었으나, 서희의 담판이 성공을 거둠으로써 급박한 상황이 해결될 수 있었다. 이때의 논란은 두 가지 이유에서 주목된다. 첫 번째로는 거란과 고려가 모두 고구려를 계승하였다고 주장하여 서로 우위를 점하고자 하였다는 점이다. 거란은 고구려의 영토를 계승하고 있다고 강조한 반면, 고려는 고구려의 수도인 서경을 수도로 삼고 있으며 국호를 그대로 사용하고 있다는 점을 명분으로 내세웠다.[119)] 두 번째로는 이지백(李知白)이 할지론을 비판하며 경솔히 영토를 떼어줄 것이 아니라, 연등, 팔관, 선랑과 같

118) 하워드 웨슬러 저/임대희 역, 2005『비단같고 주옥같은 정치』, 고즈윈, 344~347쪽.

119) 『高麗史』 권94, 列傳7 徐熙傳 "遜寧語熙曰 汝國興新羅地 高勾麗之地 我所有也 而汝侵蝕之 又與我連壤 而越海事宋 故有今日之師 若割地以獻 而修朝聘 可無事矣 熙曰 非也 我國卽高勾麗之舊也 故號高麗 都平壤 若論地界 上國之東京 皆在我境 何得謂之侵蝕乎."

은 고유의 풍속을 되살리자는 주장을 펼쳤다는 점이다.[120] 이러한 두 가지 주장은 고구려의 옛 수도이며, 산천신앙을 재편한 풍수적 의미로서 서경의 가치를 재발견할 수 있는 바탕이었다. 즉, 고구려 계승의 상징적 표현으로 서경을 유지하는 것이 상당히 의미를 가지며, 그곳에서 재제와 같은 의례를 행하는 것이 필요하다는 것이다.

성종 16년의 동경(東京) 순행은 거란과 관계가 안정된 후 행해진 것인데, 이에 대해서 서경세력의 소외로 해석하거나 서경을 중시하는 것에 대한 경주세력의 불만을 완화시키려고 한 것이라고 보는 등 그 해석이 갈린다.[121] 여하간 동경 순행은 성종이 곧 병이 들어 훙서함으로써 정치적 파급력이 제한적일 수밖에 없었다.

성종대 후반 서경을 중시하고 그것의 가치가 재발견된 상황에서 목종(穆宗)은 원년에 서경(西京)을 호경(鎬京)으로 칭하였다.[122] 이는 주나라의 고사에서 나온 호칭으로서 이곳을 조종의 패업이 시작된 곳으로 여긴다는 의미이다. 호경은 주(周) 무왕(武王)이 거주했던 곳으로서 황하 상류(지금의 西安)에 위치하였다. 이곳은 주 왕조의 발상지에 해당하여 종주(宗周)로 칭해졌다. 성종대 서경이 당(唐)의 부도(副都)인 낙양(洛陽)에 비유되었던 것에 비하면[123] 목종대 개칭은 서경의 의미와 중심성이 다시금 강조된 것이다. 목종대에는 여러 차례에 걸쳐 서경 행차가 행해지는데, 이를 정리하면 〈표 6〉과 같다.

---

120) 『高麗史』 권94, 列傳7 徐熙傳 "前民官御事李知白奏曰 聖祖創業垂統 洎于今日 無一忠臣 遽欲以土地輕與敵國 可不痛哉 古人有詩云 千里山河輕孺子 兩朝冠劒恨焦周 蓋謂焦周 爲蜀大臣 勸後主納土於魏 爲千古所笑也 請以金銀寶器賂遜寧 以觀其意 且與其輕割土地弃之敵國 曷若復行先王燃燈八關仙郎等事 不爲他方異法以保國家致大平乎 若以爲然 則當先告神明然後 戰之與和 惟上裁之 成宗然之 時成宗樂慕華風 國人不喜 故知白及之."

121) 성종 16년의 동경 순행에 대해서 이태진은 성종대 후반 서경세력이 소외된 것으로(이태진, 앞의 논문, 94쪽), 김창현은 경주세력의 불만을 완화하고자 한 것이라고 보았다(김창현, 2005 「고려 초기 정국과 서경」 『사학연구』 80, 57쪽).

122) 『高麗史』 권3, 世家3 穆宗 원년 7월 癸未 "改西京 爲鎬京."

123) 『高麗史』 권3, 世家3 成宗 9년 12월 戊申

〈표 6〉 穆宗代 西京 순행 사례

연 월			내용	비고
행차	年干支	還御		
999년(목종 2) 10월	己亥	미상	幸鎬京 齋祭 赦存問耆老賜物	
1004년(목종 7) 11월 甲寅	甲辰	미상	幸鎬京 齋祭 赦杖罪以下 養耆老 加方嶽州鎭神祇勳號	
1007년(목종 10) 10월 戊申	丁未	미상	幸鎬京 齋祭 赦流罪以下 加國內神祇勳號	
1008년(목종 11) 10월	戊申	미상	幸鎬京 齋祭	

*『高麗史』 世家에 바탕하여 정리함.

목종의 행차에서 눈에 띄는 것은 성종대와 마찬가지로 행차하는 달이 대체로 10월로 고정되었고 매번 재제(齋祭)를 행하였다는 점과 국내 신기(神祇)에 훈호(勳號)를 더하고 있다는 점이다. 재제의 친행이 빠지지 않았다는 것은 그만큼 서경에서의 재제가 갖는 유용성이 인지되었다는 것으로 보이는데, 이는 앞서 서술한 성종 12년의 상황과 무관하지 않다고 생각한다.

신기(神祇)에 훈호를 더하는 것은 목종 즉위년 12월에 대사(大赦) 때부터 행해졌다.[124] 악진해독(嶽鎭海瀆)과 같은 자연신을 봉작하는 행위는 당대(唐代) 무측천(武則天) 때부터 시작된 것으로서, 산천신과 같은 신계(神界)까지 국왕권의 영향 하에 있다는 것을 표방하는 것이다.[125] 목종대 국내 신기에 대하여 훈호를 더한 행위 역시, 이러한 맥락에서 국가가 지방의 산천신앙을 통제, 관장하고 있다는 의미로 파악된다. 성종대 산천 제사가 산정된 후, 목종 즉위 무렵에는 전국 산천 제사가 대략 편제되고 이에 대하여 훈호를 내리는 관례가 형성된 듯하다. 이는 지방세력을 통제함에 있어서 그들이 바탕하고 있는 산천신앙은 이제 어느 정도 국가적인 통제가 가능하게 되었다는 의미이다. 즉위의례에서 신기에 대한 훈호가 행해지는 것은 새로운 국왕과 국내의 산천이 새로운 관계를 맺음을 표방하는 것이며, 특히 서경에서 가호(加號)

124) 『高麗史』 권3, 世家3 穆宗 즉위년 12월 壬寅
125) 김상범, 2005 『당대 국가권력과 민간신앙』, 신서원, 48~52쪽.

된 것은 이곳이 지맥의 근본으로 여겨졌던 데에서 가능한 행위였다.

이러한 흐름은 전반적으로 성종대 후반 이후 서경 지역의 위상이 높아지면서 이 지역세력이 성장하는 배경이 되었을 것이다. 그러나 목종(穆宗)이 퇴위하고 현종(顯宗)이 즉위하는 과정에서 강조(康兆)로 대표되는 서경세력이 몰락하게 되었다. 또한 현종대 초반 거란의 침입으로 개경과 서경이 큰 피해를 입게 되었다. 개경은 도시 내부의 주요 시설물들이 거의 전소되는 등 큰 피해를 입었고, 서경도 도시의 핵심부는 큰 피해를 면했으나 외곽 지역은 피해를 입었다.

전후 개경과 서경은 동시에 재건되기 시작하였다. 개경에는 나성(羅城)을 쌓고 본궐(本闕)을 중수하였으며, 서경에는 황성(皇城)을 쌓고 목멱사(木覓祠)의 신상(神像)을 만들었으며 태조(太祖) 초상(肖像)을 중신하였다. 서경의 장락궁(長樂宮), 태조진전(太祖眞殿) 등도 이때 대거 중수되었다.[126] 그에 비해 동경유수관(東京留守官)은 이 무렵 폐지되었다가 21년에서야 다시 승격되었다. 그런데 현종대에는 경주에 있던 조유궁(朝遊宮)을 헐어 황룡사탑을 축조하였다. 왕의 거처가 될 만한 궁을 헐었다는 점에서 볼 때 왕의 순주경으로서의 의미는 더욱 찾아보기 힘들게 되었다. 관련 사항을 정리하면 〈표 7〉과 같다.

〈표 7〉을 보면 현종이 서경에 행차한 것은 1015년(현종 6) 단 한 차례다. 이는 김훈(金訓)·최질(崔質) 등을 제거하려는 목적으로 행해진 것이었다. 김훈·최질은 전 해에 장연우(張延祐) 등을 제거하고 실권을 잡은 무신들로서, 현종은 이자림(李子琳) 등의 건의를 바탕으로 서경으로 행차하여 연회를 틈타 이들을 제거하였다. 이는 앞선 시기 국왕의 순행과는 성격을 달리하는 것으로,

126) 顯宗代 인물인 崔士威는 王命을 받아 개경의 현화사, 봉은사, 태묘 등을 건설하고, 西京의 사천왕사, 장락궁, 태조진전 등을 중수하였다고 한다(「崔士威墓誌銘」). 이를 볼 때 『高麗史』에는 전하지 않지만 장락궁, 태조진전 등 서경 내부의 건물들도 이 시기 수리되었음을 알 수 있다.

〈표 7〉 顯宗代 開京과 西京의 피해와 복구

연월일	내용	비고
1009년(현종 즉위)	개경 나성 축조 논의	
1010년(현종 1) 11월 癸丑	거란 서경 중흥사탑 분소	연등/팔관 복구 거란 침입
1010년(현종 1) 11월 癸亥	西京神祠 旋風 거란 군마 쓰러짐	壬申 현종 南幸
1011년(현종 2) 1월 乙亥	경성(개경) 태묘, 궁궐, 민옥 분소	2월 己未 行宮에서 연등회, 2월 정묘 개경으로 돌아옴.
1011년(현종 2) 8월	是月 增修松嶽城	
1011년(현종 2) 8월	築西京皇城	이달 己巳 崔士威를 西京留守로 삼았음.
1011년(현종 2) 10월	(개경) 궁궐 修營	
1012년(현종 3) 12월	作西京木覓祠神像	5월 慶州 朝遊宮 철거하여 皇龍寺塔 수리
1013년(현종 4) 10월	修功臣堂	
1014년(현종 5) 1월 甲午	宮闕成	2월 甲子 御新闕
1014년(현종 5) 7월 庚寅	修社稷壇	
1015년(현종 6) 3월 癸未	幸西京	甲午 王宴群臣於長樂宮 誅金訓崔質等十九人 4월 환어
1016년(현종 7) 1월 壬申	奉太祖梓宮 復葬顯陵	거란 침입 때 負兒山 香林寺로 옮겼던 것
1017년(현종 8) 10월 壬申	修顯陵	
1018년(현종 9) 1월 乙未	遣使西京 祭太祖于 聖容殿 以重新肖像也	
1018년(현종 9) 12월 辛亥	奉太祖梓宮 移安于負 兒山 香林寺	甲寅 京城戒嚴(거란 침입)
1019년(현종 10) 11월 辛巳	奉太祖梓宮 復葬顯陵	
1020년(현종 11) 8월 庚子	以重修大內 移御壽昌 宮	
1021년(현종 12) 1월 乙巳	改紫宸殿爲景德殿 上 陽宮爲正陽宮 左右朝 天門爲朝宗 柔遠門爲 崇福	3월 改文功殿爲文德殿 7월 癸卯改明慶殿爲宣政; 靈恩殿爲明慶; 景德殿爲延英
1022년(현종 13) 2월 丙辰	宮城東北廊一百五十 餘閒火	
1027년(현종 18) 2월 戊子	修大廟 復安神主	4월 壬午 謁大廟加上先王先后尊號
1029년(현종 20) 8월	開京羅城成 凡二十一 年而功畢	

*『高麗史』世家에 바탕하여 정리함.

김훈 등을 제거하기 위한 정치적 목적이 뚜렷한 것이었다.

현종대에는 표면적으로는 개경과 서경의 양경(兩京)이 모두 중시된 것으로 보인다. 그러나 실제 현종의 서경 순주는 딱 한 차례에 불과하였던 데다가 그조차도 정적(政敵) 제거를 위한 수단이었다는 점을 볼 때, 이전 시기 서경이 가졌던 위상이나 의미와는 차이가 있었다.

이에 비해 개경에 존재하지 않았던 나성(羅城)을 20여 년에 걸쳐 비로소 건설하였다는 점이 주목된다. 현종 원년의 거란의 2차 침입 때에는 나주까지 몽진하였으나 나성을 건설하고 있던 1019년(현종 10) 거란이 침입하였을 때에는 성외(城外)의 민호들을 성 안으로 옮겼다. 이것이 군사적으로 효과적이었는가 하는 점과는 별개로 개경과 그곳의 민호들을 보호하고 유지하는 군사적 방어책이 취해졌다는 점은 개경의 중심성을 먼저 확보하려 한 것으로 평가된다.

현종대 나성이 개경 민호에게 주었던 의미는 '금강성(金剛城)'이라는 악곡에서도 찾을 수 있다. 금강성은 성이 금강같이 견고하다는 뜻으로서, 거란의 침입을 물리치고, 나성을 축조한 것에 대하여 국인(國人)들이 기뻐서 부르던 노래라고 전한다.[127] 이는 거란 침입을 물리치고 개경에도 나성을 건설함으로써 명실상부하게 도성(都城)의 면모를 갖추었다는 자부심의 표현이었다. 이러한 점들을 볼 때 현종대에는 개경의 중심성이 먼저 확보되고 서경은 상징적인 차원에서 이전의 의미있는 장소들을 유지하는 선에서 수리가 이루어진 것으로 보아야 할 듯하다.

이처럼 개경의 중심성이 확보된 것은 대내적인 측면에서는 강조의 정변 이후 서경세력이 힘을 잃은 것에 비해 금주(衿州)의 강감찬(姜邯贊), 인주(仁

127) 『高麗史』 권71, 志 25 樂2 金剛城 "契丹聖宗侵入開京 焚燒宮闕 顯宗收復開京 築羅城 國人喜而歌之 或曰避蒙兵入都江華 復還開京 作是歌也 金剛城言 其城堅如金之剛也." 이 노래는 원간섭기 강화에서 개경으로 돌아온 다음에 지어졌다는 설도 있지만, 개경으로 환도하던 시기 상황은 '금강성'이라는 노래의 제목이나 내용과 그다지 부합하지 않는다는 점에서 현종대 설이 더 적절하다고 생각한다.

州) 이씨(李氏)와 안산(安山) 김씨(金氏) 같은 한강 주변 세력이 성장하였다는 점을 들 수 있다. 이에 더하여 새로운 지역세력들의 성격도 이전 시기와 상당히 달라졌다. 이들은 단순히 새로운 지역을 기반으로 한 하나의 지방세력으로서의 성격에 그친 것이 아니라 과거를 통한 유교적 관인층이라는 성격을 가지고 있었다. 이는 전반적으로 지방세력들의 자율성이 저하되고 중앙 관인층이 성장해가는 흐름을 반영하는 것이었다.

한편 현종대 이후 새로운 흐름으로 주목할 만한 것은 현종이 머물렀던 삼각산 일대가 현종의 후사왕들에 의해 중시되고 이곳에 행차하기 시작하였다는 점이다. 이는 앞서 한강 주변 세력이 외척 등으로 성장한 것과 맞물려 이후 이 일대가 부각되면서 남경(南京)의 설치로 이어지는 정치적 배경이 되었다.

제2장

고려중기 국도풍수론의 전개

1. 정종~인종대 태조 현창과 국왕 순주의 의례적 기능
2. 의종~무신집권기 국왕권의 축소와 경(京)의 위상
3. 국도풍수의 신비화와 그 논리
4. 국도풍수에 대한 비판과 그 한계

고려 인종 시책

1. 정종~인종대 태조 현창과 국왕 순주의 의례적 기능

1) 정종~숙종대 서경 순주와 남경 건설

고려중기 국도풍수에 있어서 변화가 보이고 활발한 논의가 이어지는 것은 문종대지만, 실제 이 시기 국왕들의 서경(西京) 순주(巡駐)에 전형성이 잡히는 것은 정종(靖宗)대부터이다.[1] 정종대는 국왕이 서경에 순주한 사례가 많지는 않지만 제도의 정비라는 측면에서 주목된다.[2]

1034년 9월에 즉위한 정종은 10월에 대신(大臣)을 서경에 파견하여 팔관회를 열었으며,[3] 11월에 개경에서 팔관회를 열었다. 국왕의 법왕사(法王寺) 행차, 대회(大會)의 주연, 지방 관원들의 하표(賀表)와 송상(宋商), 여진, 탐라 등의 방물 헌납 등의 격식이 이때에 완비되고 상례가 되었다.

앞 장에서 서경의 재제(齋祭)는 태조대부터 행해졌으며, 성종대와 목종대 국왕이 순주하였을 때 친히 행하였다고 하였다. 그런데 서경 재제의 시기가 10월로 고정된 것은 성종대 이후이며, 재제의 이름이 팔관회로 명기되고 대신을 파견하여 이를 행하였다는 것은 정종 즉위년의 기록이 최초이다.[4] 연

---

1) 현종의 아들인 德宗代에는 서경 순주 등과 관련한 특별한 내용이 보이지 않는다.

2) 정종대에는 연등회 때 奉恩寺 眞殿에서 분향하는 것을 상례화하고 팔관회의 격식도 제정되었다(안지원, 1999「高麗時代 國家佛教儀禮 研究 : 燃燈 · 八關會와 帝釋道場을 중심으로」, 서울대학교 국사학과 박사학위논문, 67~69쪽). 街衢經行 역시 정종 12년부터 상례화되었으며, 이외에도 도량형 정비 등이 이루어졌다는 점 등을 볼 때 정종대는 고려 의례의 정비 과정에서 상당히 중요한 시기이다.

3) 『高麗史』 志에서는 덕종 3년 10월에 輔臣을 서경에 보내 2일간 연회를 하게 하였다고 기록되어 있는데(『高麗史』 권69, 禮11 仲冬八關會儀), 德宗은 9월 癸卯日에 죽었기 때문에 이 기사는 靖宗 즉위년을 덕종 3년으로 잘못 기록한 것이다.

4) 『高麗史』의 기록이 완전하지 않은 만큼 현존 기록만을 가지고 성종대 이전에 西京 齋祭가 八關會와 달랐다고 결론을 내릴 수는 없다. 또한 성종의 교서에서 드러나듯이 이전에도 대신들을 보내 재제를 치룬 것으로 보이기 때문에 대신을 파견하는 행위 역시 靖宗代 최초로 시작된 것은 아닐 것이다. 다만 정종대의 사례는 이러한 방식이 제도적으로 정비되고 상례

등, 팔관회의 의식이 정종대에 정비된 것과 종합하여 볼 때 서경의 팔관회 역시 이때에 와서 제도적으로 정비된 것으로 볼 수 있겠다. 이런 측면에서 1041년(정종 7)의 서경 순행은 의례의 의미에서 후대 순행의 전범(典範) 역할을 한다는 점에서 주목된다. 관련 내용을 제시하면 다음과 같다.

> 10월 호경(서경) 행차[5]
>
> 10월 辛巳 大同江에서 龍船을 타고 群臣 연회[6]
>
> 10월 己丑 팔관회 설치. 靈鳳門에서 군신 하례를 받고 興國寺로 가서 행향 한 후 長樂宮에 이어[7]
>
> 11월 丙午朔 환궁[8]

정종의 서경 순행과 그때 행한 일들은 이상의 기록에 그치지만, 이때 행한 일들은 후대 왕들의 서경 순행에서 거의 그대로 반복된다. 그의 순행에서 가장 중요한 점은 10월에 서경에 행차하여 팔관회를 행하였다는 점이다. 앞서 설명하였듯이 성종대 후반 이후 서경 행차는 10월로 대체로 고정되었으며, 목종대에는 순행 때마다 친히 재제를 행하였다. 그러나 현종대 이후에는 행해지지 않아서, 정종 7년의 서경 팔관회는 근 30여 년 만에 행해진 국왕의 친제였다. 또한 10월에 서경에서 팔관회를 행한 후 11월 초하루에 개경으로 돌아와 11월 보름에 개경에서 팔관회 역시 거행할 수 있었다.[9] 이는 이후 국왕

화된 것이라 할 수 있다.

5) 『高麗史』 권6, 世家6 靖宗 7년 10월 "幸鎬京."

6) 『高麗史』 권6, 世家6 靖宗 7년 10월 辛巳 "駕至大同江 留守使叅知政事皇甫穎 奉迎江頭 王御龍船 賜宴輔臣 命將軍承愷等射 右拾遺 金尙賓進諫 乃止 入御宣恩館."

7) 『高麗史』 권6, 世家6 靖宗 7년 10월 己丑 "設八關會 御靈鳳門 受百官賀 賜酺 遂幸興國寺 行香 移御長樂宮."

8) 『高麗史』 권6, 世家6 靖宗 7년 11월 丙午 "至自鎬京."

9) 정종 7년 기록에는 11월에 개경에서 팔관회를 열었다는 기사는 보이지 않지만 개경 팔관회는 특별히 중지했다는 기사가 보이지 않으므로 관례대로 행해졌다고 볼 수 있다. 선종 4년의 서경 순주 때에는 10월 서경에서 팔관회를 개최한 후 돌아와서 11월에 개경에서 팔관회

들의 순주 패턴에서도 볼 수 있는 것이어서 "서경 순주 – 10월 팔관회 개최 – 개경 환어 – 11월 개경 팔관회 개최"가 하나의 전례로 만들어졌을 것으로 추정된다.

서경 팔관회 때 영봉문(靈鳳門)에서 하례를 받고 흥국사(興國寺)에 가서 행향하는 것은 개경 팔관회의 의례와 일치하는 것이었다. 개경에서는 국왕이 본궐의 신봉문(神鳳門)에서 하례를 받고 법왕사로 갔다. '영봉문'과 '신봉문'은 이름에서도 동일한 한자를 공유하고 있을 뿐만 아니라 그 아래에는 구정(毬庭)이 마련되어 있어서 공간적으로 구성이 서로 유사하여 의례적으로 서경이 개경과 동등 이상의 위상을 갖고 있었음을 잘 보여준다.[10)]

정종대 서경 순주가 전형성을 갖추게 된 것은 현종대 무렵 훈요십조가 공개된 것과 무관하지 않다. 당시는 목종대 왕씨 왕통이 단절될 뻔했다가 이를 회복하고는 바로 현종대 초반부터 대대적인 거란의 침입을 겪는 등 대내외적 위기를 극복해야 한다는 과제가 부여된 시기였다. 그를 위한 방법으로 태조(太祖)의 의미를 강조하고, 연등회와 팔관회를 부활시킬 필요성이 대두된 시점에 훈요십조가 공개된 것이다. 그런 상황에서 정종대 정비된 연등회와 팔관회의 의식은 문자 그대로 훈요십조의 내용을 실현하는 것이었다. 양 의례 절차 중에는 '조진배알(祖眞拜謁)' 의식이 있어 태조 어진에 배알하는데, 이는 이들 의례의 실행이 태조의 의사를 이어받아 충실히 실천하고 있음을 상징하는 것이었다.[11)] 이러한 시기에 정비된 서경 순주 역시 팔관회를 중심축으로 삼아 태조의 유훈을 받든다는 형식을 충실히 체현하고 이를 통해 현 국왕의 왕권을 현창할 수 있었다.

또한 현종대 거란 침입을 물리친 후인 1018년부터 1044년(정종 10)까지는

를 개설한 사례가 분명히 확인된다.

10) 『太祖實錄』 권5, 太祖 3년 3월 庚子 "禮曹狀啓曰 前朝太祖巡駐三京 故於東西京 皆設毬庭醮禮 今更始之初 不宜因循舊弊 請除東西京 只行本京 從之."

11) 안지원, 앞의 논문, 68쪽.

여진의 내조(來朝)가 총 216회에 달하는 등 주변 세력들의 내조가 활발한 때이기도 하였다.[12] 주변 세력의 내조는 서경 팔관회를 핵심으로 하는 국왕의 순주가 큰 의미를 지닐 수 있는 중요한 배경이었다.[13]

한편 정종(靖宗)은 서경 외에도 1036년(정종 2)에 삼각산(三角山)을 행차하기도 하였다. 삼각산 행차는 현종 후사왕 중 최초로 행해진 것인데, 문종대에도 계속되어 삼각산 일대에 대한 왕실의 관심을 이어가는 데 영향을 주었다.

정종대 정비된 서경 체제와 삼각산 순행 등은 문종대에 접어들면서 그 의미가 확장되고 외연이 넓어지기 시작하였다. 문종대에는 개경 주변에 장원정(長源亭)을 건설하고 남경(南京)을 두었으며, 서경에도 세 차례 순행하였고 말년에는 새로운 궁궐을 건설하려 하였다. 기존의 체제를 준수할 뿐만 아니라 새로운 것을 찾아 나서기 시작한 것이다. 문종대 관련 사례들을 정리하면 아래 표와 같다.

〈표 8〉 文宗代 巡駐 및 離宮 건설 관련 사례

연월일	장소	내용	비고
1051년(문종 5)	삼각산	10월 庚寅 삼각산에 갔다가 壬寅일 환어	
1053년(문종 7)	서경	9월 丙戌 서경 행차	
		10월 庚子 大同江 樓船에서 연회	
		10월 壬寅 興福寺 행차, 大同江 樓船 연회	
		10월 甲辰 孝順義節鰥寡孤獨 연향 및 賜物	
		10월 己酉 팔관회 배설, 興國寺 행차	
		10월 癸丑 長樂殿에서 군신 연향	
		10월 甲寅 重興寺 행차	
		10월 乙卯 西京 출발, 大同江 樓船 연향	
1053년(문종 7)	서경	10월 辛酉 환어	
1055년(문종 9) 10월 丙申	흥왕사	흥왕사 창건 명	

12) 노명호, 앞의 책, 175쪽.

13) 고구려의 동맹이 행해진 바로 그 10월에 서경에서 팔관회를 거행하는 것은 주변 세력들에게 고려가 고구려를 계승하고 있음을 확인시킬 수 있는 것이었다.

1056년(문종 10)	홍왕사	2월 癸卯 홍왕사 건축 시작	
	장원정	長源亭 건축	
1057년(문종 11)	서경	8월 辛未 西京 행차	
		10월 丁巳 八關會 배설, 長慶寺 행차	
		11월 丙子 환어	
1060년(문종 14) 2월 癸亥	장원정	長源亭 행차	
1063년(문종 17) 10월 壬辰	장원정	長源亭 행차	
1067년(문종 21)	홍왕사	1월 庚申 홍왕사 완공	
		1월 戊辰 별례연등회	
	장원정	3월 戊戌 長源亭 행차	
1068년(문종 22)	남경	新宮 창건	
1069년(문종 23) 5월 庚辰	장원정	長源亭 행차, 瑞文石을 亭下 연못 속에서 찾음	
1070년(문종 24) 6월	홍왕사	築城	
1078년(문종 32) 7월	홍왕사	金塔 완성	6월 정묘 宋使 입국
1080년(문종 34)	서경	9월 丙戌 서경 행차	
		11월 己亥 還御	
1081년(문종 35)	장원정	3월 甲午 長源亭 행차	
	서경	8월 辛酉 서경 좌우궁 창건	

*『高麗史』 世家에 바탕하여 정리함.

우선 문종은 정종처럼 재위 초반인 5년에 삼각산에 한 차례 행차하였으며, 서경에는 7년, 11년, 34년 등 총 세 차례 순주하였다. 정종대와 비교할 때 서경에 행차한 시기가 8월 내지 9월로 비교적 일찍 출발하였으나, 10월 팔관회를 치루고 10월 말이나 11월에 돌아온다는 점은 그대로 계승되었다. 문종 7년과 11년의 서경 순주 때에는 팔관회를 행했음이 분명히 드러나고, 34년의 경우에는 팔관회를 치른 내용은 없지만 이때에도 9월에 행차하여 11월에 돌아온 만큼 팔관회를 치렀을 것으로 보인다. 이는 정종대 전례화된 이후 이제 서경 순주의 주요 목적과 순주 시기가 10월의 서경 팔관회로 초점이 맞추어진 점을 잘 보여준다.

서경 순주가 정종대의 전통을 계승하고 있다면, 문종대는 국도풍수에 있어서 새로운 흐름이 등장한다는 점에서 주목된다. 특히 그런 의미에서 1056년(문종 10)은 매우 중요한 해였다. 이 해에는 흥왕사를 창건하고, 서강(西江)에 장원정을 건축하였기 때문이다.

흥왕사 창건에 대한 명은 건립 한 해 전인 1055년(문종 9) 말에 내려졌다. 당시 문종은 흥왕사(興王寺)를 개창하기 위해 다음과 같은 제서(制書)를 내렸다.

> 옛날 帝王들이 불교를 숭상하여 왔음은 문헌들에서 볼 수 있으며, 하물며 聖祖 이래로 대대로 佛寺를 세워 행복과 경사를 축원하여 왔다. 그런데 내가 왕위를 계승하여 德政을 실시하지 못하여 재변이 빈번하게 나타난다. 그러므로 法力을 빌어 나라에 복리를 기대하고자 하니, 有司로 하여금 땅을 골라 절을 짓도록 하라.[14)]

윗글에서 문종은 흥왕사 건립을 '성조(聖祖)', 즉 태조 이래 대대로 사원을 건립하는 것의 연장선상에 놓음으로써 태조의 권위에 의지하여 이를 정당화하였다. 여기서 흥미로운 점은 문종이 태조의 권위에 근거하여 흥왕사 건립을 주장한 것처럼, 이를 반대하는 신하들도 태조의 권위에 의지하였다는 점이다. 문하성에서는 다음과 같이 훈요를 거론하며, 흥왕사 건립을 반대하였다.

> "예로부터 聖帝明王으로서 그 누구도 절과 탑을 건설하여 太平을 이루게 한 사실이 없습니다. 오직 法門을 숭상하고 政敎를 신중히 하며 民力을 상하지 않게 한다면, 자연히 宗社가 靈長해질 것입니다. 옛적에 達摩가 武帝에게

---

14) 『高麗史』 권7, 文宗 9년 10월 丙申 "制曰 古先帝王 尊崇釋敎 載籍可考 況聖祖以來 代創佛寺 以資福慶 寡人繼統 不修德政 灾變屢見 庶憑法力 福利邦家 其令有司 擇地創寺."

말하기를 절과 탑을 짓는다고 해서 특별히 功德이 될 수는 없다고 하였으니, 이것은 無爲功德을 숭상하고 有爲功德을 숭상하지 않는다는 말입니다. 또한 聖祖가 절을 창건한 것은 한편으로는 統合한 志願에 보답하고, 다른 편으로는 산천이 위배되는 것을 진압하려는 것뿐이었습니다. 그런데 이제 새로이 사원을 증설하기 위하여 그리 긴급하지도 않은 일에 백성들을 수고롭게 하면 백성들의 원성이 사방에서 일어날 것이요, 산천의 기맥을 훼손시키면 반드시 재해가 생겨 神人이 모두 노여워할 것이오니 이는 결코 나라를 화평하게 하는 도리가 아닙니다."라고 하였으나 왕이 받아들이지 않았다.[15)]

이 글에서 신료들은 태조가 절을 창건한 의미는 삼한 통합을 이룬 것에 보답하고, 산천이 위배되는 것을 진압하려는 것뿐이었다고 하며 문종의 조처에 반발하고 있다. 이는 부처와 산천이 도와주어 대업이 가능했다는 훈요 제1조, 제5조와 일치하며, 위배되는 산천을 진압한다는 것은 도선이 산천의 순역에 따라 절을 지을 자리를 정해 두었다는 제2조를 거론한 것이다. 문종의 명 자체에는 훈요나 풍수에 관한 내용이 직접적으로 드러나지는 않았지만, 절을 창건하여 재변을 그치게 함으로써 나라의 복리를 꾀한다는 논리는 훈요와 태조의 권위에 바탕한 것이었다.

이는 장원정 건설에서 더욱 잘 드러난다. 장원정 창건에 관련한 아래 글에 따르면,

道詵松岳明堂記에 이르기를 西江변에 군자가 말을 타는 명당의 땅[君子御馬明堂之地]이 있으니, 太祖가 통일한 丙申년부터 120년에 이르러 이곳에 건물

---

15) 윗 기사 "門下省奏 自古聖帝明王 無有創起寺塔 以致大平 惟崇重法門 愼省政敎 不傷民力 則自然宗社靈長 昔達摩對武帝言 造寺造塔 殊無功德 是尙無爲功德 不尙有爲功德也 且聖祖創寺者 一以酬統合之志願 一以厭山川之違背耳 今欲增創新寺 勞民於不急之役 怨讀交興 毁傷山川之氣脉 災害必生 神人共怒 非所以致大平之道 不納."

> 을 지으면 國業을 연장할 수 있다 하였다. 文宗이 太史令 金宗允 등에게 相地 하도록 하여 西江 餠岳 남쪽에 (필자 주: 長源亭을) 지었다.[16]

라 하여, 도선의 풍수설에 따라 장원정을 건설하였음을 밝혔다. 장원정을 건설하는 데에는 장소만이 중요한 것이 아니라 1056년이라는 시점도 중요하였다. 이 해는 태조가 삼한을 통합한 936년으로부터 꼭 120년이 되는 해였다.

이와 같은 사고에는 고려 건국 당시의 고경참(古鏡讖) 계열 참설의 예언이 자리잡고 있었다. 태조의 건국을 정당화해 주었던 고경참에는 "此一龍子三四遞代相承六甲子" 등의 문구가 있었는데, 이는 왕손이 12대 360년 동안 지속될 것이라는 내용으로 풀이되곤 하였다.[17] 이 같은 참설에 등장하는 12, 360 등의 숫자는 6의 배수로서 수덕(水德)을 표방한 고려에서 중시하였던 숫자이며, 태조 후대에도 비슷하지만 조금씩 변용된 참설이 존재하였다.[18] 이에 기반하여 볼 때 비록 역년이 360년은 되지 않지만 11대인 문종대(文宗代)에는 새로운 시대에 대비해야 한다는 사고가 대두했을 가능성이 크다. 흥왕사와 장원정을 건설한 1056년(문종 10)은 120년이라는 6의 배수에 구애된 숫자였다.[19]

장원정이나 흥왕사의 공역은 수덕(水德)과 관련하여 120년이라는 숫자가 갖는 의미도 컸지만, 더욱 중요한 것은 그것이 태조의 삼한 통합을 기념하는 숫자라는 점이었다. 이는 이 무렵 취해진 문종의 다른 조처들에서도 드러나

---

16) 『高麗史』 권56, 志10 地理1 貞州

17) 이병도, 앞의 책, 40~41쪽.

18) 최병헌, 1978 「고려시대의 五行的 역사관」 『한국학보』 13, 39쪽.

19) 예언만이 흥왕사 공역을 일으킨 주된 원인은 아니었다. 특히 흥왕사 건립 문제는 그 규모의 방대함, 불교계 교단의 통제 및 정치세력 문제 등이 복잡하게 얽혀 있는 것이었다. 흥왕사는 화엄종의 본거로서 왕실과 연계되어 있었으며, 法相宗은 玄化寺를 본거로 하여 외척인 仁州李氏 세력과 연결되어 있었다(최병헌, 1990 「고려시대 화엄종단의 전개과정과 그 역사적 성격」 『한국사론』 20, 국사편찬위원회, 194~195쪽).

는데, 문종 8년과 9년에는 태조대 공신들을 추증하기로 하여 3,200명에 달하는 공신들을 추증하고 그 후손들을 등용하였다.[20] 흥왕사와 장원정을 건설한 문종 10년에는 종묘에서 친협(親祫)을 거행하며 9대 선조들에 대하여 존호를 올렸는데,[21] 이는 1027년(현종 18) 이후 30여 년 만에 행해진 것이었다. 고려 시기 상존호(上尊號)가 대부분 종묘(宗廟) 수리나 전란 같은 유고사항과 관련되어 있는 것에 비해 1056년(문종 10)의 상존호는 그러한 사유 때문이 아니라 삼한 통합 2주갑을 기리는 것이 주요했다.[22] 또한 1078년 흥왕사에 세워진 금탑은 고려 태조가 꿈에서 보았다는 금탑을 상징하는 등, 이 시기에는 태조대의 사적을 현창하여 위대했던 시조의 기억을 되살리려 하였다. 이처럼 문종 7년의 서경 순주 이후 10년의 흥왕사와 장원정 건설에 이르는 전반적인 과정은 태조에 대한 현창을 통해 문종이 자신의 왕권을 강화해가는 과정이었다.

그에 비해 1068년(문종 22)의 남경(南京) 건설은 여러모로 의문스러운 점이 있다. 1067년(문종 21) 12월 양주(楊州)를 고쳐 남경유수관(南京留守官)으로 삼고 주변 군민들을 이주시켜 채웠다는 기록이 지리지(地理志)에 전하며,[23] 이듬해 궁궐을 창건하였다는 기록이 세가(世家)에 보이지만, 실제 준공 여부 및 활용 내용 등은 확인되지 않는다.[24] 더구나 숙종대 남경에 궁궐을 건설

---

20) 『高麗史』 권7, 世家7 文宗 8년 12월 庚寅; 文宗 9년 8월 己亥

21) 『高麗史』 권7, 世家7 文宗 10년 10월 壬戌

22) 고려 시기 역대 국왕들에 대한 존호가 행해진 것은 크게 1002년(목종 5), 1014년(현종 5), 1027년(현종 18), 1056년(문종 10), 1253년(고종 40)을 들 수 있는데 이 중 현종 5년과 18년은 거란 침입으로 소실된 종묘를 복구하고 새로 지은 것과 관련이 깊고, 고종 40년의 상존호는 몽골의 5차 침입에 따라 전쟁의 승리를 기원하며 이루어진 것으로 보인다. 목종 5년에 상존호가 행해진 연유는 미상이다.

23) 『高麗史』 권56, 志10 地理1 南京留守官
이외에도 백관지, 식화지 등에 문종대 남경관제 및 녹봉에 대한 내용이 전한다(이병도, 앞의 책, 147쪽).

24) 1082년(문종 36) 문종이 溫水郡(온양)에 행차하였을 당시 임진도로를 통해 온수군까지 행차하였지만 남경을 경유했다던가 이곳에서의 특별한 행적 등이 전혀 나타나지 않는다.

하면서도 문종대 사례가 전혀 언급되지 않았다는 점, 『세종실록지리지(世宗實錄地理志)』에도 숙종대 남경 건설 연혁만이 거론될 뿐 문종대 사실은 기록되어 있지 않다는 점 등은 문종대 남경 건설을 의심하게 하는 주요한 근거가 된다.[25] 또한 문종대 기록 중에는 대경기(大京畿) 실시 기사처럼 실시 여부를 의심하게 하는 사례들이 있어[26] 과연 문종대 남경 건설 내용도 사실이었는가라는 의문을 낳을 수 있다.

그러나 지리지에 세주로만 실려 있는 대경기(大京畿) 실시 기사와는 달리 문종대 남경 건설 기록은 지리지, 세가, 식화지 등 여러 곳에 관련 기록이 산재한다.[27] 또한 장원정(長源亭)처럼 세가(世家) 기록에는 구체적인 축조 이유나 시기가 명시되지 않으면서도 분명히 후대 활용된 사례들도 보인다는 점 등을 볼 때, 현재 확보할 수 있는 문종대 남경 건설 기록이 미비하다 하여 이것만을 가지고 남경 건설을 부정하는 것은 무리가 있다고 생각한다.[28]

따라서 좀 더 확실한 단서나 자료가 확보되지 않는 한, 기존 연구에서처럼

---

25) 윤경진, 2010 「고려 문종 21년 南京 설치에 대한 재검토: 공양왕 2년 한양 천도의 합리화」 『한국문화』 49.

26) 대경기 실시를 부정하면서 『高麗史』 수록 기사는 고려 말에 문종 30년 전시과 확대를 대경기 실시로 잘못 이해한 것으로 본 시각으로는 변태섭, 1971 「고려시대 경기의 통치제」 『고려정치제도사연구』, 일조각; 정학수, 2008 「高麗前期 京畿制 硏究」, 건국대학교 박사학위논문 참조. 대경기 기사를 부정하는 입장에서, 이것을 공민왕 18년의 度田 성과를 부인하기 위해 조선 건국세력들이 조작한 것으로 보는 견해는 윤경진, 2008 「『高麗史』 지리지 '대경기' 기사의 비판적 검토」 『역사와현실』 69 참조.

27) 食貨志의 外官錄의 경우에는, 文宗朝에 정한 서경, 동경, 남경을 비롯한 여러 외관록을 규정하고 있어 문종대 南京 건설을 지지해주는 사료이다(『高麗史』 권80, 志34 食貨3 祿俸 外官錄).
그런데 이 기사에 수록된 지명들은 시기적으로 맞지 않는 경우들이 있어 좀 더 유의할 필요가 있다. 대표적인 예가 長興府인데, 이는 원래 定安縣이었다가 인종대에 공예태후 임씨의 鄕이라 하여 장흥부로 승격하였기 때문에 문종대 정해진 외관록이라는 『高麗史』의 기록과 모순된다. 다만 지명의 표기에 있어서는 기록 당시의 지명이 과거 지명으로 오용되는 경우들이 종종 있기 때문에 지명의 불일치를 가지고 단정짓는 것에는 주의를 요한다.

28) 문종대 남경 설치를 경기 지역의 경제적 발전 등과 관련하여 긍정하는 시각으로는 박종기, 2003 「고려시대 남경지역의 개발과 京畿制」 『서울역사박물관연구논문집』 1; 정은정, 2009 「고려시대 開京의 도시변화와 京畿制의 추이」, 부산대학교 박사학위논문 참조.

문종 22년에 남경이 건설되었으나, 30년 이전에 남경이 폐지되었거나 공사가 중단되었던 것으로 파악하는 것이 무리가 없을 듯하다.[29] 다만 문종대 건설된 남경궁궐의 위치는 숙종대 건설된 연흥전이 위치한 면악(面岳) 아래를 중심으로 한 서울 도심 지역이 아니라, 양주(楊州) 부근, 즉 현재의 광진구 아차산성 일대일 가능성이 크다고 생각한다. 그런 점에서 현 서울 도심 일대에 대한 최초의 개발은 숙종대 이루어졌다고 보아도 무리가 없을 것이라 생각한다.

한편 1081년(문종 35) 서경(西京)에 좌우궁(左右宮)을 창건하게 하였다. 문종은

> 서경의 궁궐이 오래되어 무너진 것이 많으니 일꾼들을 모아 고쳐야 한다. 또한 京으로부터 동서로 각 10여 리 정도 떨어져서 땅을 골라 左右宮闕을 만들어서 지방을 살필 때 巡御하는 곳으로 삼도록 하라.[30]

라고 명을 내렸다. 기존 궁궐 수리에 그치지 않고 서경으로부터 약 10여 리 떨어진 곳에 새로운 궁궐을 짓게 한 것이다.[31] 이 시점에 문종이 특별히 서경을 보완하고 좌·우궁궐을 만들라고 한 이유에 대해서는 몇 가지 가능성을 제시할 수 있다.

첫 번째로는 좌우궁궐 창건 명이 내려지기 1년 전인 1080년 말 동번(東蕃)의 반란을 진압한 것과 관련이 있을 가능성이다.[32] 이 무렵 이 일대 여진인들

---

29) 이병도는 문종이 개창한 남경 궁궐 등이 30년 이후에 폐지되었다고 보았으며(이병도, 앞의 책, 151쪽), 남동신은 공사가 중단되었다가 숙종 때 재개되었다고 보았다(남동신, 2000 「북한산 僧伽大師像과 僧伽信仰」『서울학연구』 14, 27쪽).

30) 『高麗史』 권9, 世家9 文宗3 文宗 35년 8월 辛酉 "制西京宮闕年久 頹毁頗多 宜募工修葺 且去京東西各十餘里 更卜地 構左右宮闕 以爲省方巡御之所."

31) 이병도는 서경 우궁을 府의 서쪽 10리 지점에 위치했던 珠宮 터에 비정하였으나, 좌궁터는 분명히 알 수는 없다고 하며 대동강면 의암리 부근 혹은 능라도 대안인 대동군 임원면 부근 등 두 곳을 추정하였다(이병도, 앞의 책, 154~156쪽).

32) 문종 34년 12월에 東蕃의 作亂과 이것의 진압이 있었고, 이듬해인 35년 7월에 이것이 종묘의 威靈과 장수들의 雄略 덕분이라고 하며 이를 종묘와 6릉에 告由하였다(『高麗史』 권9,

의 반부(返附)나 귀속 등 그 향배가 요주의되면서 서경을 좀 더 중시할 필요성이 대두되었을 가능성이 있다.

두 번째로는 이와 관련된 참설이 존재하지 않았나 하는 점인데, 이 점에서 숙종대 남경 건설과 관련성이 보여 주목된다. 숙종대 김위제(金謂磾)는 『도선기(道詵記)』의 "개국 후 160여 년이 지나 목멱양에 도읍한다(開國後百六十餘年都木覓壤)."[33]는 내용을 인용하며 남경 건설을 주장하였다. 당시에는 목멱양이 현재 서울의 남산 부근을 의미하는 것으로 해석되었지만, 목멱산은 원래 평양에도 존재하였고 서울보다 오히려 유서가 더욱 깊은 곳이었다. 목멱산은 평양부(平壤府)의 동쪽 4리 지점에 있는 산으로서 신사(神祠)가 있어서 현종대에 신상(神像)을 만들기도 했으며, 고구려 당시의 사적이 전해지는 유서 깊은 곳이었다.(〈그림 5〉 참조)[34] 1081년은 918년 개국으로부터 163년이 되던 해로서 바로 『도선기』의 내용과 일치한다. 따라서 『도선기』와 같은 내용이 문종대에도 이미 거론되면서 당시에는 이것이 서경을 의미하는 것으로 해석되었을 가능성이 있다.

이상에서 보았듯이 문종대에는 7년 서경 순주를 비롯하여 10년 홍왕사 창건과 장원정 개창으로 이어지는 과정 속에서 태조대를 현창하여 왕권을 강화하였다.[35] 말년에는 서경 궁궐을 보수하고 좌우궁궐을 창건하게 하였는데, 이러한 문종대의 행위는 이후 시기 국도풍수론이 성행하고 새로운 의미를 부

世家9 文宗 34년 12월; 文宗 35년 7월 丙子).

33) 『高麗史』 권122, 列傳35 方技 金謂磾傳

34) 목멱산에는 黃城 혹은 絅城이라는 성터가 있었던 것으로 전해지는데, 이것이 4세기 고국원왕 당시 고구려 성으로 알려졌다(『新增東國輿地勝覽』 권51, 平安道 平壤府). 고국원왕 관련 내용을 역사적 사실로서 신빙성이 있다고 보기는 어렵지만, 적어도 이것이 고려 시기를 거치며 고구려 관련 사적으로 전승되어 왔음을 알 수 있다.
〈그림 5〉에서 목멱산이 기존 서경 궁궐터의 동쪽에 위치한 만큼 이 일대에 좌궁이 위치하였을 가능성도 있다.

35) 1060년(문종 14)에는 왕권을 신성화하기 위한 목적인 제석도량이 처음 개설되기도 하였으며, 홍왕사가 완공된 1067년에는 5일에 걸친 별례연등회를 개설하는 등 국왕권을 과시하는 여러 행위가 이루어졌다(안지원, 앞의 논문, 100쪽).

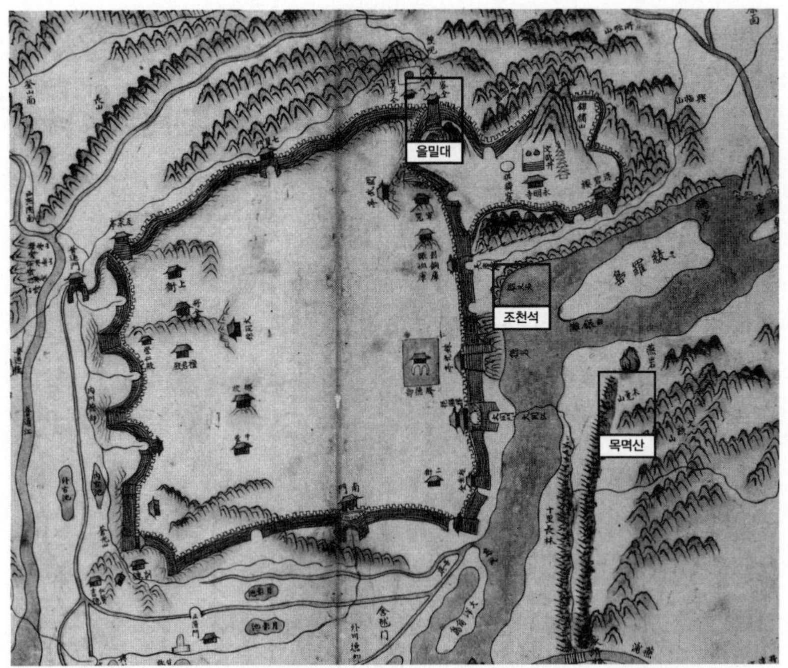

〈그림 5〉「海東地圖」(古大4709-41) 중 平壤

* 회화식 고지도라는 특성 때문에 을밀대의 위치가 실제 위치보다 江으로부터 멀리 내륙쪽으로 표현되었다.

여받는 데에 중요한 영향을 미쳤다.

우선 대외적인 측면에서 북방의 정세가 변화하면서 서경이 가지는 의미가 다시금 부각되기 시작하였다. 그리고 국도풍수론이 지역별 정치세력의 알력보다는 태조대의 현창과 깊은 관련성을 갖게 되었다. 고려 초 서경세력들이나 경주세력들이 대두될 때 서경이나 동경이 부각되었던 것에 비할 때, 이 시기에는 대립의 구도가 바뀌어 이를 적극적으로 활용하는 국왕과 그 측근 세력들 대 반대하는 신료들로 구도가 형성되었다. 이는 현종대 이래 지방세력의 자율성이 쇠퇴하고 과거를 통한 문인층이 형성되어 새로이 정치세력을 구성하게 되었다는 변화에 힘입은 것이었다.

문종대의 정사는 후대 국왕과 신료들에 의해서 모범으로 여겨진 만큼 권위의 측면에서 큰 영향력을 끼쳤다. 이는 이후에도 지속적으로 국도풍수론이 유행하게 되는 데에 가교 역할을 하였다. 문종대 국도풍수 관련 행위와 논리 역시 후대 국도풍수 논의에 직간접적인 영향을 주었다. 이에 대해서는 3절에서 살펴보겠다.

문종의 아들인 선종은 장원정에 행차한 적은 없었으나, 삼각산 일대를 순행하고 승가굴을 중창하였으며[36] 1087년(선종 4)과 1092년(선종 9) 두 차례에 걸쳐 서경을 순행하였다. 선종도 정종이나 문종처럼 8월이나 9월에 서경에 행차하였고 10월에 팔관회를 행하였으며, 대동강에서 용선을 타고 연회를 베풀었다. 이외에도 서경의 영명사(永明寺), 구제궁(九梯宮),[37] 관풍전(觀風殿) 등을 유람하였다.[38]

조카인 헌종(獻宗)을 몰아내고 정권을 잡은 숙종은 왕권의 회복에 부심하였다. 숙종대 정치적 상황은 크게 숙종 6년을 경계로 전반기와 후반기로 나누어볼 수 있다. 왕권강화를 위해 여러 가지 방책이 취해졌으나 왕실 내부의 문제와 전대 이래 공경대부(公卿大夫)층의 반발로 그다지 성과를 거두지 못했던 전반기에 비해, 후반기에는 숙종 주도의 사업들이 적극 추진되었다.[39] 즉

---

36) 선종은 1090년(선종 7) 모후인 인예태후와 함께 보름동안 삼각산 일대의 僧伽堀, 藏義寺, 仁壽寺, 神穴寺 등을 여행하였다. 이때 선종은 禪師 領賢으로 하여금 승가굴을 중수하게 하였다(남동신, 2000「북한산 僧伽大師像과 僧伽信仰」『서울학연구』14, 26~27쪽).

37) 구제궁은 언제 건설된 것인지 분명치 않다. 다만 이곳에 최초로 행차한 기록이 선종대에 보이고, 예종 11년에 구제궁과 장원정을 나란히 언급한 기사로 보아 구제궁 역시 문종대에 건설되었을 가능성이 크다.

38) 1087년(선종 4) 서경 행차 때에는 8월 丙午日에 행차하였으며, 10월 丁亥日에 觀風亭, 九梯宮 등을 유람하여 永明寺에서 行香하였으며, 龍船을 타고 大同江에 이르렀으며, 壬辰日에 팔관회를 행하고 홍국사에 행차하였다가, 11월 乙卯日에 還御하였다(『高麗史』권10, 世家10 宣宗 4년 8월 丙午; 10월 丁亥; 10월 壬辰; 11월 乙卯). 선종의 이때 행차에서 특기할 만한 점은 9월에 연등도량을 행했다는 점이다. 숙종대 순행 때에는 9월에 장경회를 열면서 수만 개의 點燈을 했다고 전한다.
1092년(선종 9)에는 8월 戊辰日에 서경에 도착하였으나, 9월에 인예태후가 훙서하면서 정상적인 일정대로 진행되지 못하고 10월 丙子日에 환어하였다(『高麗史』권10, 世家10 宣宗 9년 8월 戊辰; 9월 壬午; 10月 丙子).

39) 서성호, 1993「숙종대 정국의 추이와 정치세력」『역사와현실』9.

위 무렵부터 논의되었으나 지지부진했던 남경 개창을 위한 건설사업이 숙종 6년 무렵부터 본격화되었으며, 숙종 7년에는 서경을 순주하고 해동통보(海東通寶)의 유통을 공식적으로 선언하였다.[40] 9년에는 여진정벌과 남경 순주가 행해졌다. 관련 내용을 정리하면 〈표 9〉와 같다.

〈표 9〉 肅宗代 南京 건설 및 西京 · 南京 · 長源亭 등 巡駐 사례

연대 \ 장소	서경	남경	장원정	내용	비고
1099년(숙종 4) 9월 丁卯		(삼각산)		乙亥 양주 지역 상지	
1100년(숙종 5) 2월 戊午			○		
1101년(숙종 6) 10월 丙申		남경 개창		남경개창도감 설치	
1102년(숙종 7) 7월 庚戌	○			8월 戊午 태조진전 알현 8월 甲子 대동강 용선 연회 10월 乙丑 팔관회,흥국사 行香 10월 甲戌 還御	12월 海東通寶 告廟 및 유통
1104년(숙종 9) 7월 戊戌		○		8월 辛亥 남경 도착 8월 甲寅 延興殿 백관 조하 8월 乙卯 반야도량 8월 癸亥 남경 출발	2월 제1차 여진정벌 5월 남경 궁궐 완공
1104년(숙종 9) 9월 乙亥			○		
1105년 (숙종 10) 8월 乙亥	○			9월 丙辰 왕 병환 9월 丁酉 서경출발 10월 丙寅 홍서	

* 『高麗史』 世家에 바탕하여 정리함.

숙종은 7년과 10년, 두 차례 서경을 순주하였는데 전대(前代)와 마찬가지로 8월에 행차하여 10월에 팔관회를 행하고 개경으로 돌아왔다. 다만 숙종 10년 순주 때에는 왕이 병환으로 갑자기 서거하는 바람에 정상적으로 진행되지 못하였다.

40) 『高麗史』 권79, 志33 食貨2 貨幣 肅宗 7년 12월 "富民利國 莫重錢貨 西北兩朝 行之已久 吾東方獨未之行 今始制鼓鑄之法 其以所鑄錢一萬五千貫 分賜宰樞文武兩班軍人 以爲權輿 錢文曰海東通寶 且以始用 錢告于太廟 仍置京城左右酒務 又於街衢兩傍 勿論尊卑 各置店鋪 以興使錢之利."

숙종 7년의 순주에서는 강화된 국왕권을 여러모로 과시하였다. 정자(亭子)의 이름을 바꾸거나 시를 짓고 유신들이 이에 대해 창화(唱和)를 하게 하거나[41] 순행을 기념하여 형벌을 감면하는 등[42] 국왕권을 드러낼 수 있는 다양한 행위들이 취해졌다.

또한 서경에서 돌아온 두 달 후인 12월에는 전반기 내내 논란이 많았던 전폐(錢幣) 시행을 종묘(宗廟)에 고하고 그 유통을 선언하였다. 서경 순주에서 돌아온 후 전폐를 시행한 것은 매우 흥미롭다. 전폐 시행은 고려의 풍속을 지킬 것을 당부한 태조의 유훈에 근거하여 가장 이질적인 신법(新法)이라고 신료들이 비판하였던 것인데 비해,[43] 서경 순주는 풍수에 기반한 매우 고유한 전통이기 때문이다. 그런데도 이 두 가지가 태조의 권위 아래 국왕권 강화를 위해 결합하여 함께 시행된 것이다, 이는 국도풍수가 단순히 풍수나 도참으로서의 성격만을 갖는 것이 아니라, 태조의 권위와 역대 국왕들이 이를 실천해왔다는 전통에 의지하고 있기 때문에 가능한 것이었다.

한편 이 시기는 대외질서가 변동되기 시작한 시기이기도 하였다. 숙종이 남경(南京)을 본격적으로 건설하거나 남경과 서경을 순행한 시기는 여진(女眞)에 대하여 적극적으로 대처하던 때였다. 숙종이 본격적으로 남경을 건설한 1101년(숙종 6)은 대외적으로 여진에 대한 위기의식을 천명하며 여진의 성장에 대하여 본격적으로 대응하기 시작한 시기였다.[44] 바로 이 시점에서 숙종은 남경을 건설하는 한편, 이듬해에는 서경에 순행한 것이다. 또한 〈표 9〉

---

41) 『高麗史』 권11, 世家11 肅宗 7년 8월 庚申; 8월 甲子; 8월 庚辰

42) 『高麗史』 권11, 世家11 肅宗 7년 9월 甲午

43) 『高麗史』 권97, 列傳10 郭尙傳 "時平章事尹瓘 請行錢幣 尙力言以爲非風俗所宜 上疏爭之 不得 尋致仕居家 睿宗元年卒."
『高麗史』 권79, 志33 食貨2 貨幣 "睿宗元年 中外臣僚 多言先朝用錢不便 七月詔曰 錢法古昔帝王 所以富國便民 非我先考殖貨 而爲之也 况聞大遼 近年亦始用錢乎 凡立一法衆謗從起 故曰 民不可慮始 不意群臣託太祖遺訓 禁用唐丹狄風之說 以排使錢 然其所禁 盖謂風俗華靡耳 若文物法度 則捨中國 何以哉."

44) 『高麗史』 권11, 世家11 肅宗 6년 8월 乙巳 "詔曰 朕自御神器 居常小心 北交大遼 南事大宋 又有女眞倔强于東 軍國之務 安民爲急 宜罷不急之役 以安斯民."

에서 볼 수 있듯이 1104년(숙종 9)에는 1차 여진정벌이 행해졌는데, 남경이 완공되자 남경에 순행하였고 이듬해인 10년에는 서경에 순주하였다.

이처럼 숙종대 남경의 건설과 서경 순주 등은 국왕권을 강화하려는 노력인 동시에 대외 질서의 변동에 조응하는 것이었다. 이는 남경과 서경 순주를 통해 태조 이래 역대 국왕의 전통에 기대어 왕권을 표창하고, 왕업을 연장하여 고려를 중심으로 하는 천하를 재구성하려는 노력이었다. 남경 건설 당시 이곳에 순주하면 36국이 조공할 것이라는 예언이 붙은 것도 이 같은 맥락에서였다. 이때 남경 건설과 관련하여 등장한 다양한 풍수설에 대해서는 3절에서 다루도록 하겠다.

2) 예종~인종대 대외질서와 국왕 순주의 변화

예종대와 인종대는 대외질서가 격동한 시기였다. 경(京)의 순주는 격동하는 대외질서에 조응하였고, 인종대 묘청의 난은 새로운 대외질서에 대한 반발의 극단이었다.

예종은 숙종대 여진정벌책을 계승하며, 즉위년부터 술사(術士)를 보내 동계(東界)의 산천(山川)을 순시(巡視)하였다. 2년 여진정벌을 단행할 때에는 서경(西京)에서 장수들을 파견하는 한편,[45] 이듬해에는 남경(南京)에도 순행하였다.[46] 이러한 분위기에서 예종 11년 서경에서 교서를 반포하였는데, 이 때는 바로 금(金)이 건국된 다음 해였다. 인종대에도 요(遼)의 멸망이나 북송(北宋)의 멸망 등 굵직굵직한 사건 때에 서경 순주가 행해졌다. 이들 사례들을 정리하면 〈표 10〉과 같다.

예종은 서경(西京)에 세 차례, 남경(南京)에 네 차례 순주하였고, 인종은 남경에 한 차례, 서경에 일곱 차례 순주하였다. 그런데 〈표 10〉을 보면 그러한 순주 시기는 대외 질서에서 큰 변동과 조응하고 있었다. 예종 3년과 11년은

---

45) 『高麗史』 권12, 世家12 睿宗 2년 11월 庚午

46) 『高麗史』 권12, 世家12 睿宗 3년 9월 甲戌

〈표 10〉 睿宗~仁宗代 西京·南京·長源亭 巡駐 사례

연대 \ 장소	서경	남경	장원정	주요 내용	비고
1107년(예종 2) 11월 庚午	○			11월 乙亥 서경 도착 12월 丙戌 대동강연회	2차 여진정벌 위한 日官의 상주
1108년(예종 3) 9월 甲戌		○		10월 己丑 연흥전 반야도량 11월 환어	4월 여진정벌 후 개선
1110년(예종 5) 윤8월 癸卯		○		윤8월 壬子 연흥전 반야도량 10월 환어	
1111년(예종 6) 8월 乙卯			○		
1112년(예종 7) 3월 戊午			○		
1113년(예종 8) 8월 丁卯			○		
1116년(예종 11) 4월 甲子	○			4월 乙丑 태조진전 알현 4월 庚辰 詔書 4월 辛卯 환어	1115년 금 건국 용언궁 낙성
1117년(예종 12) 2월 乙卯			○		
1117년(예종 12) 8월 戊子		○		8월 丁卯 거란 투화인의 歌舞 구경 8월 戊辰 연흥전 백관조하 9월 환어	
1117년(예종 12) 9월 丁卯			○		남경에서 돌아오는 길에 들름
1118년(예종 13) 2월 丙子			○		
1119년(예종 14) 8월 丁酉			○		
1120년(예종 15) 2월 丙申		○		4월 癸酉 환어	
1120년(예종 15) 8월 乙酉	○			10월 辛巳 八關會 11월 壬寅 還御	
1121년(예종 16) 8월 乙卯			○		
1125년(인종 3) 8월 己未	○			11월 丁丑 환어	요 멸망
1126년(인종 4) 10월 癸丑		○		11월 庚午 환어	2월 이자겸의 난, 5월 진압
1127년(인종 5) 2월 乙亥	○			2월 庚辰 태조진전 알현 3월 甲辰 묘청 등 관정도량 3월 乙卯 척준경 등 숙청 4월 戊午 詔書 7월 辛亥 환어	북송 멸망 여러 차례 경연

1128년(인종 6) 8월 乙亥	○			9월 丙午 林原驛 신궁터 相地 10월 甲寅 환어	새 궁터 선정
1129년(인종 7) 2월 壬申	○			2월 戊寅 신궁 입어 3월 己卯 신궁 건룡전 군신 조하 3월 庚寅 환어, 詔書	2월 서경신궁 완성
1130년(인종 8) 8월 乙未	○			8월 壬子 묘청의 청에 따라 弘慶院에 呵吒波拘神道場을, 選軍廳에 般若道場 배설 10월 壬申 환어, 詔書	
1132년(인종 10) 2월 壬午	○			3월 甲午 大華宮 행차 윤4월 환어	경연 11월 己卯 制書: 유신지정
1134년(인종 12) 2월 癸卯	○			3월 甲寅 대화궐 이어 3월 丁卯 환어	대동강 연회 등때 재변 13년 1월 묘청의 난
1137년(인종 15) 9월 丁卯			○		14년 2월 묘청의 난 진압
1142년(인종 20) 8월 丁亥			○		
1143년(인종 21) 8월 乙未			○		
1144년(인종 22) 2월 庚戌 /8월 丙午			○		

* 『高麗史』 世家에 바탕하여 정리함.

각각 여진 정벌 및 금(金)의 건국과, 인종대 초반의 순주는 요와 북송의 멸망 등과 시점이 겹쳐져 있다.

그런데 서경 순주 양태는 이전까지의 전통과 사뭇 달라졌다. 숙종대까지 8, 9월 순행하여 10월 팔관회를 치루고 오던 전례와 달리, 예종대와 인종대는 시기에 구애받지 않았으며, 팔관회를 치렀다는 기록도 거의 보이지 않는다. 팔관회를 치른 1120년(예종 15) 사례를 제외하고, 예종 2년과 11년의 순주는 팔관회와 무관하였다. 예종 2년 순주의 경우에는 서경에서 여진 정벌 장수를 파견해야 좋다는 일관(日官)의 상주에 따른 것이어서 서경의 풍수적 의미가 살아있음을 확인할 수 있지만, 팔관회 의례와는 무관한 것이었다. 인종대 서경 순주 때에도 팔관회 관련 기록은 보이지 않는다. 시기적으로 팔관회 시기와 겹쳐 있는 경우에도 이를 배설하였다는 기록이 없다. 그런 점에서 정종(靖宗)대 제도적으로 정비된 서경 순주-팔관회 사이에 맺어졌던 결합은 예종대에 이르러 해체된 것으로 보인다.

서경 순주-팔관회의 결합이 해체된 것은 팔관회의 성격에서 비롯되었을 것이다. 정종대 정비된 팔관회 의례의 주요 내용 중 하나가 송상(宋商)과 동서번(東西蕃), 탐라(耽羅) 등 고려의 주변부를 이루는 세력들이 방물을 바치는 것이었다.[47] 그러나 여진이 성장하여 동 · 서번의 세력들이 고려의 자장(磁場)에서 이탈한 예종대 이후에는 이러한 내용을 의례적으로 구현할 수 없었다. 개경 팔관회의 사례이기는 하지만, 팔관회에서 외국인이 조하를 바친 기사는 1122년(인종 즉위년)의 것이 마지막이다. 그러나 1101년(숙종 6)을 끝으로 예종대에는 외국인이 조하를 바쳤다는 기록이 없다가 인종 즉위년의 기사가 갑자기 나온 것이어서, 금(金)이 성장한 후 여진인들의 조하는 사실상 숙종대 중반을 끝으로 중단된 것으로 보인다.[48] 서경 팔관회 역시 이와 비슷한 추세였을 것으로 짐작된다. 이는 곧 숙종대 중반 이후로는 지맥의 근본인 서경에서 팔관회를 개최하는 것을 통해 주변 종족들에 대한 고려 국왕의 정점적인 위치를 의례적으로 구현하였던 것이 더 이상 불가능해졌음을 의미하는 것이다. 이처럼 서경 팔관회의 상징적 의미가 퇴색되고 1115년 금이 건국되며 더 이상 그것이 원래의 기능을 할 수 없게 되자, 서경 순주는 형해화되고 그 상징적 의미는 도참적인 측면으로 축소된다.

예종은 서경 순주를 태조의 유훈을 실천하는 것으로 의미를 부여했는데, 이는 예종 11년 서경 순주 때 새로 지은 용언궁(龍堰宮)의 건원전(乾元殿)에서 내린 제서(制書)에서 잘 볼 수 있다. 『고려사』의 기사를 통해 이를 살펴보면 다음과 같다.

47) 안지원, 앞의 논문, 106쪽.
48) 안지원, 앞의 논문, 211쪽.

내가 조상들이 쌓아 놓은 위업을 이어받아 三韓을 통치하고 있으나 人神의 기대에 보답하지 못할까 하여 밤낮으로 걱정하기에 편안할 겨를이 없었다. 이제 日官의 제의로 西京으로 옮겨와서 新敎를 반포함으로써 장차 모든 일을 혁신하고 백성들로 하여금 귀의할 곳을 알게 하여 先王의 舊業을 흥하게 하려고 한다. 또한 저 聖賢之訓과 諸圖讖之言에 이르기를 음양을 받들어 순조롭게 하고(1奉順陰陽) 불교를 숭봉하며(2尊崇佛釋) 형벌을 조리 있게 밝히고(3明信刑罰) 어두운 자를 내치고 밝은 자를 등용하라 하였다.(4黜陟幽明)[49)]

예종은 위 제서에서 일관(日官)의 상주에 따라 서경(西京)에서 신교(新敎)를 반포함으로써 선왕(先王)의 구업(舊業)을 흥하게 하겠다고 밝히고 있다. 이에 따라 '저 성현의 훈과 여러 도참의 말'에 따라 여러가지 조처를 취하겠다고 하였다. 이에 따른 조처들을 살펴보면, 크게 국풍(國風)과 화풍(華風)으로 대별됨을 볼 수 있어서, '저 성현의 훈'이 화풍으로, '여러 도참의 말'이 국풍으로 대비된다고 생각한다. 위 조서에서 제시한 4가지 원칙에 이어 예종이 거

---

49) 예종 11년 반포된 신교의 내용을 수록한 기사를 보면 『高麗史』와 『高麗史節要』가 표현에 있어서 차이가 있다. 전자가 자세하고 후자는 축약한 내용을 담고 있는데, 축약 과정에서 맥락이 상실된 부분이 있어 주의를 요한다.

『高麗史』 권14, 睿宗 11년 4월 庚辰 "御乾元殿受朝賀 下制曰 朕承祖宗積累之緖 保有三韓 懼無以稱人神之望 宵旰憂勞 不敢遑寧 今以日官所請 徙御西都以頒新敎 將以與物更始 使民知歸 以興先王之舊業 且彼聖賢之訓 及諸圖讖之言 謂奉順陰陽 尊崇佛釋 明信刑罰 黜陟幽明 三寶之財不可妄費(a) 四仙之跡 所宜加榮(b) 依而行之 不敢失也 況圓丘太廟社稷籍田及諸園陵者 國家敬重之所也(c) 其管勾員吏 以時修葺 無使弊虧 所謂國仙之事(d) 比來仕路多門 略無求者 宜令大官子孫行之 文武兩學(e) 國家敎化之根源 早降指揮 欲令立其兩學 養育諸生 以備將來將相之擧 而有司各執異論 未有定議 宜速奏定施行 且國風欲其儉朴(f) 而今朝廷士庶 衣服華侈 尊卑無等 宜令禮儀詳定所據祖宗代式例沿革制定以聞 又改定中外官制."

『高麗史節要』의 기사는 아래와 같다(권8, 睿宗文孝大王)

"制曰朕承祖宗積累之緖 保有三韓 懼無以稱人神之望 宵旰憂勞 不敢遑寧 今以日官所請 徙御西京 以頒新敎 將以與物更始 使民知歸 以興先王之舊業 其先王所訓 順陰陽 奉神祇 信賞罰 公黜陟 崇學校 美風化 一切之事 皆欲遵行 期至于治 惟爾有司 奏聞施行 尊卑服飾 禮儀 詳定所據 祖宗式例沿革 制定以聞 又改中外官制."

론한 구체적인 문제점과 조처내용들을 살펴보면 다음과 같다.

> 三寶의 재산(a)을 헛되게 써서는 안 되며 4선의 유적들(b)에 영예의 칭호를 더 붙여야 할 것인 바 이대로 시행하되 감히 빠뜨려서는 안 될 것이다. 하물며 圓丘, 大廟, 社稷, 籍田 및 諸園陵이란 것은(c) 나라에서 공경하고 소중하게 여기는 곳이니 이를 맡은 관원은 제때에 수리하여 파손되지 않게 하라.
>
> 이른바 國仙에 대해서는(d) 근래에 벼슬길로 통하는 곳이 많아져서 국선으로 되려는 자가 없으니 大官의 子孫들로 하여금 그 일을 실행하게 하여야 할 것이다. 文武兩學은(e) 나라 교화의 근원이다. 일찍이 指揮를 내려 그 兩學을 세워 諸生을 교양하여 앞으로 장수나 정승을 선발하는 데에 대비하려 하였는데, 有司에서 각각 異論을 고집하여 아직도 정해진 의논이 없으니 속히 보고하여 시행해야 할 것이다.
>
> 또한 國風은 검박하여야 하는데(f), 지금 조정 士庶들은 의복이 사치하고 尊卑에 등급이 없으니, 마땅히 禮儀詳定所로 하여금 祖宗代의 式例와 沿革에 의거하여 정하여서 아뢸 것이며, 또 中外의 官制를 개정할 것이다.

우선 삼보의 재산을 거론하는 (a)는 불교에 관련한 것이며, 사선(四仙)의 행적을 거론한 (b)는 신라 화랑의 행적을 의미하는 것이므로 전통 신앙에 대한 존중을 의미한다.[50] 그에 비해 (c)에서 거론된 원구, 태묘, 사직, 적전 등의 제사처들은 국가사전 중에서도 성종대 도입된 유교적 사전에 해당한다. 따라서 (a), (b)는 국풍으로, (c)는 화풍으로 대별된다. 한편 (d)와 (e)는 인재 선출 방법에 대한 언급인데, 국선(國仙)이 신라 화랑제도의 유풍으로 인재를 뽑던 방법이었다면, 문무 양학의 강화는 유학적 소양을 갖춘 인재를 뽑는 방법이었다. 또한 (f)에서는 검박한 국풍(國風)과 사치한 조정 신료들의 풍속을 대비시키고 있는데, 이

---

50) 四仙은 신라 중대 孝昭王대 활동한 화랑으로 俊永郎, 述郎, 南郎, 安詳 등을 가리키며, 국선은 화랑을 지칭한다.

시기에 당풍(唐風) 등으로 거론되는 타자의 풍속이 흔히 화려하거나 사치하는 것으로 해석되었다는 점을 볼 때,[51] 이것도 국풍과 화풍의 대비를 담고 있다. 이상과 같이 전반적으로 이 교서는 국풍과 화풍을 대비하여 제시하면서 (f)는 약간 예외적이지만, (a)~(e)까지의 조처를 통해 국풍과 화풍 양자를 모두 존중하며 강화시키겠다는 지향을 보인 것임을 알 수 있다.

전체적으로 예종 11년의 제서는 여러 유교적인 조처들(신법)을 추구하며 북송과 교류를 강화하면서도 태조의 유훈에 따라 도참적인 행위인 서경 순주 등을 열심히 실천하겠다는 의사로 평가된다. 실제 예종 11년의 서경 순주 후 북송과 교류가 강화되면서도, 태조에 대한 존숭도 여전하였다. 이를 상징적으로 보여주는 사건이 바로 송에서 보낸 음악과 서경(西京)의 옥(玉)을 결합하는 행위였다.

> 왕이 太廟에서 친히 祼을 지내면서, 大晟樂과 西都에서 얻은 瑞玉祭器를 바치고, 새로 제작한 九室登歌를 연주하였다.[52]

이는 교서를 내린 예종 11년 겨울의 일이었다. 송에서 보낸 대성악과 서경에서 얻은 옥으로 만든 제기 두 가지를 나란히 태조 휘하 역대 국왕들이 모셔져 있는 태묘에 올리며, 새로이 지은 구실등가를 연주하였다. 이는 태조 이래 역대 국왕에 대한 찬미가를 다시 올려 고려의 역대 국왕권을 현창하면서, 도참을 상징하는 서경의 옥과 타자(他者)를 상징하는 송의 음악을 나란히 올림으로써 이를 인정받는 행위였다. 이후 예종은 북송과 활발히 교류하는 한

---

51) 『高麗史』 권79, 志33 食貨2 貨幣 "睿宗元年 中外臣僚多言 先朝用錢不便 七月詔曰 錢法古昔帝王 所以富國便民 非我先考殖貨而爲之也 況聞大遼近年亦始用錢乎 凡立一法 衆謗從起 故曰 民不可慮始 不意群臣託太祖遺訓 禁用唐丹狄風之說 以排使錢 然其所禁 盖謂風俗華靡耳 若文物法度 則捨中國 何以哉."

52) 『高麗史』 권14, 世家14 睿宗 11년 10월 癸酉 "親祼大廟 薦大晟樂西都所得瑞玉祭器 併奏新制九室登歌."

편,[53] 남경, 서경, 장원정 등의 순주 역시 착실히 실행함으로써 예종 11년 제서의 내용을 실천하였다.[54]

그런데 이 제서는 태조의 훈과 서경이 가지는 의미가 도참적 차원으로 축소되었다는 점에서 문제가 있었다. 원래 서경이 가졌던 가장 중요한 의미는 고구려의 옛 수도였다는 점이며 태조대의 정사와 훈계도 풍수, 도참적인 측면만이 주가 아니었다. 풍수, 도참적인 측면이 강하다고 평가되는 훈요십조조차도 유교적인 덕목에 대한 내용이 1/3 이상 되는데, 예종의 발언은 태조의 훈계를 도참의 영역으로 한정짓고 유교적인 덕목은 새로이 북송으로부터 도입한 유학적 흐름으로만 설명하는 것이다.

이는 서경이 예전과 같은 의미를 갖지 못하고, 그곳으로의 국왕 순행이 갖는 의례적 기능이 충족되지 못하면서 태조가 이곳의 지력(地力)을 빌었다는 점만이 부각된 데서 비롯한 것이었다. 이는 결과적으로 서경 등처로의 순주를 신비적이고 주술적인 차원의 의미로 국한시키고 장기적으로는 인종대 묘청의 등장을 불러온 배경이 되었다.

인종대에 접어들면서 국제질서는 또 한 차례 요동쳤다. 인종 3년에는 요가 최종적으로 멸망하고 2년 후에는 북송이 멸망하였다. 때문에 예종대 후반 이후 강화된 북송과 교류는 더 이상 탄력을 받을 수 없었다. 북송의 실질적인 마지막 황제라 할 수 있는 휘종(徽宗)은 예종 연간 고려와 밀접한 관계를 맺음으로써 국왕의 권위에 힘을 실어주었고, 고려의 여러 인물들은 그에게 칭찬을 받았다는 것이 좋은 평판의 근거가 되곤 하였다.[55] 그러나 결과적으로 북

---

53) 예종대에 벌어진 복원궁이라는 道觀의 설립과 도사의 파견, 대성악의 하사, 휘종이 친필로 내려준 안화사 편액을 비롯하여 인종대 고려왕을 책봉하면서 '권지국사'에서 '권'자를 제외한 것 등은 북송의 권위를 통해 고려 왕실이 권위를 확보할 수 있었던 사례들이다.

54) 예종은 서경 순주 때 태조의 행적을 기념하고 발견하였다. 예종 11년에는 觀風殿을 순행하면서 太祖의 行在所를 돌아보았으며(『高麗史』 권14, 世家14 睿宗3 睿宗 11년 4월 丙子), 15년 순주 때 팔관회를 개최하면서는 國初 功臣인 金樂과 申崇謙의 偶像을 발견하고 이에 대한 감흥을 담은 시를 짓기도 하였다(『高麗史』 권14, 世家14 睿宗3 睿宗 15년 10월 辛巳).

55) 徽宗에게 칭찬을 받아 평판을 얻은 이로는 李寧, 金仁存, 李資諒 등이 대표적이다.

송이 멸망했다는 사실은 북송의 정치개혁이 실패했음을 증명하는 것으로서 고려 내부의 흐름 역시 추진력을 잃을 수밖에 없었다.

또한 대내적으로 인종대 초반 한안인(韓安仁) 세력의 숙청부터 이자겸(李資謙)의 난까지 지배층 내부의 대립이 격화되면서 관료사회가 큰 타격을 받았다.[56] 이에 더하여 이자겸의 난으로 국왕이 유폐되고 개경의 본궐이 전소되면서 국왕권이 추락하는 사태를 맞이하였다. 대외질서의 대변동, 국왕권을 회복해야 한다는 과제, 관료 사회가 받았던 타격 등 복잡한 대내 · 대외적인 상황 속에서 약화된 관료 사회의 빈틈 속에서 등장한 것이 묘청(妙淸)이었다.

묘청의 등장과 서경(西京) 대화궁(大化宮)의 창건 등은 예종대 이래 태조의 훈을 풍수 도참적인 것으로 해석해온 연장선상에 있으면서도 상당히 극단적이었다. 이는 "개경의 기업(基業)이 이미 쇠했다"는 인식을 보임으로써 수도로서 개경이 가진 위상을 부인하였고, 서경에 대해서도 훨씬 주술적이고 신비적인 인식을 보여 대중의 지지를 이끌어낼 수 없었다. 결국 이것이 반란으로 귀결되고 진압되면서 서경이 지맥의 근본이라는 인식에 변화가 발생하였다. 이를 잘 보여주는 것이 다음 기록이다.

> 서경을 평정한 후로 조정의 논의가 일치되지 못하였다. 어떤 이들은 "서경은 根本의 땅이고 또한 태조가 설치한 바이니 예전 제도대로 하는 것이 편하다."고 하고, 어떤 이들은 "서경은 叛逆의 땅이니 예전 것을 일체 혁파하여 東京의 제도처럼 해야 한다."고 하였기 때문에 오래도록 처리를 못하다가 이때에 와서야 비로소 이들 관서들을 두었다.

이는 서경의 반란이 진압된 인종 13, 14년에 서경의 관제를 대폭 삭제하

---

56) 노명호, 1987「이자겸일파와 한안인일파의 족당세력」『한국사론』17.

였다가 16년에 일부 조정하여 복구시켰을 당시 기록이다.[57] 이를 보면, 묘청의 난이 진압된 후 한동안 서경 지역 자체를 반역의 땅으로 규정하는 분위기였음을 알 수 있다. 물론 서경이 가지고 있었던 전통적 의미를 중시하는 입장 역시 만만치 않았기 때문에 3, 4년만에 결국 원래대로 관제를 복구하였다는 점에서 서경이 가지는 의미가 이 무렵 여전히 강고하였음도 볼 수 있다. 그러나 서경이 반역의 땅이기 때문에 예전 제도를 일체 혁파해야 한다는 주장이, 서경을 유지해야 한다는 주장을 한 때나마 누를 정도로 비등하게 제기되고 실제 몇 년이나마 관제가 혁파되기도 하였다는 점은 이전 시기로부터 질적으로 변화한 새로운 흐름이다. 이제 지맥의 근본이라는 서경의 의미가 퇴색하기 시작한 것이다.[58]

이상과 같이 고려중기 서경은 태조와 관련성이 적극적으로 현창되면서 태조의 후계자인 현 국왕의 위상을 강화시키고, 이곳에 순주한 국왕이 친히 거행하는 팔관회를 통해 주변 종족들에 대하여 고려 국왕의 정점적 위치를 구현하는 중심 장소로서 기능하였다. 그러나 국제질서가 변동하여 금이 건국되면서 서경은 예전과 같은 기능을 할 수 없었다. 태조의 상징이라는 의미도 도참적인 것으로 축소 해석되며 그 의미가 변질되었다. 한편 국내적으로는 지배층 사이의 대립이 격화되고, 국왕권이 위기를 맞게 되었는데, 이러한 국내외적 상황 속에서 등장한 묘청과 그 반란은 이러한 모순이 극대화된 것이

---

57) 『高麗史』 권77, 志31 百官2 外職 西京留守官 "仁宗十四年 命兩府大臣 議西京官班沿革 監軍分司御史臺 並仍舊 其餘官 並省之."
"十六年設儀曹兵曹戶曹倉曹寶曹工曹 各置令二人八品 丞二人九品 八關都監 置副使一人 判官一人 東南面西北面都監諸學院 各置判官一人 聖容殿 置直員一人 自平定西京後 朝論不一 或者以謂 西京根本之地 且太祖所設 因舊制便 或者以謂 西京叛逆之地 宜一切革故 如東京之制 以故久不處置 至是始置此官."

58) 인종 13, 14년에는 관제를 혁파했을 뿐만 아니라 문종대 설치했던 西京畿4道를 폐지하고 6縣을 두기도 하였다. 이는 서경이 가졌던 京으로서의 독특한 위상이 유지되지 못하게 된 것이다. 인종 16년의 관제 개편은 이전 시기 서경의 독립된 정부 형태의 행정기구로서 가졌던 성격을 상실하게 된 것으로 평가된다(하현강, 1988 『한국중세사연구』, 일조각, 303~304쪽).

었다. 묘청의 난 이후 서경은 지맥의 근본으로서 지니고 있었던 상징적 위상에 타격을 받았다.

한편 이 시기에는 왕업을 연장해야 한다는 사고가 대두되며 이에 적합한 새로운 풍수적 길지들을 찾으려는 노력들이 대두되었다. 그 결과 장원정과 남경이 건설되었으며, 서경에도 좌우궁 및 용언궁, 대화궁 등 새로운 궁궐이 건설되었다. 이는 서경 이외에 새로운 장소들이 부각되었다는 점에서, 또한 개경 이남 지역의 개발을 추동한다는 점에서도 큰 의미가 있는 것이었다.

2. 의종~무신집권기 국왕권의 축소와 경(京)의 위상

인종대에 이어 의종대 초반에도 서경은 여전히 그 위상을 회복하지 못하였다. 묘청의 난을 겪은 후인 인종대 후반부터 의종대 초반까지는 유자(儒者) 관료들이 술자(術者)들 주장의 문제점을 어느 정도 자각하고 있었으며, 그에 대하여 나름의 제약을 가했다. '서경이 반역의 땅'이라는 사고와 유자(儒者) 관료들의 제약 등으로 국왕의 서경 순주나 새로운 풍수적 행위도 행해지지 않았다. 그러나 이들은 풍수적 행위를 통해 재변을 억제하거나 기업(基業)을 연장할 수 있다는 사고의 틀을 벗어나 있지는 않았다. 그렇기 때문에 인종대 후반에도 서경 대신 장원정으로 순주의 장소만을 변경할 뿐이었으며, 의종대 초반까지도 장원정 순행은 계속되었다.

그러다 전대(前代) 유자(儒者) 관료들의 세력이 약화된 의종대 중반 이후[59) 주술적이며, 연기·기복을 위한 행위들이 활발하게 벌어졌다(〈표 11〉 참조). 의

59) 채웅석은 의종 5년~15년을 의종대 중반으로 잡고 있는데, 김부식이 사망하고 인종의 부촉을 받았던 정습명 등이 자살하면서 의종 11년 무렵부터는 특히 연기와 기복을 위해 이궁을 많이 건설하고 종교행사를 자주 열기 시작하였다고 하였다(채웅석, 1993「의종대 정국의 추이와 정치운영」『역사와현실』9, 112쪽).

종 8년 9월에는 서경(西京)에 중흥사(重興寺)를 지었고,[60] 11년 4월에 본궐의 동쪽에 이궁인 수덕궁(壽德宮)을 완성하였다. 12년에는 배주(白州) 토산(兎山)에 궁궐을 건설하고 중흥궐(重興闕)에 대화전(大化殿)이라는 명칭을 붙였다. 이외에도 의종 20년 전후로는 판적요(板積窯)에는 만춘정(萬春亭)이, 개경 동쪽에 청녕재(淸寧齋), 중미정(衆美亭) 및 연복정(延福亭)도 건설되었으며, 십자가 북쪽에 관북궁(館北宮)도 건설되는 등 의종대 중반에는 집중적으로 연기(延期), 기복(祈福)을 위한 이궁 건설이 이루어졌다. 고려 왕계를 신비적이면서도 풍수신앙에 바탕하여 정리한 김관의(金寬毅)의 『편년통록(編年通錄)』이 편찬, 찬진된 것도 의종대 중반이었다.[61]

이러한 의종의 행위는 태조를 현창하여 그 권위에 의지하고, 풍수적 방법에 따라 왕업의 연장을 기원한다는 점에서 전대와 동일하였지만, 그 수준이 주술적 기원에 머무르고 있었다. 그 단적인 예가 의종 말엽인 22년 3월 서경(西京) 관풍전(觀風殿)에서 내린 다음 교서이다.

> 朕이 듣건대 鎬京은 萬世토록 쇠하지 않는 땅이라 후에 왕이 된 자가 이곳에 임어하여 新敎를 반포하면 國風이 淸明해지고 小民이 편안해진다고 한다. 짐이 즉위한 이래로 정무가 실로 번다하여 巡御할 겨를이 없다가 이제 日官이 주청한 바에 따라 이 도읍에 왔다. 장차 옛 정치를 혁신하고 王化를 부흥시키려고 古聖이 勸戒한 遺訓 및 당시 폐단을 구제하는 사무를 채택하여 新令을 반포하고자 한다.[62]

---

60) 『高麗史』 권18, 世家 18 毅宗 8년 9月 "創西京重興寺."
이 기록에서는 '創'이라 표현하였지만, 서경 중흥사는 顯宗대부터 유래를 찾을 수 있는 오랜 절이다. 창건이 아니라 수리로 추정되는데, 아마도 인종대 묘청의 난으로 피해를 입은 것이 아닐까 생각한다.

61) 이병도, 앞의 책, 245~252쪽; 채웅석, 앞의 논문, 112쪽.

62) 『高麗史』 권18, 世家18 毅宗 22년 3월 戊子 "御觀風殿 下敎曰 朕聞鎬京萬世不衰之地 後之王者 臨御于此 頒下新敎 則國風淸明 小民安泰 朕卽政以來 萬機實繁 未暇巡御 今以日官所奏 來幸此都 將欲革舊鼎新 復興王化 採古聖勸戒之遺訓 及當時救弊之事務 頒

〈표 11〉 毅宗代 西京·南京·長源亭 巡駐 사례

연대 \ 장소	서경	남경	장원정	비고
1149년(의종 3) 3월 辛卯/8월 己未			○	
1150년(의종 4) 9월 丁丑		○		
1153년(의종 7) 1월 乙卯/8월 甲戌			○	
1154년(의종 8) 1월 丙子/5월			○	9월 서경 중흥사 창건
1154년(의종 8) 1월 己亥/3월 庚午/8월 丙子			○	
1157년(의종 11) 1월 乙酉/3월 壬申/8월 壬戌			○	4월 丙申 闕東에 壽德宮·安昌宮·靜和宮·瑞豊宮·太平亭·觀瀾亭·養怡亭 등 건설
1158년(의종 12) 9월 庚申				白州 重興闕 창건, 10월 순주
1161년(의종 15) 4월 癸卯/8월 壬寅/9월 丁丑			○	14년 개경 안 이궁 순주
1162년(의종 16) 3월 丙午/8월 乙丑/9월 甲午			○	
1167년(의종 21) 8월 己未		○		17~21년 사이 개경 안 여러 이궁 순주
1168년(의종 22) 3월 丁丑	○			
1169년(의종 23) 3월 乙丑	○			

*『高麗史』世家에 바탕하여 정리함.

이 교서에서는 서경을 호경이라 칭하고, 그 땅이 만세토록 쇠하지 않는 땅이라 거론하였다. 이는 서경을 왕업이 시작된 곳으로 우대하는 의식과 지덕이 영험하여 지맥의 근본이라는 사고를 보여주는 언설로서, 예종이나 인종대의 그것과 상통한다. 그런데 예종의 제서와 비교해볼 때 의종의 교서에서는 이를 통해 새로운 정치를 행하고자 하는 의지를 보이는 것이 아니라, 이곳에 임어하여 신교(新敎)를 반포하면 '국풍이 청명해지고 소민이 편안해진다'는 기원에 그쳐 있다. 이때 반포된 신령(新令)들 역시 제도와 관련된다거나 근본적인 개혁안이 아니었으며, 특히 아래 1조의 경우에는 매우 기계적이면

布新令."

서도 주술적인 사고를 드러내고 있다.

> 一 奉順陰陽. 근래 발하고 내린 號令이 도리어 陰陽에 맞지 않아 추위와 더위가 일정하지 않아 民物이 편안하지 못하였다. 이제부터 賞은 봄과 여름에 하고, 刑은 가을과 겨울에 시행하고 모든 행하는 일들은 月令에 따르도록 한다.[63]

상벌이 적절해야 음양, 즉 기후가 순조롭다는 사고는 새로운 것은 아니었다. 이미 훈요 제7조에서도 다음과 같이 거론된 바가 있었다.

> 옛사람이 말하기를, "좋은 미끼 끝에는 반드시 큰 고기가 물리고 중한 상이 있는 곳에는 반드시 훌륭한 장수가 있으며 활을 겨누면 반드시 피하는 새가 있고 仁을 펼치면 반드시 착한 백성이 있다고 하였다." 상과 벌이 적절하면 음양이 순조로워진다.[64]

그러나 훈요에서 상벌이 적절해야 한다고 당부한 것은 상줄 사람에 대해 상을 주고, 벌줄 사람을 벌을 주되 그 정도가 적절해야 한다는 내용이다. 이는 지극히 상식적인 언설이다. 그러나 의종의 신령(新令)은 음양을 기계적으로 계절에 맞추어 상벌을 행하는 시기만을 문제삼고 있다. 이는 재변과 인간행위의 관계를 지나치게 기계적으로 해석하는 태도로서 훈요의 수준에도 미치지 못한다. 중국에서도 이 시기에는 재이(災異)와 인사(人事)를 일 대 일로

---

63) 『高麗史』 권18, 世家18 毅宗 22년 3월 戊子 "一奉順陰陽 近來發號施令 反乖陰陽 以是寒燠失序 民物不安 自今以後 賞以春夏 刑以秋冬 凡所行事 一依月令."
세가에 6조항이 전하고, 각 志에 3조항이 산견된다(채웅석, 앞의 논문, 123쪽 각주 109 참조).

64) 『高麗史』 권2, 世家2 太祖 26년 4월 癸卯 "古人云 芳餌之下 必有懸魚 重賞之下 必有良將 張弓之外 必有避鳥 垂仁之下 必有良民 賞罰中則陰陽順矣."

서술하려는 태도에서 벗어나고 있었다는 점을 볼 때[65] 의종의 신령은 시대착오적이었으며 고려의 정치전통에 비추어보아도 뒤처지는 것이었다. 이와 같은 주술적 행위와 사고는 이미 당대인들의 지지를 이끌어내기 힘들었을 것이며, 서경의 위상과 의미가 도참과 주술성으로 더욱 고정되는 결과를 가져올 것이었다.

관념적이며 주술적인 행위를 통해 왕업의 연장을 기원하였지만, 이는 오히려 비정상적인 정치운영만을 가시화하였다. 1164년(의종 18) 겨울 안개가 짙어 가시지 않자 태사국(太史局)에서는 다음과 같이 상주하였다.

> 안개라는 것은 사악한 기가 모여 있는 것인데, 며칠이 지나도록 없어지지 않는 것은 그 나라가 혼란한 것입니다. 또 안개가 일어나서 어둡고 어지러워 10보 밖의 사람도 보이지 않으니 이것을 낮에 어두운 것이라 합니다. 大闕明堂은 祖宗이 정사를 펼쳐온 곳으로서 그 제도가 모두 天地陰陽을 본받았습니다. 그러므로 임금이 출입하고 기거하는 것을 마음대로 할 수 없는 것입니다. 이제 폐하께서는 그 지위에 있을 만하지 않은 사람을 있게 하시며, 적합하지 않은 사람에게 관직을 주시고, 명당을 오래토록 비워놓으시고 거처하지 않으십니다. 天災가 두려울 만한데도 살피지 않으시고 마음대로 옮겨다니시며 號令을 아무 때나 하시니 이 때문에 이러한 이변이 있는 것입니다.[66]

윗글은 태사국에서 당시의 천변인 안개가 일어난 이유가 왕이 본궐(本闕)

---

65) 北宋代 歐陽脩(1007~1072)는 『新唐書』 등의 편찬을 통해 漢代 이래의 天譴論을 부정하여 '某事某應'의 형식을 따르지 않았다(고지마 쓰요시 저/신형승 역, 2004 『송학의 형성과 전개』, 논형, 31~38쪽).

66) 『高麗史』 권55, 志9 五行3 土 毅宗 18년 11월 癸卯 "太史奏云 霧者衆邪之氣 連日不解 其國昏亂 又霧起昏亂 十步外不見 人是謂晝昏 大闕明堂者 祖宗布政之所 其制皆法天地陰陽 故王者出入起居 不可無常 今陛下處非其位 任非其人 明堂久曠而不居 天災可懼而不省 移徙無常 號令不時 故有此異."

을 비워놓고 이궁들을 돌아다니며, 인사(人事)를 제대로 행하지 않기 때문이라 비판한 내용이다. 서경처럼 지덕이 순조로운 곳을 택해 때때로 국왕이 순주하는 것은 왕업이 연장될 수 있는 방법이라고 인식되었지만, 지나친 순주는 역으로 개경의 본궐이 좋지 않다는 불안감을 불러일으키게 되고, 이는 개경의 전통적 권위를 저하시킬 수밖에 없다.

이와 같은 분위기 속에서 무신정변이 일어나자 의종대 이미 약화되고 있던 문신층이 거의 단절될 위기에 처하였다. 이 무렵 문신층들은 한계는 있었지만, 지나친 도참적 행위를 비판하는 세력으로 기능하고 있었다. 그러나 이들이 단절되면서 풍수, 도참에 관련한 예언이나 술수들은 더욱 만연한 데 비해, 국왕이 거주하거나 순주하는 경(京)의 위상은 추락하였다.

인종대 이래 위상이 하락해오던 서경은, 명종대 조위총(趙位寵)의 반란으로 결정타를 맞게 되었다. 1174년(명종 4) 무신정변에 반기를 든 서경유수(西京留守) 조위총이 거병(擧兵)하였는데, 개경 정부는 2년이 지나서야 가까스로 이를 진압하였다. 이를 계기로 1178년(명종 8)에 다시금 서경의 관제를 개편하였다. 전체적으로 관원의 수가 감소되고 문무(文武)가 교차 임명되었으며, 6조의 사(史) 중 한 명은 반드시 개경인으로 임명하도록 규정되는 등 중앙의 통제가 강화되었다. 그에 더하여 서경의 식록미(食祿米)도 일부를 제외하고는 모두 개경으로 이납(移納)하게 함으로써 그 경제적 자율성도 상당히 박탈되었다.[67] 이처럼 정치적, 경제적 위상과 자율성의 기반이 제거된 서경은 이후 몽골침입기에 수차에 걸쳐 지역세력이 몽골에 투탁하고, 일시적으로 원(元)에 속하는 등 우여곡절을 겪으며 다시는 이전과 같은 위상을 회복하지 못하였다.

의종대 이래 저하되어 온 개경 본궐의 위상 역시 예전 같지 못하였다. 결정적 촉매는 명종대 발생한 본궐의 화재였다. 1171년(명종 1) 10월 밤에 본궐

---

67) 하현강, 앞의 책, 304~305쪽.

에서 화재가 일어나자 승도(僧徒)와 부위군(府衛軍) 등이 불을 끄러 왔지만 정중부(鄭仲夫), 이준의(李俊儀), 이의방(李義方) 형제 등이 이들이 반도(叛徒)로 변할 것을 두려워하여 들여보내지 않음으로써 전우(殿宇)가 모두 소실되었고, 명종은 산호정(山呼亭) 쪽으로 나가 통곡하였다.[68] 화재 자체는 원인을 알 수 없었지만, 충분히 최소화할 수 있었던 피해를 당시 무신 집정들 때문에 결국 본궐 전체가 소실되기에 이르렀다. 더구나 화재가 일어난 시점이 무신정변 발발 1년 만이었기 때문에, 당대의 사람들에게 왕권의 위기를 각인시킬 사건이 되었을 것이다.

당시 피해를 입은 지역은 강안전(康安殿) 일대로 추정된다.[69] 1180년(명종 10) 중건 공사를 통해 강안전이 다시 완성되었는데도 명종은 이곳에 거주하는 것을 꺼려하였다. 그 이유는 새로 지은 본궐 전각들에 대한 음양 구기(拘忌)의 설 때문이었다.

A1: 왕이 壽昌宮에서 延慶宮으로 이어하였다. 辛卯年에 궁궐이 화재를 입은 후로부터 金 사신을 접견하기 위하여 먼저 康安殿과 大觀殿 양 전각을 지어, 금 사신이 이르면 강안전에 入御하여 대관전에서 인견하였다. 건물들이 새로 지어진 것을 꺼려하여 머물러 임어하지 않고 예가 끝나면 바로 수창궁으로 환어하였는데, 이때에 이르러서야 연경궁에 입어하였다.[70]

---

68) 『高麗史』 권19, 世家19 明宗1 明宗 1년 10월 壬子

69) 화재가 났을 때의 기록에서는 殿宇가 모두 불탔다고 하고 있으나, 화재가 난 지 몇 달만에 昇平門과 大觀殿을 사용한 기록이 있으며, 景靈殿 등도 명종 4년에 이미 등장하고 있어 모두 불탄 것은 아닌 것으로 여겨진다. 명종 10년 중건 공사를 마쳤을 당시 강안전이 완성되었다고 표현하고 있고, 그 사이에 유독 연등회만 본궐에서 제대로 치루어지지 못한 것으로 보아 연등회 小會의 중심 장소인 康安殿 일대가 주로 피해를 입은 것으로 보인다(『高麗史』 권19, 明宗 1년; 明宗 2년 5월 壬午; 권20, 明宗 10년 11월).

70) 『高麗史』 권20, 世家20 明宗 26년 8월 壬申 "王自壽昌宮 移御延慶宮 自辛卯宮闕灾 爲接金使 先創康安大觀兩殿 金使至 則入御康安殿 引見于大觀殿 忌其新創 未嘗留御 禮畢 卽還御壽昌宮 至是乃御延慶宮."

A2: 祖聖이 삼한을 통일한 후에 松岳郡에 神京을 점찍어 명당 자리에 궁궐을 지어 자손 군왕이 만세토록 거주할 곳으로 삼았습니다. 전에 궁실에 화재가 있어서 새로 지어 한결같이 얼마나 장려하게 하였는데, 拘忌의 설을 믿어 오랫동안 임어하는 것을 피하였으니, 陰陽에 배치되는지를 어찌 알겠습니까? 생각건대 폐하께서는 길일에 입어하여 하늘을 받들어 命을 영원하게 하소서.[71)]

A1은 명종(明宗) 세가의 기록이고, A2는 신종(神宗) 즉위 후 최충헌(崔忠獻)이 올린 봉사(奉事) 10조 중 제1항이다. A1에서 알 수 있듯이, 명종은 새로 지은 궁궐에 머무는 것을 꺼려하였고 사신접대 같은 공식적인 행사 때에만 마지못해 입어하였다. 이처럼 국왕이 본궐을 피하자 국왕권의 불안정성과 비정상적인 정치 현실이 가시화되었다. 이 때문에 최충헌은 A2에서 후대 군왕이 본궐을 피함으로써 태조가 이곳에 궁궐을 정한 뜻을 어기고 있다고 비판하였다. 태조의 권위를 해치면 이는 다시 당대 고려 왕권의 위상을 저하시킨다. 최충헌은 그런 의미에서 신종에게 본궐(本闕)에 입어하여 태조의 권위를 유지하여 왕권의 위상을 회복하라고 하였다.

최충헌은 고려 왕권과 타협하면서 장기집권의 기틀을 구축할 수 있었는데, 이를 상징적으로 보여주는 것이 태조에 대한 존숭 행위였다. 최충헌은 왕권에 대한 존중의 의사로서 봉은사(奉恩寺) 태조진전(太祖眞殿)에 옷을 바쳤으며, "태조의 정법(正法)을 준수하여 중흥할 것"을 주장하며 봉사 10조를 올렸다.[72)] 봉사 10조의 첫 항에서 본궐에 국왕이 거주할 것을 주장한 것은 태조의 권위에 대한 존중과 맥을 같이한다.

---

71) 『高麗史』 권129, 列傳42 叛逆3 崔忠獻傳 "祖聖統一三韓 卜神京於松嶽郡 於明堂位作宮闕 爲子孫君王 萬世所御 頃者宮室災 又從而新之 一何壯麗 而信拘忌之說 久違臨御 安知有負於陰陽耶 惟陛下以吉日入御 承天永命."

72) 『高麗史』 권129, 列傳42 叛逆3 崔忠獻傳

그의 이러한 노력에도 불구하고 개경 왕기(王氣)에 대한 의심은 잦아들지 않고, 송악의 왕기가 쇠하였기 때문에 이를 보완해야 한다는 이야기가 떠돌기 시작하였다. 1217년(고종 4) 기록에 따르면 고종이 최충헌이 지은 죽반궁(竹反宮: 竹坂宮을 가리킴)에 이어(移御)하였다. 이는 "송산(松山)의 왕기(王氣)가 장차 다할 것이니, 별궁(別宮)에 이어하여 이를 물리쳐야 한다"[73]라는 술사의 말 때문이었다. 그런데 이때 국왕이 이어한 궁이 하필이면 최충헌이 지은 죽판궁이라는 점은, 왕기가 송산으로 상징되는 본궐에 있지 않고, 당대 실력자인 최충헌의 궁에 있다는 인식을 반영한다.

서경은 물론이고 개경 본궐의 위상도 저하된 시기에, 역으로 국도풍수적 논의는 활성화되었다. 그런 의미에서 신종 원년에 설치된 산천비보도감(山川裨補都監)도 주목된다. 이는 자신을 포함하여 재추(宰樞)들이 술사(術士)들을 모아 국내의 산천(山川)을 비보(裨補)하여 기업을 연장하는 일을 의논한다는 명목으로 만든 것이었다.[74] 산천비보도감의 설치는 최충헌의 봉사 10조와 관련이 있었다. 그는 봉사 10조에서

> 태조대에는 반드시 山川의 順逆을 가지고 佛祠를 창건하였는데, 땅에 따라서 안치하였습니다. 후대의 將相과 여러 신료들, 무뢰한 승려들이 산천의 길흉을 따지지 않고 佛宇를 세우고선 願堂이라 칭하여 地脈을 손상시켜 재변이 거듭 일어납니다. 폐하께서는 음양관들로 하여금 검토하게 하여 비보하는 곳 이외에는 모두 없애버리고 남겨두지 마셔서 후세 사람들의 관망함이 되지 않게 하십시오.[75]

---

73) 『高麗史』 권22, 世家22 高宗 4년 4월 己酉 "移御竹反宮 乃忠獻所營也 時術士云 松山王氣將盡 宜御別宮 以禳之 從之."

74) 『高麗史』 권77, 志31 百官2 諸司都監各色 "山川裨補都監 神宗元年 宰樞及重房崔忠獻等集術士 議國內山川裨補延基事 遂置都監."

75) 『高麗史』 권129, 列傳42 叛逆3 崔忠獻傳 "在祖聖代 必以山川順逆 創浮圖祠 隨地以安 後代將相群臣 無賴僧尼等 無問山川吉凶 營立佛宇 名爲願堂 損傷地脉 灾變屢作 惟陛下使陰陽官檢討 凡裨補外 輒削去勿留 無爲後人觀望."

라고 훈요에서 거론된 산천 비보를 언급하며, 관료나 승려들의 무분별한 사찰 건립이 재변을 일으켰다고 주장하였다. 이는 한편으로는 태조 이래의 국왕권을 존숭한다고 표방하면서도 나라의 혼란을 지맥의 훼손으로 돌림으로써 자신에 대한 비판을 무마시킨 것이다. 다른 한편으로는 이를 이용하면 기존 정치세력들을 광범위하게 탄압하거나 통제할 수 있는 방법으로 삼을 수도 있었다.[76]

한편 명종대에는 삼소궁(三蘇宮)에 대한 논의에 따라 이를 경영하였다는 점이 주목된다. 명종대 삼소궁을 설치하였다는 것은 기록이 매우 소략하여[77] 그러한 주장이 등장한 이유나 내용 등을 분명히 알 수 없다. 그러나 이는 부소산(扶蘇山)으로 불린 송악과 관련이 있어서 개경을 보완하는 의미가 있었다. 고종대 남경가궐(南京假闕)에 의복을 봉안하기로 하였을 당시 논의를 보면,

> 어떤 승려가 讖에 의거해서 말하기를 扶踈山으로부터 나뉘어 된 것이 左蘇로서 阿思達이라 하니 곧 古楊州 땅입니다.[78]

라고 하여 좌소맥의 근원이 부소산에 있다고 하였다. 또한 조선 초 성석린(成石璘)이 "부소(扶蘇)의 산수(山水)가 거슬린 곳이 있으므로 선현(先賢)이 좌(左) · 우소(右蘇)를 두어 순주(巡駐)하자는 설이 있었다"[79]고 언급한 것을 볼 때, 좌 · 우소는 개경의 형세를 보완하는 의미로 대두된 것임을 알 수 있다. 이처럼 삼소(三蘇)는 부소산을 중심으로 한 명칭으로서, 부소산맥으로 둘러

---

76) 이병도는 산천비보도감의 설치를 지리도참사상에 기반하여 불교 세력의 억제, 지방의 반란 억제 등의 목적을 이루려고 한 것으로 보았으며(이병도, 앞의 책, 275~279쪽), 이재범은 최씨 정권이 경제적 기반을 획득하기 위하여 설치한 것으로 보았다(이재범, 1989「최씨정권의 성립과 산천비보도감」『성대사림』5).

77)『高麗史』권77, 百官志2 三蘇造成都監

78)『高麗史』권23 高宗 21년 7월 甲子 "遣內侍李白全 奉安御衣于南京假闕 有僧據讖云 自扶踈山 分爲左蘇 曰阿思達 是古楊州之地."

79)『太祖實錄』권6, 太祖 3년 8월 己卯

싸인 개경을 보완하는 의미였다.

국도풍수적 언급 자체는 이렇게 확장되었음에도 불구하고 무신집권기에는 국왕이 서경이나 남경 등으로 순주하지 못하였다. 이는 국왕권이 그만큼 축소되어 행동 반경이 제약되었기 때문이었다. 국왕의 순주는 개경 주변 지역으로 한정되고, 고종대 강도(江都)로 천도하게 된 후로는 더더구나 국왕의 행동반경이 강도를 벗어나기 힘들게 되었다. 당시에도 몽골의 침입을 물리치기 위한 연기(延基)의 방법으로 다양한 술수가 더욱 활발히 제기되었다. 그러나 이때에도 국왕이 직접 순주하는 것이 아니라 어의(御衣)를 대신 봉안하는 방법이 사용되었다. 그 사례들을 살펴보면 다음 〈표 12〉와 같다.

〈표 12〉 高宗代 御衣 봉안 사례

연도	내용	비고
1228년(고종 15) 12월 甲子	命樞密院副使李允誠 奉御衣帶 移安于白岳假闕	
1237년(고종 21) 7월 甲子	遣內侍李白全 奉安御衣于南京假闕 有僧據讖云 自扶踈山分爲左蘇 曰阿思達 是古楊州之地 若於此地 營宮闕而御之 則國祚可延八百年 故有是命	
1238년(고종 22) 2월 壬子	詔 自三月至五月 安御衣于南京闕 七月至十月 移安舊京康安殿 十一月至明年二月 又於南京 周而復始	

*『高麗史』 世家에 바탕하여 정리함.

고종 15년은 아직 강도(江都)로 천도하기 전이었음에도 불구하고 백악(白岳)[80]의 임시 궁궐에 어의를 봉안하는 데 그쳤다. 고종 21년과 22년의 어의 봉안은 이것이 국왕의 순주를 대신하고 있음을 분명히 보이는 사례로서, 고종 22년의 조처는 숙종대 김위제가 건의했던 국왕의 순주 시기와도 대체로 일치한다.[81]

80) 고종대 기록에 등장하는 백악은 장단 백악으로서, 명종대 삼소궁 중 좌소궁으로 건설된 곳을 의미한다.

81) 김위제는 남경을 개창하여 개경에 11월~2월, 남경에 3월~6월, 서경에 7월~10월 머무르도록 건의하였다. 〈표 12〉의 고종 22년 기록에서는 남경이 3월~5월이라고 되어 있으며, 11월~2월에도 다시 남경에 머물도록 하였다는 점에서 차이가 있다. 이병도는 6월 한 달이 빠

국왕을 대신하여 어의가 상징물로 기능하는 행위는 숙종대에 이미 확인된다. 숙종은 1104년(숙종 9) 남경에 행차할 때 삼각산 승가굴에 비를 기원하면서 자신이 직접 가지 않고 시어사(侍御史)에게 어의를 가지고 가게 하였다.[82] 이는 국왕이 직접 가지 않으면서도 어의를 통해 기우의 주체가 국왕임을 상징하는 행위였다.

국왕이 경(京)에 순주하는 대신에 어의를 봉안해도 된다는 사고는 인종대 묘청의 주장에서 그 단서를 볼 수 있다.

> 妙淸이 또 말하기를, "주상께서는 大華闕에 오래 계십시오. 아니면 근신을 보내어 예의를 갖추어 御座를 설치하고 御衣를 두어 공경을 바치기를 주상께서 꼭 계신 것처럼 한다면, 복과 경사가 친히 순어할 때와 다름이 없을 것입니다."라고 하니, 왕이 文公仁과 李仲孚를 보내어 어의를 받들고 서경에 가서 法事를 행하도록 하였다.[83]

위에서 묘청이 언급한 것처럼 고종대 가궐의 어좌에 어의를 둔 것은 국왕이 친히 순어한 듯한 효과를 주기 위한 것이었다. 이와 같은 양상은 국왕의 행동 반경이 개경과 그 주변으로 제약된 상황을 잘 반영한다. 서경 팔관회 의례가 실질적인 기능을 잃었다 하더라도, 국왕이 다른 경(京)을 순주하는 것은 지방 민정을 시찰하는 방법으로서는 여전히 의미를 가질 수 있었다. 그러나

진 것은 기록의 탈루로 추정하였고, 남경에 두 차례 봉안하도록 한 것은 한 차례가 백악 가궐이 되어야 하는 것이 잘못 기록되었던가, 아니면 남경에 2군데의 궁궐이 있어서 2군데를 번갈아 이안한다는 것인지 확실치 않다고 보았다(앞의 책, 289~290쪽). 이때는 서경이 반란을 일으켜 몽골에 투탁한 시기였기 때문에 서경이 빠진 것으로 추정되는데, 남경에 두 차례 이안하도록 된 것은 이병도의 지적처럼 그 이유가 확실치 않다.

82) 『高麗史』 권12, 世家12 肅宗 9년 8월 丙午 "駕次常慈院 遣侍御史崔謂 賫御衣茶香 禱雨于三角山僧伽窟."

83) 『高麗史』 권127, 列傳40 叛逆1 妙淸傳 "妙淸又言 主上宜長御大華闕 否則遣近臣 備禮儀設御座 置御衣 致敬如在 則福慶與親御無異 王遣公仁仲孚 奉御衣如西京 行法事."

그조차도 어의 봉안 같은 방식으로 대체되면서 왕업의 연장을 기원하는 신비적이고 주술적인 외형만 남게 되었다.

3. 국도풍수의 신비화와 그 논리

1) 오덕종시설(五德終始說)과 왕업연장론

고려중기 등장하는 논리 중 가장 주목되는 것은 왕업(王業)을 연장해야 한다는 사고가 대두하였다는 점이다. 앞서 1056년 문종대 흥왕사(興王寺)와 장원정(長源亭) 건설이 기업(基業)을 연장해야 한다는 사고에서 시작되었으며, 이것이 고려 건국 당시부터 유행하였던 예언들과 관련이 깊었다고 하였다. 태조의 건국을 정당화해주었던 고경참(古鏡讖)에는 "此一龍子三四 遞代相承六甲子" 등의 문구가 있었으며, 이는 왕손이 12대 360년 동안 지속될 것이라는 내용으로 풀이되고 있었다.[84] 고경참의 내용은 이 시기에 이르러 한층 구체화되어 '龍孫十二盡'이라는 도참이 유행하기도 하였다.[85] 이 같은 참설에 등장하는 12, 360 등의 숫자는 6의 배수로서 수덕(水德)을 표방한 고려에서 중시하였던 숫자였다.[86]

수덕을 표방하는 것과 풍수는 서로 긴밀히 연결되어 있었다. 이를 잘 보여주는 것이 아래 인용한 고려세계(高麗世系)이다.

> (道詵이) 위로는 천문을 보고 아래로는 時數를 살펴 이르기를, "이 지맥은 壬方의 白頭山으로부터 내려와 水를 어머니로 하고 木을 줄기로 하여 와서 馬

84) 이병도, 앞의 책, 40~41쪽.

85) 『高麗史』 권128 列傳41 叛逆2 李義旼傳; 권130 列傳43 叛逆4 裴仲孫傳

86) 신라가 금덕을 표방하여 9의 숫자를 중시한 것에 비해 오행상승설에 입각하여 수덕을 표방한 고려에서는 6과 관련한 숫자를 중시하였다. 이는 지방제도, 36국/72국 조공설 등 여러 부면에서 확인된다(최병헌, 1978 「고려시대의 五行的 역사관」 『한국학보』 13).

頭明堂으로 떨어진다. 그대(세조)는 또한 水命이니 마땅히 水의 大數를 따라 6·6으로 집을 지어 36구를 만들면 천지의 대수에 응하여 내년에 반드시 聖子를 낳을 것이니 마땅히 王建이라 이름을 지어야 한다." 하고, 實封을 만들어 그 밖에 제목을 쓰기를 "삼가 글을 받들어 百拜하며 미래에 삼한을 통합할 주인이신 대원군자족하께 글을 바칩니다."라고 하였으니, 이때가 唐 僖宗 乾符 3년 4월이었다.[87)]

윗글은 고려세계에 실린 김관의(金寬毅)의 『편년통록(編年通錄)』 중에서 도선이 왕건의 탄생을 예언한 부분이다. 『편년통록』은 의종대 편찬되었고 설화의 구조나 내용 중 후대에 만들어진 부분이 많다는 점에서 그 전체를 고려 초 역사적 사실로 인정하기는 힘들다. 그러나 고려가 수덕(水德)을 표방하였다는 점이 이 기록 외에도 여러 부면에서 확인된다는 점에서 고려 초의 사고와 상통한다는 점은 인정할 수 있으며, 설령 가탁이라 할지라도 적어도 의종대의 사고를 반영하는 것이라는 점은 분명하다.

우선 윗글을 보면 도선이 천문(天文)과 시수(時數)를 살핀 후 세조의 집터를 해석하고 있다. 이는 집터를 보는 풍수행위가 천문 및 시수와 밀접한 관련을 맺고 있음을 반영한다. 특히 여기서 시수, 즉 시절의 운수를 거론하다는 점이 주목된다. 이는 곧 집터에 대한 풍수적 해석에 시수가 반영되어 있다는 의미이기 때문이다. 또한 세조의 명 역시 수명(水命)이라 하고, 이를 새로 지을 집에도 반영하게 한 것은 수덕의 표방이 풍수에도 밀접하게 관련되어 있다는 것을 보여준다. 이처럼 수덕이라는 시절의 운수와 풍수가 밀접히 결합한 사고에서, 수덕의 시대가 12대, 혹은 120년, 혹은 360년처럼 6의 배수

87) 『高麗史』 卷首, 高麗世系 "上觀天文 下察時數 曰此地脈 自壬方白頭山 水母木幹來落馬頭明堂 君又水命 宜從水之大數 作宇六六爲三十六區 則符應天地之大數 明年必生聖子 宜名曰王建 因作實封 題其外云謹奉書百拜獻書于未來統合三韓之主大原君子足下 時唐僖宗乾符三年四月也."

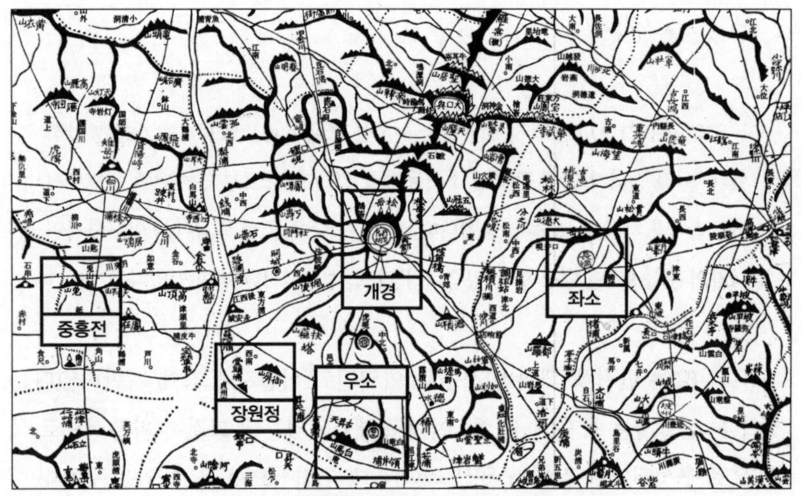

〈그림 6〉「大東輿地圖」에 표기한 長源亭 · 重興闕 · 三蘇

등에 기반한 세월의 흐름에 따라 변화한다고 한다면, 그에 따라 풍수적 조처도 새롭게 취해져야 한다는 논리가 나올 수 있을 것이다.

수덕의 시대가 종결된다면 그 다음 시대는 목덕(木德)이 된다. 실제 이러한 사고를 드러내는 사료들이 있다.

B1: 이때 이자겸이 十八子의 참설에 근거해서 반역을 도모하고자 하여 떡 속에 독을 넣어 바치게 하였는데, 왕비(인종비)가 몰래 왕에게 아뢰어 떡을 까마귀에게 던져주니 까마귀가 죽었다.[88)]

B2: (李義旼이) 또한 古讖에 '龍孫十二盡'이란 내용이 있으며, 또 '十八子'라는 말이 있다는 것을 들었는데, 十八子는 곧 李자이니 이 때문에 바라서는 안

88) 『高麗史』 권127, 列傳40 叛逆1 李資謙傳 "時資謙因十八子之讖 欲圖不軌 置毒餠中 以進王妃 密白于王 以餠投烏 烏斃."

될 것을 품었다.[89)]

B3: (고종 21년) 7월 갑자에 內侍 李白全을 보내어 南京假闕에 御衣를 봉안하였다. 어떤 승려가 讖에 근거해서 이르기를, "扶踈山으로부터 나뉘어 左蘇로서 阿思達이라 하니 곧 古楊州 땅입니다. 만약 이 땅에 궁궐을 지어서 임어하시면 나라의 운을 800년 연장할 수 있습니다"라고 하니 이러한 명이 있었다.[90)]

B1과 B2는 반란을 꾀한 이자겸과 이의민이 십팔자 도참에 기반하였다는 것이다. 십팔자는 목자(木子), 즉 이씨로 해석되었는데 그것이 기본적으로 목(木)으로 구성된다는 것에서 우선 목덕에 대한 의식으로 볼 수 있을 듯하다.[91)] 좀 더 구체적으로는 B3에서 목덕에 대한 의식을 볼 수 있는데, 가궐(假闕)에 어의(御衣)를 봉안하는 것을 통해 연장되는 연수가 구체적으로 800년이라고 거론하고 있다. 8은 목덕에 배정된 숫자이므로, 수덕의 다음 시대인 목덕의 시대 800년이 연장될 것을 기원하는 것이다. B3에서는 이처럼 목덕의 시대에 대한 기원과 풍수적 행위가 직접적으로 연계되어 있음도 확인할 수 있다.

그렇다면 왕업을 연장하기 위해 어떠한 행위를 해야 하는가? 우선 이전부터 해왔듯이 서경을 순주할 수 있다. 그러나 당대가 시대적 전환점이라면 좀 더 강력하고 새로운 방법이 필요하지 않을까? 서경에 새로운 궁궐을 창건하거나 혹은 그를 넘어서 새로운 도읍지를 찾아 순주하는 것은 바로 그러한 맥락에서 비롯한 것이었다. 문종대에는 서경(西京)에도 기존의 장락궁(長樂宮)을 보완해줄 좌·우궁을 새로이 설치하였고, 숙종대에는 송성(松城)의 다음

---

89) 『高麗史』 권128, 列傳41 叛逆2 李義旼傳 "又聞古讖有龍孫十二盡 更有十八子之語 十八子乃李字 因懷非望."

90) 『高麗史』 권23, 世家23 高宗 21년 7월 甲子 "遣內侍李白全 奉安御衣于南京假闕 有僧據讖云 自扶踈山 分爲左蘇 曰阿思達 是古楊州之地 若於此地 營宮闕而御之 則國祚可延八百年 故有是命."

91) 최병헌, 앞의 논문, 40쪽.

시대를 거론하며 남경(南京)을 개창하였다.[92] 예종대에는 송도(松都)가 도읍한 지 200여 년이 지났기 때문에 왕업을 연장해야 할 필요가 있다고 하며 서경에 용언궁(龍堰宮)을 창건하였다.[93] 인종대에는 묘청의 주장으로 서경 임원역(林原驛) 자리에 대화궁을 건설하는 등 기업을 연장할 수 있는 장소를 찾았다.[94]

의종대 이후로는 새로운 경(京)을 건설하기 보다는 개경을 보완하는 의미를 가진 궁궐을 추가 건설하였다.[95] 의종대 술사였던 영의(榮儀)는 다음과 같이 개경 본궐(本闕)을 보충함으로써 기업을 연장할 수 있다는 다음과 같은 주장을 펼쳤다.

> "本闕의 동쪽에 새로이 翼闕을 만들면 기업을 연장할 수 있습니다." 하니, 왕이 아우인 翼陽候의 집을 빼앗아 離宮을 지었다.[96]

익궐(翼闕)은 본궐의 날개에 해당하는 자리에 지어 이를 도와주는 궁궐이라는 의미로 풀이할 수 있을 것인데, 개경의 명당인 본궐을 보완해주는 방법이다. 이는 명종대 삼소궁(三蘇宮) 건설에서 개경의 맥인 부소산을 보완해주는 좌소, 우소, 북소 등을 건설하자는 주장과 상통한다.[97]

---

92) 『高麗史』 권122, 列傳35 方技 金謂磾傳 "又云 開國後百六十餘年 都木覓壤 臣謂今時正是巡駐新京之期 臣又竊觀道詵踏山歌曰 松城落後向何處 三冬日出有平壤 後代賢士開大井 漢江魚龍四海通."

93) 『高麗史』 권96, 列傳9 吳延寵傳 "平章事崔弘嗣等 又奏 據太史官狀稱 自御松都今二百餘年 欲延基業 宜卜西京龍堰舊墟 創新闕 移御受朝 頒下新令."

94) 『高麗史』 권16, 世家16 仁宗 7년 3월 庚寅 "至自西京赦 詔曰 因時乘變 不常厥居 自古而然 海東先賢有言 創宮闕於大花勢 以延基業 今旣相地 創造新宮 順時巡遊 思有恩澤 遍及中外."

95) 1158년(의종 23) 건설된 白州 兎山의 重興闕도 개경으로부터 70리 정도 이내로서 가까운 거리에 위치한다.

96) 『高麗史』 권123, 列傳36 嬖幸1 榮儀傳 "闕東新成翼闕 則可以延基 王奪弟翼陽第 創離宮."

97) 『高麗史』 권77, 志31 百官2 諸司都監各色 "三蘇造成都監 明宗四年制 左蘇白岳山 右蘇

강도(江都) 천도 후에는 강도 안에서 왕업을 연장해줄 수 있는 여러 장소들을 찾아 궁궐을 건설하거나 혹은 그러한 장소로 인식된 절을 순주하곤 하였다.[98]

C1: 摩利山 남쪽에 이궁을 창건하였다. 이에 앞서 校書郎 景瑜가 이 산에 궁궐을 지으면 基業을 연장할 수 있다고 청하여 이를 따른 것이다.[99]

C2: 白勝賢은 풍수를 업으로 삼은 자이다. 고종 말에 郎將에 보임되었는데, 왕이 江都에 있으면서 기업을 연장할 수 있는 땅을 물은 적이 있었다. 승현이 아뢰기를 "穴口寺에 행차하셔서 法華經을 談揚하고 또 三郎城에 궁궐을 창건하셔서 증험이 있는지 시험해보십시오."라고 하였다. 왕이 兩府에 合坐하게 하고 승현과 景瑜, 判司天事 安邦悅 등과 함께 이해에 대해서 논란하게 하였더니, 승현이 馬馱道籙, 佛書, 陰陽圖讖을 꼽으며 이리저리 갖다가 궤변을 늘어놓는 것이 끝이 없어, 경유 등이 그 말을 꺾지 못하였다. 양부가 "어떠한가?"라고 물으니, 경유 등이 어쩔 수 없이 "승현의 말이 믿을 만하지는 못하지만 우선 시험해 보십시오."라고 하였다. 이에 명을 내려 三郎城과 神泥洞에 가궐을 짓게 하였다. 원종 5년에 몽골에서 왕에게 입조하도록 하니, 승현이 또 金俊을 통해서 아뢰기를, "만약 摩利山 塹城에 親醮하고 또 삼랑성과 신니동에 가궐을 조성하여 大佛頂五星道場을 친히 개설하면 8개월이 안 되어 반드시 응험이 있어서 親朝하라는 명이 중지되고, 三韓이 변하여 震旦이 되어 大國이 來朝할 것입니다."라고 하였다. 왕이 그를 믿어 승현 및 內侍인 大將軍 趙文

白馬山 北蘇箕達山 置延基宮闕造成官 辛禑四年 議欲遷都 以國史有三蘇創建宮闕之文 置三蘇造成都監."

98) 강도 천도 이전에도 延基를 목적으로 절을 순주하거나 수리하곤 하였다.
『高麗史』 권22, 世家22 高宗 4년 12월 壬申 "移御賢聖寺 蓋信術者之說 欲以延基也."

99) 『高麗史』 권24, 世家24 高宗 46년 2월 甲午 "創離宮于摩利山南 先是 校書郎景瑜請 於是山創闕 則可延基業 從之."

柱, 國子祭酒 金坵, 將軍 宋松禮 등에게 가궐을 창건하게 하였다.[100)]

위에서 볼 수 있는 것처럼 고종대에는 마리산, 삼랑성, 신니동 등에 이궁 혹은 가궐이 조성되었는데, 백승현 같은 술자의 주장도 있었지만 C1에서 볼 수 있듯이 교서랑(校書郞) 경유(景瑜) 같은 일반 관료가 주도하기도 하였다.

이러한 논의를 거쳐 건설된 궁궐이나 전각 등에는 왕업 연장의 기원이 담겨 있었다. 장원정(長源亭)은 근원을 길게 한다는 뜻이며, 남경에 건설된 궁궐은 '연장하여 흥하도록 한다'는 뜻의 '연흥전(延興殿)'이었다. 의종이 판적요(板積窯)에 건설한 만춘정(萬春亭)의 주전(主殿)도 연흥전이었으며, 정문의 이름은 수덕(水德)이었고, 개경 동쪽 사천(沙川)에 지은 정자의 이름은 복을 연장한다는 의미의 '연복정(延福亭)'이었다.[101)] '거듭 흥한다'는 뜻의 '중흥(重興)'도 여러 경우에 사용되었는데, 인종대 이자겸(李資謙)의 집도 중흥택이라고 개명되었으며,[102)] 의종대 배주(白州)에 건설된 궁궐의 이름은 중흥(重興)으로, 전각의 이름은 대화전(大化殿)으로 정해졌으며, 이를 계기로 배주는 개흥부(開興府)로 개칭되기도 하였다.[103)]

---

100) 『高麗史』 권123, 列傳36 嬖幸1 白勝賢傳 "白勝賢業風水 高宗末 補郎將 王在江都 嘗問延基之地 勝賢曰 願幸穴口寺 談揚法華經 又刱闕于三郎城 以試其驗 王命兩府合坐 令勝賢與景瑜判司天事安邦悅等 論難利害 勝賢以數馬馱道籙佛書陰陽圖讖 左抽右取 詭辨無窮 景瑜等 不能折其談鋒 兩府曰 如之何 景瑜等 不得已曰 勝賢之言 雖不可信 姑試之 於是 命營假闕于三郎城 及神泥洞 元宗五年 蒙古徵王入朝 勝賢又因金俊奏曰 若於摩利山塹城親醮 又於三郎城神泥洞 造假闕 親設大佛頂五星道場 則未八月 必有應而可寢親朝 三韓變爲震旦 大國來朝矣 王信之 命勝賢及內侍大將軍趙文柱國子祭酒金坵將軍宋松禮等 刱假闕."

101) 『高麗史』 권18, 世家18 毅宗 21년 4월 戊寅; 6월 甲午

102) 『高麗史』 권127, 列傳40 叛逆1 李資謙傳 "資謙恐他姓爲妃 權寵有所分 强請納第三女于王 王不得已從之 是日大風飛瓦拔木 後又納其第四女 又大風雨 王旣冊資謙 推恩赦二罪以下 其日中外所獻 悉歸資謙第 命有司 脩葺資謙祖先所居開明宅 功旣訖 改號重興宅 令資謙入處."

103) 『高麗史』 권18, 世家18 毅宗 12년 9월庚申; 권58, 志12 地理3 白州

2) 산천신앙과 지덕쇠왕론(地德衰旺論)

왕업을 연장해야 한다는 사고는 개경의 왕기(王氣)가 다했다는 것과 표리의 관계였다. 아래와 같은 여러 사례에서 이에 대한 언급을 볼 수 있다.

> D1 : 인종 6년 日者 白壽翰이 檢校少監으로 西京에 分司하고 있었는데, 妙淸을 스승이라 일컫고 둘이 陰陽秘術에 가탁하여 대중을 현혹시켰다. 鄭知常도 西京人으로서 그 말을 깊이 믿어서 上京(개경)의 基業이 이미 쇠해서 宮闕이 소진되어 남은 것이 없으며, 西京에 王氣가 있어 마땅히 移御하여 이곳을 上京으로 삼아야 한다고 여겼다. 近臣인 內侍 郎中 金安과 공모하기를, "우리가 만약 主上을 모시고 西都에 이어하여 이곳을 上京으로 삼으면 中興功臣이 될 것이니 一身에만 부귀가 미치는 것이 아니라 子孫의 무궁한 복이 될 것이다."라 하고 마침내 (묘청 등을) 극구 칭찬하였다.[104]

> D2: 여름 4월 己酉일에 竹反宮으로 이어하였으니, (최)충헌이 지은 것이다. 이때 術士가 말하기를, "松山의 王氣가 장차 다할 것이니, 別宮에 이어하여 이를 물리쳐야 한다."라고 하니, 이를 따랐다.[105]

D1은 인종대 묘청이 등장할 당시이며, D2는 고종대 사례이다. 이 시기 본격적으로 등장하기 시작한 '개경의 기업이 쇠했으며 기업을 연장하기 위해서 새로운 땅을 찾거나 궁궐을 순주해야 한다'는 논리는 고려 국도풍수의 독특한 논리인 지덕쇠왕설(地德衰旺說)이다. 지덕쇠왕설의 사고는, 고려 왕업

---

104) 『高麗史』 권127, 列傳40 叛逆1 妙淸傳 "仁宗六年 日者白壽翰 以檢校少監 分司西京 謂妙淸爲師 二人托陰陽秘術 以惑衆 鄭知常亦西京人 深信其說 以爲上京基業已衰 宮闕燒盡無餘 西京有王氣 宜移御爲上京 乃與近臣內侍郎中金安 謀曰 吾等若奉主上 移御西都 爲上京 當爲中興功臣 非獨富貴一身 亦爲子孫無窮之福 遂騰口交譽."

105) 『高麗史』 권22 世家22 高宗 4년 4월 己酉 "移御竹反宮 乃忠獻所營也 時術士云 松山王氣將盡 宜御別宮 以禳之 從之."

이 일정 기간이 되면 다할 것이라는 오덕종시설과 밀접한 관련을 맺고 있는 만큼 논리적으로는 출발부터 이미 내재되어 있었다. 그러나 실제 개경의 왕업이 쇠하였다는 언설은 그렇게 자주 찾아지지 않는다. '나라가 망할 때가 되었다'는 의미와 사실상 동격이었기 때문에 함부로 거론되기는 쉽지 않았을 것이다.

지덕에 쇠왕이 있는 이유는 무엇일까? 지덕의 쇠왕은 지세 자체에 변화가 없는데도 그 영험함이 쇠하였다가 다시 왕성해지기도 한다는 논리인데, 이는 중국 풍수에서는 찾아볼 수 없는 논리이다.[106] 지덕이 쇠할 때도, 왕성할 때도 있다는 이 독특한 논리는, 지덕이 산천의 영험함을 가리키는 의미로 주로 사용되었던 것에서 찾을 수 있다. 쇠하기도 하고 왕성하기도 한다는 지덕의 특성은 산천신앙에서 산천을 영험한 인격신처럼 파악하기 때문이다.

그런 측면에서 볼 때, 문종대 이후 대두된 장소들이 전통적인 성지(聖地)와 관련이 깊은 경우들이 많은 점도 주목된다. 문종대 건설된 장원정(長源亭)은 병악의 남쪽에 위치하는데, 서남쪽의 당두산(堂頭山)이 그 터를 에워싸고 있다.[107] 당두산에서는 예성강과 한강, 임진강이 합류한 조강(祖江)이 바다로 들어가는 모습과 가까이는 강화 일대, 멀리는 연안, 해주 일대의 산들을 한눈에 관찰할 수 있었다.[108] 그런데 이 산에는 주작신당(朱雀神堂)이 있어 뱃사람들이 제사를 지내기도 하였다.[109]

인종대 묘청의 건의에 따라 지은 서경 임원역의 신궁에는 팔성당이 세워

---

106) 중국 풍수에서도 인간이 땅을 파헤치거나 잘못 사용한다면 地氣가 상한다고 하고 있지만, 그러한 인간의 행위없이 지기가 쇠한다고 하지는 않는다. 또한 그것이 일정 기간이 지나면 다시 왕성해진다는 논리는 더욱 찾기 힘들다.

107) 이병도는 御屛山을 餠岳에 殿座山을 堂頭山에 비정하였는데, 장원정 터는 어병산의 왼쪽 지맥의 끝부분인 전좌산록 아래에 있는 것으로 보았다(앞의 책, 145쪽).

108) 『懶齋集』 권1, 錄 遊松都錄 "至餠岳南 有行宮故基 卽所謂長源亭 岳西數里 斷隴低枕海曲 其上平衍 晴莎淨綠 有小峯斗絶控海 曰堂頭 舟人賽神之所也 碧瀾江自北南入于海 曰禮成江 漢水洛河交流 而西注于海 曰祖江 堂頭正據其衝 近則喬桐江華海上諸島 庚橫出沒 遠則延安海州之境 首陽諸山 歷歷可數."

109) 『新增東國輿地勝覽』 권13, 京畿 豊德郡 祠廟條

졌다. 각 성인의 명칭이 산천 같은 성소(聖所)와 선인(仙人), 혹은 부처 및 보살 등을 결합하여 지었다는 점에서 이는 산악숭배와 불교 등이 혼합된 것이었다.[110] 명종대 거론된 삼소(三蘇) 역시 산천신앙과 관련이 깊은 곳으로 여겨진다.[111] 좌소(左蘇) 장단 백악궁은 단군 전설 중에 등장하는 아사달(阿斯達)에 비정되기도 하며[112] 우소(右蘇) 백마산에도 신사(神祠)가 있어서 명종대에는 태자에게 아들이 생기기를 비는 매제(禖祭)를 올리기도 하였다.[113] 고종대 가궐이 만들어졌던 마리산, 삼랑성 등이 단군과 관련한 사적임은 익히 알려진 사실이다. 마리산에는 단군이 하늘에 제사를 지냈다는 참성단(塹城壇)이 존재하였고 삼랑성은 단군의 세 아들이 쌓았다는 전설이 전해지는 곳이다.[114] 이처럼 새로이 거론된 지역들이 기존의 성지와 많이 겹친 것은 국도풍수 안에 산천신앙의 전통이 상당히 살아 있었기 때문이었다. 그리고 그러한 성지(聖地)로 단군(檀君) 관련 사적이 집중 등장한다는 점도 주목할 필요가 있다.

한편 지덕의 쇠왕은 개경을 놓고 거론되는 것이지 다른 사찰이나 일반적인 주거 등을 놓고 거론되지는 않았으며, 지덕이 쇠하여 발생하는 문제는 국운(國運)으로 직결된다. 이러한 구조에서 지덕의 왕성함, 왕업의 연장에 대한 기원은 국왕의 행위를 통해 이루어진다. 궁궐을 건설하거나 경(京)을 설치하고 순주하여 각종 도량이나 제례를 행하는 것은, 국왕이 사제로서 지덕의 영

---

110) 이병도, 앞의 책, 204~206쪽.
묘청이 건의한 八聖의 명칭은 다음과 같다. 1) 護國白頭嶽太白仙人實德文殊師利菩薩, 2) 龍圍嶽六通尊者實德釋迦佛, 3)月城嶽天仙實德大辨天神 4) 駒麗平壤仙人實德燃燈佛, 5) 駒麗木覓仙人實德毗婆尸佛, 6) 松嶽震主居士實德金剛索菩薩, 7) 甑城嶽神人實德勒叉天王, 8) 頭嶽天女實德不動優婆夷

111) 이병도는 '蘇'의 어의가 우리말인 솔, 소리, 수리, 솟, 소슬 등 산을 뜻하는 것이라 보고, 삼한 시대 蘇塗의 유풍으로 보았다(앞의 책, 262~272쪽).

112) 『三國遺事』 권1, 紀異 제1 古朝鮮 "魏書云 乃往二千載有壇君王儉 立都阿斯達[經云無葉山 亦云白岳 在白州地 或云在開城東 今白岳宮是]."

113) 『新增東國輿地勝覽』 권13, 京畿 豊德郡 祠廟條; 『高麗史』 권20 世家20 明宗2 명종 15년 五月丙戌 "遣右散騎常侍宋端 禖祭于白馬山 爲太子祈嗣"

114) 『新增東國輿地勝覽』 권12, 京畿 江華都護府

험함이 되살아나기를 신에게 기원하는 행위로 해석된다.

서경의 팔관회가 이러한 제례에 해당하는 것임은 물론이고, 남경(南京)에서도 연흥전에서 반야도량이 자주 행해졌으며, 이외에도 장경회를 비롯하여 고종대에는 백승현이 주장한 독특한 도량까지 여러 종류의 도량이 왕업의 연장을 기원하며 행해졌다. 이는 아래 기록에서 볼 수 있듯이 도량의 개최가 왕업의 연장 및 중흥에 도움이 된다는 사고에 기반하였다.

> 祖聖 이래로 불교의 은밀한 도움을 의지하여 基業을 연장해 왔다. 저 仁王般若偏은 호국안민을 위한 最勝의 법문인데, 경에서 말한 바와 같은 百師子 등의 法寶와 威儀는 바로 도량에서 급히 필요한 물건들이다.[115]

불교의 은밀한 도움을 기원하는 인왕반야도량 같은 도량은 왕업의 연장에 도움을 준다고 인식하였는데, 이는 훈요에서 왕업이 풍수와 불교에 의해 가능했다고 한 사고의 연장이기도 하다.[116]

3) 남경 건설과 단군 인식

풍수와 불교에 근거하여 왕업을 연장한다는 사고는 숙종대 남경 건설에서 잘 드러난다. 『고려사』 김위제전(金謂磾傳)에는 그가 남경 천도를 건의하면서 거론한 다양한 도서들이 전한다. 그는 도선(道詵)의 법을 이었다고 주장하며 『도선기(道詵記)』, 『도선답산가(道詵踏山歌)』, 『삼각산명당기(三角山明堂記)』,

115) 『高麗史』 권26, 世家26 元宗 5년 7월 己亥 "宣旨曰 自祖聖以來 全仗佛敎密護延基 夫仁王般若偏 爲護國安民 最勝法文 如經所說 百師子等 法寶威儀 乃道場之急具也."

116) 국왕이 머무는 곳에서 齋醮, 도량 등이 활발히 행해졌는데, 이는 다음 사례에서도 잘 볼 수 있다.
『高麗史』 권18, 世家18 毅宗 16년 3월 丙寅 "諫官伏閤上䟽 請罷別宮貢獻 不聽 王酷信陰陽秘祝之說 每於行在 集僧道數百餘人 常設齋醮 糜費不貲 帑藏虛竭 又多取私第爲別宮 誅求貨財 名曰別貢 使宦者監領夤緣營私 時旱荒疫癘 中外道殣相望."

『신지비사(神誌秘詞)』 등을 거론하였다. 이를 구체적으로 살펴보면 일부는 고려 초부터 전래되었을 것으로 추정되는 도참서에 김위제가 자신의 의견을 견강부회한 것으로 보이고, 일부는 이 무렵 새로이 유행한 것으로 보인다.

우선 고려에 삼경(三京)이 있어 이를 순주해야 하며, 지금이 바로 그때라는 것을 주장하기 위해 다음과 같이 『도선기』를 인용하였다.

> 『道詵記』에 이르기를, "고려 땅에는 三京이 있는데, 松嶽이 中京이며 木覓壤이 南京이며 平壤이 西京이니, 11, 12, 1, 2월에는 中京에, 3, 4, 5, 6월에는 南京에, 7, 8, 9, 10월에는 西京에 순주하면 36국이 朝天할 것이다."라 하였고,
>
> 또 이르기를, "개국 후 160여 년이 지나 木覓壤에 도읍한다."라고 하였으니, 신이 생각건대 지금이 바로 新京에 순주해야 할 때입니다.[117]

---

117) 김위제가 도서들을 인용한 내용이 길지만 전체의 맥락을 끊지 않기 위해 나누지 않고 아래에 한꺼번에 전재하겠다.

『高麗史』 권122, 列傳35 方技 金謂磾

"道詵記云 高麗之地有三京 松嶽爲中京 木覓壤爲南京 平壤爲西京 十一十二正二月 住中京 三四五六月 住南京 七八九十月 住西京 則三十六國朝天

又云 開國後百六十餘年 都木覓壤 臣謂 今時正是巡駐新京之期

臣又竊觀道詵踏山歌曰 松城落後向何處 三冬日出有平壤 後代賢士開大井 漢江魚龍四海通 三冬日出者 仲冬節日出巽方 木覓在松京東南 故云然也

又曰 松嶽山爲辰馬主 嗚呼誰代知始終 花根細劣枝葉然 纔百年期何不罷 爾後欲覓新花勢 出渡陽江空往還 四海神魚朝漢江 國泰人安致大平 故漢江之陽 基業長遠 四海朝來 王族昌盛 實爲大明堂之地也

又曰 後代賢士認人壽 不越漢江萬代風 若渡其江作帝京 一席中裂隔漢江

又三角山明堂記曰 擧目回頭審山貌 背壬向丙是仙鼇 陰陽花發三四重 親祖負山臨守護 案前朝山五六重 姑叔父母山聳聳 內外門犬各三爾 常侍龍顔勿餘心 青白相登勿是非 內外商客各獻珍 賣名隣客如子來 輔國匡君皆一心 壬子年中若開土 丁巳之歲得聖子 憑三角山作帝京 第九之年四海朝 故此明王盛德之地也

又神誌秘詞曰 如秤錘極器 秤幹扶踈 樑錘者五德地 極器百牙岡 朝降七十國 賴德護神精 首尾均平位 興邦保大平 若廢三諭地 王業有衰傾 此以秤諭三京也 極器者首也 錘者尾也 秤幹者 提綱之處也 松嶽爲扶踈 以諭秤幹 西京爲白牙岡 以諭秤首 三角山南 爲五德丘 以諭秤錘 五德者 中有面嶽 爲圓形土德也 北有紺嶽 爲曲形水德也 南有冠嶽尖銳火德也 東有楊州南行山 直形木德也 西有樹州北嶽 方形金德也 此亦合於道詵三京之意也 今國家有中京西京 而南京闕焉 伏望於三角山南木覓北平 建立都城 以時巡

우선 이 글은 여러 면에서 볼 때 정종대~숙종대 사이에 만들어진 참설로 보인다. 고려에 삼경(三京)이 있다는 설은 현종대 동경(東京)을 설치할 때도 보이지만, 여기서는 그것이 구체적으로 송악/목멱양/평양으로 연결되며, 동경이 제외되고 있다. 더구나 순주의 시기가 정종대~숙종대 패턴에 부합하게 서경이 10월을 끼고 있으며 개경은 11월을 끼고 있다. 훈요십조에서 명기되지 않았던 순주 시기를 윗글에서는 명기하면서도, 공교롭게도 정종~숙종대 패턴에 기반하고 있다는 점으로 볼 때 정종대 이후 만들어졌을 가능성이 농후하다.

한편『도선답산가』와『삼각산명당기』는 7언으로 구성된 함축적 표현과 예언적 성격이 두드러진다. 우선『도선답산가』를 보자.

>『도선답산가』를 보니, "松城이 떨어진 후 어느 곳을 향하는가. 三冬에 해가 뜨니 平壤이 있구나. 後代 賢士들이 大井을 여니, 漢江의 魚龍이 四海로 통한다." 하였는데, 三冬日出이란 것은 仲冬節에 해가 巽方(필자주: 동남방)에서 뜨는데 木覓이 松京의 동남쪽에 있으므로 그렇게 이른 것입니다.
>
> 또 이르기를, "松嶽山이 辰馬의 주인이 되었으니, 오호라 누구 代에 始終을 할지 알리. 꽃의 뿌리가 가늘고 약하면 가지와 잎도 그러하니, 100년이면 어찌 파하지 않겠는가. 이후에 새로운 꽃의 형세(新花勢)를 찾으려는데, 陽江을 건너면 헛되이 돌아오리. 四海의 神魚가 漢江에 조회하니 나라가 태평하고 백성이 편안하여 태평을 이루는구나."라고 하였으니, 漢江의 북쪽이 基業을 길고 멀게 하고 四海가 조회하여 오게 하며 王族이 昌盛할, 실로 큰 明堂의 땅입니다.
>
> 또 이르기를, "後代의 賢士들이 사람의 수명을 알고 漢江을 건너지 않으면 萬代가 교화될 것이요, 만약 그 강을 건너 帝京을 지으면 한 자리 안에 찢어져서 漢江을 사이에 두리라."라고 하였습니다.

駐 此實關社稷興衰 臣干冒忌諱謹錄申奏."

이 글에서는 맨 처음 송성이 떨어진 후를 거론한다는 점에서, 새로운 시대의 도읍지를 찾으면서, 삼동에 해가 뜨니 평양이 있다고 하며 평양이 중요하다고 언급하였다. 이는 앞서 살펴본 『도선기』에 비할 때 오히려 고려 전기에 유행한 참설계열과 상통한다. 송악산이 진마주(辰馬主)라는 표현은 태조의 삼한 통합을 예언한 고경참에서 상제가 아들을 진마(辰馬)에 내려보냈다는 것과 통하고, 평양을 중시하는 것도 그러하다. 또한 내용상 한강을 건너 그 남쪽에 수도를 둘 경우 그 북방 지역이 이탈할 것을 경계하고 있어서, 지역적 중심도 북쪽에 두고 있다. 이러한 점들은 개경 일대 구고구려계 세력들의 지지가 중요하였던 고려 초 상황을 반영하는 것으로 읽을 수 있다. 그런데 오히려 김위제는 이 글을 남경건설에 맞추기 위해 '삼동일출' 부분을 작위적으로 일출의 방향으로 설명하며 '평양'이라는 원문의 글을 무시하고, 남경에 끼워 맞춘 듯하다.[118)]

『도선답산가』가 비교적 막연한 예언을 하는 것에 비해 『삼각산명당기』에서는 좀 더 구체적으로 형세를 거론하며 예언을 하고 있다.

> 눈을 들고 머리를 돌려 산의 모습을 살피니
> 壬방을 등지고 丙방을 향하는 것이 신선의 자라요,
> 음양의 꽃이 피어 서너 겹을 이루고
> 친히 옷소매를 벗고 산을 등지고 임하여 수호하는구나.
> 案山 앞의 朝山이 대여섯 겹을 이루고,
> 姑 · 叔 · 父母山이 높디 높도다.
> 내외 문의 개는 각 셋일 뿐인데,

118) 『도선답산가』에 등장하는 평양을 서경이 아니라 楊州의 고구려 시기 명칭인 남평양을 가리키는 것으로 볼 수도 있다. 특히 평양에 대한 얘기 다음에 漢江이 등장한다는 점에서 그렇게 해석할 수도 있지만, 고구려~고려 시기 이 일대를 남평양이라고 부른 사례가 그다지 보이지 않기 때문에, 여기서 평양은 서경을 가리키는 것으로 보아도 무방하지 않을까 한다.

항상 龍顔을 지키고 있어 다른 마음이 없구나.
청룡과 백호가 서로 드높으나 시비가 없고,
안팎의 장사꾼은 저마다 보배를 바치러 올 것이요,
명예를 탐낸 이웃 손님들 자식이 부모 따르듯이 와서
모두 다 한마음으로 나라와 임금을 도우리라.
壬子년에 땅을 열면 丁巳년에 聖子가 탄생할 것이다.
삼각산을 의지하여 帝京을 만들면
아홉 번째 해에 四海에서 조공한다.

이에 따르면, 삼각산 일대에서도 혈처(穴處)로 꼽은 자리는, 임좌병향(壬坐丙向)의 좌향에, 남쪽의 안산부터 조산까지 여러 겹의 산이, 북쪽과 동서로도 여러 산들(고, 숙, 부모산)이 겹겹이 감싸주고 있는 곳이다. 임자년에 이 땅을 개척하면 5년 후인 정사년에 왕자가 탄생하며, 아홉 번째 해에는 사해에서 조공한다는 건설 시점과 발복 시기에 대한 구체적인 예언까지 붙어 있다.[119]

이러한 세 도서들을 통해 김위제는 남경(南京)의 위치를 결정지을 수 있는 주요 요소 세 가지를 거론하였다. 『도선기』의 목멱양(木覓壤), 『도선답산가』의 한강(漢江) 북쪽, 『삼각산명당기』의 삼각산(三角山)이 이에 해당한다. 이를 바탕으로 최종적으로 김위제는 '삼각산 남쪽, 목멱의 북쪽'에 도성을 지을 것을 청하였다.

그런데 전반적으로 볼 때 『삼각산명당기』를 제외하고는 도성을 지어야 할 곳에 대한 형세론적 설명은 상당히 빈약하다. 『고려사』에 수록된 내용 외에 1433년(세종 15)에 국도(國都)의 주산 문제를 놓고 논란이 일었을 때에 전지(前

119) 이병도가 지적하였듯이 壬子년과 丁巳년은 숙종대나 다른 시기의 국도풍수 행위와는 직접적인 상관관계가 없다(이병도, 앞의 책, 165~166쪽). 11세기부터 14세기까지 임자년을 나열하면 다음과 같다. 1012년(현종 3), 1072년(문종 26), 1132년(인종 10), 1192년(명종 22), 1252년(고종 39), 1312년(충선왕 4), 1372년(공민왕 21), 1377년(우왕 4).

誌)의 내용이 더 수록된 부분이 있는데,[120] 아래 글을 보면

天一午地無形【註曰補成天一位 乃有靈而成國基】神后子地有路岡[121]

라 하고 있다. 그 의미를 분명히 파악하기 힘들지만 '천일(天一)[122]의 오지(午地; 午方의 땅)는 형체가 없고, 신후(神后)의 자지(子地; 子方의 땅)는 길과 언덕이 있다'라고 해석할 수 있다. 천일 구절은 특히 의미 파악이 힘든데, 주를 통해 본다면 '보충하여 천일(天一)의 자리를 이루니 영험함[신령]이 있어 나라의 터전이 된다'라고 해석된다. 즉 삼각산 아래의 남경 일대에 대하여 이곳이 기존의 수도에 대해 보충이 되어 천일, 즉 국왕의 자리를 이룬다는 의미로 파악할 수 있을 것이다. 윗글에서도 나라의 수도가 되는 이유가 오로지 '영험함'이라는 단어 하나로 설명되고 있다.[123] 이러한 점들을 볼 때 고려중기 거론된 여러 국도풍수 관련 도서들이 실질적으로 형세론적 설명보다는 '영험함'에 기대는 예언적 언설이 많음을 다시 한번 확인할 수 있다.

이들 도서들이 새로운 경(京)의 위치에 대한 근거를 대기 위한 것이라면 『신지비사』는 서경(西京)과 동경(東京) 이외에 별도로 또 하나의 경(京)을 설치하여야 하는 논거를 대기 위해 김위제가 인용한 도서이다. 김위제는 『신지비사』에서 아래와 같은 내용을 인용하였다.

---

120) 세종대 주산 논쟁 당시 황희 등의 비판에서 거론된 '前誌'의 내용에 『삼각산명당기』와 『신지비사』 관련한 내용이 있는 것으로 보아 '전지'는 김위제가 거론한 도서들을 포함한 고려시기의 비기를 뜻한다.

121) 『世宗實錄』 권61, 世宗 15년 7월 庚辰

122) 천일은 북극성 자미원에 있는 별을 가리키기도 하며, 도교에서 거론하는 천일·지일·태일 중 천일을 가리키기도 한다.

123) 『高麗史』에는 김위제전을 통해 남경이 건설되어야 하는 예언이 다른 지역에 대한 도참들보다 과중하게 실려 있다. 이는 고려 말 남경 지역이 부각되었던 영향일 수도 있지만 고려말에 비슷한 정도로 관심을 받았던 장단 백악에 대한 내용이 거의 전하지 않는 것에 비하면 분명히 기록이 불균형하게 전승되었다. 이는 한양을 수도로 삼은 조선의 건국을 정당화하는 과정에서 비롯한 것으로 보인다.

마치 저울과 저울추, 저울머리와 같으니
저울대가 부소산이요,
저울추가 五德이다.
저울머리는 百牙岡이니
70국이 조회하여 항복할 것이요
德에 힘입어 神精을 보호하리라.
머리와 꼬리가 균평한 자리를 이루어야
나라를 일으키고 태평을 유지하리니
만약 비유하여 말한 세 곳을 폐한다면
왕업이 쇠퇴하리라.[124)]

이는 나라 안의 세 곳인 부소산, 오덕, 백아강을 각각 저울의 세 곳에 비유하여 이 세 자리를 유지해야 한다는 내용인데, 김위제는 삼경(三京)을 저울에 비유한 것이라 하며 개경의 송악을 부소산으로, 서경을 백아강으로 보고 삼각산 남쪽의 다섯 산을 오덕(五德)의 산으로 비유하였다. 이 글을 통해 김위제는 삼경이 있어야 하며, 그중 새로이 건설되는 경(京)이 삼각산 일대에 존재해야 한다고 주장한 것이다.

다른 책보다도 『신지비사』는 숙종대 단군에 대한 인식과 관련하여 특기할 필요가 있다. 윗글만으로는 분명치 않지만, 고려 말 조선 초에 '신지(神誌)'는 단군조선 시대의 인물로 인식되었다.[125)] 또한 윗글의 '백아강'은 '백악'과도 음운상 연결된다. 이는 단군이 도읍을 세운 '아사달'을 의미한다. 한편 윗글에서는 백아강을 포함하여 저울, 저울추, 저울머리 등으로 비유된 세 곳

124) 각주 117번 참조
125) 龍飛御天歌 15장과 16장 세주에서는 神誌가 단군 시대의 仙人으로서 『九變圖局』 등을 지었다고 하고 있으며, 이병도는 『신지비사』가 『구변도국』과 동일한 도서일 것으로 추정하였다(이병도, 앞의 책, 166쪽). 『신지비사』가 『구변도국』과 동일한 도서인지는 확인할 수 없지만, 적어도 조선 초에 신지가 단군 시대의 인물로 인식되었다는 점은 확인할 수 있다.

을 잘 유지하면 70국이 조회하여 항복할 것이라는 언급을 하였는데, 다른 것보다도 '70국'을 거론한 것이 주목된다. 후대 편찬된『삼국유사』와『제왕운기』등에 한사군(漢四郡) 설치 이후 삼한(三韓) 지역에 존재했던 소국이 70여국(구체적으로는 72국)이라고 서술된 점[126]과 일치하기 때문이다.[127] 이는 늦어도 숙종대 무렵부터 단군 관련 도참이 대두되기 시작하였다는 의미로서 주목할 필요가 있다.

이러한 움직임은 문종대 이후 서경(西京)에서 좀 더 새로운 장소나 의미를 찾으려는 노력과 밀접하게 관련되어 있다. 숙종대에는『신지비사』에서 보이는 단군조선에 대한 인식뿐만 아니라 기자조선(箕子朝鮮)에 대한 인식 역시 표면화하면서 그것을 서경(西京)과 연관지으려고 하였다. 숙종의 서경 순행을 따라갔던 정문(鄭文)이 이곳에 기자사(箕子祠)를 세울 것을 청하였다는 사례가 바로 그것이다.[128] 이런 점을 본다면 고조선에 대한 인식은 전래의 풍수도참서들과 관련이 깊을 가능성이 크다.

숙종대 단군이나 기자조선에 대한 인식은 일원화된 역사체계의 수준은 아니었다. 그러나 이러한 사고가 고려 후기 조선에 대한 인식으로 연결된다는 점에서 주목되어야 한다.[129]

---

126)『帝王韻紀』卷下, 漢四郡及列國紀 "自然分界成三韓 三韓各有幾州縣 蚩蚩散在湖山間 各自稱國相侵凌 數餘七十何足徵 [稱國者 馬有四十 辰有二十 弁有十二] 於中何者是大國 先以扶餘."

『三國遺事』권1, 제2 紀異篇 上 七十二國 "通典云 朝鮮之遺民 分爲七十餘國 皆地方百里 後漢書云 西漢以朝鮮舊地 初置爲四郡 後置二府 法令漸煩 分爲七十八國 各萬戶 [馬韓在西 有五十四小邑 皆稱國 辰韓在東 有十二小邑 稱國 卞韓在南 有十二小邑 各稱國]."

127) 이병도는『신지비사』에서 언급된 70국이 72국의 약칭으로서, 36의 배수이며 8괘 음양 사상의 산물이라고 해석하였다(이병도, 앞의 책, 171~174쪽). 그러나 신지라는 인물이 단군시대 인물로 여겨졌다는 점과 단군 이후 삼한 지역의 70여 개의 소국을 감안한다면,『신지비사』의 70국 언급은 8괘 사상의 영향이라기보다는 단군 관련 전승에 기반하고 있다고 보는 것이 좀 더 타당할 것으로 생각한다.

128)『高麗史』권95, 列傳8 鄭文傳

129) 妙淸의 八聖堂 중 네 번째인 駒麗平壤仙人實德燃燈佛이 단군으로 추정되기도 하며, 김

이상과 같이 문종대 이후 당대가 시대의 전환기로서 왕업을 연장해야 한다는 사고가 큰 영향력을 미치면서, 예언적 경향이 강화되며 전통적인 성지들이 대두되었다. 그중에는 특히 단군과 관련된 사적이 많이 부각되었는데, 고려중기 이후 단군 관련 내용들은 국도풍수 관련 사안들에서 집중적으로 드러난다는 점에서, 민간신앙을 재편한 국도풍수와 단군신앙 사이의 밀접한 관계를 보여준다. 이는 문종대 이래 왕업의 연장을 기원하며 새로운 길지를 찾으려는 과정 속에서, 서경에 대하여 고구려의 수도만이 아니라 조선의 중심지라는 의미를 발굴하는 과정에서 발전한 것이었다.

4) 형세론과 물형론

이 시기 새로운 지역을 찾아 이궁 등을 건설하는 과정을 보면, 먼저 도참서들에 의해 영험함이 있는 산이나 장소가 거론된 후 구체적인 입지는 그 일대에서 괜찮은 지세를 가지고 있는 터를 고르는 방식으로 진행된다.[130] 장원정의 경우도 서강 병악이라는 장소가 먼저 거론되고 그곳에서 '군자가 말을 타는 모습'의 땅을 찾았다. 의종대 건설된 배주(白州) 중흥궐의 경우도 토산 반월강이 먼저 거론되고, 관료들이 가서 풍수를 살펴보는 방식이었다.

숙종대 김위제가 한강, 목멱산, 삼각산 등 세 가지 요소를 거론하자, 조정에서는 이들 요소들을 충족시킬 장소를 찾았다. 당시 최사추(崔思諏) 등이 올렸던 후보지는 용산(龍山), 노원역(盧原驛), 도봉산 아래 해촌(海村), 삼각산(三

부식의 『三國史記』에는 평양이 본래 仙人王儉의 집이라는 언급이 있는 등 인종대에도 평양과 단군의 관계에 대한 인식이 보인다(서영대, 2000 「전통시대의 단군 인식」 『단군과 고조선사』, 사계절, 165~167쪽).

130) 구체적인 성소가 먼저 점찍어지고 相地가 행해지는 것이 아니라 예언에 등장하는 구체적인 지세를 찾으려는 방식도 있었는데, 대표적인 사례가 서경에 건설된 대화궁이다(『高麗史』 권16, 世家16 仁宗 7년 3월 庚寅 "至自西京赦 詔曰 因時乘變 不常厥居 自古而然 海東先賢有言 創宮闕於大花勢 以延基業"). 이때에는 大花勢를 갖춘 땅을 찾으려고 한 것이었는데 이때에도 西京이라는 장소는 먼저 선정이 된 채 그 일대에서 해당 지세의 땅을 찾으려고 한 것으로 짐작된다. 따라서 이 경우에도 聖所가 먼저 점찍어지고 구체적인 상지가 행해진 사례로 포괄할 수 있다.

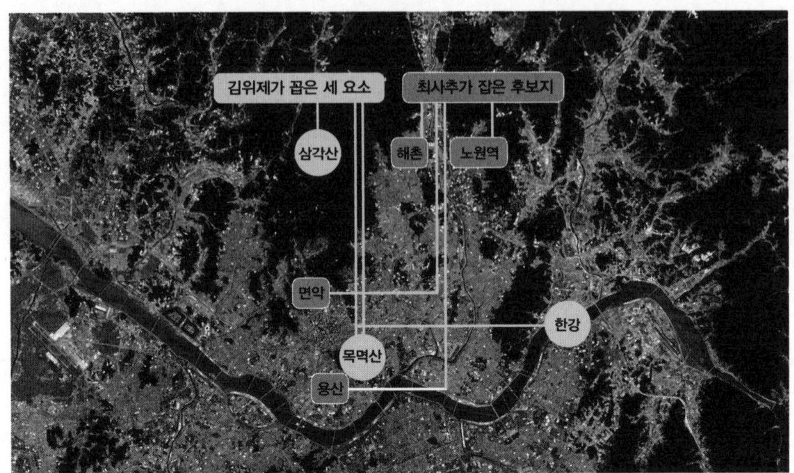

〈그림 7〉 숙종대 남경 후보지

角山) 면악(面岳) 등이었는데 이 중 용산은 한강과 목멱산이라는 장소를 충속시킬 수 있는 곳이었으며, 노원역과 도봉산 아래 해촌은 삼각산 남쪽 목멱산 북쪽이면서 한강의 지류인 중랑천을 끼고 있는 지역이었다. 삼각산 면악도 삼각산과 목멱산 사이에 위치한 지역이면서 한강 이북 지역에 해당하였다. 최종적으로 남경 궁궐은 면악 아래 자리를 잡아 9년 5월에 완성되었고,[131] 궁궐의 좌향은『삼각산명당기』에 거론된 대로 '임좌병향'이었다.

12세기 국도풍수는 남경 건설을 비롯하여 서경과 개경 인근에 여러 이궁을 건설하면서 매우 활발하게 논의되고 실행되었다. 그러나 국왕 순주가 가지던 민간 시찰이나 주변 세력의 통제 및 포섭 같은 실질적 기능이 구현되지

131) 남경 건설 과정에 대해서는 이병도, 앞의 책, 168~169쪽 참조.
남경의 주산은 면악이었지만, 이는 삼각산의 주맥이 이쪽으로 향했다고 보았던 데에 기반하고 있는 것이므로 실제 궁궐 건설에서 주요한 의미를 가진 것은 삼각산이었다. 조선 세종대 主山 논쟁의 핵심 역시 三角山의 주맥이 어디로 향했는가 하는 문제였으며(『世宗實錄』 권61, 世宗 15년 7월 庚辰), 백악, 한강 등이 조선 초 小祀 名山大川에 속했던 것에 비해 三角山은 中祀 岳海瀆 중 中岳에 해당하였다는 점을 볼 때 삼각산이 갖는 특별한 위상을 짐작할 수 있다.

못하고, 점차 그 내용은 신비화되고 고려의 전통적인 풍수 논의를 변질되거나 그 권위가 약화되기 시작하였다. 이는 과거(科擧) 지리업(地理業)에서 사용된 도서와 당시 유행한 참설들이 서로 충돌한 사례에서 잘 볼 수 있다.

원래 고려의 과거 지리업에서 사용한 도서들은 〈표 13〉과 같다.[132]

〈표 13〉 高麗 地理業 考試 과목

과목명	인종 14년 과거제 변경시 고시 방법
『新集地理經』,『劉氏書』	貼經(각 10條씩 20조 중 6조 이상)
『地理決經』,『經緯令』	讀經 (破文兼義理 6机/破文 4机)
『地鏡經』,『口示決』,『胎藏經』,『謌決』	
『蕭氏書』	讀經(破文 1机)

* 『高麗史』 권73卷 志27 選擧1 科目1

이들 도서들은 현재 당송(唐宋) 사서(史書)의 예문지(藝文志)에서도 확인이 안 된다는 점에서 신라 시기 이래 전승되어 오던 도서이거나 중국에서도 전승이 단절된 도서일 가능성이 크다.[133]

이들 도서들에서는 제목에 도선(道詵)을 내세운 것이 없었다. 내용도 예언적인 성격이라기 보다는 구체적인 형세를 파악하기 위한 방법이 주를 이루

---

132) 허홍식은 이 중 유씨서는 회남자를 가리킬 가능성이 있으며, 지경경은 馬國翰의 지경도와 같은 것으로 생각된다고 하였으나, 책 제목의 일부 글자가 일치한다는 점 이외에는 근거가 박약하다. 허홍식은 특히 지리업에 출제로 쓰인 전적들의 내용을 알 수 없는 것은 중국에서 지리학이 과거로 제도화하지 못하였기 때문에 그 고전이 일서화되었기 때문이라고 추정하였다(허홍식, 1984 『고려과거제도사연구』, 일조각, 117쪽). 그러나 바꾸어 생각한다면 중국에서도 과거로 제도화하지 않아 정리된 텍스트가 존재하지 않았던 책들이 고려에서만 유독 보존되어 전해졌을 것이라는 가정도 성립하기 힘들다.
이화 역시 『사고전서』에 등장하는 몇몇 도서와 서명이 같거나 구절이 비슷한 것을 바탕으로 이들 중 몇 종은 방술서일 가능성이 있다고 제기하였으나 이것만으로 단정짓기에는 무리가 있다(이화, 앞의 책, 114~116쪽).

133) 조선 초에는 고려의 풍수서들이 宋 太祖가 寫本을 보내어서 판본 교감이 제대로 되지 않아 그 이치를 제대로 파악하지 못하였다고 보았다(『世宗實錄』 권61, 世宗 15년 7월 癸酉), 이로 볼 때 고려 시기 풍수서들이 조선 초 중국으로부터 입수한 풍수서들과 달랐을 가능성을 보여준다.

었던 것으로 보인다. 1102년(숙종 7) 중서문하성(中書門下省)에서는 위 지리업 도서 중 하나인『경위령(京緯令)』을 거론하여 다음과 같이 상주하였다.[134)]

> 새로이 南京을 건설하는데, 분명 땅을 넓게 측정하여 民田을 많이 빼앗을 것입니다. 청컨대『京緯令』에서 山에 의하여 勢를 취하고 水를 따라 形이 나타난다 하였으나 먼저 안으로 산수 형세를 따라서 동쪽으로는 大峯에, 남쪽으로는 沙里에, 서쪽으로는 岐峯에, 북쪽으로는 面嶽을 경계로 삼으십시오.[135)]

윗글에서 인용한『경위령』에서는 산수(山水)에 따라 형세(形勢)를 취한다고 하여 이 책이 기초적인 형세론적 내용을 담고 있음을 알 수 있다. 이를 볼 때 도선(道詵)을 가탁한 예언서들이 성소(聖所)들을 거론하고 있는 것에 비해『경위령』같은 고려 과거 지리업 과목들은 형세를 판단하는 내용을 담고 있을 것이라 추정된다.

그런데 이 시기 예언적 성격이 강했던 국도풍수 논의들은 전통적인 지리업 도서들과 서로 충돌하였다. 의종대 배주(白州)에 중흥궐(重興闕)을 창건하였을 때, 땅을 보고 온 평장사(平章事) 최윤의(崔允儀)는 "산이 조회하고 물이 순하여 궁궐을 지을 만하다"고 평하였다. 그러나 당시 술자(術者)는

> 이곳은 道詵이 이른바 庚方의 客虎가 머리를 들고 덮치려는 형세이다. 이곳에 궁궐을 지으면 危亡할까 두렵다.[136)]

---

134)『京緯令』과『經緯令』은 한자는 다르지만 같은 도서를 지칭하는 것으로 추정된다. 이처럼 동일한 음 때문에 한자가 오인되거나 다르게 기록되는 경우가 종종 발견된다.『경위령』은 唐의 승려 一行의 책으로 언급되기도 하는데(『文宗實錄』권7, 文宗 1년 4월 壬午), 唐宋 藝文志 등에서는 확인할 수 없어 진위는 확인할 수 없다.

135)『高麗史』권11, 世家11 肅宗 7년 3월 "中書門下奏 新作南京 度地必廣 多奪民田 請據京緯令所說 或依山取勢 或約水表形 先以內從山水形勢 東至大峯 南至沙里 西至岐峯 北至面嶽爲界 制可."

136)『高麗史』권18, 世家18 毅宗 12년 9월 庚申 "遣崔允儀知奏事李元膺內侍朴懷俊等 創別

라고 말한 적이 있었다. 이는 형세론적 상지관(相地觀)과 다르게 국도풍수 논의는 물형론적 설명방식을 가지고 있음을 보여준다.[137)] 물형론은 하나의 형국을 구체적인 사물 등에 빗대어 서술하며 그 형국에 따른 발복의 종류와 내용을 거론하는 것이다. '옥녀산발형', '금가락지형' 등의 언급이 이에 해당하는데, 이는 형국에 대한 주관적 설명과 발복의 내용을 연관시킨다는 점에서 매우 주관적이며 예언적 성격이 강하다.

무신집권기가 되면 관인층에서도 형세론보다는 형국을 사물에 비유한 물형론(物形論)적인 언급을 하게 된다.[138)] 고종대 하천단(河千旦)의 경우에는 당시 임금이 강도(江都) 대사동(大寺洞)으로 거처를 옮기려는 것에 대하여

> 大寺洞의 지세는 白虎가 입을 벌리고 있는 형상인데 몽고병이 사방에 가득 차 있는 이때에 임금과 신하가 범의 입으로 들어가는 일이 옳은가?[139)]

라고 하여 이를 저지시켰다. 하천단은 관인이었는데도 불구하고 대사동의 지세에 대하여 형세론이 아니라 백호(白虎)에 비유하여 물형론적으로 설명하고 있다. 이는 그만큼 상식적인 형세론보다 예언, 도참적인 언설이 일반화되었음을 보여준다.[140)] 이처럼 이 시기 국도풍수는 정치적으로는 활발하게 이

宮于白州 懷俊性苛刻 徵丁夫于西海道 日夜催督 不日告成 賜闕名重興 殿額大化 術者私語曰 此道詵所謂庚方客虎擧頭掩來之勢 創闕於此 恐有危亡之患."

137) 『高麗史』 권18, 世家18 毅宗 12년 8월 甲寅 "太史監候劉元度奏 白州兎山半月岡 實我國重興之地 若營宮闕 七年之內 可呑北虜 於是遣平章事崔允儀等相風水 還奏曰 山朝水順 可營宮闕 王然之."

138) 의종대 물형론적 설명의 유행은 다음 기사에서도 알 수 있다.
『高麗史』 권18, 世家18 毅宗 11년 12월 癸丑 "詔以鄭諴私第爲慶明宮 陰陽家以爲 犬擧頭吠主之勢 不宜臨御 不從."

139) 『高麗史』 권102, 列傳15 崔滋 附河千旦 "高宗嘗欲移御大寺洞 千旦與起居注鄭義白曰 此洞白虎張口勢 今蒙古兵彌漫 君臣入虎口可乎 乃止."

140) 무인집권기 文臣들이 이전 시기에 비하여 비판적 의식이 부족해지고 詞章 위주의 학문적 특색을 갖게 된 것도, 도참적 측면의 강화에 영향을 주었을 것이다.

용되었지만, 이론적 측면에서는 전기에 비해 예언적 성격이 강화되고 합리성이 떨어지게 되었다.

4. 국도풍수에 대한 비판과 그 한계

1) 문풍의 고조와 비판론의 대두

문종대 이래 북송 문물을 도입하고 인재를 교류하며, 사학(私學)이 발달하고 국학(國學)이 확충되면서 상당한 수준의 유학자 관료군이 배출되었다. 당시에는 활발한 교류로 중국과 고려가 같은 문화임을 자부하는 분위기가 일기 시작하였다. 이 무렵 학자관료들의 능력이나 문명(文名)을 설명하는 경우를 보면, 송(宋)에서 인정받았다는 사례가 특히 많이 있다. 송에 사신으로 갔을 때 송 휘종(徽宗)의 찬탄을 받았다는 이자량(李資諒),[141] 또 그와 함께 갔던 정항(鄭沆)의 국서에 대해 송의 접대사가 칭찬하였다는 기록,[142] 송인들이 감탄하여 소화집(小華集)을 간행하기에 이르렀다는 문종대 박인량(朴寅亮), 김근(金近)[143] 등의 사례가 대표적이다. 김부식(金富軾)의 집안은 형제인 김부일(金富佾), 김부의(金富儀) 모두 송 황제가 문장을 칭찬했다고 하며,[144] 이외에도 김인존(金仁存)과 김황원(金黃元)은 문장에 대해 요나라 사신의 감탄을 받았다고 전한다.[145] 이러한 사례들은 한편으로는 고려의 학문적 수준이 상당하였음을 보여주면서도, 다른 한편으로는 송(宋)이나 요(遼) 같은 타자(他者)의 시선과 평가에 민감한 분위기를 보여주는 것이기도 하다.

교류가 활발해지면서, 직접적으로 송 사신에 의해 타자의 시선을 접하게

---

141) 『高麗史』 권95, 列傳8 李子淵傳 附 李資諒

142) 『高麗史』 권97, 列傳10 鄭沆傳

143) 『高麗史』 권95, 列傳8 朴寅亮傳. 金近은 김부식의 아버지이다.

144) 『高麗史』 권97, 列傳10 金富佾傳 附 金富儀

145) 『高麗史』 권96, 列傳9 金仁存; 권97, 列傳10 金黃元

되는 경우도 있었다. 서긍(徐兢)의 『선화봉사고려도경(宣化奉使高麗圖經)』에는 고려의 문화를 비판하거나 기술한 것이 여러 군데에서 보이는데, 그중에는 음양(陰陽) 구기(拘忌)에 대한 것도 있었다.

> 고려는 본래 귀신을 두려워하여 믿고 陰陽에 얽매고 꺼리어, 병이 들면 약은 먹지 않고 父子 같은 아주 가까운 육친이라도 서로 보지 않고 오직 저주하고 厭勝하는 것만 알 따름이다.[146)]

고려의 귀신 및 음양 구기 신앙은 성종대 송 사신을 접대하고 조서를 받는 날을 정할 때에도 문제가 된 적이 있었다. 그러나 고려중기에는 조서를 받는 날짜 같은 공적인 차원뿐만 아니라, 위 기록에서 볼 수 있듯이 병의 원인이나 치료 같은 일상적인 문제에 대해서도 송 사신의 비판적인 시각을 접하게 된 것이다.[147)]

---

146) 『宣化奉使高麗圖經』 권17, 祠宇 "臣聞高麗 素畏信鬼神 拘忌陰陽 病不服藥 雖父子至親不相視 唯知呪咀厭勝而已."

147) 성종대에는 송 사신을 접대할 때 음양 구기 때문에 受詔日이 천연되어, 사신의 항의를 받고 수조일을 조정한 일이 있었다. 이때까지 고려에서는 수조일을 정할 때 月日을 모두 따지고 있었는데, 송 사신의 항의를 받고 日만을 따지는 것으로 변경된 것이다. 이처럼 음양 구기에 관한 고려의 전통적인 습속은 외부인들과 접하면서 조정되거나 비판받곤 하였다.
『高麗史』 권65 志19 禮7 賓禮 迎大明無詔勅使儀 "成宗九年六月 宋遣光祿卿柴成務太常少卿趙化成等 來冊王國 俗拘忌陰陽 每朝廷使至 必擇月日受詔 成務在館踰月 詰責之 翌日 王乃出拜命 自是止擇日迎之."
이에 관한 사실은 宋史에도 전한다.
『宋史』 권487, 列傳 246 外國 3 高麗 治 "淳化元年三月 詔加治食邑千戶 遣戶部郎中柴成務兵部員外郎直史館趙化成往使 其國俗信陰陽鬼神之事 頗多拘忌 每朝廷使至 必擇良月吉辰 方具禮受詔 成務在館踰月 乃遺書於治曰 王奕葉藩輔 尊獎王室 凡行大慶 首被徽章 今國家特馳信使 以申殊寵 非止歷川塗之綿邈 亦復蹈溟海之艱危 皇朝睠遇 斯亦隆矣 而乃牽於禁忌 泥於卜數 眩惑日者之浮說 稽緩天子之命書 惟典冊之垂文 非卜祝之能曉 是以書稱上日 不推六甲之元辰 禮載仲冬 但取一陽之嘉會 粲然古訓 足以明稽 所宜改圖 速拜君賜 儻鳳綍無滯 克彰拱極之誠 則龍節有輝 免貽辱命之責 謹以誠告 王其聽之 治覽書慚懼 遣人致謝焉 會霖雨不止 仍以俟霽為請 成務復遺書以責之 治翌日乃出拜命."

한편 예종대에는 도교와 의술을 본격적으로 수입하였다. 이는 전통적인 자연관에 변화를 가져오는 계기가 되었다. 문종대 유신(儒臣) 이의(李顗)는 당시 음양가들이 유행하면서 도참이나 비보를 말하는 시류에 대하여 다음과 같이 비판하였다.

> 陰陽이란 大易에서 비롯된 것인데 易은 地理裨補를 말하지 않았습니다. 후세에 궤탄한 자들이 아부하여 이것을 논하여 문자를 이루는 데 이르러 여러 사람들을 의혹시켰습니다. 하물며 도참은 황당하고 허무맹랑하니 한 가지라도 취할 것이 없습니다.[148]

이의는 도참은 말할 것도 없고, 지리비보에 대해서도 역(易)에 그러한 내용이 없다면서 이를 강력하게 비판하였다. 이는 생성론적 측면에서 음양이 한덩어리로 뒤엉켜 있던 대역(大易)에서 음양으로 분화하는 내용을 거론한 것이라 할 수 있는데, 지리비보(地理裨補)는 이러한 생성론과는 상관이 없다는 지적이다. 이는 지리비보가 음양(陰陽)을 거론한다 하여도 그것이 『주역』에 기반한 생성론과는 무관하다는 지적으로서, 고려의 국도풍수에 대하여 지식인층을 중심으로 이론적 비판이 가해졌음을 알 수 있다.

이러한 비판적 인식은 이 시기 『주역』에 대한 이해가 유학적으로 심화된 것과 관련이 깊은 것이었다.[149] 원래 『주역』은 점술서인만큼 유학만의 경전이라고 할 수 없다. 이전 시기에는 물론, 이후에도 풍수이론은 물론 사주명리학, 점성술 등 술수류(術數類)에서 매우 활발히 활용되어 왔다. 그러나 송대 신유학자들이 『주역』을 천도(天道)에 대한 경전적 근거로서 인식하면서 이에 대한 '신유학적' 이해가 심화되었으며, 이는 송대 신유학 형성의 큰 동인이

---

148) 『補閑集』 卷上 "時陰陽者流各執圖讖 互言裨補 上問之 顗對曰 陰陽本乎大易 易不言地理裨補 後世詭誕者曲論之 以至成文字惑衆人 況圖讖荒虛怪妄 一無可取 上心然之."

149) 문철영, 2005 『고려 유학사상의 새로운 모색』, 경세원, 189~190쪽.

되었다. 고려에서도 이러한 사상적 흐름을 함께하고 있었고 이는 고려의 국도풍수, 특히 그 도참적 성격에 대한 비판으로 이어질 수 있었다.

2) 비록(秘錄) 정비와 지리지식 확산

문풍이 고조되고 송과 교류한 것이 고려 풍수에 대한 비판적 의식으로 이어질 수 있는 바탕이 되었다면, 비록의 정리 사업은 술자뿐만 아니라 유자 관료들에게 그 지식이 공개되는 계기가 되었다. 예종은 즉위와 함께 『해동비록(海東秘錄)』을 편찬하게 하였는데,[150] 이는 고려의 음양지리술을 집대성하고 산삭(刪削)하는 작업이었다. 예종은 완성된 책에 대하여 그 이름을 내리는 등 이 책의 편찬에 매우 큰 관심을 보였다. 이는 숙종대 김위제의 상소에서 드러나듯이 다양한 풍수도참서들이 존재하였던 데다가 때로는 위서(僞書)들이 작성되는 등[151] 주술화된 지식들을 술자(術者)들이 독점하는 문제를 해결하고자 하는 조처라고 생각한다.

이 책의 편찬에는 음양 · 풍수를 담당한 관청인 태사관(太史官) 외에도 김인존(金仁存), 최선(崔璿), 이재(李載), 이덕우(李德羽), 박승중(朴昇中) 등의 유신(儒臣)들이 참여하였다. 관서의 성격상 빠질 수 없는 태사관에 더하여 당대 가장 문명(文名)있는 인사들이 책의 편찬에 참여한 것이다.[152] 문장력이 있는

150) 『高麗史』 권12, 世家12 睿宗 1년 3월 丁酉 "命儒臣與太史官 會長寧殿 刪定陰陽地理諸家書 編爲一冊以進 賜名海東秘錄 正本藏於御府 副本賜中書省司天臺太史局."
『高麗史』 권96, 列傳9 金仁存傳 "仁存好學 老不釋卷 一時詔誥 多出其手 再掌禮闈 多得名士 嘗與崔璿李載李德羽朴昇中等 刪定陰陽地理諸書以進 賜名海東秘錄."
이들이 모여 『해동비록』을 편찬한 장소는 장녕전으로 나와 있으나, 그보다는 長齡殿일 가능성이 크다고 생각한다. 숙종 7년 역대 비장으로 내려오던 서적들을 몇 군데 나누어 보관하게 하였는데, 그 전각들 중 하나가 長齡殿이었다. 따라서 장령전에 음양지리 관련 여러 서적들이 소장되어 있어서 그곳에서 『해동비록』을 편찬하게 하였다고 추측해볼 수 있다. 장녕전과 장령전이 음가가 서로 비슷하다는 점, 굳이 『해동비록』의 편찬 장소를 명기할 필요가 없는데 명기하였다는 점 등은 이러한 정황을 뒷받침해주지 않을까 한다.

151) 『高麗史』 권11, 世家11 肅宗 6년 3월 "廣明寺僧光器 主簿孫弼 進士李震光 詐造陰陽書事覺 杖流之."

152) 김인존은 『청연각기』의 저자이며, 앞 절에서 봤듯이 보편적 사고를 보여준 인물이다. 이재

이들이 맡은 이유는 문장의 수정과도 깊은 관련이 있었을 것인데, 이는 다음 기록에서 엿볼 수 있다.

조선 세종대 풍수 논쟁 당시에 고려 시기 비기를 뜻하는 전지(前誌)의 내용 중 한 부분이 다음과 같이 거론되었다.

> 仁牙有木[註曰 仁牙者 有地無牙 乃植青松 過百年而葱蔚 又曰 仁牙者 有地無牙 左臂劣薄處 植松裨補][153]

위의 구절을 보면, 원문인 '인아유목' 에 주가 달려 있다. 우선 원문인 '인아유목'에서 '인아(仁牙)'란 그 뜻을 파악하기가 힘들며, 주에서 이를 '땅은 있는데 아(牙)가 없는 것'으로 해설을 하였음에도 그 뜻이 분명치 않다. 두 번째 주석에서는 이를 다시 풀어 '왼팔이 열등하고 얇은 곳'이라고 주석한 후에야 그 뜻을 알 수 있다. 그렇다면 '인아'란 어디에서 유래한 말일까? 이는 향찰이나 음차한 표현일 가능성이 있지 않을까 한다. 아(牙)라는 표현은 지명이나 지세를 서술하는 데 사용된 사례가 보이는데, 특히 위에서 거론된 '전지(前誌)' 중 하나로 보이는 『신지비사(神誌祕詞)』에는 서경(西京)을 백아강(百牙岡) 혹은 백아강(白牙岡)으로 칭한 기록이 보이며, 청주에는 백아산(白牙山)과 백아성(白牙城)이,[154] 이외에도 견아성(犬牙城),[155] 적아현(赤牙縣),[156] 아술현(牙述縣),[157] 야아(夜牙),[158] 가혜아(加兮牙)[159] 등 아(牙)자가 활용된 지명들이

는 지공거로 과거를 주관한 적이 있으며, 이덕우는 『숙종실록』 편찬에 참여하였던 인물이다. 이들 대부분은 또한 예종대 예의상정소의 일을 맡아 보기도 하였다.

153) 『世宗實錄』 권61, 世宗 15년 7월 庚辰

154) 『海東地圖』(古 4709-61) 淸州牧

155) 『三國史記』 권37, 雜志 제6 地理4 三國有名 未詳地分

156) 『三國史記』 권34, 雜志 제3 地理1 醴泉郡

157) 『三國史記』 권36, 雜志 제5 地理3 熊州

158) 『三國史記』 권37, 雜志 제6 地理4 漢山州

159) 『三國史記』 권37, 雜志 제6 地理4 漢山州

『삼국사기』 및 『고려사』 지리지에 다수 전한다. 근대에 이르기까지도 지명에 고유어를 사용하거나 고유어를 음차한 한자들이 많이 사용되었다는 점에서, 고려 초기에 만들어졌을 비록류들에 향찰이나 고유어를 음차한 한문이 많이 사용되었을 가능성이 농후하다. 이는 태조대 서경 관련 기록에도 방언인 재성(在城)[견성] 등의 용어가 사용되었다는 점에서도 방증된다.[160)]

혹 향찰이 아니라 할지라도, '인아유목'이라는 표현은 그 자체만으로는 뜻을 파악하기가 어려운 함축적 표현이다. 이러한 표현을 이해할 수 있도록 한 주석 작업이 바로 예종대 이루어졌을 가능성이 크다고 생각한다. 다른 시기에 비록류들을 교정하거나 주석을 단 사례들이 확인되지 않으며, 원간섭기 이후로는 다양한 비록이 등장하지 않는다. 고려 후기에는 『도선밀기』, 『옥룡자』 혹은 육록이라는 표현 등만 등장하는 것을 볼 때 고려 초 이래 전승되었던 비록류들이 예종대 일단의 교정 작업을 통해 정비된 것으로 볼 수 있을 듯하다.

이처럼 비록류의 문장들이 정비된 것은 당대의 고문(古文) 운동과도 관련이 깊다. 11세기 북송대에는 고문 운동이 비약적으로 발전하며 문장에 있어서 큰 변화가 있었다. 고려의 문인들도 이를 이해하고 문장력에 대한 칭찬을 받을 수 있을 정도였다는 점, 실제 김부식이 인종대 『삼국사기』를 편찬하면서 고기(古記)의 문장이 졸렬하여 사적이 빠지고 제대로 전해지지 않는다는 점을 문제 삼았던 점[161)] 등에서 간접적으로 짐작할 수 있지 않을까 한다. 이처럼 이 시기 문인들이 비록의 정리와 문장의 수정에 대폭 참여하였다는 점은 비록에 담긴 지식을 일부 술사층만이 독점하지 못하고, 문인층들도 국도풍수 관련 지식을 쌓아 이를 인지하거나 혹은 비판할 수 있는 바탕이 될 수

---

160) 『高麗史』 권82, 志36 兵2 城堡 "(태조)五年 始築西京在城 在者方言畎也."
이병도는 이를 '견성'이라 읽어야 하며, 이두의 사례를 통해 '있다'의 존경어인 '계시', '겨시'라는 의미를 가진 것으로 보았다(앞의 책, 134~135쪽).

161) 『東文選』 권44, 表箋 進三國史記表 "又其古記文字蕪拙 事迹闕亡."
金富軾 형제의 이름이 古文八大家로 유명한 蘇軾 형제의 이름을 땄다는 점에서 宋代 고문운동에 대한 고려문인의 지향과 인식을 단적으로 볼 수 있다.

있었을 것이다.

3) 도교의 도입과 성행

이 시기 풍수에 대한 비판은 도교의 도입과도 관련이 있었다. 예종은 도교를 좋아하여 도관인 복원궁(福源宮)을 창건하고 북송에서 도사를 초빙한 것으로도 유명하다. 그가 도교를 도입하려 한 것은 대체로 정치적 목적에서 비롯되었다고 평가되고 있다.[162] 당시 북송의 진종(眞宗), 휘종(徽宗) 등이 도교에 심취하여 이를 통해 왕권의 초월성을 입증하려 했다는 점을 미루어볼 때, 고려에서도 이를 도입하여 고려의 왕권을 수식하거나 북송과 관계를 다지기 위한 조처였을 것으로 생각된다. 때문에 사실상 예종대 이후에도 중국 같은 교단 도교가 성립되지 못하였으며,[163] 국가 위주의 과의도교로서 작용하였을 뿐 민간에서는 도교가 그다지 강력한 종교적 힘을 가지지 못하였다.[164]

그런데 이렇게 도입된 도교는 고려의 전통적인 풍수행위와 갈등을 빚었다. 이 시기 '고려 풍수와 도교의 갈등, 그리고 그 속에서 고려 풍수를 비하하여 보는 시각과 그럼에도 불구하고 여전한 고려 풍수의 강고함'이라는 복잡한 변증을 잘 보여주는 것이 임춘(林椿)의 「일재기(逸齋記)」이다. 「일재기」는 이중약(李仲若)이 거처했던 월출산의 일재에 대한 기문이다. 그는 예종대 도

162) 김철웅, 1995 「고려중기 도교의 성행과 그 성격」『사학지』 28.

163) 『宣化奉使高麗圖經』 권18, 道敎 "臣聞高麗 地濱東海 當與道山仙島 相距不遠 其民非不知向慕長生久視之敎 第中原 前此多事征討 無以淸淨無爲之道化之者 唐祚之興 尊事混元始祖 故武德間 高麗遣使 丐請道士至彼 講五千文 開釋玄微 高祖神堯 奇之 悉從其請 自是之後 始崇道敎 踰於釋典矣 大觀庚寅 天子眷彼遐方 願聞妙道 因遣信使 以羽流二人從行 遴擇通達敎法者 以訓導之 王俁篤於信仰 政和中 始立福源觀 以奉高眞道士十餘人 然晝處齋宮 夜歸私室 後因言官論列 稍加法禁 或聞俁享國 日常有意授道家之籙 期以易胡敎 其志未遂 若有所待然."

164) 중국의 도교는 원래 민간신앙에서 출발하여 긴 역사적 과정을 거쳐 변화한 신념 체계로서, 다른 어떤 종교보다도 중국적 색채가 농후한 것이다. 고대 이래 우리나라에도 민간신앙을 국가적으로 나름 정립한 체계가 있었던 만큼 중국의 도교가 그대로 유입되거나 받아들여지지 않았으며, 그러할 필요도 없었을 것이다(김성환, 2004 「4세기 동아시아 질서의 재편과 한국사상의 전환」『동양철학』 22).

교 도입과 관련된 중요 인물이다. 그는 송에 가서 법사들에게서 직접 도를 전수받고, 고려에 돌아와 예종에게 건의하여 복원궁을 설립하게 한, 이 시기 도교 도입의 핵심 인물이자 한안인(韓安仁)의 사위였다.[165] 그런데 정작 중국 도교의 도입과 밀접한 이중약이 월출산 일재에 거처하게 된 이유는 고려 풍수적 방법 때문이었다.

> 선생[이중약]의 아버지가 집안 先代의 제사를 보존해야 한다고 생각하였으나 그의 뜻을 빼앗지 못할 것을 염려하였다. 그리하여 處士 殷元忠과 禪師 翼宗이 秘術을 아는 것을 알고 마침내 편지를 보내어 성심으로 그들에게 고하였다. 그러자 두 사람이 상의하기를, "江南의 모든 산은 그 형세가 달리는 龍과 엎드린 범과 같은데, 扶蘇山을 끌어당기며 大內에 조회하는 모양으로 된 것은 道康郡에 있는 月生山처럼 기이한 것이 없으니, 여기에 거처한다면 열흘이 지나지 않아서 나라의 부름을 받게 될 것이다." 하였다. 마침내 풀을 베어내고 그 위에 집을 짓고 나서 선생을 초청하여 이르기를, "이 산은 道氣가 있으니, 반드시 異人이라야 여기에 응할 수 있을 것이다. 그대가 이곳을 眞을 닦는 곳으로 정함이 좋을 듯하다."라고 하였더니, 선생이 그 계략은 알지 못하고 기쁘게 그 말대로 하고, 그곳에 이르러서 거처하는 곳을 逸齋라 하였다.[166]

윗글에 따르면 이중약의 부친은 탈속의 뜻을 가진 이중약을 관로에 진출

165) 복원궁 건립 등 예종대 도교 도입에 대하여, 「일재기」와 『고려도경』의 기록은 도입 주체를 설명함에 있어서 약간의 차이를 보이고 있다. 일재기는 이중약이 직접 송에 가서 도교를 배워온 것으로 되어 있으나, 『고려도경』에서는 송에서 직접 도사를 파견하였다고 하고 있다. 이러한 차이점은 서술 주체가 어느 쪽을 강조하는가의 차이로 보인다. 어느 서술이건 간에 고려가 자발적으로 도교를 도입하려는 의지가 강하였음을 반영하고 있다.

166) 『東文選』 권65, 記 逸齋記 "先生父某 以存家祀爲念 恐不可奪其志 知處士殷元忠與禪師翼宗解秘術 遂貽書以誠告之 二人者謀曰 江南諸山 其形勢若奔螭伏虎 控扶蘇而朝大內者 莫奇於道康郡之月生山 居此者當旬月被徵矣 遂斬茅築室於其上 乃邀致之曰 此山有道氣 必異人然後應之 君可以爲修眞之所乎 先生未知其計 欣然從之 既至 以所居爲逸齋."

시키기 위해 처사(處士) 은원충(殷元忠)과 선사(禪師) 익종(翼宗)이 소개한 장소에 집을 지어 그곳에 거처하게 함으로써 관직에 진출시켰다. 은원충은 다른 기록에 은원중(殷元中)으로도 등장하는데, 원래 무등산처사를 자처하고 있다가 1103년(숙종 8)에 등용되었다. 그는 예종대에 동계산천(東界山川)을 돌아보고 도선설(道詵說)로 남경(南京)을 거론한 적이 있는 등 전통적인 고려 국도풍수로 알려진 인물이다.[167] 처사 은원충과 선사 익종[168]이 함께 풍수 형세를 논하는 부분은 풍수와 불교가 결합된 전통적인 고려 풍수의 방식을 역시 잘 보여준다. 이중약의 부친은 이러한 고려 풍수적 방법을 통해 이중약을 관로에 진출시키려 하였다.

그런데 이중약이 원래 지향한 것은 중국식 도교였기 때문에 은원충은 그 장소를 점지한 이유를 그대로 설명할 경우 그를 설득할 수 없으므로 '이곳에 도(道)의 기(氣)가 있다'는 언설을 사용하였다. 이는 중국 도교와 고려 풍수적 언설이 당대 분명히 구분하여 인식되었다는 점을 잘 보여준다.

그렇다면 이중약이 조정의 부름을 받은 것은 고려 풍수적 방법 때문인가 아니면 다른 이유 때문인가? 기문에서는 다음과 같이 은원충의 고려 풍수적 방법에 대하여 비판적으로 서술하였다.

> 통달한 사람이 한번 세상에 나아가는 것과 한번 들어앉아 있는 것이 모두 時의 성쇠에 달려 있는 것이니, 음양술수와 같은 것을 가지고 어찌 그를 만들어낼 수 있겠는가. 저 元忠의 무리가 스스로 기묘한 술책을 써서 선생을 낚았다 함은, 믿을 만한 것이 못 된다.[169]

---

167) 『高麗史』 권12, 世家12 肅宗 8년 10월 庚午 "詔 徵無等山處士殷元忠."
『高麗史』 권12, 世家12 睿宗 즉위년 11월 壬戌 "遣內侍祇候智祿延注簿同正殷元忠司天少監許蓋卿崔資顥等 巡視東界山川."

168) 익종은 雙峰寺에 주석하였던 禪師로서 義天이 천태종을 개창하였을 당시 이에 참여하였으며, 僊鳳寺大覺國師碑에 의천의 제자로 이름을 남기고 있다(僊鳳寺大覺國師碑; 卒國淸寺住持了說演妙弘眞慧鑑妙應大禪師墓誌銘).

169) 『東文選』 권65, 記 逸齋記 "達人之一行一止 皆繫盛衰於時耳 安肯制乎陰陽術數之閒哉

중국 도교를 지향하는 이에게 고려 풍수적인 방법은 설득력이 없었으며, 윗글처럼 심지어는 비판받는 대상이었다. 이러한 점들은 예종대 도교 도입이 고려의 풍수에 일정한 타격을 주었을 가능성을 잘 보여준다. 그러나 이러한 타격은 일시적이며 제한적이었다.

「일재기」 후반을 보면, 이중약의 아들은 예종대 중국 도교의 도입에 '기여했던' 부친을 위해 일재를 기념 장소로 전환시킨다. 그러나 그곳에 건설한 것은 도관(道觀)이 아니라 관세음보살(觀世音菩薩) 화상을 모신 사찰이었다.[170] 이는 고려의 종교적 복합성을 잘 보여주는 한편, 예종대 도교 도입의 한계를 보여준다.

예종의 특별한 지우를 받았던 곽여(郭輿)가 죽은 이듬해인 1131년(인종 9)에는 유생들이 노장(老莊)의 학문을 닦는 것을 금지하는 조처가 내려지기도 하였다.[171] 이 시기가 묘청 등이 한창 세력을 떨치던 시기라는 점을 염두에 둔다면 도교가 고려 풍수의 담지자들에 의해 공격을 받은 것으로 보인다. 예종의 도교 도입은 강력한 고려 국도풍수의 힘 때문에 분명히 현실에서 그 영향력이 제한적이었다.

이처럼 정치 일선이나 종교적인 차원에서 중국식 도교가 큰 위치를 차지하지는 못했다 하더라도, 이 시기 도교 도입이 아무 의미가 없었던 것은 아니다. 비록 현실에서 도교는 분명히 고려 풍수에 밀려 큰 위력을 발휘하지는 못하였지만, 「일재기」에서 보이듯이 고려 풍수가 도교보다 못하다는 인식이 보인다는 점이 주목된다. 또한 도교가 국가의 과의도교로 일정 부분 자리를 잡으면서 관료층들의 도가사상 이해가 더욱 촉발되고[172] 그 결과 자연관의

彼元忠輩 自以爲用奇術而得鈞之者 亦無足取信矣."

170) 윗글 "公乃感之 有肯構之志 遂出俸錢 爲工徒費 因時於農隙 因材於林谷 鏟荒剔翳 創爲梵宇 至於鐘磬几案種種莊嚴之具 悉無不備 功既訖 以狀聞于冕旒 上乃頷其奏 特內降觀世音畫像 且以良田十五頃賜焉."

171) 『高麗史』 권16, 世家16 仁宗 9년 3월 甲子 "禁諸生治老莊之學."

172) 이중약의 사례에서 보이듯이 노장에 대한 이해를 포함하여 도교에 대한 이해는 예종의 국

변화를 가속시킬 가능성도 높아졌다.

『동문선(東文選)』에 현전하는 고려 시기 초례청사(醮禮靑詞)들은 그 서두에서 각각 도론에 대하여 언급하는데, 이러한 서술은 노자(老子) 도덕경(道德經)의 묘사를 거의 그대로 가져온 것이었다.[173] 그런데 노자를 비롯한 도가(道家)는 천(天)의 인격성을 제거하는 데 큰 기여를 했다고 평가되고 있다. 『노자』에서의 하늘은 일일이 사람의 행동을 감시하여 상벌을 내리는 신이 아니라 일종의 자연법처럼 서술되고 있으며, 『장자』에서는 단순히 인간을 초월한 초월자일 뿐 아니라 모든 비근한 것에도 내재하고 있는 자연의 법칙으로 다루어지고 있다.[174] 고려중기 유신들이 자의건 타의건 간에 도가 철학에 대하여 다루지 않을 수 없었던 조건은, 도에 대한 사고, 이를 바탕으로 자연에 대한 인식이 변화될 수 있는 계기로 이어질 수 있었을 것이다.[175] 또한 북송대 전반적인 사회의 사조가 만물의 원리에 대한 관심에 기울여졌다는 점에서 단순히 도가 철학의 영향만이 아니라 전반적인 시대사조의 측면에서도 영향을 받을 수 있었다.

그런 관점에서 주목되는 또 한 가지는 중국 의학의 도입과 발달이다. 인체관과 병의 원인에 대한 변화는 당대 자연관의 변화로 이어질 수 있는 계기가 된다. 서긍은 고려의 풍속에 병이 걸려도 약을 먹지 않고, 귀신섬기는 것만을 알아 주저(呪咀)하고 압승(壓勝)하는 일만 하였다고 묘사하였다. 그는 이러한 상황이 변화하기 시작한 것은 문종대 이후부터지만 본격적으로 의학에 통하

가 도교 도입 이전부터 고려 사회에 존재하였던 것이다. 따라서 예종대 도교 도입 이후에서야 고려의 도교 이해가 시작되었다고 볼 수는 없다. 다만 적어도 과의 도교로서 중국의 도교가 예종대 어느 정도 자리잡으면서 고려의 대표적인 문인들이 도교의 초례 청사를 작성하는 역할을 맡게 되고, 그 결과 자의건 타의건 간에 도교에 대한 이해가 심화되지 않을 수 없는 상황이 되었을 것이다.

173) 김승혜, 1987「동문선 초례 청사에 대한 종교학적 고찰」『도교와 한국사상』, 111쪽.

174) 赤塚忠 등 저/조성을 역, 1987『중국사상개론』, 이론과실천, 67~69쪽; 80~81쪽.

175) 예종 13년 경연에서 한안인이 노자를 강하고, 인종 9년에는 여러 유생들이 노장을 공부하는 것을 금지시켰다는 것은 중앙의 공식 석상에서 노장 사상이 논의되고 연구되었던 분위기를 잘 보여준다 하겠다.

는 자가 많아지기 시작한 것은 예종대부터라고 서술하였다.[176)]

병의 원인을 악령이나 이물(異物)과 같은 실재(entity)에 귀결시키는 것을 존재론적 질병관, 혹은 마술적 질병관이라고 하는데, 고려의 의술에 대한 서긍의 묘사는 병의 원인을 귀신의 문제로 여긴 존재론적 질병관의 상태였다.[177)] 그런데 이러한 사고는 이 시기 땅에 대한 사고와도 유사성을 보이고 있다. 앞 장에서 서술하였듯이 고려 국도풍수에서 표현한 '지덕'은 산천을 의미하는 경우가 많았고 이는 산천신을 인격적 존재로 여기는 민간신앙의 사고에 기반하고 있었다. 이러한 사고는 병의 원인을 귀신의 문제로 여기는 것과 사실상 상당히 유사한 구조이다.

그러나 중국 의학에서는 인체를 기(氣)의 존재로 여기며, 음양오행의 순환, 균형, 대립을 통해 질병의 원인을 설명하는데, 예종대 이후 이러한 사고에 바탕한 중국 의학을 도입하여 이를 확산시키면서 자연관의 변화로 이어질 수 있는 계기가 마련되었다. 인체와 병의 원인을 '기'를 통해 이해하기 시작한다면, 그것이 만물을 관통하는 요소로서 '기'의 개념으로 뻗어나갈 수 있기 때문이다.[178)]

중국의학의 도입은 당대 도교의 도입과도 밀접한 관련을 맺고 있었다. 도교 도입에 앞장섰던 이중약은 사실 숙종대 의학으로 명성을 얻어 정계에 진출했다.[179)] 이 무렵 이인로, 임춘 등은 양생(養生)에 관심이 많아 단전호흡을 행하고 단약을 섭취하기도 하였다.[180)]

---

176) 『宣和奉使高麗圖經』 권16, 官府 藥局 "高麗舊俗 民病不服藥 唯知事鬼神 呪咀厭勝爲事 自王徽遣使入貢 求醫之後 人稍知習學 而不精通其術 宣和戊戌歲 人使至 上章乞降醫職 以爲訓導 上可其奏 遂令藍茁等往其國 越二年乃還 自後通醫者衆 乃於普濟寺之東起藥局 建官三等 一曰太醫 二曰醫學 三曰局生 綠衣木笏 日涖其職 高麗他貨 皆以物交易 唯市藥 則間以錢寶焉."

177) 가노우 요시미츠 저/동의과학연구소 역, 2007, 『몸으로 본 중국사상』, 소나무, 115쪽; 278쪽.

178) 중국에서도 병인론이 자연관의 변화에 중요한 교량 역할을 하였다(赤塚忠, 「중국 고대의 종교와 문화」; 『몸으로 본 중국사상』, 114쪽 재인용).

179) 『東文選』 권65, 記 逸齋記

180) 한국도교사상연구회 편, 1989 『도교사상의 한국적 전개』, 94~95쪽 재인용; 김철웅, 1999

이 시기 대표적인 문인인 이규보도 도교 및 노장사상에 깊은 이해를 보여서, 이를 통해 인격천(人格天)을 부정하고 만물이 자생자화(自生自化)하는 자연의 도(道)가 있다는 인식까지 보여주었다. 이는 자연의 법칙성에 대한 이해로 이어질 가능성이 상당하였다.[181]

이처럼 의학 부분이 선도하고 도교에 대한 관심이 고양되면서 사물의 등질적인 근본원인으로서 '기'의 개념, 자연의 법칙성에 대한 사고가 확산되었다. 인체관과 병인론이 변화하기 시작하면서, 땅에 대한 사고 역시 바뀔 가능성을 가지게 되었다. 그럼에도 불구하고 땅에 대한 사고는 인체에 대한 사고보다 그 변화 속도가 느렸다. 인체와 질병은 그 상관관계와 입증이 매우 빠르게 이루어지고 좋은 결과를 보인다면 새로운 방법이 비교적 쉽게 인정된다.[182] 그에 비해, 땅에 대한 사고는 질병에 대한 인식보다 보수적이어서 새로운 사고가 옳다는 입증이 쉽지 않기 때문에 역으로 전통적인 사고가 전적으로 틀렸음을 입증해야만 하는 부담을 가지고 있었기 때문이다.[183] 더구나 고려 시기 풍수는 단순히 땅에 대한 사고에 그치는 것이 아니었다. 이는 정치권력과 밀접한 관련을 맺고 있었기 때문에, 논리적 논박만으로는 그 사고가 변화될 수 없었다.

그러나 이러한 사상적 흐름들이 확산되어 자연과 신체에까지 확고하게 적용된다면, 자연에 대한 인격신적 사고가 탈각될 수 있을 것이다. 그런 측면

「이규보의 도교관」『한국사상사학』 13, 104~106쪽.

181) 박희병, 1998「이규보의 도가사상」『국문학과 도교』, 태학사, 141~143쪽.
김인호, 1993「이규보의 현실이해와 정치경제 개선론」『학림』 15, 27쪽.
박희병과 김인호는 이규보가 天에 대하여 인격천이 아니라 법칙적인 성격으로 인식한다고 본 점에서는 공통적이지만, 김인호가 이를 신유학적인 성격으로 보는 데 비해 박희병은 전적으로 도가적인 성격으로 본다는 차이점이 있다.

182) 새로운 종교를 전파할 때 항상 의학이 가장 손쉬운 방법으로 동원되는 것도 질병의 치료를 통해 새로운 사고가 가지는 유용성을 입증하고 사람들의 주의를 끌기가 쉽기 때문이다.

183) 땅에 대한 사고가 가지는 강한 관성은 공양왕대 한양천도나 연복사역이 시도될 때 그것이 허탄함을 주장하는 유자에게 '그것이 어찌 거짓이겠는가'라는 말 한 마디로 논쟁이 일축되는 사례들에서도 잘 드러난다. 이에 대해서는 3장에서 서술하였다.

에서 성공하지는 못하였지만 이 시기 음사를 타파하려는 시도나 음사에 대한 부정적인 인식 등은 사고의 전환을 예고하는 것이었다.[184] 당시 많은 지식인들이 묘청 등의 술자들을 '허황하다'고 비판한 데서 드러나듯이 대부분 그 행위가 '합리적이지 않다'고 인지하였다. 당대 대부분의 관료들이 이 시기 풍수적 행위에 대체로 찬동하였지만, 그것의 주술성까지 모두 동의하지는 않았던 것이다.

4) 국도풍수 비판의 한계

당대에 국도풍수를 비판할 수 있는 여러 조건이 무르익으면서 유학을 공부한 관료들은 국도풍수 행위에 대해 비판하기 시작하였다. 인종대 이지저(李之氐)는 정지상(鄭知常) 등이 주도하여 작성한 서경으로 천도하자는 상소문에 서명하지 않은 세 명 중 하나였다.[185] 서경 대화궁이 창건된 후에는 다음과 같이 이를 칭송하는 치어를 남겼지만, 단순한 칭송에만 머무르지는 않았다.

> 세상을 돕고 백성에 어른됨은 비록 덕 있는 이에게 맡기는 것만한 것이 없으나, 나라를 세우고 도읍을 건설함에는 하늘을 폐할 수 없는 것입니다. 드디어 平壤의 지역에 大花의 형세를 점쳐 얻었으니, 魏國 山河의 보배일 뿐 아니라, 바로 洛邑이 天地의 가운데가 되기 때문입니다. 오직 그 應은 있으되

184) 12·13세기에는 무격을 도성에서 내쫓거나 무당들을 배척하는 것에 대한 사례들이 많이 등장하는데, 이를 통해 토속신앙이 약화됨으로써, 고려 풍수에서 토속신앙의 논리를 통해 구성된 국왕순주설이나 지덕쇠왕설 등이 고려 말에 원래의 의미와는 달리 천도론으로 해석되는 바탕이 되었다.
이 시기 무격에 대한 배척 사례는 다음 사례들을 참고할 수 있다.
『東國李相國集』 35, 曹溪山第二世故斷俗寺住持修禪社主贈諡眞覺國師碑銘
『高麗史』 권16, 世家16 仁宗 9년 8월 丙子
『高麗史』 권99, 列傳 12 玄德秀傳

185) 『高麗史』 권127 列傳40 叛逆1 妙淸傳

그 時가 없었던 까닭으로, 옛날에는 어두웠으나 오늘날에는 밝게 드러났사옵니다. 周易 省方의 뜻을 취하고, 虞書의 巡狩의 글을 참고하여 우레같이 금수레를 움직여 寶座에 天臨하니, 室家가 서로 기뻐하며 "우리 임금을 기다렸더니, 그가 오시면 우리가 다시 살아날 것이다."라고 이르고, 管籥 소리 처음 듣고 "우리 임금이 음악을 잘 치기 원하신다."라고 합니다.[186]

이지저는 윗글에서 임금의 덕이 중요하기는 하지만, 도읍을 설치함에는 하늘의 뜻이 중요하다고 하며 대화궁의 창건을 합리화하였다. 또 서경 대화궁은 요새지(위국 산하의 보배)라는 측면만이 아니라[187] '낙읍이 천지의 가운데에 있다'는 측면에 더 부합한다고 하였다. '낙읍이 천지의 가운데에 있다'는 의미는 주공이 건설한 낙읍을 토중(土中)으로 규정하고 이를 통해 상제의 명을 받아 성왕이 정사를 펼치는 것을 정당화한 데에 기초한 고사이다.[188] 따라서 이지저는 낙읍의 고사를 통해 서경 대화궁이 하늘의 뜻을 실현하는 장소임을 설명한 것이다.

이러한 서술은 이지저가 서경 대화궁의 창건을 하늘의 뜻으로 합리화한다는 점을 잘 보여주지만, 전반적으로 보았을 때 대화궁 창건을 묘청이 거론한 것과 같은 연기(延基)의 차원으로 설명하지 않고 주(周)의 고사에 바탕한 천도로 설명하였다. 또한 궁궐 창건과 국왕 순주의 의의를 성방(省方), 즉 백

---

186) 『東文選』 권104, 致語 西京大花宮大宴致語 "輔世長民 雖莫如任德 立邦設都 則不以廢天 遂於平壤之區 卜得大花之勢 非獨魏國山河之寶 是爲洛邑天地之中 惟有其應而無其時 故昔也昧而今也顯 取周易省方之義 稽虞書巡狩之文 雷動金輿 天臨寶座 室家相慶 謂徯我后其來蘇 管籥初聞 曰願吾王能鼓樂."

187) '위국 산하의 보배'라는 의미는 魏 武候가 산천의 요새를 얻어 수도를 세웠음을 자랑했다는 고사에서 유래한 것으로서 방어적인 측면에서 좋은 땅이라는 뜻이다.

188) 『書經集傳』 周書 召誥 제14장 "洛邑天地之中 故謂之土中 王來洛邑 繼天出治 當自服行於土中 是時 洛邑告成 成王始政 故召公 以自服土中爲言 又擧周公嘗言作此大邑 自是可以對越上天 可以饗答神祇 自是可以宅中圖治 成命者 天之成命也 成王而能紹上帝服土中 則庶幾天有成命 治民 今卽休美矣."

성을 관찰하는 것과[189] 순(舜) 임금의 순수(巡狩) 등에 비유함으로써 묘청 등이 거론한 주술성은 배제하고 있다. 이러한 서술은 이지저와 같은 당대 문신들이 어느 정도 풍수적 사고를 용인하거나 추인하지 않을 수 없으면서도 그 용인의 한계 역시 분명하였다는 점을 잘 보여준다.

무신집권기가 되면서 문신층들이 약화되어 국도풍수의 주술성은 제어될 수 없었으나, 문신들의 진전된 사고 역시 맥이 완전히 끊긴 것은 아니었다. 이를 단적으로 보여주는 것이 최자(崔滋)의 삼도부(三都賦)이다. 삼도부에서는 서경(西京)의 변생(辯生), 북경(北京)[개경]의 담수(談叟), 강도(江都)의 정의대부(正議大夫)를 화자로 등장시켜 세 도읍의 차이를 대비시켰다, 여기서 서경에 대해 제일 먼저 거론된 것이 동명왕 사적을 비롯한 다음과 같은 신이성이다.

서도(西都)가 처음 이룩될 제 東明이란 임금께서
하늘로부터 내려와서 이 땅을 돌보시어 거주를 정하셨네
터 안 닦고 돌 안 쌓아도 성이 되어 치솟았네
오룡거를 타옵시고 하늘로 오르락내리락
온갖 신이 인도하고 뭇 신선이 뒤쫓았네
곰소[熊淵]에서 여인 만나 펄펄 날 듯이 오락가락
강 중에 돌 있으니 그 이름이 朝天臺라
얼핏 보면 펀펀바위 문득 솟아 절벽인데
그 임금님 때로 올라 신의 행차 배회하네
영령이 계시온 곳 평양신사가 아닌가

189) 『주역』에서 省方에 대한 서술은 觀卦에 기초하고 있는데, 성방은 민을 관찰하고 가르침을 베풀어 보여주는 것으로 풀이된다.
『周易傳義』 周易上經 "象曰 風行地上 觀 先王以省方觀民設敎 傳 風行地上 周及庶物 爲由歷周覽之象 故先王體之 爲省方之禮 以觀民俗而設政敎也 天子巡省四方 觀視民俗 設爲政敎 如奢則約之以儉 儉則示之以禮是也 省方觀民也 設敎爲民觀也."

風伯을 부르시고 雨師를 지휘하시니
노하시면 대낮에 번개와 우박, 나무, 돌이 섞여 날리네
또 목멱신사는 농사를 관장하니
애써 갈지 않아도 풍년 들어 볏가리가 산더미 같으며
公私로 감싸주고 큰 이불로 덮어 주네
대개 이 같으니, 어떠한가[190)]

이처럼 서경의 변생은 하늘로 오르락내리락하는 동명왕의 신이함과 그 사적들을 언급함으로써 서경의 훌륭함을 언급하였지만, 이에 대한 강도 정의 대부의 대답은

신이하고 괴이한 것은 허탄한 일이니 그 무슨 자랑이 되는가[191)]

라는 일갈이다. 신비성과 주술성으로 수식된 서경에 대하여 전면적으로 부인한 것이다. 한편 개경의 담수는 이렇게 읊었다.

앞서 최고운이란 자가 일찍 말하기를
성인의 기운이 산 북쪽에 서려 있으니
곡령엔 솔이 푸르고 계림엔 잎이 누르다고
자줏빛 구름이 일기 전에 흥망을 미리 예언이 했네
철원의 보배 거울이 하늘에서 떨어져 내려

---

190) 『東文選』 권2, 賦 三都賦 "西都之創先也 帝號東明 降自九玄 乃眷下土 此維宅焉 匪基匪築 化城屹然 乘五龍車 上天下天 導以百神 從以列仙 熊然遇女 來往翩翩 江心有石 曰朝天臺 怳兮盤陁 忽焉崍嵦 惟帝時升 神馭徘徊 靈祗所宅 平壤其祠 呼叱風伯 指揮雨師 怒則白日霰雷 木石交飛 又有木覓 稼穡是司 不耕而禾 積如京坻 蔭公庇私 介以尨褫 若是何如."

191) 위 기록 "大夫曰 神恠茫誕 何以誇爲."

앞에는 닭, 뒤에는 오리라는 그 말이 분명하더니
삼한을 통합하자 명당터를 선택하니
북쪽은 소 누운 듯 남쪽은 용이 나는 듯
우로 품고 좌로 안아 안산은 꽃 모양에 꼭 맞는구나
……
예로 우리나라 같이 참에 응하여 나라를 세운 이가
몇몇 제왕이 있었던고[192)]

이는 고려의 개창에 대한 여러 예언을 소개하고 개경이 풍수적 명당이라는 점을 강조하여, 태조가 도참에 응하여 나라를 세웠다는 언설이었다. 그러나 이에 대해서도 강도의 정의대부는 "조성(祖聖)이 임금되심이 천명(天命)에 응하고 인심(人心)에 순한 것이지 지리도참(地理圖讖)의 황당함 때문이 아니다."라고 함으로써 지리도참에 대해서도 강하게 비판하였다.[193)] 이러한 비판의 마지막에 이 글이 내리는 결론은 국가의 흥성이 오로지 국왕의 검소한 덕에 달려 있다는 것이었다.[194)]

이처럼 삼도부에서는 신이함과 도참에 기반하여 나라를 흥성시킬 수 있다는 논리를 전면적으로 비판하고 경제적 부유함이나 군사적 탄탄함 역시 한계가 있다고 지적하며 결론적으로 국왕의 검소한 덕을 찬양하였다. 여기서 서경과 개경의 신이성과 지리도참이 비판된다는 점은 인종 이래 의종대까지의 서경 강조가 헛된 일이었다는 비판인 셈이며, 직접적으로는 그러한 신

---

192) 위 기록 "先有崔孤雲者嘗曰 聖人之氣 醞釀山陽 鵠嶺松靑 鷄林葉黃 紫雲未起 預讖興亡 鐵原寶鏡 墮自上蒼 先雞後鴨 斯言孔彰 及乎統合三土 卜開明堂 北峩牛臥 南峙龍翔 右懷左抱 案花相當 …… 自古如我 應讖立國 有幾帝王."

193) 위 기록 "大夫曰 祖聖龍興 應天順人 非以地理圖讖之荒唐."

194) 위 기록 "大夫曰 方今主上躬儉而厚下 二客卽愕然失容 避席而跪曰 大夫毋多言 只此一言 足以知大平極理之美 凡政理淸平 皆由儉始 儉則習俗歸厚 胡皇天不佑 胡基祚不長久哉."

비술에 여전히 현혹되어 있는 현실에 대한 비판이었다. 신이성을 거부하고 국왕의 덕이 중요하다고 거론한다는 점에서 유교에서도 심성론적 진전을 보여주지만, 그 덕의 본질이 검소함으로 한정된다는 점에서 그 한계 역시 분명하였다.

그런데 이처럼 상당히 진전된 인식 속에서도 국도풍수 논의가 단절되지 못한 이유는 무엇이었을까? 우선 당시 정치 상황에서 문신들의 영향력에 한계가 분명하였다는 점이다. 대외 정세의 불안정성 때문에 송과의 교류도 단절되었고, 무신정변이 발생하면서 정상적인 정치 운영도 불가능해졌다.

또한 문신들의 철학적 수준이 상당히 고양되기는 하였으나, 기존의 풍수설을 넘을 수 있을 만한 자연철학에 바탕하고 있지는 못하였다. 인종대 묘청의 난 이후에도 국왕의 순주가 재변을 억제할 수 있다는 사고 자체에는 변화가 없었다. 때문에 순주의 장소만이 서경에서 장원정으로 변경되었을 뿐이었다. 최자의 삼도부에서도 지리도참이나 신이성이 국가의 운명을 결정짓는 것은 아니라고 하면서도 이를 극복할 만한 덕의 성격은 '검소함'이라는 지극히 제한적인 내용밖에는 제시하지 못하였다. 따라서 기존의 사고를 대체하기에는 충분치 못하였다.

마지막으로 가장 중요한 요소는 국도풍수 논의 자체가 태조의 권위에 의지하고 있기 때문에 그 정치적 권위를 근본적으로 부정할 수 없었다는 점이다. 1장에서 서술하였듯이 국도풍수 논의가 정치적 권위를 얻은 것은 이것이 태조의 말씀이었기 때문이었다. 이 시기에는 태조대에 대하여 여러 가지로 현창하여 태조의 권위가 더욱 높아졌다. 국왕의 순주도 의례화되면서 국도풍수 논의도 함께 위상이 높아졌다. 더구나 국도풍수론이 도선을 거치지 않고 직접적으로 태조의 것으로 연결되기까지 하였다. 이는 특히 삼소론(三蘇論)에서 드러난다.

고려 말 자료이기는 하지만 이색은 다음과 같이 삼소론이 태조의 글이라고 거론하였다.

猊公은 禪者 중에 걸출한 이요, 나는 백발에 비틀거리네
六錄은 天王의 訓이요, 三蘇는 聖祖의 글이로다
眞機는 쉽게 알 수 있는 것이 아니니, 秘術은 오히려 우활하다오
온 세상에 날 알아줄 이 적은데, 草廬를 찾아주니 부끄럽네[195)]

위 시에서 육록(六錄)은 천왕의 가르침이라 하였는데, 여기서 천왕은 지리산천왕을 가리킨다.[196)] 주지하다시피 도선은 지리산 이인으로부터 풍수설을 전수받았다고 전해졌다. 따라서 지리산천왕의 가르침으로 내려온 육록은 당시 전해지던 도선의 비기 6종을 가리키는 것으로 보이지만, 구체적으로 어떤 책인지는 분명치 않다.[197)] 위에서는 육록은 지리산천왕의 가르침으로, 삼소는 태조의 글로 구분하여 서술한 데 비해, 또 다른 시에서는 육록과 삼소를 구별하지 않고 서술하기도 하였다.

---

195) 『牧隱詩藁』 권12, 詩 謝猊公見訪 "猊公禪者傑 蹭蹬白頭餘 六錄天王訓 三蘇聖祖書 眞機非淺易 秘術却迂疏 擧世知音少 深慙顧草廬."

196) 『牧隱詩藁』 권10, 詩 早起 三首 "三蘇四室勢連綿 陟巘胥原到日邊 智異山王初授術 高麗國祖誕膺天 水流入海龍應吐 嶺峻盤空鳳欲騫 產得吉祥扶社稷 蘿圖億載又千年."

197) 한국고전번역원에서 번역한 『牧隱詩藁』의 각주에 따르면, 六錄은 道詵이 지은 『玉龍秘記』를 가리키는데, 이 책의 내용이 玉龍子十勝之地秘訣, 十勝之地外論保身山水之所, 玉龍秘訣, 玉龍子記, 玉龍子詩, 玉龍子靑鶴洞訣 등 六篇으로 구성되어 있어 이렇게 일컬은 것이라 하고 있다. 그러나 이러한 설명의 근거를 달지 않고 있으며, 十勝之地만 하더라도 고려 시기 기록에서 십승지지 관련 기록을 전혀 찾을 수 없는 것에 비해, 이를 점지한 술사가 도선만 있는 것이 아니라 조선 시기 南師古(1509~1571)가 거론되거나 李之菡(1517~1578)이 거론되는 경우도 많이 있다. 이런 점들을 볼 때 십승지지설의 유포는 조선시기 창작된 것일 가능성이 크고, 따라서 육록에 대한 번역자의 설명은 납득하기 힘들다. 고려시기 '육록'은 현재에는 전해지지 않는 것으로 보는 것이 바람직할 듯하다.
육록은 6종의 도서를 가리킨다고 가정할 때, 숙종대 김위제 등이 거론한 도서(5종)나 지리업의 시험 도서들(9종)과 비교해보아도 종수가 딱 맞지 않는다. 예종대 해동비록이 편찬된 적이 있는 만큼 이를 가리키는 것일 수도 있지만, 현재로서는 육록이 어떠한 도서들을 가리키는지 확인할 수 없다.

天寶山 앞의 땅을 오지라 부르거니와
사람들은 이 땅이 다 옥토라고 하는데
두 강물은 합류하여 풍기가 저장되고
뭇 산들은 빙 둘러서 국도를 호위하네
예부터 秘書가 있어 六錄이라 하는데
지금 그 어드메가 분명히 三蘇일는지
본디 세대교체는 하늘이 내리는 법이니
단청 가져다 억지로 그림 그리지 마세나[198]

위 시는 우왕대 좌소로 회암을 상지할 때의 시로서, 육록을 바탕으로 삼소를 찾고 있지만 그것이 어디에 있는지 잘 알 수 없다는 내용이다. 이 글에서는 육록과 삼소론이 동일하게 취급되고 있다.

이상의 두 시를 볼 때, 삼소론이 도선의 풍수론을 담은 육록에서 비롯되었다고 여겼으면서도 그것이 곧 태조의 글로 동일시되었다는 점을 알 수 있다. 이는 태조를 도선과 때때로 동일시할 정도로 국도풍수론의 상징적 존재로 인식하였다는 점을 보여준다. 따라서 태조의 권위를 바탕으로 하는 국도풍수론은 현실 정치에서 상당한 권위를 부여받고 가동될 수 있었다. 묘청의 반란이라는 극단적인 상황을 겪은 후에도, 국도풍수론에 대한 근본적인 비판은 불가능하였던 것은 태조의 권위가 여전하였기 때문이었다. 국도풍수론의 배격은 정치적 권위로서 태조가 갖는 위상이나 의미가 변화하고, 그 사상적 기반에 대한 근본적인 비판이 가해져야 가능하였다.

198) 『牧隱詩藁』 권20, 詩 東門合坐 餞曹五宰, 權左使 相視檜岩山水 "天寶山前號奧區 人言此地儘膏腴 兩江襟抱儲風氣 列嶽盤旋護國都 自古有書名六錄 在今何處的三蘇 由來運世皆神授 莫把丹靑強作圖."
이 시는 우왕 4년 회암을 상지할 때 지은 것이다.

제3장

고려후기 국도풍수론의 변화

1. 원간섭기 국도풍수의 굴절
2. 고려 말 '천도론'의 대두와 군신 갈등

연복사탑 중창비

1. 원간섭기 국도풍수의 굴절

원간섭기에는 천도논의가 거의 발생하지 않았기 때문에 그간 이 시기는 고려의 국도풍수 전통에서 일종의 단절기로 여겨졌다.[1] 이는 이 시기에 고려 국도풍수 관련 행위들, 특히 순주나 천도논의가 직접적으로 드러나는 경우가 거의 없었기 때문이었다. 그러나 순주나 천도는 행해지지 않았더라도 비보사탑에 대한 국도풍수적인 사고도 지속되었고 도선(道詵)에 대한 추앙도 여전하였기 때문에 이 시기를 단절기로 보기는 어렵다. 따라서 이 시기 국도풍수 관련 행위의 이면에서 일어난 변화를 좀 더 심도 있게 살펴볼 필요가 있다. 이 시기의 지속과 변화는 공민왕대 이후 천도논의가 부활하게 하는 연결고리이면서도 그것이 고려중기의 순주논의와 큰 차이를 빚게 한 주요한 계기에 해당하기 때문이다.

원간섭기 고려 국도풍수에 변화를 초래한 요소는 외부 환경의 변화와 사상적 요인의 측면에서 찾아볼 수 있다. 우선 외부적 요건 중에서는 대몽항쟁기 개경(開京)에서 강도(江都)로 천도했던 경험, 원(元)의 정치적 간섭과 고려 국왕의 정치형태가 변화하였다는 점 등을 들 수 있다. 한편 사상적 요인으로는 성리학(性理學)을 통해 민간신앙과 불교에 대한 비판의식이 고양되었다는 점을 꼽을 수 있다.

---

1) 이병도, 앞의 책, 302~304쪽.
이병도는 원간섭기에 풍수 도참 사상이 완전히 근절된 것은 아니라고 하였다. 그러나 몽골의 지배로 基業에 대한 염려는 줄어들게 되어 연기궁 경영이나 순주 천도에 관한 도참은 행하여지지 않고 음양도참만 때때로 유행한 것으로 봄으로써 실질적으로는 국도풍수 전통이 단절된 것으로 서술하였다. 그러나 이는 이 시기 천도논의가 표면화될 수 없었던 구조적인 이유나 도선에 대한 인식 등을 검토하지 않고 내린 결론이라는 점에서 재검토가 필요하다. 또한 풍수 논의 자체를 외적의 침입에 의한 불안감을 해소하려는 미신적 차원으로 국한시킨다는 관점상의 문제도 점검할 필요가 있다.

먼저 외부적 요인을 살펴보자. 이전 시기에 서경(西京), 동경(東京), 남경(南京) 등을 건설하고 국왕이 순주하였지만 정종(定宗)대를 제외하고는 수도로서 개경이 가졌던 위상은 확고하였다. 실제 수도를 옮기는 '천도'를 행한 적도 없었다. 그러나 몽골 침입 때문에 강도로 천도하여 30여 년이나 지내게 되면서 고려인들은 실질적인 의미의 '천도'를 처음으로 경험하였다.

강도에서 출륙할 당시 원은 고려 정부에 남경이건 서경이건 간에 편한 곳으로 가라는 조칙을 내렸다.[2] 이는 이전 시기의 순주경이 실제 도읍지처럼 인식되는 계기가 될 수 있었다.[3] 이처럼 고려인들이 '천도'를 경험해보았다는 점과 원에서 순주경을 천도가 가능한 경(京)으로 보는 것 등은 이전과 사뭇 달라진 상황이었다.

한편 강도(江都) 천도는 몽골과 대치를 상징하는 요소였다는 점에서 원간섭기 순주 및 천도논의가 발생하지 못하는 가장 직접적인 원인이었다. 강도 천도기 내내 몽골은 고려에 출륙을 요구하였으나, 고려에서는 지지부진한 태도로 이를 거부하였다. 그러다 최종적으로 1270년(원종 11) 5월에 행한 개경 환도(還都)는 원종이 "사직(社稷)의 안위(安危)가 이 일거(一擧)에 달렸다."[4]고 표현할 정도로 고려-원 관계 개선을 위한 절박한 사항이었다. 이후에도 원은 고려가 '천도'를 거론한다는 것에 대해 매우 민감하게 반응하였고, 천도는 곧 몽골과의 대치로 여겼다. 충렬왕대 김방경(金方慶)무고사건 당시 그 핵심 내용도 공주 등을 죽이고 강도로 다시 들어간다는 것이었으며,[5] 실제 충렬왕 17년 카다안의 침입 때 방어 때문에 강도로 들어갈 것을 고려한다는 것

2) 『高麗史』 권25, 世家25 元宗 즉위년 8월 辛巳 "太孫迎詔于重房 詔曰 每年汝以出島爲奏依汝所奏來 出陸地揀居南京西京等處 今從爾便."

3) 강도에서 육지로 나올 때 남경이나 서경을 천도 대상지로 거론한 것은 元의 인식일 뿐이지만, 이것도 원이 고려인들과 교섭하는 과정에서 얻게 된 지식에 바탕하였을 것이다. 그런 점에서 간접적으로 당대 고려인들의 인식을 반영하는 것이라고 볼 수 있을 것이다.

4) 『高麗史』 권26, 世家26 元宗 11년 5월 丙午

5) 『高麗史』 권104, 列傳17 金方慶傳

이 알려졌을 때에도 원은 매우 민감하게 반응하였다. 원 정부의 허락을 간신히 받고 나서야 고려의 국왕과 비빈(妃嬪)들이 강도로 움직일 수 있었다.[6] 이처럼 이 시기는 '천도'로 의심받을 수 있는 논의들이 공론장에서 표면화될 수 없었다.

대신 국도풍수 관련 행위는 그 형태를 바꾸어 등장하게 되었다. 특히 충렬왕대에는 그 영향력이 여전하였다. 삼소지를 찾으려는 노력도 중단되지 않았고[7] 서경에서는 피서지를 찾는다는 명목으로 새로운 자리를 살펴보기도 하였다. 1275년(충렬왕 1)에,[8] 3년 후인 충렬왕 4년에도 또 피서를 위한 땅을 서경에서 찾은 것이다.[9] 피서를 위해 서경을 찾는 행위는 이전에는 없었던 것이다. 이는 다분히 서경 순주에 대하여 원으로부터 허락을 받기 위해 만들어낸 구실로 보인다.[10] 서경에서 피서를 하기 위한 것이라면 굳이 새로운 땅을 살필 이유가 없이 기존의 궁이나 절을 이용하거나 수리하면 충분할 것이며, 또한 그것이 원년(元年)에 행해질 만큼 긴급한 일은 아니다. 그러나 충렬왕은 원년부터 굳이 피서할 만한 땅을 찾았고, 3년 후에는 오윤부 등 당대 대

---

6) 『高麗史』 권30, 世家30 忠烈王 16년 8월 庚寅 "遣大將軍柳庇如元乞師 且奏避賊江華."

7) 『高麗史』 권30, 世家30 忠烈王 19년 9월 癸丑 "幸平州溫泉 術者以巖防爲三甦地 命日官相宅 幸之."

'三甦地'는 三蘇地와 한자는 다르지만 발음이 같다. 蘇가 의미를 담은 한자라기보다는 음차어인만큼 三甦地는 三蘇地와 동일한 것으로 보아도 무방할 듯하다.

8) 『高麗史』 권28, 世家28 忠烈王 元年 3월 "門下侍中金方慶 自元還 時王請避暑于西京 帝許之."
『高麗史』 권28, 世家28 忠烈王 元年 3월 癸巳 "遣郎將簡有之等 如西京 相避暑之地."

9) 『高麗史』 권28, 世家28 忠烈王 4년 8월 "命日官文昌裕伍允孚等 卜地西京 爲明年避暑之所."

10) '피서'라는 명목이 등장한 것은 고려에서 몽골인들이 계절에 따라 이동하는 것을 이해하고 있었기 때문이기도 하다. 李藏用은 강도에 있을 때 개경으로 돌아오라는 몽골의 요구와 이에 대해 거부하는 고려의 입장을 절충하기 위해서 몽골인들의 순행 방식을 따라 개경과 강도 두 곳을 유지하자고 하며 출배도감을 설치하게 하였다(『高麗史』 권102, 列傳15 李藏用傳 "(元宗)九年拜門下侍中 藏用嘗言於朝 欲使宗社無虞 中外晏然 莫如還都舊京 金俊及其黨 皆不欲之 藏用曰 若不能席卷以出 且令作宮室 夏居松京 冬返江都 如上國之有兩都可也 於是置古京出排都監").
이러한 사례는 몽골과 대치하는 속에서 몽골인들의 관습과 거주 방식 등에 대해 고려에서도 어느 정도 이해하게 되었음을 보여주는 것이었다.

표적인 일관들을 보내어 다시금 피서지를 찾게 하였다. 이는 문종이나 예종, 인종대처럼 서경에서 새로운 길지를 찾아 기업을 연장하려는 소망에서 비롯한 것으로 봐야 할 것이다.

그러나 서경은 몽골 침입 당시부터 여러 차례 몽골군이 진을 치거나, 동녕부(東寧府)가[11] 충렬왕 16년까지 설치되어 있었기 때문에 이전 만큼의 위상을 유지하기는 힘들었을 것이다. 고려와 원을 왕래하던 고려의 국왕들은 서경을 반드시 경유하기 마련이었지만, 충렬왕대 후반 이 지역이 고려에 다시 반환된 후에도 이 지역에 대한 별다른 조처가 찾아지지 않는다.

남경의 경우에도 이 지역 일대에서 전렵(田獵)을 행한 사례를 몇 차례 찾을 수 있는데, 기업(基業)의 연장을 기원하던 본래의 의미와는 그다지 관련이 없는 것으로 보인다. 먼저 남경에서 행해진 전렵 및 순행 사례를 정리하면 아래 〈표 14〉와 같다.

〈표 14〉 元干涉期 國王의 南京 巡幸

시기	내용	비고
1283년(충렬왕 9) 10월 甲申	王與公主 獵于南京	
1285년(충렬왕 11) 9월 甲申	王及公主 幸南京	
1301년(충렬왕 27) 11월 庚申	王獵于南京	12월 壬午 남경에서 돌아옴
1317년(충숙왕 4) 2월	壬子 王畋于峯城 辛酉 又獵于漢陽	
1325년(충숙왕 12) 8월	王與公主幸漢陽 張氈幕於富原龍山高阜望海處而御之	10월 丁酉 조국장공주 산고로 용산행궁에서 훙서 11월 庚戌 국왕이 한양에서 돌아옴

* 『高麗史』 世家에 바탕하여 정리함.

〈표 14〉에서 볼 수 있듯이 충렬왕대 이후에는 동절기에 종종 남경 일대에서 국왕이 전렵을 행하였다. 원간섭기 이후에 활발히 행해진 국왕의 친렵(親

11) 원종대에 서경 세력인 崔坦이 원에 투탁하며 동녕부가 설치되었다.

獵)[12] 사례 중에 일부는 순주의 성격도 가졌을 가능성을 배제할 수 없다. 후대의 사례이긴 하지만 1379년(우왕 5) 11월 우왕의 백악(白岳) 신경(新京) 행행(行幸)의 경우, 『고려사』에서는 '렵(獵)'이라고 표현했지만[13] 이색(李穡)은 선왕인 공민왕의 백악 순주를 본받아 행행하는 것이라고 서술하였다.[14] 전자는 우왕의 폐정을 돋보이게 하기 위한 것으로 보이고, 이색의 기록은 현 왕을 현창하는 맥락에서 쓰여진 것이기 때문에 어느 쪽의 서술도 그대로 신뢰하기는 힘들다. 다만 친렵 사례를 종합적으로 보면, 그 장소나 방식이 기존의 순주와는 전혀 다르기 때문에 친렵 사례 전체가 순주였다고 판단하기는 힘들고, 일부는 순주의 성격이 있었다 하더라도 전렵도 함께 행해지는 등 복합적인 성격을 가졌던 것으로 추정된다. 여하간 순주와 전렵이 결합하였다는 점도 원간섭기를 계기로 생긴 큰 변화였다.

충렬왕의 사례에서 볼 수 있듯이 서경의 경우엔 순주를 하려고 해도 '피서'라던가 몽골식의 경(京) 운영을 거론하지 않을 수 없었고, 남경의 경우엔 사냥의 형태를 취하곤 하였다. 더구나 충선왕대 이후에는 서경이건 남경이건 간에 국왕 순주에 대한 관심이 거의 보이지 않는다. 이는 기본적으로 국왕이 원과 고려를 왕래하며 지내는 생활을 하였고, 충선왕 같은 경우엔 대부분의 재위 기간을 원에서 보내는 등 국왕 순주 행위가 이해되거나 실천되기 힘든 구조였기 때문이었다.

또한 충선왕 복위 무렵인 1308년(충렬왕 34)에는 남경이 한양부로, 동경은 계림부로 격하되면서, '경(京)'의 지위를 가지고 있었던 두 곳이 '일개' 지방으

---

12) 국왕의 親獵은 그 사례가 충렬왕대 이후에서야 기록에 보이고, 『高麗史』 禮志에 전렵이나 講武를 위한 조목이 없다는 점을 볼 때 고려의 원래 전통이라기보다는 원간섭기 몽골 문화의 영향이라고 생각한다.

13) 『高麗史』 권134, 列傳47 辛禑2 禑王 5년 11월 "禑獵于新京."

14) 『牧隱詩藁』 권20, 詩 初七日 上幸新京 臣穡留司 以病不能望行色 俯伏吟哦 因成 一首 "上心仁孝自誠明 欲踐先王卜洛行 故向新京訪遺跡 由來勝地匪虛名."

로 바뀌었다.[15] 이는 개경을 중심으로 여러 경(京)을 유지하던 체제가 전면적으로 바뀌는 것을 의미하며, 경(京)에 대한 국왕 순주의 전통이 단절될 수밖에 없었다.

한편 사상적으로 볼 때, 이 시기에는 국왕이나 관료층이 국도풍수와 민간신앙, 순주(巡駐) 의례 사이의 관련성을 이해하지 못한 데다 관료층들은 이제 고려중기의 국도풍수 행위에 대해 비판적 태도를 취하기 시작하였다. 이제현(李齊賢)의 중수개국률사기(重修開國律寺記)를 보면,

> 삼가 우리 태조가 이미 삼한을 통일하셨을 때 할 만한 일은 하지 않으신 것이 없는데, 불교는 다스림에 도움이 되고 포악한 자들을 교화할 수 있다고 여겨 그 무리들을 백성으로 부리지 아니하시고, 塔廟를 세움에 있어서는 山川陰陽逆順의 세를 살펴보시고, 덜고 더하고 압승하신 연후에야 세우셨으니, 梁武帝가 죄를 두려워하고 복을 받고 싶어 부처에게 아첨한 것과는 달랐다.[16]

라고 하여 풍수와 불교의 결합, 그리고 그것이 태조에 의해 주창되었으며 나라를 위한 것으로 시작되었다는 전통적인 이해를 가지고 있었다. 그러나 그것은 어디까지나 나라를 위하여 교화에 도움이 된다는 공공의 목적에 부합하였기 때문이라고 서술하였다.

그 연장선상에서 이제현은 군주의 통치는 신이함이 아니라 학문습득을 통하여 도덕성을 갖추는 데에서 그 정당성이 나온다고 보았다.[17] 그 때문에 그는 문종(文宗)에 대해 칭찬을 아끼지 않았음에도 불구하고 흥왕사 창건에 대

---

15) 서경은 충렬왕대 동녕부로 개편되는데, 이는 서경 지역이 원에 투항했다가 되찾아온 과정을 겪었기 때문이었다.

16) 『東文選』 권69, 重修開國律寺記 "龔惟我太祖 旣一三韓 有利家邦 事無不擧 謂釋氏可以贊理道化暴逆 不氓其徒 俾闡其敎 凡立塔廟 必相夫山川陰陽逆順之勢 要有以損益壓勝者 然後爲之 非如梁氏畏慕罪福 求媚于佛也."

17) 김인호, 2003 「원간섭기 이상적 인간형의 역사상 추구와 형태」 『역사와현실』 49, 46~50쪽.

해서는 양(梁) 무제(武帝)같은 행위였다고 서술할 정도로, 고려중기에 확장된 국도풍수행위에 대해 비판적 시각을 가지고 있었다.[18]

한편 이제현은 성종대 거란이 침입하였을 때 선랑(仙郞), 연등(燃燈), 팔관(八關) 등의 일을 다시 실시하자고 한 이지백의 의견을 폄하하기도 하였다.[19] 따라서 이제현처럼 풍수-불교-태조의 관계를 이해한다 할지라도, 서경 팔관회를 핵심으로 하는 국왕 순주 개념은 이해되기 힘들 것임을 잘 보여준다. 실제 팔관회나 연등회 등이 제대로 실행되지 않은 것이 충선왕대부터였는데,[20] 이들 의례의 형해화는 국도풍수의 여러 측면 중에서도 국왕 순주 개념은 더 이상 이해되기 힘들 뿐만 아니라, 정치적 정당성을 얻기도 어렵게 될 것임을 보여준다.

국왕 순주의 전통이 단절된 것에 비해, 도선(道詵)에 대한 추앙은 여전하였고 비보사탑의 강화나 재편이 활발히 거론되었다. 이는 불교계를 재편하려는 노력과 관련이 깊었다. 도선은 충렬왕대와 충선왕대 두 차례에 걸쳐 봉작(封爵)이 더해졌다. 흥미롭게도 이 시기 도선에 대하여 봉작할 때에는 승려들과 함께 된 것이 아니라 문창후(文昌侯) 최치원(崔致遠) 및 홍유후(弘儒侯) 설총(薛聰)과 함께 행해졌다.[21] 최치원과 설총의 봉작은 현종대 시작된 것으

---

18) 『益齋亂稿』 권9下, 史贊 文王

19) 『益齋亂稿』 권9下, 史贊 成王 "嚮若觀承老此書 悅而繹之 去浮夸務篤實 以好古之心 求新民之理 行之無倦 而戒其欲速 躬行心得 而推己及人 齊變至魯 魯變至道 可冀也 蕭遜寧爭能誣不恤民事 以興無名之師 [成王聞契丹來侵 使李蒙戩知契丹軍營 問所以來侵之意 其將曰 汝國不恤民事 是用恭行天罰] 李智伯安敢援不革土風。以爲却敵之策乎 [成王樂慕華風 國民不喜 及契丹之難 知信州李智伯奏言 復行先祖法度 不爲他方異法 國家可保矣 由是燃燈八關仙郞等事不絶]([ ]는 세주)."

20) 안지원, 앞의 논문, 163쪽.

21) 『高麗史』 권29, 世家29 忠烈王 8년 5월 庚申 "敎曰 予惟否德 國步多艱 天譴相仍 旱災連歲 故宜戒愼 修德消變 其犯二罪以下 悉皆原免 加松嶽及境內名山大川德號 祖聖以下列祖加上尊號 道詵國師文昌侯弘儒侯 並加封爵 文武正雜 凡有職者 加次第同正."
『高麗史』 권33, 世家33 忠宣王 후즉위년 11월 辛未 "王在金文衍家 百官會梨峴新宮 王下敎曰 …… 一地理國師道詵 儒宗弘儒侯薛聰 文昌侯崔致遠 並宜加號."

로 이후 여러 차례 가작(加爵)이 행해졌다.[22] 도선 역시 현종대 선사(禪師)로, 숙종대 왕사(王師)로 추증되었지만, 인종대 가봉할 때 기록을 보면 도선은 원효(元曉), 의상(義湘)과 함께 봉증(封贈)되고 있어서 고승(高僧)의 범주에서 추증되었음을 알 수 있다.[23] 그러나 충렬·충선왕대에 오면 원효나 의상에 대한 추증은 보이지 않는 반면, 최치원, 설총과 함께 도선이 추증되고 있어 도선의 위상이 여러 고승 중 하나가 아니라 좀 더 우월한 위상으로 승격된 듯하다.

도선의 비보풍수도 이 시기에 집중적으로 조명받았다. 때로는 아래와 같이 태조와 도선의 비보풍수의 관계가 순(舜) 임금과 선기옥형(璇璣玉衡)의 그것에 비유될 정도였다.

> 우리 태조신성대왕은 진실로 성명한 자품으로, …… 왕업을 이룩하여 전통을 물려주었다. …… 舜 임금이 璇璣玉衡을 살피는 밝음으로써 도선의 땅을 살펴보는 훈계를 써서 州를 정할만한 곳은 州로 정하고, 郡을 정할만한 곳은 郡으로 삼아서, 그 백성의 거주지를 정해주고 敎하기에 마땅한 곳은 교종 사찰을 건설하고 禪하기에 마땅한 곳은 선종 사찰을 건설하게 하여 여러 佛寺를 만들었다. …… 수맥과 山鉗이 모이는 곳에 당해서는 이를 진압하여 안정시켰으니, 어찌 나라의 기반과 운명이 계속 이어지게 하는 것이 여기에 있지 아

22) 설총에 대한 최초의 봉작은 1022년(현종 13)이었으며, 최치원에 대한 최초의 봉작은 1023년(현종 14)이었다(『高麗史』 권4, 世家4 顯宗 13년 1월 甲午; 권5, 世家5 顯宗 14년 2월 丙午). 1253년(고종 40)에도 이들 둘에 대한 봉작이 함께 행해졌으나, 이때에는 도선에 대한 봉작은 없었다(『高麗史』 권24, 世家24 高宗 40년 6月 辛亥).

23) 『高麗史』 권15, 世家15 仁宗 6년 4월 乙卯 "詔曰 …… 又元曉義想道詵 皆古高僧 宜令所司封贈."
원효와 의상을 국사로 봉하고 비석을 세운 것은 숙종대였다(『高麗史』 권11, 世家11 肅宗1 숙종 6년 8월 癸巳 "詔曰 元曉義相 東方聖人也 無碑記謚號 厥德不暴 朕甚悼之 其贈元曉大聖和靜國師 義相大聖圓敎國師 有司卽所住處 立石紀德 以垂無窮").
고려중기 원효와 의상이 재평가된 데에는 大覺國師 義天의 역할이 컸다(최병헌, 1990 「고려시대 화엄학의 변천」 『한국사론』 20, 국사편찬위원회, 73~74쪽).

니한가.[24)]

윗글은 이승휴가 벼슬에서 물러난 후 자신의 시지(柴地)에 세운 간장사(看藏寺)에 대한 기문이다. 그는 이 글에서 태조가 도선의 풍수를 통해 지방을 분정하고 사찰을 건설하였는데, 이는 순임금이 선기옥형을 살핀 행위와 다르지 않고 이것이 나라가 연면히 이어진 이유였다고 거론하였다.

이와 같은 비보사찰에 대한 인식과 조처는 특히 불교교단을 통제, 재편하려는 국왕의 노력과 밀접하였다. 충선왕은 1298년 첫 즉위 때 내린 교서에서

> 太祖가 창립한 禪敎寺社는 모두 地鉗과 상응하여 둔 것인데, 지금 兩班들이 사사로이 願堂을 세워 地德을 훼손시키고 있으며, 또 寺社의 住持는 함께 의논해야 하는데, 대개 뇌물로써 함부로 얻고 있으니 모두 禁斷하라.[25)]

라고 하여, 태조 훈요에 기반한 비보사찰에 대한 인식을 보여주고 있다. 그런데 그가 비보사찰을 언급한 이유는, 국가적으로 사찰을 유지하는 이유가 공공의 목적을 위한 것임을 설파하고, 그에 대비하여 양반들이 함부로 사찰을 짓고 사사로이 주지를 임명하는 행위를 비판하기 위한 것이었다.

충선왕은 퇴락한 비보사찰을 중수하고, 이곳에 주지를 임명하여 불교 교단을 국가적으로 통제하고자 하였다. 이를 구체적으로 잘 보여주는 것이 박전지(朴全之, 1250~1325)가 저술한 영봉산용암사중창기(靈鳳山龍岩寺重創記)이다.

---

24) 『動安居士集』 動安居士雜著 一部 看藏寺記 (중략 없이 인용) "我大祖神聖大王端以聖明勃興衰季 係大旱雲霓之望 擧義徂征救万民塗炭之艱 統業垂統 乾坤繞漢 士女蘇湯 以舜帝在衡之明 用詵師相地之訓 可州州可郡郡 定厥民居 宜敎敎宜禪禪 創諸佛寺 選名僧而主法 奉勝典以歸誠 旣刻鏤以印成 亦金銀而筆授 當水脈山鉗之津會 使鎭而安 豈邦基國祚之苽綿 於是乎在."

25) 『高麗史』 권84, 志38 刑法1 公式 職制 "是年正月 忠宣王卽位 下敎曰 一太祖創立禪敎寺社 皆以地鉗相應置之 今兩班私立願堂 虧損地德 又共議寺社住持 率以貨賂濫得 並令禁斷."

> 無畏 국통이 下山한 곳인 용암사는 晉陽 屬縣의 班城 동쪽 모퉁이 靈鳳山 속에 있다. 옛날에 開國祖師 道詵이, 智異山主 聖母天王이 "만일 세 개의 암자를 창립하면 三韓이 합하여 한 나라가 되고 전쟁이 저절로 종식될 것이다."라고 한 비밀스런 부탁으로 인하여 여기에 세 개의 암자를 창건하였으니, 곧 지금의 仙岩寺·雲岩寺와 이 절이 그것이다. ……(중략)…… 또 이 땅이 처음으로 도선 조사를 만나 비로소 4백 년 전에 창건하여 우리 太祖를 탄생하게 하여 삼국을 통일하여 한 뜰에 모이게 하였고, 중간에 불행히도 오랫동안 적막한 도량이 되었다가, 이제 다시 佛乘을 높이는 임금과 宿願이 있는 宗師를 만나 4백 년 뒤에 다시 창건되어 셋을 모아 하나로 귀일시키는 법[會三歸一]으로 福利를 넓게 드날렸으니, 그 앞뒤가 서로 부합되는 것이 어찌 이렇게 신통한가.[26)]

영봉산 용암사는 충숙왕대에 상왕인 충선왕의 명으로 건립한 절로서, 윗글에서는 그 내력을 기술하며 도선과 태조의 삼한 통합을 관련시키고, 거기에 천태종(天台宗)의 회삼귀일(會三歸一)까지 결부시켜 그 의미를 부여하였다.[27)] 특별히 천태종까지 결부된 것은 이 절이 충선왕·충숙왕대 천태종의 국통이었던 무외(無畏) 정오(丁午)의 하산소로 지정되었기 때문일 것이다. 이처럼 국가를 전면에 내세우며 사찰을 중수할 때 도선의 비보풍수와 그를 이용한 태조를 상징적인 명분으로 활용하며, 이곳에 왕실과 밀착하였던 정오 같은 인물을 주지로 보내어 불교 교단을 통제하는 모습을 잘 볼 수 있다.

---

26) 『東文選』 권68, 記 靈鳳山龍岩寺重創記 "無畏國統下山所龍巖寺 乃在於晉陽屬縣班城東隅靈鳳山之中也 昔開國祖師道詵 因智異山主聖母天王密囑曰 若創立三巖寺 則三韓合爲一國 戰伐自然息矣 於是創三巖寺 卽今仙巖雲巖與此寺是也 …… 抑又此地之初遇道詵祖師 始創於四百年之前 今我太祖誕生 而統三國會一庭 中間許多年 不幸爲寂寞之場 今復値崇佛乘之國主 有宿願之宗師 重創於四百年後 以會三歸一之法 弘揚福利 何其前後相符如是而神耶."

27) 고려 후기 천태종단에서는 천태종의 會三歸一, 一心三觀을 후삼국 통일에 공헌한 사상으로 높이 평가하는 경향이 나타났으며, 특히 중앙 정치와 밀착한 묘련사계에서 이러한 특징이 뚜렷하였다. 이에 대해서는 강호선, 2001 「원간섭기 천태종단의 변화」『보조사상』 16 참조.

충숙왕대 중수된 개국사(開國寺)의 경우에도, 앞서 거론한 이제현의 기문에서 드러나듯이 태조가 국가를 위한 목적으로 이 절을 건설하였던 점이 강조되었는데, 이는 기문의 마지막에서 다시 한번 언급되고 있다. 이제현은 다음과 같이 불사(佛事)가 사적 목적을 위해 행해지는 경우와 공적인 경우를 대비함으로써 불교교단이 공적 목적을 위해 존재해야 한다는 점을 역설하였다.

> 내가 생각건대 근래 불교의 무리들이 경영할 만한 것이 있으면 반드시 권세가들에게서 힘을 빌려 백성과 국가에 독이 되고 병이 되면서도 빨리 완성하려고만 하니 복을 얻고자 하는 것이 원망을 불러일으키는 것임을 알지 못하는 것이다. 木軒大師는 그렇지 않아서 말이 진실함에서 발하니 모두 쓰임이 되는 것을 즐겁게 여겼으며, 나라의 털끝만한 재산이라도 허비하는 바가 없었으며, 백성들의 잠깐의 노력도 쓰지 않았는데도, 그가 세운 바가 이와 같으니 가히 글로 남길 만하였다. 또한 이 절을 처음 지을 때에 太祖는 대개 나라에 이롭게 하고자 한 것이요, 梁 武帝가 하는 것 같지 않았으니, 후세로 하여금 살피게 하지 않으면 안 된다. 그러므로 대략 내력을 서술하는 것이다.[28)]

이제현은 윗글을 통해 당대 권세가들과 결탁한 불교계가 국가의 재물과 민력을 소모하고 있는 상황을 비판하였는데, 이 절이 공적 목적을 위한 것이어야 한다는 점을 역설하기 위해 다시금 태조(太祖)가 절을 지은 것은 나라를 위한 목적이었을 뿐이라고 강조하였다.

이처럼 비보사찰은 사적인 목적으로 이용되는 불교계의 폐단을 정비할

---

28) 『東文選』 권69, 重修開國律寺記 "余惟近世浮屠之流 有所經爲 必假勢於權豪之家 毒民病國 徒務亟成 而不知種福爲斂怨也 木軒大師則不然 言發于誠 衆樂爲用 不糜國秋毫之財 不籍民食頃之力 其所樹立如是 是可書也 而玆寺之始刱 太祖盖欲以利乎家邦 非如梁氏之爲者 亦不可使來者不察 故粗敍梗槩云."

수 있는 근거로 제시되는데, 공민왕대에는 좀 더 구체적으로 폐단이 지적되었다. 공민왕은 즉위 교서에서 다음과 같이 비보사찰 문제를 거론하였다.

> 祖王代에 禪敎寺院을 창건하여 둔 것은 地德을 裨補하여 國家에 이롭게 하기 위한 것이다. 지금은 퇴락하여 터만 남은 것이 많이 있는데, 土田이 있는 것은 그 租를 거두고, 臧獲이 있는 것은 그 庸을 거두어서 重修에 대비하게 하고, 또한 太祖信書를 준수하여 사람들이 멋대로 寺舍를 일으키지 못하게 하고, 僧이 되려는 자는 반드시 度牒을 받게 하고 집에 거처하는 것을 허락하지 말라.[29]

위 교서에서도 이제현의 글에서처럼 태조대 선교 사원의 창건이 국가를 이롭게 하기 위한 공적인 목적 때문임이 천명되고, 이를 중심으로 불교계를 정비해야 한다는 것이 거론되었다. 또한 '태조신서'라 하여 훈요를 거론하면서 사적으로 절을 창건하거나 마음대로 승려라고 하는 관행을 비판하고 이를 도첩과 같은 공적인 통로로 전환해야 한다고 하고 있다.

비보사찰을 강화하는 조처는 의종대나 무신집권기에도 보인다는 점에서 이전 시기의 전통과 맞닿아 있었다.[30] 그러면서도 위에서 든 사례들을 볼 때 원간섭기에는 좀 더 본격적으로 이를 불교계 정비에 활용하려고 하였다. 또

---

29) 『高麗史』 권38, 世家38 恭愍王 元年 2월 丙子 "祖王代創置禪敎寺院 所以裨補地德 以利國家 今多頹圮 只有遺基 其有土田者 收其租 有臧獲者 收其庸 以備重修 又遵太祖信書 諸人毋得擅起寺舍 爲僧者必須度牒 不許居家."

30) 의종 22년 서경에서 내린 교서에서는 裨補寺社 및 예부터 法席을 행하도록 정해진 寺院과 別祈恩寺社 중에 잔폐한 것이 있으면 主掌官이 바로 수즙하도록 규정되어 있었고(『高麗史』 권18, 世家18 毅宗 22년 3월 戊子), 신종대 최충헌의 주장에 따라 둔 산천비보도감 역시 비보사사의 조정과 깊은 관련을 맺고 있었다.
이 중에서도 산천비보도감은 후대의 관료들이나 승려들이 사적으로 세운 절들을 폐지하라는 최충헌의 주장과 관련되어 있다는 점에서(2장 참조) 원간섭기의 비보사사에 대한 문제의식과 상통한다고 할 수 있다. 그러나 무신집권기라는 특수한 상황에서 본래의 목적을 충분히 달성하기는 힘들었을 뿐만 아니라, 그 이후에는 이에 기반한 조처가 보이지 않는다.

한 태조가 사용한 도선의 비보풍수는, 개인이 건립한 사찰이나 사적으로 권세가들과 결탁하는 불교 교단을 비판하거나 이를 통제하는 논리로 적극적으로 거론되었다. 이러한 비보사찰의 재정비를 통한 불교계의 정비와 통제는 고려 말 전제(田制)개혁에서도 중요한 한 기준이었으며[31] 조선 초까지 이어졌는데, 이에 대해서는 4장에서 다루겠다.

한편 도선(道詵)과 그의 풍수설에 대한 인식은 고려라고 하는 지역의 고유성이나 독자성에 대한 인식과도 관련되었다. 이 시기에는 이질적인 원속(元俗)이 밀려 들어오면서, 도선에 대한 인식이 국속(國俗)과 연결되며 더욱 강렬해지는 경향이 있었다. 그 대표적인 사례가 죽판궁(竹坂宮) 개축 논란이었다. 제국대장공주(齊國大長公主)는 1276년(충렬왕 2)부터 죽판궁을 중심으로 신궁(新宮)을 개축하여 자신의 궁으로 삼으려고 하였다. 이를 위해 공장(工匠)을 보내줄 것을 원(元)에 청하고 인력과 재목을 마련하면서 신궁 건설을 준비하였다. 그러나 신궁의 건설은 신료들의 반대로 순조롭게 진척되지 못하였는데, 가장 강력한 반대를 펼친 기관이 관후서(觀候署)였다. 1277년(충렬왕 3년) 7월에 관후서에서는 아래와 같이 상소하며 신궁 건설을 비판하였다.[32]

> 삼가 「道詵密記」를 상고하건대 '산이 드물거든 高樓를 짓고, 산이 많거든 平屋을 지으라'고 하였는데, 산이 많은 것은 陽이 되고, 산이 희소한 것은 陰이 되며, 高樓는 양이 되고 平屋은 음이 됩니다. 우리나라에는 산이 많으니 만일 高屋을 짓는다면, 반드시 쇠하고 손상함을 불러올 것입니다. 그러므로 太祖

31) 고려 말 趙浚 등은 田制개혁을 주장한 상소에서 道詵密記의 기록을 기준으로 개경에 있는 비보사사는 廩을, 외방에 있는 것은 柴地를 지급하고 그 외 것은 지급하지 말자고 주장한 바 있다.
「高麗史」 권78, 志32 食貨1 田制 祿科田 昌王 즉위년 7월 "大司憲趙浚等上書曰 …… 一寺社田 祖聖以來 五大寺十大寺等國家裨補所 其在京城者廩給 其在外方者給柴地 道詵密記外 其新羅百濟高勾麗所創寺社 及新造寺社 不給."

32) 제국대장공주가 건설한 신궁은 후에 壽寧宮이라고 명명하였다. 충렬왕대 궁궐 건설 과정에 대해서는 장지연, 2006 「고려후기 개경 궁궐 건설 및 운용방식」 「역사와현실」 60 참고.

> 이래로 대궐 안의 집을 높게 짓지 않을 뿐만 아니라, 민가에 이르기까지 완전히 이것을 금지하였습니다. 지금 듣건대 造成都監에서는 上國의 規模를 써서 層樓高屋을 짓는다고 하니, 이것은 도선의 말을 그대로 좇지 않는 것이요, 태조의 제도를 준수하지 않는 것입니다. 하늘이 剛하고 땅이 柔한 덕이 집안에 갖추어지지 않는다면, 부부가 酬唱하는 도가 불화하여 장차 불측의 재앙이 있을 것이니 삼가야 하지 않겠습니까?[33]

관후서에서는 『도선밀기』를 인용하며 신궁 건설에 반대하였고, 그 요점은 고려의 풍토에는 고려에 맞는 방식이 있다는 것이다.[34] 고려가 지형상 산이 많기 때문에 높은 건물을 지을 경우 쇠하게 된다는 논리는 고려 지형의 특색이 고유의 지역색을 낳았다는 인식으로서, 이를 통해 원속(元俗)을 강하게 거부한 것이다.[35]

도선의 풍수법을 순의 선기옥형에 비유할 정도로 권위를 부여했던 이승

---

33) 『高麗史』 권28, 世家28 忠烈王 3년 7월 "觀候署言 謹按道詵密記 稀山爲高樓 多山爲平屋 多山爲陽 稀山爲陰 高樓爲陽 平屋爲陰 我國多山 若作高屋 必招衰損 故太祖以來 非惟闕內不高其屋 至於民家 悉皆禁之 今聞造成都監用上國規模 欲作層樓高屋 是則不述道詵之言 不遵太祖之制者也 天地剛柔之德 不備室家 唱隨之道不和 將有不測之災 可不愼乎 昔晉獻公欲作九層之臺 荀息累十二博碁 更累九雞子其上 以諫曰 一失社稷 危於此也 遂壞其臺 惟殿下察之 王納其言 是日王暴得疾甚劇 宰樞請停營繕 縱鷹鷂 公主許之 王避病于金方慶第."

34) 당시 공주가 지으려고 했던 누각은 3층이었다(『高麗史』 권89, 列傳2 齊國大長公主傳 "旣而日官又面請 勿構三層閣 不聽 發諸道役夫 督之愈急")
신궁 누각의 조성 방식이 고려식 누각과 차이가 있었을 수는 있지만, 고려에 누각이 없었다는 관후서의 주장은 역사적 사실에 부합하지 않는다. 궁궐 내 신봉루 같은 누각이 있었음은 물론이고, 『고려도경』에도 시내의 부인들이 누각에서 사절들의 행렬을 관람하였다는 기록이 있고, 최우 역시 자기 집의 누각에서 왕의 행차를 관람한 기록 등이 있기 때문이다(『高麗史』 권72, 志26 輿服1 儀衛 法駕衛仗).

35) 제국대장공주의 궁이 건설된 장소도 주목된다. 이곳은 松都의 왕기가 쇠했기 때문에 잠시 쉬어줄 필요가 있다고 하여 이어한 적이 있었던 최충헌이 지은 죽판궁이었다. 다른 장소도 아닌 죽판궁이 공주궁의 장소로 지정된 것은 지덕에 대한 인식이 이어졌기 때문으로 추정된다.

휴는, 『제왕운기(帝王韻紀)』에서 우리 역사 고유의 유구함을 거론하며 그것이 지역성에서 비롯하고 있다고 서술하였다. 주지하다시피 『제왕운기』는 상·하 두 권으로 이루어져 있는데, 상권에서는 중국의 역사를, 하권에서는 고려의 역사를 서술하면서 단군조선으로부터 시작하여 역사의 유구함을 기술한 대표적인 저술이다. 그런데 하권에서 단군조선에 대한 서술 앞에 지리기(地理紀)가 있는데, 거기에는 다음과 같이 서술되어 있다.

> 요동에 별천지가 있으니
> 천문도 中朝와 구분되네
> 큰 물결이 삼면을 둘러싸고
> 북쪽에 육지 있어 선처럼 이어졌다.
> 가운데 사방 천리 이곳이 조선이니
> 강산의 형승은 하늘에 그 이름이 퍼지네
> 밭갈아 먹고 우물파서 물마시는 예의바른 국가이니
> 華人이 이름하여 小中華라 하였네.[36]

위에서는 요동에 별도의 천지가 있어 천문까지도 구분이 될 정도이며 지리적으로도 독립적이라고 서술함으로써, 고려가 중국과는 구별되는 확실한 지역적 고유성을 가지고 있다고 하였다. 고려가 중국에 버금가는 문명을 가지고서도 고유성을 지닐 수 있는 것은 독자적 지리영역에 기원한다는 의미이다.[37]

이처럼 고유한 지역, 유구한 역사를 강조하는 『제왕운기』는, 한편으로는 비슷한 시기 저술된 『삼국유사』와 함께 단군신화를 수록하고 있다는 특징을

36) 李承休, 『帝王韻紀』 권下 "遼東別有一乾坤 斗與中朝區以分 洪濤萬頃圍三面 於北有陸連如線 (一作華句) 中方千里是朝鮮 江山形勝名敷天 耕田鑿井禮義家 華人題作小中華."

37) 노명호, 1999 「고려시대의 다원적 천하관과 해동천자」 『한국사연구』 105, 28쪽.

가지고 있다. 단군신화는 문명과 천하라는 측면에서 구별되는 고려의 역사를 설명하기 위한 중요한 장치이다. 지리적으로 구분된 영역에서 중국 요임금과 같은 때 건국한 단군의 존재는, 별개의 천하에서 별개의 역사가 전개되어 왔다는 인식의 표방이었다. 이는 왕조의 존립을 유지하며 원의 간섭을 줄여나가려는 목적과 밀접한 관련을 가지고 있었다.[38)]

이러한 사고는 대몽항쟁기 이후 국도풍수에서 단군 관련 사적이 부각된 것과 맞물려 있었다. 비록 원간섭기 동안에는 순주논의를 할 수 없었기 때문에 단군 관련 성소가 순주의 장소로 그대로 표면화되지는 못하였다. 그러나 단군조선에 대한 인식의 심화는 공민왕대 천도논의가 부활한 이후 삼소(三蘇) 중에서도 좌소(左蘇)가 부각되는 바탕이 되었다.

이상과 같이 원간섭기에는 외부적 환경의 변화 속에서 국왕의 순주 전통이 단절되고, 천도논의로 오인받을 수 있는 논의가 거의 거론되지 못하였다. 또한 사상적으로도 성리학적 사고가 진전되면서 신이함과 주술성에 의지하는 통치행위는 비판받았다. 국왕의 순주와 민간신앙, 순주 의례 사이의 관련성들이 이해되지 못하면서 국왕 순주가 가지는 전통적인 의미가 계승될 수 없었다. 그러나 태조와 도선의 관계 및 그에 대한 인식과 추앙이 여전하고, 그의 비보풍수법이 그 의의를 인정받았다. 이전 시기에 비할 때 도선의 비보풍수는 불교계를 통제하려는 국왕측이 적극 이용하였다는 특징을 갖는데, 이는 고려 말 조선 초 불교계 재편의 한 기준이 되었다.

한편 원간섭기 국도풍수는 고려라는 지역의 고유성을 지지해줌으로써 이질적인 원속(元俗)에 대응하는 논리가 되기도 하였으며, 단군에 대한 당시의 관심에 상응하였다. 자국의 지역적 고유성을 인식하게 한 데에 도선의 풍수만이 유일하게 작용하지는 않았을 것이다. 하지만 원(元)이라는 강고한 상위 권력과 세계 체제 속에서도 고려라는 자국의 영역과 인식을 강조하는 데에

---

38) 이익주, 2003 「고려후기 단군신화 기록의 시대적 배경」『문명연지』 4.

있어, 국도풍수 전통은 그러한 고유성 의식을 유지하는 데에 주요한 역할을 했다. 이는 고유성이나 역사적 유구함의 근거로서 이 시기 부각된 단군조선에 대한 인식이나 관련 행위가 특히 국도풍수 부문에서 드러난다는 점에서도 증명된다.

이상과 같이 국속(國俗)의 근거나 불교계 통제를 위해 도선의 풍수가 주목되면서도 국왕 순주는 단절된 원간섭기의 특징들은 공민왕대 이후 천도논의에 큰 영향을 미쳤다. 공민왕대에서도 이른바 '반원개혁'을 시도할 때에서야 비로소 천도논의가 부활하면서도, 그것이 '순주'가 아닌 '천도'라는 새로운 형태로 거론되는 변화를 보이는 직접적인 배경이 되었다.

2. 고려 말 '천도론'의 대두와 군신 갈등

1) 공민왕~우왕대 천도론의 대두와 성격

공민왕대 이후 원 제국의 질서가 무너지며 고려에서는 이를 이탈하기 시작했다. 원간섭기 내내 표면적으로는 드러나지 못했던 천도논의도 이때 부활하였다. 첫 시도는 공민왕 5년의 남경(南京) 천도논의였다.

1356년(공민왕 5) 5월 기철(奇轍) 등의 부원세력을 복주(伏誅)하고 정동행성리문소(征東行省理問所)를 혁파하였다.[39] 그 후 6월에 원의 지정(至正) 연호를 정지하고 이에 대한 교서가 반포되었다.[40] 바로 그 이틀 후에 판서운관사(判書雲觀事) 진영서(陳永緖)에게 명하여 남경(南京)을 상지(相地)하게 하였다.[41] 이러한 정황을 볼 때 이때의 반원운동과 남경 상지는 매우 밀접한 관련을 맺고 있었다.

---

39) 『高麗史』 권39, 世家39 恭愍王 5년 5월 丁酉

40) 『高麗史』 권39, 世家39 恭愍王 5년 6월 乙亥

41) 『高麗史』 권39, 世家39 恭愍王 5년 6월 丁丑 "命判書雲觀事陳永緒 相地于南京."

당시 남경 상지는 복합적인 상황이 작용하였던 것으로 보이는데, 가장 직접적인 원인은 기철 등의 제거를 놓고 빚어진 원과의 갈등이었다. 고려에서 기철 등을 제거한 것에 대해 원에서는 즉각적으로 실태를 파악하지 못하여, 기철이 제거된 지 거의 한 달이 지난 시점에 그를 대사도(大司徒)에 임명하는 선명(宣命)과 인장(印章)을 가지고 온 원의 사신이 고려군에 붙잡혔다 도망치는 사건이 있었다. 이후 원은 곧 80만 병력으로 고려를 공격하겠다고 협박하였는데 그 시점이 바로 고려에서 지정 연호를 정지하고 교서를 반포한 때였다. 따라서 이때의 교서 반포와 연호 정지는 원의 공격 위협에 대한 내부적 다짐이며, 그 이틀 후에 남경을 상지한 것은 피난의 성격이 강했다. 실제 사람들이 짐을 싸서 남쪽으로 내려가는 사람들이 많아 이를 금하는 조처가 취해지기도 하였다.[42]

경색된 정국이 풀린 것은 그해 10월 무렵이었다. 눈앞의 위협이 사라진 이제 남경 천도는 계속 추진할 것인가 말 것인가라는 새로운 국면에 접어들게 되었다.[43] 그런데 이 해 12월에 남경 궁궐을 수즙하게 하며[44] 일단 남경 공역을 계속 추진하였다.

공민왕 5년 6월의 남경 상지는 직접적으로는 피난의 목적 때문이라 할지라도, 그 논의는 갑자기 제기된 것이 아니라 그 이전 보우(普愚)의 건의와 밀접한 관련을 맺고 있었다.[45] 보우는 그가 왕사(王師)로 임명된 5년 4월에 나라를 다스리는 방법을 묻는 국왕의 물음에 대해 다음과 같이 대답하였다.

---

42) 이익주, 2006「공민왕대의 개혁정치와 한양천도론」『향토서울』68, 289~290쪽.

43) 이익주, 위 논문, 291쪽.
공민왕 5년 10월에 元에 파견된 李仁復이 이문소 혁파를 승인받고, 쌍성 등을 돌려받는 등 고려의 입장이 관철되면서 양국간의 긴장국면이 해소될 수 있었다(이익주, 1995「공민왕대 개혁의 추이와 신흥유신의 성장」『역사와현실』15, 31~32쪽).

44) 『高麗史』 권39, 世家39 恭愍王 5년 12월 "修葺南京宮闕."

45) 윤택은 공민왕 5년의 남경천도가 보우의 건의에 의한 것이었다고 비판하였다(『高麗史』 권106, 列傳19 尹諧傳附澤).

王師가 아뢰기를, "이 현명하고 성스럽고 인자한 마음만이 萬化의 근본이니, 나가서 다스리는 근원은 청컨대 빛을 돌이켜 한결같이 거울에 비추어 보십시오. 그리고 또 時의 폐단과 數의 변화는 더욱 살피지 않으면 안 됩니다. 옛날 祖聖이 삼한을 하나로 귀의하게 하셨을 때에[會三歸一] 후손들에게 넉넉함을 드리우시어 佛法의 힘에 의지하셨습니다. 이 때문에 500개의 禪刹을 여시고 祖道를 넓히고 떨치시어 龍天이 그를 도우셨으며 祖佛이 이를 더하셨습니다.

어떤 이는 '개경[本京]은 三陽의 땅인데 禪이 하나의 근본이 되어 陽의 德에 짝한다. 또 9는 三陽數가 되기 때문에 9祖의 道로써 비보할 수 있다. 만약 저 9山이 공부에 참여하여 각각 무리를 이루어서 演福 明堂의 땅에 規會하여 그 도리를 펴면 하늘이 상서를 내리고 땅이 복을 낼 것이다. 이후에 이 말과 같이 숭상하여야 한다.'라고 하였습니다. 그러나 지금은 9산 禪流가 각기 그 선문을 힘입어서 저쪽은 열등하고 나는 우월하다고 여겨 서로 싸우는 것이 더욱 심해졌습니다. 근래에는 더욱 道門으로 矛楯을 가지고 울타리를 치는 데만 힘을 써서 조화를 상하게 하고 바름을 망칩니다. 슬픕니다. 禪은 一門인데, 사람이 배척하여 문호만 많아졌으니, 本師의 平等無我의 道와 列祖의 格外淸揚의 기풍과 先王의 護法安邦의 뜻이 어디에 있습니까?

이때(此時)의 폐단은 9는 老陽이며 1은 初陽인데 늙으면 쇠하는 것이 이치의 당연함입니다. 또한 도읍을 세웠을 때에 9산이 온 것이 이미 오래되었으니, 그 처음으로 돌이키는 것보다는 新陽을 하는 것이 더 나을 것입니다.

이 數의 변화는 이때를 당하여 만약 一門으로 통합한다면 山은 我人의 山이 아니면서도 山名과 道存이 함께 한 부처의 마음에서 나오니, 水乳가 서로 화합하고 일체가 평등해집니다. 이에 百丈大智禪師의 禪苑淸規로 훈도하고 익숙하게 하여 그 日用威儀를 精嚴하고 眞淨하게 하여 參請을 부지런히 하고 鐘魚를 때에 맞추어 하면 祖風을 重興하고 五敎가 각각 그 법으로써 넓혀서 만세토록 복을 받들어 聖祚가 연장되고 佛日이 밝아질 것이니, 어찌 순조롭게 되지 않겠습니까?

그러나 일찍이 관찰하오매 王氣가 이 도읍에 있기는 하지만 처음 전성할 때처럼 회복하기는 어려울 것입니다. 만일 남쪽 한양으로 옮겨 앞에서 말씀드린 대로 행하면, 교화는 자연히 六合에 빛나고 은혜는 萬靈에 입혀질 것입니다."라 하였다.

공민왕이 "크도다, 말씀이여!"라고 하고 좌우에 勅戒하여 말을 좇아서 행하였다.[46]

보우의 건의는 크게 두 가지로 요약된다. 첫째는 갈라져 있는 구산선문을 통합해야 한다는 것이고 둘째는 한양으로 천도해야 한다는 것이다. 건의의 중심은 전자에 있었고 한양천도는 이를 달성하기 위한 방법으로 서술되어 있다.

---

46) 본문에서 인용한 내용의 전후 부분도 당시 상황을 이해하는 데 도움이 되므로 생략하지 않았다.
『太古集』「太古普愚行狀」"四月二十四日 封爲王師 是日 久旱而雨 玄陵大悅曰 王師雨 翰林皆獻賀章 師不有 歸之上 不數日有敕 立府於廣明寺 曰圓融 置僚屬長官正三品 以金玉器之 百用俱備 是時 洪州登爲牧 蓋旌尊德之至也 然師之恬淡 於我如浮雲 玄陵邀請曰 世俗之諦 恐塵法王之鑑 然隨機曲應 是聖者之能事 姑有所問 師曰 惟命之從 玄陵曰 爲國何如 師曰 只這睿聖仁慈之心 是萬化之本 出治之原 請廻光一鑑 而又時之 蔽數之變 尤不可不察 昔祖聖 會三歸一 垂裕後昆者 賴佛法之力也 是故 開半千禪刹 弘揚祖道 龍天祐之 祖佛加之 或曰 本京是三陽之地 禪爲一本 配陽之德 而九爲三陽數故 以九祖之道 可以裨之 若夫九山參學 各作其隊 規會演福明堂之地 敷暢厥猷 則天祥降 地瑞生矣 你後如其言 尙矣 雖然今也 九山禪流 各負其門 以爲彼劣我優 鬩鬪滋甚 近者益之以道門 持矛楯作藩籬 繇是 傷和敗正 噫 禪是一門 而人自闢多門 烏在其本師平等無我之道 列祖格外淸揚之風 先王護法安邦之意也 此時之蔽也 而九爲老陽 一爲初陽 老而衰也 理之常而又立都之時 九山之來旣久 不如反其初 爲新陽之爲愈也 此數之變也 當是時也 若統爲一門 山不爲我人之山 山名道存 同出一佛之心 水乳相和 一槪齊平 於是乎俾百丈大智禪師禪苑淸規熏陶流潤 其日用威儀精嚴眞淨 參請以勤 鐘魚以時 重興祖風 而五敎各以其法弘之 以奉福萬歲 聖祚延而佛日明矣 豈不暢哉 然而嘗觀王氣在此都以復古初全盛之時 難矣哉 若南遷漢陽 行向所陳之言 自然化孚六合 澤被萬靈矣 玄陵曰 大哉言乎 勅戒左右 從而行之 不幸讒詖間作 師之志未滿 唯緇林鬱鬱耳 其扶宗敎贊王化之名之實如是 丁酉二月 師知幾如神 作偈乞骸 宸衷益懇 師抽身入小雪山 玄陵知師志 送法服印章于師所."

우선 보우는 태조의 삼한 일통을 '회삼귀일(會三歸一)'이라 표현하였다. 이는 원간섭기 천태종단에서 회삼귀일을 삼한 일통과 관련시켜 설명하던 어법의 연장이었다. 태조가 불법의 힘으로 삼한 일통을 이루고 500여 개의 선찰을 열었다고 한 것 역시, 이전 시기 이규보(李奎報)의 담선법회 방문 등에서도 확인되는 언설이다.[47] 이러한 언급이 담선법회와 연관된다는 점은 이후 보우가 인용한 '어떤 이'의 말과 관련해서도 주목된다.

보우는 '어떤 이'의 말을 빌어 개경이 삼양(三陽)의 땅이라는 언급을 하면서, 9가 삼양의 수이기 때문에 9조(祖)의 도로써 개경을 비보하였다고 하였다. 삼양은 양효(陽爻)가 셋인 『주역』의 태괘(泰卦)를 가리키기도 하고 계절로는 정월을 이르기도 한다. 그런데 풍수적인 측면에서는 명당(明堂), 안산(案山), 후산(後山)이 각각 내양(內陽), 중양(中陽), 외양(外陽)이 되어 이것을 삼양이라 하기도 한다.[48] 개경이 삼양의 땅이라는 위의 언급은 중층적인 의미를 가질 수 있지만, 뒤에 연복 명당의 땅을 운운한 것으로 보아 풍수적인 의미가 강한 것으로 보인다. 이처럼 선문의 숫자와 개경의 풍수적 설명을 관련시킨 '어떤 이'의 주장은 견강부회한 느낌이 강하지만, 여하간 그 요점은 연복사의 담선법회처럼 여러 선문들이 한 자리에 모여 국가적 목적을 위해 통합된 모습을 보일 필요가 있다는 것이다.

이러한 장황한 설명을 통해 보우가 건의하는 지점은 바로 선원청규(禪苑淸規)를 통한 선문의 통합이다. 1352년(공민왕 1)에 보우를 맞아들였을 당시에도 보우는 태조가 지은 사사(寺社)를 수즙하는 것 외에 새로이 창건하는 것을

47) 『東國李相國全集』 권25, 榜文 大安寺同前榜 "由是我太祖大王 因哲師祕要 崇信宗門 乃大闢五百禪宇 闡揚心法 然後北兵自却 無復冦邊 然則禪之利於世也 可勝導哉 後雖祖述舊章 燃燈不絶 道或因時否塞 故宗風祖脈 幾微不振 自爾國步連致搶攘 世莫知其端緖."

『東國李相國全集』 권25, 榜文 龍潭寺叢林會榜 "及我太祖肇基王業 篤崇禪法 於是刱五百禪宇於中外 以處衲子 間歲設談禪大會於京師 所以鎭北兵也."

48) 『世祖實錄』 권34, 世祖 10년 9월 丁巳 "穴法秘要曰 三陽不促[明堂爲內陽 案山爲中陽 後山爲外陽 是爲三陽]."

금지하자고 주장함으로써 불교계의 통제를 건의하였다.[49] 공민왕 5년 왕사(王師)로 임명된 후에는 선교(禪敎) 양종(兩宗)의 주지들을 임명할 권한을 부여받음으로써[50] 자신의 안을 실천할 기회를 가지게 되었다.

그런 의미에서 개경이 삼양의 땅이라는 주장은 보우의 논리에서 핵심 고리이다. 보우는 이를 9산 선문과 관련시키면서 9는 노양(老陽)이라는 점을 들어 신양(新陽)인 1로 돌아가야 한다는 논리에서 선문의 통합을 주장할 수 있었다. 또한 마찬가지 논리에서 노양의 땅인 개경에 있기보다는 새로이 한양으로 옮겨갈 것을 건의하고 있다. 그런 의미에서 볼 때 한양천도는, 불교 교단의 개편을 시도하는 일련의 파격적인 개혁 정치를, 구세력들이 그물망처럼 세거하고 있는 개경이 아니라 한양으로 옮겨서 이루는 것이 나을 것이라는 의미였다.[51]

보우의 건의는 5년 4월이었고 남경 상지는 6월이었으며, 그의 건의의 중점은 한양천도 자체보다는 불교교단 재편에 있었다는 점을 볼 때,[52] 당시의 남경 상지가 전적으로 보우의 건의에 의한 것이었다고 볼 수는 없다. 그러나 원간섭기 내내 거론된 적이 없었던 천도·순주 문제를 처음으로 제기하여

49) 『高麗史』 권38, 世家38 恭愍王 元年 5월 “虛旣至 王引入內 問法虛曰 爲君之道 在修明敎化 不必信佛 若不能理國家 雖致勤於佛 有何功德 無已則但修太祖所置寺社 愼勿新創 又曰 君王去邪用正 則爲國不難矣 王曰 予非不知邪正 但念其從我于元 皆效勤勞 故不能輕去耳.”

50) 『高麗史』 권39, 世家39 恭愍王 5년 4월 乙酉 “王以誕日 邀普愚于內殿 飯僧百八 時僧徒求住寺者 皆附愚干請 王曰 自今禪敎宗門寺社住持 聽師注擬 寡人但下除目爾 於是僧徒 爭爲門徒 不可勝計.”

51) 개경에서 한양으로 옮길 것을 청한다고 해서 이것이 완전히 수도를 옮기는 천도를 의미하는 것이라고 단정할 수는 없다. 정치적 국면 전환을 위해서 移御를 하는 경우는 종종 있어왔으며 보우의 건의 역시 그러한 수준일 가능성도 크다.

52) 남경 상지에 대한 보우의 역할에 대해서는 행장과 윤택의 비판이 상반된 분위기를 전하고 있어 유의할 필요가 있다. 윤택은 남경 상지가 전적으로 보우의 주장에 의한 것이었다고 서술하고 이것을 묘청이나 36국조공설에 비유하였다. 그러나 행장에는 그런 내용이 없으며 불교교단 개편을 위한 방편으로만 서술되고 있다. 이는 양 기록의 정치적 입장이 달랐기 때문으로 추정되며 어느 한쪽을 전적으로 신뢰하기는 힘들다.

단절된 전통을 부활시켰다는 점에서 그의 주장이 갖는 파급력을 무시할 수 없다.

그런데 보우의 주장이나 실제 남경 상지 과정에서는 이전과는 다른 새로운 흐름이 보인다. 보우의 주장은 태조의 불법 옹호와 연복사 담선 법회 같은 전통적인 언급을 하지만, 실제로는 상당히 새로운 논리에 기반하고 있다. 개경이 삼양의 땅이라는 언급 등도 이전에는 보이지 않았던 논리인데다, 그러한 논리의 연장에서 암묵적으로 개경을 노양으로 한양으로 신양으로 비유하는 것은, 개경이 쇠퇴했고 한양이 성장할 것이라는 인식이다. 이는 숙종대 저울 등에 비유하며 개경을 중심으로 그에 대응하여 균형을 이룰 수 있는 남경 건설이 건의되었던 것과는 매우 다른 맥락이다.[53]

실질적으로 공민왕 5년 남경 상지가 피난을 위한 목적이었다는 점도 이전과 달라진 것이었다. 이전에는 국왕이 경을 순주한다 하여 도성민들이 이주하려고 한 적이 없었다. 그러나 공민왕대 이후에는 피난이나 방어 성격의 천도논의가 일게 된다. 공민왕 18년 강화 천도를 놓고 개태사(開泰寺) 태조진전(太祖眞殿)에서 점을 칠 당시에도 민들의 반응이 흉흉하여 모두 천도를 원치 않았다.[54] 이처럼 천도논의에 대하여 국인들이 심하게 동요하고, 태조진전에서 진지하게 점을 치는 등의 모습은 천도가 대외적인 침입과 관련되어 있다는 점, 몽골 침입기 강화 천도에 대한 경험이 축적된 결과일 것이다. 이는 이 시기 천도논의 자체가 이전의 국왕순주론과는 상당히 다른 전통에서 출발하고, 수용되는 것 역시 달라졌다는 점을 잘 보여준다.

보우의 야심찬 건의에도 불구하고 이듬해인 1357년(공민왕 6) 무렵이 되면 선문 통합과 한양천도가 벽에 부딪히게 된 것으로 보인다. 보우의 건의 후에

---

53) 숙종대 남경 건설 과정과 논리에 대해서는 2장 1절과 3절 참조.

54) 『高麗史』 권111, 列傳24 洪彦博傳 "王欲遷都江華 命卜於開泰寺太祖眞殿 人民洶洶 太后洪氏 彦博姑也 面責彦博曰 爾以外戚巨室 位冢宰 中外之望 咸屬焉 今王欲遷都 而國人皆不欲 爾盍諫止之 彦博以告於王 王曰 予非決遷 欲知吉凶耳 卜果不吉 國人大悅."

"모함이 일어 스님의 뜻에 차지 않아서 불교계가 우울해하였다."고 하고, 이해 2월에 그는 소설산(小雪山)으로 가버렸다. 이는 보우가 주장한 선문 통합을 핵심으로 하는 교단의 개혁이 계획대로 진행되지 못하였음을 반영한다.[55)]

남경 궁궐의 수즙 역시 순조롭지 않았다. 궁궐 수즙을 시작한 지 얼마 되지 않은 1357년(공민왕 6) 1월과 2월 봉은사 태조진전에서 천도에 대하여 점을 쳤다. 이때에는 정(靜)자를 얻었다가, 이제현(李齊賢)에게 다시 점을 치게 하여 동(動)자를 얻은 후에야 남경을 다시 상택하고 궁궐을 수축하였다.[56)] 굳이 천도에 대해 다시 점을 치고, 점괘가 뜻대로 나오지 않는 상황들은 매끄럽지 않았던 건설과정을 반영한다.

그래도 동(動)자를 얻은 후에는 본격적으로 남경을 건설하기 시작한 것으로 보인다. 남경 궁궐 건설을 위해 양광도(楊廣道)의 그해 둔전(屯田)을 면세하고 적신(賊臣)의 가재(家財)를 팔아 국용(國用)에 쓰도록 하는 등의 조처가 취해지는 등 일련의 재정 정책까지 마련되었다.[57)]

하지만 이러한 흐름은 대외적인 정세 때문에 한계에 부닥치게 되었다. 당장 이듬해인 7년 무렵부터 남경 건설이 지지부진해졌다. 가장 큰 이유는 왜

---

55) 이병도는 공민왕 5년의 남경 상지는 공민왕의 의사로, 6년 2월의 공사 확대는 보우의 건의에 의한 것으로 보았으며(앞의 책, 307~308쪽), 이익주 역시 이에 동의하여 5년의 남경 상지는 반원개혁을 앞두고 원의 침입에 대비하려는 성격에서 출발하였다가 대원관계의 변화에 따라 천하관의 재정립과 관련하여 6년에 남경 건설이 확대되었다고 보았다(이익주, 2006「공민왕대의 개혁정치와 한양천도론」『향토서울』68, 289~291쪽).

그러나「태조보우행장」의 기록을 볼 때 보우의 건의는 5년에 있었던 것이 분명해보인다. 설령 해당 부분이 찬자의 윤색이라 하더라도 6년 2월에 소설산으로 퇴거한 것은 사실일 것이므로, 보우의 건의는 5년에 행해진 것으로 보는 것이 무방하지 않을까 한다.

56)『高麗史』권39, 世家39 恭愍王 6년 1월 壬辰 "王如奉恩寺 謁太祖眞殿 卜遷都漢陽 王探珓得靜字 癸卯更命李齊賢卜之 得動字 王喜曰 卿禋祀得吉卜 實副予心."

『高麗史』권39, 世家39 恭愍王 5년 2월 己酉 "命李齊賢相宅于漢陽 築宮闕."

57)『高麗史』권39, 世家39 恭愍王 6년 1월 甲辰 "以營南京宮闕 除楊廣道今年屯田."

『高麗史』권39, 世家39 恭愍王 6년 1월 乙巳 "命賊臣家財 平價市賣 其寶玉屬內庫 金銀屬戶部 以支國用."

적신의 재산이 남경 궁궐 건설에 바로 사용되지 않았을 수도 있지만, 남경 궁궐 건설이 당시 주요한 토목 공역이었던 만큼 활용되었을 가능성이 크다.

구 침입 문제였다. 당시 왜구는 남부 해안 지역에 출몰하는 데 그친 것이 아니라, 개경의 문전인 교동(喬桐) 등처까지 출몰하여[58] 고려에서는 경성(京城)을 수축하고 서강(西江) 등에 성을 쌓았다.[59] 또한 남경(南京)의 입구라고 할 수 있는 인주(仁州)까지도 왜구가 침구하였는데, 이는 남경에도 바로 왜적이 출몰할 수 있음을 보여주는 사건이었다.[60] 이로부터 얼마 지나지 않아 바로 수안(遂安), 곡주(谷州) 등 내륙 산간 지역을 상지한 것을 볼 때 왜구 문제는 남경 건설을 지지부진하게 하는 데 상당한 영향을 주었을 것으로 짐작된다.[61] 또한 공민왕 8년 무렵부터는 북방이 불안정하고 홍건적 침입 등이 문제되던 시기로서, 이러한 제반 상황은 남경 공역이 진행되기 어렵게 만들었다. 결국 1360년(공민왕 9) 1월 태묘(太廟)에서 불길(不吉)하다는 점괘를 얻으면서 남경 천도는 중지되었다.[62]

남경 천도는 중지되었지만 논의까지 중단된 것은 아니었다. 6개월 후인

---

58) 『高麗史』 권39, 世家39 恭愍王 7년 5월 辛亥 "倭焚喬桐 京城戒嚴 發坊里丁 爲戰卒."

59) 『高麗史』 권39, 世家39 恭愍王 7년 3월 "命修京都外城"; 공민왕 7년 5월 "以李春富爲西江兵馬使 安祐爲東江兵馬使 前護軍李元琳爲喬桐倭賊追捕副使"; 『高麗史節要』 권27 恭愍王 2, 恭愍王 7년 8월 "城西江"
京城 수축도 남경처럼 그 공역이 원만히 진행되지 못하고 백성들의 곤란을 이유로 7월에 중단되었다(『高麗史節要』 권27, 恭愍王 7년 7월).

60) 실제로 1373년(공민왕 22)에는 왜구가 개경 인근인 東江과 西江에 선박을 두고, 양천을 통해 한양부까지 침입하기도 하였다(『高麗史』 권44, 世家44 恭愍王 22년 6월 丙申 "倭船集東西江 寇陽川 遂至漢陽府 燒廬舍 殺掠人民 數百里騷然 京城大震").

61) 『高麗史』 권39, 世家39 恭愍王 7년 8월 辛丑 "倭寇仁州"; 九月丁酉朔 "命同知樞密院事柳淑 判司天臺事陳永緖于必興 相都于遂安谷州"
이 두 기사는 날짜의 간지로 따졌을 때 56일 정도 차이가 나는데, 9월 기사가 정유 초하루라고 하여 날짜가 맞지 않는 문제점이 있다. 『元史』의 해당 연도와 비교해볼 때, 8월은 丁卯朔으로서, 8월에는 신축일이 있을 수 없으며 9월은 丁酉朔이 맞으므로, '8월 辛丑'이라는 『高麗史』의 기사가 날짜가 착종된 채 삽입된 것으로 보인다. 辛丑日이 분명하다면 7월 기사로 추정되며, 그렇지 않고 8월이 맞다면 신축일이 아니라 다른 간지여야 한다. 『高麗史節要』에서는 8월 왜구가 인주를 침구한 기사는 있지만 간지가 부기되어 있지 않고 9월 수안과 곡주 등지를 상지한 사실은 수록되어 있지 않다.

62) 『高麗史』 권39, 世家39 恭愍王 9년 1월 丙辰 "卜遷都于太廟不吉 時修漢陽城闕 人多凍死."

7월에 장단(長湍) 백악(白岳)을 상지하더니[63] 보름 정도 만에 바로 공역을 시작하여[64] 11월에 백악 신궁으로 이어하였다.[65] 이는 남경 공역에 비할 때 매우 신속하게 선택하고 실행한 것일 뿐만 아니라, 공민왕이 직접 이곳에 행차하여 천도할 땅을 보고 정한 것이기도 하였다.

남경 공역은 중단된 데 비해, 백악 신궁 건설이 신속하게 진행된 이유는 무엇이었을까? 분명한 이유는 알기 어렵지만 우선 공역 규모의 차이를 들 수 있다. 남경 공역이나 백악 신궁 모두 그 실제 내용은 순주 장소를 마련하는 것이었다고 생각한다. 그러나 백악 신궁이 고려중기 여러 곳에 건설된 적이 있었던 연기궁궐의 차원이었다면, 남경의 경우에는 충선왕대 이래 한양부로 격하되어 있었던 이곳을 다시 남경유수관(南京留守官)으로 복치하는 수준이었기 때문에 공역의 규모가 달라졌던 것으로 보인다. 남경과 동경 등은 공민왕 5년 충렬왕대 한양부 및 계림부로 격하되었던 관제를 복구하는 과정에서 유수관으로 복치되었다. 실제 남경궁궐 건설을 시작한 1357년(공민왕 6)에는 이안(李安), 차포온(車蒲溫) 등을 각각 남경유수(南京留守)와 동경유수(東京留守)에 임명한 사례가 있어 남경, 동경 등이 복치되었음을 알 수 있다.[66] 이때 복치된 남경은 11년 원간섭기 관제로 회귀되기 전까지 유지되었다. 공민왕 5년~11년 사이의 유수관 복치는, 단순히 명목상의 복구에만 그친 것이 아니라 남경의 경우에는 실제 이에 부합하는 공역이 이어지면서 그 규모가 확대된 것으로 보인다. 백악도 관습적으로 신경(新京)이라고 불리기는 했지만, 신궁 건설 당시에 이러한 관제의 조정 등이 보이지 않는다는 점을 볼 때, 실제 경(京)의 설치로 이어지지는 않았던 것으로 추정된다.

---

63) 『高麗史』 권39, 世家39 恭愍王 9년 7월 乙卯朔 "幸白岳 相視遷都之地 白岳在臨津縣北五里."

64) 『高麗史』 권39, 世家39 恭愍王 9년 7월 辛未 "始營白岳宮闕 先是欲遷都南京 遣前漢陽尹李安 修其城闕 民甚苦之 卜于太廟不吉 又興是役 時人謂之新京."

65) 『高麗史』 권39, 世家39 恭愍王 9년 11월 辛酉 "移御白岳新宮."

66) 『高麗史』 권39, 世家39 恭愍王 6년 3월 辛卯

공민왕이 백악으로 이어하고 1361년(공민왕 10) 2월에 내린 교서에서는

즉위한 이래로 하늘을 두려워하고 백성을 사랑하며, 祖訓을 본받아 다스리고자 하는 마음이 항상 속에 간절하였다. 그러나 요사이 어려움이 많고, 은택이 아래에 미치지 않으며, 병란이 연이어 일어나고 재변이 여러 차례 보였다. 내가 이를 두려워하여 道詵의 말을 써서 이 땅을 살펴보았으니, 장차 大命이 무궁한 데까지 계속되기를 바라서이다.[67)]

라 하여, 자신이 즉위한 이래로 조훈(祖訓)을 본받아 왔으며 그중에서도 구체적으로는 도선의 말을 써서 이곳으로 왔음을 밝혔다. 도선의 말에 기반한 신궁 건설이 정치적 권위를 얻을 수 있었던 것은 '조훈'이라는 표현에서 드러나듯이 그것이 태조의 권위에 기대어 있기 때문이었다. 장단 백악 부근은 태조와 관련성이 적극적으로 현창되어 장단나루는 태조가 행행했던 곳으로 전해졌으며,[68)] 그에 관한 노래도 만들어졌는데, 그 설명을 보면 다음과 같다.

고려 태조가 각지를 순행하면서 주민들의 풍습을 살피고 부족한 것을 도와주며 백성들과 함께 즐겼다. 그래서 백성들이 그 덕을 사모하여 오래되어도 잊지 않았다. 後王이 長湍에서 놀 때 工人들이 祖聖의 덕을 노래하여 칭송하고 경계하는 뜻을 붙였다.[69)]

---

67) 『高麗史』 권39, 世家39 恭愍王 10년 2월 辛卯 "敎曰 予自踐位以來 畏天愛民 祖訓是式 願治之心 常切于衷 屬時多艱 澤罔下究 干戈迭興 灾異屢見 予爲此懼 用道詵言 于胥斯原 盖將續大命于無窮也."

68) 『高麗史』 권56, 志10 地理1 長湍縣 "有長湍渡 [兩岸青石壁立數十里 望之如畫 世傳太祖遊幸之地 民間尙傳其歌曲]."

69) 『高麗史』 권71, 志25 樂2 俗樂 長湍 "太祖巡省民風 補助不給 與民同樂 民思其德 久而不忘 後王遊長湍 工人歌祖聖之德 因以頌禱 而規戒之."
장단과 태조의 관계에 대한 현창은 공민왕대 이후 집중적으로 행해졌을 가능성이 높다.

위 설명을 보면, 이 노래가 장단이라는 지역과 태조의 관련성을 환기하여 그곳에 머물다 가는 후대 왕을 '태조'라는 기억에 연결시킴으로써 과거의 영광을 되살리려는 곡이었음을 알 수 있다. 이처럼 장단으로 천도한 것은 태조라는 상징과 매우 밀접한 관련을 갖고 있었으며, 이것이 바로 공민왕이 의도한 바였다.

한편 다른 지역이 아닌 '백악'이라는 지역이 선택되었다는 점도 주목된다. 이는 몽골 침입기 이후 단군신화와 관련된 성지들이 부각되어, 원간섭기를 거치며 단군에 대한 인식이 심화된 것과 깊은 관련을 맺고 있을 뿐만 아니라, 단군 관련 사적지가 남쪽으로 이동하는 경향을 보여주기 때문이다. 공민왕대 백악이 아사달과 관련해서 건설되었는지에 대해서 『고려사』에는 기록이 전하지 않지만, 『위서(魏書)』를 인용한 『삼국유사』나 이첨(李詹, 1345~1405)의 글에 관련 내용이 전한다. 이들 기록에서는 아사달이 무엽산(無葉山) 또는 백악(白岳)이라 보았는데, 그 백악이 배주(白州) 혹은 장단(長湍)에 위치한다고 하고 있어,[70] 공민왕대 건설된 백악 신궁이 아사달로 비정되며 순주 궁의 건설 장소로 선택되었을 가능성을 보여준다.

원래 단군의 사적은 평양(平壤) 지역을 중심으로 한 개경 북부 지역에 위치하였다. 아사달이라는 어원과 통하는 백아강이 서경에 비정되었던 기록에서 볼 수 있듯이[71] 단군 관련 사적은 평양, 구월산 등 개경 북부 지역에 위치한 것으로 여겨졌다. 그러나 강도 천도기 이후 강도(江都) 안에서도 단군 사적이 찾아지고, 좌소가 아사달로 거론되는 등[72] 단군 관련 성소가 개경 북부 지역

---

70) 『三國遺事』 紀異 권1, 古朝鮮 "魏書云 乃往二千載有壇君王儉 立都阿斯達[經云無葉山 亦云白岳 在白州地 或云在開城東 今白岳宮是]."
『雙梅堂先生篋藏文集』 권22, 雜著 檀君朝鮮 "魏書云 乃往二千載 有檀君立都阿斯達山 註云無葉山 亦云白岳 在白州地 或云在開城東 今白岳宮 開國號朝鮮 與堯同時 或云都平壤城 始稱朝鮮又移都放白岳山 未知是否."

71) 2장 3절 참조

72) 『高麗史』 권23, 世家23 高宗 21년 7월 甲子 "遣內侍李白全 奉安御衣于南京假闕 有僧據讖云 自扶踈山 分爲左蘇 曰阿思達 是古楊州之地."

에서 이동하고, 공민왕대에는 장단 백악이 좌소로 거론되면서 단군 관련 성소가 개경 부근으로 남하한 것이다. 이러한 점들은 단군에 대한 인식이 심화되고 관심이 증대되었음을 반영하는 동시에, 후대에 아사달과 관련된 논의에 큰 영향을 미쳤다.

한편 공민왕대 후반에도 태조의 권위에 힘입은 도선풍수의 영향력은 확인된다. 신돈은 『도선기(道詵記)』에 의거해서 송도(松都)의 기가 쇠했으므로 삼소(三蘇)에 해당하는 평양과 충주에 천도할 것을 주장하였다.[73] 이에 공민왕은 태조가 사중지년(四仲之年)에 삼소를 순주한 사례를 들어 평양 등처를 순주하겠다고 밝히기도 하였다.[74] 신료들은 마암(馬岩) 영전 공사에 대해 술가(術家)의 말을 들어 간언하기도 하고,[75] 『도선밀기』를 언급하며 신돈을 탄핵하거나 제거하려고 하였다.[76]

이와 같은 도선 풍수에 대한 일반의 인식에도 불구하고 이를 근거로 태조대의 정사를 추구하는 공민왕의 방식은 큰 한계를 가지고 있었다. 당시 유신(儒臣)들이 이것을 도참이라 규정하며 동의하지 않았기 때문이다. 공민왕 6년 남경 건설이 시작되었을 때 윤택은 다음과 같이 한양천도를 비판하였다.

> 僧 普愚가 도참으로 왕을 설득하기를, "漢陽에 도읍하면 36국이 조공할 것

---

73) 『高麗史』 권132, 列傳45 叛逆6 辛旽傳 "旽以道詵秘記 松都氣衰之說 勸王遷都 王命旽往平壤相地 春富達祥宦者 禮儀判書尹忠佐等從之."
이 기사에서는 평양을 상지한 내용만 나오지만, 『高麗史節要』 기사를 보면 평양과 충주가 같이 언급된다. 각기 언급한 시기는 다르지만 두 지역이 삼소론과 관련하여 거론된 것임은 분명하다.

74) 『高麗史』 권41, 世家41 恭愍王 18년 7월 甲辰 "幸佛恩寺 又幸興國法王二寺 下敎曰 昔我太祖 每當四仲之年 巡駐三蘇 予亦將幸平壤 巡金剛山 駐蹕忠州."

75) 『高麗史節要』 권28, 恭愍王 17년 8월

76) 『高麗史』 권132, 列傳45 叛逆6 辛旽傳 "知都僉議吳仁澤 與千興仁吉元命 三司右使安遇慶 前密直副使趙希古 判開城李希泌 評理韓暉 鷹揚上護軍趙璘 上護軍尹承順等 密議曰 辛旽姦佞陰狡 好讒毁人斥逐 勳舊殺戮無辜 黨與日盛 道詵密記 有非僧非俗 亂政亡國之語 必是此人 將爲國家大患 宜白王早除之."

> 입니다."라고 하니, 왕이 그 설에 혹하여 漢陽宮闕을 크게 지었다. 윤택이 또 말하기를, "妙淸이 仁廟를 의혹시켜 거의 나라가 뒤집힐 뻔했던 교훈이 멀지 않은데다, 하물며 지금은 사방에 근심거리가 있어 병사들을 훈련시키고 길러야하는데 도리에 미치지 못할까 두려운데, 공역을 일으켜 사람들을 수고롭게 하니, 근본을 상하게 할까 두렵습니다."라고 하였다.[77]

윤택은 보우의 건의를 '도참'으로 일축하였을 뿐 아니라 남경의 궁궐 건설이 근본적인 대책이 아니라고 비판하였다.

또한 도선의 글 자체에 대해서도 그 내용이 이상하다거나, 중국에서는 찾을 수가 없다는 등의 의문이 제기되었다. 남경 공역이 한창이던 공민왕 6년 윤9월 사천소감(司天少監) 우필흥(于必興)은 다음과 같이 건의하였다.

> 『玉龍記』에 이르기를, "우리나라는 白頭에서 시작하여 지리산에서 마치니, 그 형세가 水가 뿌리가 되고 木이 줄기가 되는 땅이어서 검은 색이 부모가 되고, 청색이 몸이 된다. 풍속에 따르면 번창할 것이요, 토풍에 거스르면 재변이 있을 것이다."라고 하였습니다. 풍속이란 것은 군신의 의복, 冠蓋, 음악, 예기입니다. 이제부터 문무 백관은 검은 색 옷에 청색 갓을 쓰고(黑衣青笠), 승복은 검은 두건에 큰 관을 쓰고(黑巾大冠), 여자들은 검은 색 비단 옷(黑羅)을 입게 하고, 또 여러 산에 소나무를 심어 울창하게 하고, 모든 기용들은 鍮銅과 瓦器를 쓰게 하여 土風에 따르도록 하십시오.[78]

---

77) 『高麗史』 권106, 列傳19 尹諧傳 附澤 "僧普愚以讖說王曰 都漢陽 則三十六國朝 王惑其說 大築漢陽宮闕 澤又言 釋妙淸惑仁廟 幾至覆國 厥鑑不遠 矧今四境有虞 訓兵養士 猶懼不給 興工勞衆 恐傷本根."

78) 『高麗史』 권39, 世家39 恭愍王 6년 閏9월 戊申 "司天少監于必興 上書言 玉龍記云 我國始于白頭 終于智異 其勢水根木幹之地 以黑爲父母 以青爲身 若風俗順土則昌 逆土則災 風俗者 君臣衣服冠蓋樂調禮器是也 自今文武百官 黑衣青笠 僧服黑巾大冠 女服黑羅 又於諸山裁松茂密 凡器用鍮銅瓦器 以順土風 從之."

이는 『옥룡기(도선밀기)』를 인용하여 우리나라 형세의 특징을 설명하며 그에 따라 풍속을 따르게 할 것을 주장하는 것으로써 형세의 음양오행과 의복과 기용에 사용되는 색의 음양오행을 맞출 것을 주장하는 건의였다. 백관복, 승복, 여복 등의 색상이 모두 흑색인 것은 고려가 수덕(水德)을 표방하고 있기 때문이며, 특히 백관복에 흑의(黑衣)와 청립(靑笠)을 함께 사용하고 있는 것은 수(水)가 뿌리가 되고 목(木)이 줄기가 된다는 수근목간(水根木幹)의 시각적 표현이었다.[79]

그런데 우왕 4년에 당시 천도지 선정을 위해 『도선밀기』를 검토했던 이색은 다음과 같이 이 내용이 이상하다는 감회를 남겼다.

오운이 서로 이어진단 건 옛말에 있거니와
제왕의 운수는 하늘땅과 나란하다오
관과 복색 바꾸는 건 종래의 일이거니와
순흑색과 순홍색은 듣지 못한 바이로세
풍속은 예로 인해 변하는 것이니
조정에는 조상이 자손을 위해 남긴 계책이 있네[80]

---

79) 본문에서 인용한 공민왕 6년 건의에 따르면 백관복이 黑衣靑笠으로 표현되고 있지만, 공민왕 16년의 교서에서는 土風에 따라 제도를 정했으나 상하의 구별을 두어야 한다고 하면서, 백관들이 모두 黑笠을 쓰는 가운데, 갓에 사용하는 구슬의 종류로써 이를 구별하고자 하였다(『高麗史』 권72, 志26 輿服1 冠服 冠服通制 공민왕 16年 7월조). 이는 공민왕 6년의 건의가 수용되어 실제로 통용되었음을 반영하면서도 6년 당시에는 靑笠이라 표현한 것이 공민왕 16년에는 흑립이라고 나와 있어 의문스럽다. 이에 대해서 몇 가지 가능성을 생각해 볼 수 있는데, 1) 공민왕 6년 거론한 청립이 실제로는 흑색을 가리켰을 가능성, 2) 공민왕 6년 기록이 靑衣黑笠의 誤記였을 가능성이 그것이다. 전자의 경우, 靑牛가 잿빛 소를 지칭하는 등의 사례에 비추어볼 때, 청립과 흑립이 실제 색상에 있어서는 경계가 모호했기 때문에 혼동되어 사용되었을 수 있다. 후자의 경우, 水根木幹이라는 『도선밀기』의 언급과 맞추어 본다면 머리를 뿌리로, 몸을 줄기로 보았을 수도 있다. 따라서 우필흥의 건의에서 靑衣黑笠을 黑衣靑笠으로 잘못 기록하였을 가능성도 배제할 수 없다.

80) 『牧隱詩藁』 권10, 詩 有感自詠 (우왕 4년 11월 作) "五運相承古已言 帝王曆數等乾坤 易冠易服由來事 純黑純紅所未聞 風俗鴻荒因禮變 朝廷燕翼有謀存."

위 시는 오행의 운행, 즉 상생이나 상극에 따라 왕조의 오덕(五德)이 결정되면 그에 따라 관과 복색을 바꾼다는 것은 이색도 들어본 바가 있는 것이었으나 그 색깔로 순흑이나 순홍을 사용한다는 것은 이해할 수 없다는 내용이다. 이색은 다른 시에서 이때 검토한 비기들이 중국에서는 찾아볼 수 없다거나,[81] 비기에 부회한 논의들이 많았다는[82] 등 감상을 남기기도 하였다. 이 시기에 유신들이 『도선비기』류의 내용을 중국의 지식과 비교하면서, 내용에 의문을 품거나 재평가하는 모습들을 볼 수 있다.

이처럼 성리학에 기반한 유신들이 도참에 대하여 진전된 비판의식을 보이고, 『도선밀기』 같은 도참서도 재검토되며, 국왕의 순주도 이해될 수 없는 구조였다. 이제 천도론이 제기될 때에는, 풍수적 이유에 앞서 '현실적 이유'가 먼저 제시되는 모습을 보인다.

> 가을 8월에 三蘇에 巡駐하려 하는 의논을 정지하였다. 이보다 먼저 신돈이 비밀히 시중 李春富를 시켜서 忠州로 도읍을 옮길 것을 청하니, 왕이 노하므로 신돈이 핑계하기를, "松京은 바다에 가까우니 海寇가 두렵다."라고 해명하

이 무렵은 북소, 좌소 등 三蘇地를 찾는 노력이 한창이어서, 이색, 권중화를 비롯한 관료들과 禪師 등이 이 지역을 찾기 위해 六錄이라 거론된 도참서들을 검토하던 때였다. 이 과정에서 이색이 우필흥이 언급한 『옥룡기』 혹은 『도선밀기』도 검토하였던 것으로 보인다.
우왕 6년에도 서운관에서 『도선밀기』에 근거하여 土俗을 따르고 異國의 風을 금지시키자고 건의하였는데(『高麗史』 권133, 列傳46 辛禑1 禑王 6년 書雲觀請 依道詵密記 凡制度一循土俗 禁斷異國之風), 서운관은 사천감에서 재편된 관청이며 『도선밀기』에 근거해 토풍을 유지하자는 건의 내용까지 같다는 점에서 동일한 도서가 이 시기까지 전승되었음을 확인할 수 있다.

81) 『牧隱詩藁』 권10, 詩 致齋獨坐有感 "延慶峯西日未斜 致齋先出獨還家 即知嶺對三升嶺 行路那知鬢已華 煙熏故紙字橫斜 盡是三韓地理家 頗恨少年曾不學 欲携書秩入中華 白鷗波上小舟斜 數朶青山是我家 夢裏尙驚雙闕下 軟紅塵土滿東華."

82) 『牧隱詩藁』 권10, 詩 觀書席上 "中使傳宣檢祕書 金巵賜酒勝醍醐 群英座上精神聚 六錄篇中氣勢鋪 自有老龍知幾變 欲招祥鳳在三蘇 無端感激前朝事 一箇書生白盡鬚夢中赴召向書雲 坐閱祕書將夕曛 乍奉天顔知有喜 再傾御酒覺微醺 實封的是神仙字 奏狀容多附會文 更命省臣來押座 猊師關子政云云."

였다. 이에 영을 내리기를, "옛날 우리 태조는 매양 四仲之年에 三蘇에 순주하였는데, 나도 장차 평양에 행차하고 금강산에 순행하며 충주에 駐駕하겠다." 하였다.[83]

노국대장공주의 영전 공사에 집중하였던 공민왕은 신돈의 천도론에 대해 상당히 회의적인 태도를 보였다.[84] 이는 일차적으로 신돈에 대한 공민왕의 신임이 상당 부분 감퇴한 데에서 기인한 것이었다. 신돈이 천도론을 제기하던 17, 18년 무렵은 그의 권력이 하락세를 그리던 때였기 때문이다. 그러나 위 기사에서 무엇보다 흥미로운 점은 국왕이 노하자 신돈이 취한 대응이다. 그는 개경이 바다에 가까워 왜구의 침입을 입을까 두렵다는 '현실적 이유'를 댄 것이다.

신돈의 대응에서 보이는 것처럼 풍수만으로는 천도가 정당화되지 못하고 무언가 '현실적' 이유를 대어야 하는 상황 등은 이전과 사뭇 달라진 것이라 할 수 있다. 이는 국왕의 '순주'가 아니라 '천도'로 받아들여진 이상 천도에 걸맞는 이유가 필요하기 때문에 발생한 필연적인 상황이었다.

이와 같은 공민왕대의 흐름은 원간섭기에 단절되었던 국왕순주경(國王巡駐京)의 논의가 '천도논의'의 형태로 부활하여 실행되고 그 의미가 이전과 크게 변화하였음을 보여준다. 그러나 또 한편으로는 이후 '선왕(先王)의 전례(前例)'로 존숭받게 되었다는 점에서 이후 흐름들에 영향을 준 것이기도 하였다.

우왕대에도 여러 차례 천도논의가 있었는데, 이를 정리하면 〈표 15〉와

83) 『高麗史節要』 권28, 恭愍王 18년 8월 "停巡駐三蘇之議 先是 辛旽 密令侍中李春富 請移都忠州 王怒 旽托言松京濱海 海寇可畏 以解之 乃下令曰 昔我太祖 每當四仲之年 巡駐三蘇 予亦將幸平壤 巡金剛山 駐駕忠州 於是 發民除道 多損禾穀 又於平壤忠州 皆作離宮及公主魂殿 儲峙供頓 民甚困之 判司天監事陳永緖等 以爲近者 太白晝見 年又荒甚 靜吉動凶 王悅從之."

84) 실제 공민왕은 이들 지역에 대한 순주 의지가 없었다. 뒤이어 判司天監事 陳永緖가 천변을 이유로 공역을 중지할 것을 청하자, 중지할 것을 청하는 것이 '왜 이리 늦었느냐'라고 반응한 데서 잘 볼 수 있다(『高麗史』 권41, 世家41 恭愍王 18년 8월 乙丑).

〈표 15〉 禑王代 천도논의과정

서기	왕력.월	천도지	이어여부	내 용	비 고
1375	우왕01.08	미정	×	서운관 건의. 최영·경복흥 등 반대로 중지	
1377	우왕03.05	철원	×	내지로 천도하려다 역시 최영·경복흥 등 반대로 중지, 다시 권중화를 보내어 상지하게 하였는데 결국 최영의 반대로 중지	2년 9월 海運금지 2년 10월 왜구 강화부 침입 3년 2월 북원 연호 사용 3년 3월 池奫 숙청
1377	우왕03.07	연주	×	진영세 보내서 상지. 5逆의 땅이라 하여 중지	3년 10월 京城수축
1378	우왕04.01	백악	×	상지하였으나 9월 점괘 불길로 중지	4년 3월 明에 책봉요청 표문 보냄, 8월 明의 거부
1378	우왕04.11	북소	×	경성이 바다를 끼고 있어 불우의 환이 있을까 염려되고 또한 지기에 쇠왕이 있으니 도선서를 참조하라고 함. 민중리가 북소 추천하였으나 산곡벽재·조운불통을 이유로 중지	
1378	우왕04.12	좌소(백악)	×	좌소조성도감 설치하고 경영하다 5년 2월 흉년으로 파함	
1379	우왕05.10	회암	×	서운관에서 회암이 좌소라 하여 권중화·조민수 보내어 상지.	5년 7월 楊伯淵 숙청 5년 9월 乳媼張氏 일파 숙청
1381	우왕07.08	한양	×	서운관에서 이도할 것을 청하자 한양으로 옮길 것을 의논	6년 慶復興 죽음. 6년부터 이인임·최영 대립 표면화
1382	우왕08.02	한양	×	서운관에서 三京순주설을 근거로 한양 추천. 이인임 반대, 최영 찬성.	8년 1월 明 雲南정벌 8년 3월 廉悌臣 죽음.
1382	우왕08.08	한양	○	우왕 한양천도 의정, 9월에 천도, 9년 2월 환도	10년 윤10월 개경 수창궁 낙성
	우왕13.11	한양	×	한양 중흥산성 수축의논, 14년 1월 수축, 3월 세자 및 왕비들 한양산성으로 옮김. 14년 5월 왜구침입을 이유로 다시 돌아오게 함.	13년 12월 조반의 옥 14년 5월 위화도회군, 6월 廢우왕, 창왕즉위

*『高麗史』世家에 바탕하여 정리함.

같다. 이 시기 천도론은 크게 두 가지 요인이 결합하여 작용하였는데, 첫 번째로는 방어의 문제였다. 이때의 천도논의들 중 상당수가 왜구의 침입이나 명(明)과 관계 등 국방상의 문제 때문에 행해졌다. 왜구 침입이 거셌던 시기에는 철원이나 연주 등 내지(內地)를 찾았고, 명과 갈등하였던 우왕 13년에는 한양의 중흥산성을 수축하였다. 두 번째로는 선왕인 공민왕과 태조의 권위를 바탕으로 천도논의를 실천함으로써 국왕권을 강화하고 불안한 기업을 연장하고자 하는 희망을 담았다는 점이다.

우왕 3년부터 8년까지는 대외적인 위기가 심각하였다. 우선 왜구의 침입이 극성하여 우왕 4년 무렵에는 강화, 교동 등지까지 왜구들이 침입하여 수도 개경이 위기에 처하였다. 이는 국도풍수 논의에 직접적으로 영향을 주었는데, 해주(海州) 수미사(須彌寺)가 일본맥(日本脈)이라는 논의에 따라 문수도량을 펼쳐 이를 기양하려 하였던 것처럼[85] 비보사탑풍수론이 이용되거나 천도논의에서는 바다로부터 어느 정도 떨어진 내지(內地)를 찾는 경향으로 나타나게 되었다.[86]

또한 이 시기에는 북원(北元)과 명(明)이 대치하여 고려가 이들과 관계를 정립하는 데 있어서 외교적 난국에 처해 있었다. 우왕 3년 북원에서는 우왕을 책봉하였으나, 이듬해 명에서는 고려의 책봉 요청을 거절하였다. 우왕 5년에는 북원과 고려의 교류 사실이 명에 알려져 고려가 더욱 궁지에 몰려 왕태후(王太后)의 이름으로 표문(表文)을 올려 이를 해명하는 등 명과 관계에서 여러모로 어려움을 겪고 있었다. 특히 명이 우왕을 책봉하지 않고 사신도 받아들이지 않는 등 명과 고려의 관계가 경색된 상황에서, 우왕 8년에 명이 운남(雲南)을 직접 정벌한 것은 명이 고려에 직접적으로 군사적 위협을 가할

---

85) 『高麗史』 권133, 列傳46 辛禑1 禑王 3년 3월 "以海州須彌寺爲日本脉 設文殊道場 以禳之."

86) 內地를 찾는 경향에 대해서는 장지연, 2000 「여말선초 천도논의에 대하여」 『한국사론』 43 참고.

수 있다는 전조(前兆)였다.

이러한 상황은 우왕 4~8년 태조와 공민왕의 권위에 의탁한 천도논의가 빚어지는 이유가 되었다. 이색은 우왕 4년 삼소지(三蘇地)를 찾는 천도논의가 분분하던 때 다음과 같은 시를 썼다.

> 우리 왕이 바야흐로 선왕의 뜻 이으니
> 太祖께서 남기신 글이 있었네
> 三京을 순주한 뒤요
> 억만년 후손에 계책을 남겼도다
> 사천감은 신기한 계책 발휘하여
> 역말을 달려 땅을 살펴보는데,
> 백발 성성한 前朝의 늙은이는
> 초려에 누워 조용히 읊을 뿐이네.[87]

위 시에서 선왕은 공민왕을 지칭하는 것으로, 천도를 위해 땅을 살펴보는 것이 태조의 뜻에 따라 삼경을 순주했던 선왕 공민왕의 뜻을 잇는 행위라고 읊고 있다. 이는 우왕 4년 삼소지 천도논의가 공민왕과 태조의 전통적 권위에 의지하여 현재 임금인 우왕의 권위를 현창하기 위한 노력에서 행해졌음을 보여준다. 우왕 5년 백악(白岳) 신경(新京) 행차와 회암 상지에서도 보이는 동일한 경향이었다.[88]

---

87) 『牧隱詩藁』 권12, 詩 進讀秘錄 有旨司天臣馳馹相視 明日發行 "我王方繼志 太祖有遺書 巡駐三京後 貽謀億載餘 司天運神算 馳馹相方輿 白首前朝老 沈吟臥草廬 …….”

88) 『牧隱詩藁』 권20, 詩 東門合坐 餞曹五宰權左使 相視檜岩山水 "天寶山前號奧區 人言此地儘膏腴 兩江襟抱儲風氣 列嶽盤旋護國都 自古有書名六錄 在今何處的三蘇 由來運世皆神授 莫把丹青強作圖.”
『牧隱詩藁』 권20, 詩 初七日 上幸新京 臣穡留司 以病不能望行色 俯伏吟哦 因成 一首 "上心仁孝自誠明 欲踐先王卜洛行 故向新京訪遺跡 由來勝地匪虛名 山形端小如扶素 水勢縈紆接 禮城 當日侍臣今有幾 留司老病一書生.”

우왕대 여러 차례의 천도논의 중, 유일하게 국왕 행차가 실현된 것은 1382년(우왕 8) 9월에서 이듬해 2월까지 행해진 한양 순주였다. 이때의 순주 역시 태조의 삼경(三京) 순주를 계승한, 현 왕인 우왕의 권위를 현창하는 것이었는데, 이색이 남긴 다음 시에서 이를 읽을 수 있다.

三京을 순주하게 하신 우리 聖祖의 계책이시여
우리 동방을 만세토록 보전케 하려 하심이라
하늘이 聖主을 내어 遺訓을 받들게 하였는데
台司에 몸 담은 이 신하는 비천한 儒者에게
공중의 빛나는 태양을 쳐다볼 수 있도록 해주시고
봄바람은 살려 주려는 듯 매만져 주도다
길 옆에 서서 頌歌를 부르는 흰 도포 유생들
거리를 메운 도성 백성의 모습도 곧 보게 되리[89)]

위 시는 우왕 9년 2월 한양에서 개경으로 돌아올 당시에 지어진 것으로 동교(東郊)에서 성균관의 유생들이 송가를 부르는 모습을 읊은 것이다. 동교에서는 성균관 유생들의 송가가 펼쳐지고, 개경의 동대문(東大門)부터 궁궐 문 앞까지는 이전에 보지 못했던 산대잡극(山臺雜劇)이 펼쳐질 정도로 태평시대를 노래하는 화려한 장면이 연출되었다.[90)] 이처럼 우왕 8년 간관들의 반대에

89) 『牧隱詩藁』 권33, 詩 留都宰相率百官 郊迎于禪興寺之東 成均諸生進歌謠(우왕 9년 2월) “巡駐三京我聖謨 心期萬世保東隅 天生聖主遵遺訓 臣忝台司愧鄙儒 瑞日當空容仰見 祥風觸物似來蘇 白袍道左呈歌頌 想見都人塞九衢.”

90) 『牧隱詩藁』 권33, 詩 自東大門至闕門前 山臺雜劇 前所未見也
이색의 묘사에 비교할 때 『高麗史』에서 기록한 분위기는 매우 상반된다. 『高麗史』에서도 성균관 학생들의 송가와 동대문 안의 각종 잡희를 기록하긴 하였으나, 성균관 학생들의 숫자가 매우 적었다고 하고 잡희도 태평성대의 분위기보다는 향락을 일삼는 사례로 묘사하였다(『高麗史』 권135, 列傳 48 辛禑 3 禑王 9년 2월 己丑). 양 기록 모두 정치적 목적이 강하게 반영되었다는 점에서 어느 한쪽을 일방적으로 신용할 수 없다. 그러나 우왕의 남경 순행이 부정적이었건 아니었건 간에, 적어도 남경 순행을 통해 태조의 권위에 근거하여 왕

도 불구하고 단행된 남경 순주는 대내외적 위기 상황에서, 선왕들의 권위에 기댄 순주를 통해 난국을 타개해보고자 하는 희망을 담은 것이었다.

그런데 우왕대에 태조(太祖)의 삼소 순주, 혹은 삼경 순주에 근거하여 국왕의 행행이 논의되고 실천되었지만, 당시 논의에 대한 『고려사』의 기록에는 송도의 지기쇠왕이라는 풍수적 조건이나 태조의 유훈에 대한 언급보다는 아래 우왕의 지시에서처럼 왜구의 문제 같은 현실적 이유가 먼저 거론된다.

> 일찍이 左使 洪仲宣, 政堂文學 權仲和를 불러 이르기를, "京城이 바다를 끼고 있어 불우의 걱정이 있을까 염려된다. 또한 地氣에도 衰旺이 있는데 도읍을 이곳에 정한 지가 이미 오래되었으니 땅을 골라서 도읍을 옮겨야 하겠다." 라고 하였다.[91)]

위의 기사는 우왕 4년에 천도지를 찾으려고 할 때의 명인데, 지기의 쇠왕보다 개경이 바다를 끼고 있어 왜구의 침입이 있을까 걱정된다는 이유가 먼저 제기되고 있음이 주목된다. 이는 '현실적 이유'가 먼저 거론되지 않으면 안 되는 분위기를 보여준다.

당시 내지(內地)라는 조건과 송도의 쇠한 지기를 회복한다는 두 가지 조건을 충족시켜서 선택된 곳이 좌소 백악산과 북소 기달산이었다. 이 두 지역 모두 전통적인 성지이며 개경보다 내지라는 조건을 충족시켰지만, 현실적 조건에 충족되지 않을 경우 거부되었는데, 아래 글은 그러한 사정을 잘 보여준다.

> 前摠郞 閔中理가 상언하되 "『道詵密記』에 기재된 北蘇 箕達山이란 것은 즉 峽溪이니 가히 천도할 만합니다."라고 하니 權仲和와 判書雲觀 및 張補之와 中

권을 현창하려던 의도는 확인할 수 있다.

91) 『高麗史』 권133, 列傳46 辛禑1 禑王 4년 11월

郎將 金祐 등을 보내어 가서 보게 하였다. 권중화가 돌아와서 말하기를 "北蘇의 宮闕舊基 총 108間을 얻었습니다."라 하거늘 이에 北蘇造成都監을 설치하였다. 조정의 논의가 뒤이어 "협계는 山谷에 僻在하므로 漕船이 불통한다."라고 하여 마침내 중지하였다.[92)]

위에서 언급된 북소 기달산은『도선밀기』에 등장하는 성지였을 뿐만 아니라 그곳에서 이전 시기 – 아마도 명종대– 궁궐을 경영했던 흔적까지 발견되었다. 이색의 시를 보면 당시 삼소지를 찾기 위해 조정에서 심혈을 기울였으며, 신계에서 그 터를 찾았을 때 매우 기뻐했다고 한다. 그가 이를 기념하여 "민총랑(閔摠郎)이 후소(後蘇)의 지도를 가지고 와서 또 말하기를 '전우(殿宇)의 유지(遺址)가 완연하고 산수(山水)의 형세도 글에 기재된 내용과 서로 합치한다'고 하므로, 기뻐서 이를 기록"하는 아래와 같은 시를 지을 정도였던 것이다.

땅을 살펴보는 것은 처음에 육록편을 의거했는데
그림 바친 오늘엔 서연을 훤하게 하누나
산하의 좋은 땅은 그리 많지 않은데
전우의 예전 터가 아직까지 완연하구려
나라는 중흥되고자 성주를 탄강시켰고
하늘은 後進들을 前賢처럼 길러내었네
구름 깊은 곳 돌더렁밭 띳집에 살면서
때때로 필마타고 市廛에 들어가기도 하리[93)]

92)『高麗史』권133, 列傳46 辛禑1 禑王 4년 11월

93)『牧隱詩藁』권12, 詩 閔摠郎以後蘇地圖來 且言殿宇遺址宛然 山水形勢與書中所載相合喜而記之 "相地初憑六錄篇 獻圖今日敞書筵 山河勝地無多子 殿宇遺基尙宛然 國欲中興生聖主 天敎後進似前賢 石田茅屋雲深處 匹馬時時入市廛."

그럼에도 북소는 산골짜기에 있어 조운이 통하지 않는다는 논리를 뚫지 못하고 폐기된 것이다. 삼소 순주는 실제 천도가 아니라 국왕이 일정 기간 동안 머무르며 지덕과 교감하는 것이기 때문에 사실 '조운이 불통'하는 것은 그다지 문제될 것이 없었다. 인종대 묘청이 국왕이 직접 가지 못할 경우 의복을 갖다 두는 것만으로도 순주의 목적이 달성된다고 하거나, 이전 시기까지 천도론들이 일었을 때 해당 장소의 접근성이 문제가 된 적이 없었던 것은 이 때문이었다. 그러나 이 시기에 위와 같은 비판이 일면서 천도논의가 중지되기까지 하였다는 점은 '순주'가 가졌던 원 개념이 받아들여지지 않았던 것을 보여준다. 방어상의 이유 등으로 내지(內地) 등지를 천도지로 물색하였고 국왕과 지덕의 교감이라는 순주의 원 의미를 상실하였기 때문에 아예 도읍을 옮기는 천도라는 개념으로 '오해'된 것이다. 때문에 아무리 그 장소가 성지(聖地)라 할지라도 현실적 이유로 거부될 수 있었다.

공민왕대 이래 벌어진 천도논의는 실행 과정을 보면, 준비에 오랜 시간이 걸리지 않는다는 것, 국왕이 행행하더라도 몇 개월 정도 단기간 머물다 돌아온다는 점 등에서 천도라기 보다는 '순주'에 해당하였다. 그러나 위에서 보이듯이 이것이 논의될 때에는 천도에 근거하여 조운의 문제를 언급하는 등 명목과 실제가 일치하지 않았다. 이는 순주론의 원 맥락은 단절되고, 경(京)의 설치나 운용이 천도의 문제로 오인되는 상황에서 빚어진 모순이었다.

순주 행위에 대한 당시의 몰이해는, 기본적으로 지덕(地德)이 국운을 연장시킬 수 있다는 것 자체에 대해서도 당대 유신들이 비판적으로 인식하였기 때문이었다. 우왕의 남경 순행을 호종하였던 한수(韓脩, 1333~1384)는 송경으로 돌아가면서 다음과 같은 시를 남겼다.

> 南都에서 휴가를 고하고 송경으로 가는데
>
> 도로에 세 봉우리가 동쪽으로 면하여 가네
>
> …… (중략) ……

地德이 과연 국가의 운수를 연장할 수 있는가
日官이 民生을 거의 생각하지 않는구나[94]

"지덕이 국가의 운수를 연장할 수 있는가"라는 위 시의 언급은 지덕과 국운의 관계에 대한 회의를 직접적으로 잘 보여준다.[95] 지덕(地德)이나 신이함 등이 나라를 유지하는 근본이 되지 못한다는 비판적 인식은 2장 4절에서 보았듯이 고려중기에도 이미 확인된다. 그러나 당시에는 도량이나 순주 외에 국왕이나 개인이 재변을 극복하여 나라를 유지할 수 있는 방법에 대해서는 뚜렷한 해결책을 제시하지 못하였다.

그에 비해 이 시기에는 군주(君主)의 수신(修身)이 나라를 다스리는 기본 방법이라고 상식적으로 받아들여졌다. 유학자뿐만 아니라, 풍수를 건의하던 승려조차도 군주의 수신에 대하여 언급할 정도였다. 공민왕대에 연복사(演福寺) 승려였던 달자(達孜)는 신돈(辛旽)에게 다음과 같이 주장하며 연복사의 삼지구정(三池九井)을 파도록 주장하였다.

절에 세 곳의 연못과 아홉 곳의 우물이 있는데, 세 곳의 연못이 맑아서 扶蘇山이 연못 가운데[池心] 비치면 君臣의 마음이 바로잡아져서[心正] 태평함에 이를 것이며, 아홉 개의 우물은 아홉 마리의 용이 있는 곳인데 막힌 지가 오

---

94) 『柳巷先生詩集』, 詩 自南京歸松都 馬上口號 "南都告暇往松京 首路三峯東面行 雲淡雲濃惱人意 山明山暗起詩情 美材應入侯家用 沃壤寧容野老耕 地德果能延國祚 日官宜不念民生."

95) 한수는 다른 시에서는 地德이 聖德을 보좌할 수 있다는 발언을 하기도 하는데, 이 경우에도 남경 순주를 통해 군왕이 유교적 수신을 한다면 지덕이 성덕을 보좌하지 않겠는가라는 반어적 표현을 하고 있는 점에서 실질적으로는 地德에 그다지 의의를 두지 않았음을 보여준다.
『柳巷先生詩集』, 詩 扈駕至南京 韓山君在神勒寺 寄示絶句 次韻奉答 "君王到此戒三風 端拱無爲坐法宮 地德豈非裨聖德 放歸歌舞遠頑童 病身扈駕昌霜風 來占城東一畝宮 有故悤悤留不得 爲緣家內富兒童."

래되어 개착하지 않을 수 없습니다.[96)]

윗글에서는 삼지(三池)를 개착해야 하는 이유를 제시하면서 부소산이 연못의 중심에 비치면 임금과 신하의 마음을 바로잡기 때문이라고 한 점이 매우 흥미롭다. 이는 도참의 분야에서조차 '정심(正心)'의 문제를 거론하는 것으로, 이 시기 정심을 바탕으로 한 군주와 신하의 수신(修身)이 중요한 화두였음을 반영하는 것이다.

도참에서도 이처럼 변화가 감지되듯, 이 시기 군주의 수신은 매우 중요한 문제였다. 특히 중요한 점은 이러한 수신에 대하여 유학자들은 궁리정심(窮理正心) 같은 성리학적 방법으로만 가능하다고 보았다는 것이다. 우왕대 좌간의대부(左諫議大夫)가 된 조운흘(趙云仡)은 다음과 같이 상소하였다.

예로부터 人君으로 학문을 하지 않고 天下와 國家를 다스릴 수 있었던 사람은 없습니다. 학문을 하는 요체는 다른 것이 없고 책을 읽어 窮理하고 誠意正心하는 것뿐입니다. 이 때문에 先考와 聖王이 講官과 侍學을 두어 道學을 강하여 밝혀 바름을 기르는 것으로써 깨우쳤으나 그 생각이 깊습니다. 근래에 書筵에서의 講學을 어떤 때는 하고 어떤 때는 그만두시기도 하니 신 등은 殿下를 위하여 애석하게 여깁니다. 원컨대 先考의 遺訓을 받들어 書筵을 다시 설치하시고 正直한 선비를 날마다 좌우에 가까이하시어 정무의 여가에 經史를 강습하시고 善道를 듣는 것을 즐기시어 德性을 함양하시어 지극한 이치에 이르도록 하소서.[97)]

---

96) 『高麗史』 권132, 列傳45 叛逆6 辛旽傳 "演福寺僧達孜 嘗以讖說旽曰 寺有三池九井 三池澄淨 扶蘇山映池心 則君臣心正 致大平 九井者九龍所在 堙塞久不可不開."

97) 『高麗史』 권112, 列傳25 趙云仡傳 "辛禑三年起授左諫議大夫 與同列上疏曰 自古人君 未有不由學 而能治天下國家者也 爲學之要無他 讀書窮理誠意正心而已 是以先考聖王 置講官侍學 使之講明道學蒙以養正 其慮深矣 近來書筵講學 或作或輟 臣等竊爲殿下惜也 願奉先考之遺訓 復設書筵 俾正直之士 日近左右 萬機之暇 講習經史 樂聞善道 涵養德性 以臻至理."

조운흘의 상소에서도 볼 수 있듯이 당시 신료들은 학문의 탐구와 덕성의 함양을 통해서만 나라를 다스릴 수 있다고 인식하였다. 이는 개인 내면의 수양만이 외부의 여러 문제들을 해결할 수 있다는 사고로서, 지덕에 의지하여 도량이나 순주 같은 외면적 기원으로 이를 해결하고자 하는 이전 시대의 사고로부터 질적으로 변화한 것이었다. 이러한 국왕의 학문 탐구는 조종(祖宗) 이래의 전통이라고 주장되는 등[98] 성리학적 수신이 전통적 권위까지 얻어가고 있었다.

이러한 사회적 분위기와 인식의 변화는 음사타파에서도 잘 드러난다. 음사타파 운동은 고려중기에도 이미 존재했었다. 하지만 실제 내용을 비교해 보면, 고려 말과 차이가 드러난다.

고려중기의 함유일(咸有一, 1106~1185)은 음사타파에 앞장을 선 대표적인 인물로서 무당들을 배척하여 교외로 쫓아냈다. 하지만 이는 무당이 혹세무민하는 존재이기 때문이 아니라 인간과 귀신이 함께 섞여 있으면 인간에게 좋지 않다는 생각 때문이었다.[99]

또한 그는 민간에 있는 음사를 철폐하였는데, 그때에도 다음과 같이 영험이 있는지 여부를 시험한 후에 행하였다.

---

98) 『高麗史』 권134, 列傳47 辛禑2 禑王 6년 5월 "憲府上疏曰 我祖宗皆設書筵 講論理道 涵養氣質 薰陶德性 以爲理國之本 上昇王遵祖宗之法 當殿下之在潛邸也 命二大臣以爲師傅 朝夕講習 其慮深遠 及殿下卽位之初 日開書筵 擧國欣懽 近來全廢講讀 中外臣民 莫不觖望 願殿下復開書筵 日與老成大臣 講論理國 安民之道 報平之禮 所以聽政布令 實祖宗成憲 先代君王奉行惟謹 近代停廢 不行非徒有虧祖宗之良法 亦使軍國機務 多所淹滯 願自今勿廢報平之禮 禑納之."

99) 『高麗史』 권99, 列傳1 咸有一傳 "有一嘗酷排巫覡 以爲人神雜處 人多疵癘 及爲都監 凡京城巫家 悉徙郊外 民家所畜淫祀 盡取而焚之 諸山神祠 無異跡者 亦皆毁之 聞九龍山神最靈 乃詣祠射神像 旋風忽起 闔門兩扇 以防其矢 又至龍首山祠 試靈無驗焚之 是夜王夢有神求救者 翼日命有司 復構其祠 轉監察御史 出爲黃州判官 屬郡鳳州 有鵂鶹岩淵 世謂靈湫 有一集郡人 塡以穢物 忽興雲暴雨雷電大作 人皆驚仆 俄頃開霽 悉出穢物置遠岸 王聞之 命近臣祭之 始載祀典 又爲朔方道監倉使 登州城隍神 屢降於巫 奇中國家禍福 有一詣祠 行國祭 揖而不拜 有司希旨劾罷之."
이하 인용문들은 위 내용에 근거한다.

그는 민가에 있는 淫祀를 모조리 없애고 불에 태워 버렸다. 그리고 각 처의 山神祠들도 특이한 종적이 없는 것은 역시 파괴하여 버렸다. 九龍山神이 가장 영험하다는 소문을 듣고 산신사에 가서 神像을 활로 쏘았더니 갑자기 돌개바람이 일어나고 두 짝 문이 닫히면서 화살을 막아 냈다. 또 한 번은 龍首山祠에 가서 영험을 시험한 결과 신통치 않으므로 불태워 버렸더니 그날 밤에 왕의 꿈에 신이 나타나 구원을 청하였으므로 이튿날 有司를 보내 그 신사를 다시 세웠다.

이러한 원칙에 따른다면 영험을 보인 산신사는 철훼될 수 없었다. 때로는 본인의 의사는 아니었지만 아래 기록의 휴류암연처럼 중앙에 알려지지 않은 지방의 제사처를 찾아내기도 하였다.

후에 監察御史로 전직하였다가 黃州判官으로 나가 있을 때에 관내에 속한 鳳州에 鵂鶹岩淵이 있었는데 사람들은 이곳을 靈湫라고 불렀다. 함유일이 고을 안 사람들을 모아 놓고 그 못을 오물로 메꾸었더니 갑자기 구름이 일어나고 폭우가 쏟아지며 뇌성 번개가 한바탕 치므로 사람들이 모두 놀라 넘어졌다. 조금 지나 구름이 개인 후에 본즉 그곳에 메꾸었던 오물이 깨끗이 몰려 나와 먼 기슭에 쌓여 있었다. 왕이 이 소문을 듣고 近臣을 보내 제사 지내게 하고 휴류암연를 처음으로 祀典에 등록하였다.

영험을 보이는 제사처들을 국가 사전에 등록하는 이러한 분위기는 함유일이 제사처에서 제대로 예를 갖추지 않는다면 다음과 같이 파면당하기도 하였다.

또 한 번은 朔方道監倉使로 있을 때 登州城隍神이 여러 번 무당에게 내려 국가의 화복을 신통히 맞추었다. 함유일이 성황당으로 가서 國祭를 지낼 때 읍만 하고 절하지 않았더니 유사가 왕의 칭찬이나 받을까 생각하고 탄핵하였으므로 그는 파면당하였다.

그런데 공민왕대 이후에는 분위기가 변화하였다. 공민왕대 정습인(鄭習仁)은 음사의 제사처들을 통해 재변이나 영험이 생기거나 없어질 것이라는 사실을 기본적으로 믿지 않았다. 그가 영주(榮州) 수령으로 나갔을 때, 아전이 고사(故事)에 따라 소재도(消災圖) 앞에 가서 분향할 것을 청하자, 그는

신하로서 비법 행위를 하지 않으면 재난이 어디서 나오겠는가? 만약 무고하게 재난이 생기면 조용히 받을 뿐이다.

라고 하면서 아전에게 명령하여 소재도를 떼어 버리라고 하였다.[100] 재난이나 영험에 대한 믿음이 없기에 정습인은 영주에 있던 무신탑(無信塔)을 헐어 빈관(賓館)을 짓는데 써버리기도 하였는데, 이 때문에 신돈에게 배척되어 옥에서 고생하기도 하였다. 그러나 당시 관료 사회의 분위기는 함유일의 시대와 또 달랐다. 조정의 신료들은 옥에서 고생하는 그를 불쌍히 여겨 서인이 되는 것을 면하게 해주었다. 함유일의 시대에 음사를 철폐한다는 것은 관료 사회의 대중적 지지를 얻을 수 없는 급진적인 것이었던 데 비해, 정습인의 시대에는 그의 행위가 대중적 지지를 얻을 수 있을 만큼 음사에 대한 사고가 변화하였기 때문이었다.

고려중기의 함유일과 고려 말의 정습인은 음사를 타파해야 한다는 지향에 있어서는 비슷하지만 음사를 대하는 기본적인 태도가 다르다. 함유일은 신의 존재와 그 영험함을 인정한 상태에서 과도한 것을 제거하려 하였을 뿐이

---

100) 『高麗史』 권112, 列傳25 鄭習仁傳 "吏以故事 請詣消災圖焚香 習仁曰 人臣不蹈非彝 災何由生 若其無妄 順受而已 命吏撤去."
이하 인용문 및 정습인 관련 내용도 위 열전에 근거한다.

며, 등주 성황당에서처럼 신에 대하여 인(人), 특히 국가의 관리가 주도권을 잃지 않기를 바랐을 뿐이었다. 그에 비해 정습인은 신이 재변이나 영험을 불러올 수 있다는 것 자체를 부인하였으며, 그러한 것들은 모두 인간에게서 비롯한다는 입장을 가지고 있었다. 이는 재변, 국운 등의 문제와 인간의 관계에 대한 사고가 고려후기에 어떻게 변화하였는지를 잘 보여준다.[101)]

한편 앞서 이제현의 사례에서 보이듯이 원간섭기 이래 팔관회는 그 필요성을 그다지 인정받지 못하고 있었다. 이 시기에 오면 그 유래 자체를 이해하지 못하게 되었다. 이색이 우왕 5년 팔관회를 치루고 쓴 시의 서(書)를 보면,

> 생각건대 우리 태조가 八關 兩會를 둔 것이 어디에 근본한 것인지 모르겠다. 혹자는 『珠琳傳』 關八邪가 실려 있다 한다.[102)]

라고 하며 팔관회의 유래를 『주림전』, 즉 『법원주림전(法苑珠林傳)』에 실려 있는 내용과 관련된 것이 아닐까 하는 추정을 전하였다. 『법원주림전』은 당(唐)의 도세(道世)가 지은 불교 백과사전을 가리키는데, 여기에는 중국 팔관회에 대한 항목이 있다. 이색은 팔관회가 고려의 전통적인 민간신앙에 기반하였던 점을 잘 알지 못하고 이를 중국 팔관회에 견주어 생각했던 것이다. 이는 원 간섭기 이래로 팔관회가 제대로 행해지지 못하면서 이제현대보다 팔관회에 대한 이해가 더욱 단절되었음을 반영한다.

이에 더하여 태조(太祖)의 권위 역시 예전과 같은 위상을 인정받지 못하

---

101) 지방의 음사에 대한 금지는 지방 세력의 제어와도 밀접한 관련이 있었다. 신돈이 숙청된 후 다시 등용된 정습인은 梁州와 密城 등지의 수령이 되었는데, 가는 곳마다 토호와 세력가들을 제어하고 잡신에 대한 제사를 금지시켰다고 한다. 이는 지방세력이 자기 지역의 제사권을 통해 권력을 유지하던 것을 금지시킴으로써 지방에 대하여 중앙국가가 주도권을 가지려는 행위라고 할 수 있다.

102) 『牧隱詩藁』 권20, 詩 恭惟我太祖置八關兩會 未知所本 或曰載於珠琳傳關八邪也(우왕 5년 11월)

였다. 이는 이 시기 천도논의가 정치적 지지를 이끌어내지 못하는 또 하나의 이유가 되었다. 우왕 3년 5월 왜구문제로 내지(內地)로 천도하자는 의견이 나왔을 때 대다수가 찬성하고 최영(崔瑩)만 반대하였던 상황에서, 결국 경복흥(慶復興), 최영 등이 태조진전에서 점을 쳐서 지(止)자를 얻은 일이 있었다. 그런데 당시 우왕의 반응이 매우 흥미롭다. 태조진전에서 친 점괘에 대하여 우왕이 "왜구가 가깝게 오는데, 점괘를 좇을 수 있겠는가?"라는 반응을 보이며 철원을 살펴보게 하였던 것이다.[103] 이는 공민왕대와는 매우 상반된 태도였다. 공민왕대에는 원하는 점괘가 나올 때까지 여러 차례 점을 치기는 하였어도, 적어도 점괘의 결과를 바로 무시한 적은 없었다. 그러나 우왕은 왜구의 문제가 시급하다는 이유로 점괘를 따르지 않으면서 태조진전에서 나온 점괘의 권위를 무시하였다. 이는 '현실적 이유'가 점괘의 결과를 압도할 만큼 더 큰 비중을 차지하게 되었음을 의미할 뿐만 아니라, 국왕조차도 태조진전의 점괘 결과에 승복하지 않은 모습을 보임으로써 태조의 권위를 추락시킨 것이었다.

비슷한 시기 연등회도 흉년이라는 이유로 중단되었으며,[104] 팔관회는 잡기(雜技)를 구경하는 기회로 전락하였다.[105] 훈요에서 결코 끊임이 없어야 한다고 했던 연등회가 흉년이라는 이유만으로 중단되거나 팔관회의 의미가 제대로 이해되지 않는 것 등은 태조의 권위가 유지되지 못하는 상황을 잘 보여준다.

대외적인 위기 속에서 우왕대에도 활발하게 천도논의가 벌어지는 양상은 고려 예종대나 인종대 순주논의가 국제질서의 변동과 밀접한 관계를 맺고 있

---

103) 『高麗史』 권133, 列傳46 辛禑1 禑王 3년 5월 "以京城濱海 倭寇不測 欲遷都內地 會耆老尹桓等 書動止二字 議可否 衆雖心不肯 恐後有變 禍將及己 皆占動字書名 唯崔瑩否慶復興瑩等 詣太祖眞殿 卜之得止字 禑曰 倭寇密邇 可從卜耶 遣政堂文學權仲和 相宅于鐵原 瑩諫之 事遂寢."

104) 『高麗史』 권134, 列傳 47 辛禑2 禑王 5년 2월

105) 안지원, 앞의 논문, 164쪽

었던 것과 유사하였다. 그러나 국도풍수의 전통적인 내용, 특히 국왕순주론 등에 대한 이해는 단절된 데다 재변의 해소에 대해서도 인간 내면의 수양을 통해 가능하다는 성리학적 사고가 힘을 얻으면서, 지덕(地德)을 통한 국운(國運)의 연장 같은 전통적 사고는 근본적으로 비판될 수 있었다. 또한 태조의 권위 역시 이전과 같이 유지되지 못하면서 공양왕대에 이르면 전면적인 대결이 벌어지게 되었다.

2) 공양왕대 연복사 중창과 한양 순주

공양왕대에는 연복사 중창 및 한양천도를 둘러싸고 군신간에 치열하게 대립하였다. 1390년(공양왕 2) 1월 법예(法猊)는 연복사를 중창할 것을 건의하였다. 같은 해 7월 서운관에서는 한양으로 천도할 것을 건의하였고, 이를 받아들인 공양왕은 9월부터 이듬해인 1391년(공양왕 3) 2월까지 한양에 이어하였다. 한양에서 돌아온 후 4월에 공양왕이 구언교서(求言敎書)를 내렸는데 이를 계기로 한양천도와 연복사 공역에 대한 비판논의가 거세게 일었다. 이 때문에 연복사 공역은 1391년 5월 일시 중단되었으나, 6월부터 다시 수리하기 시작하여 1392년(공양왕 4) 5월 탑이 거의 완공되었다.[106]

이처럼 연복사 중창과 한양천도는 1390년(공양왕 2) 함께 추진된 데다가, 공민왕대 보우가 이미 양자를 묶어 건의했던 것처럼 별개의 문제가 아니었다. 신료들도 양자를 한꺼번에 거론하며 비판론을 제기하는 등 상호 매우 밀접하게 관련되어 있는 것이었다. 그런데 기존 연구에서는 연복사 중창과 한양천도를 관련시켜 보는 시도가 부족하였고, 연복사 논쟁을 불교를 둘러싼 논쟁으로 국한시켜 보거나 권력 투쟁으로 보는 경향이 있었다.[107] 이러한

---

106) 『高麗史』에는 공양왕 4년 5월 계사일에 '演福寺塔成'이라고 나와 있으나, 권근의 「연복사탑중창기」를 보면 이때에 완료된 것은 탑의 구조 공사였던 것 같고, 조선 태조대에 단청과 사리 및 대장경의 봉안 등과 같은 마무리 공사가 진행되어 1393년 봄에 최종 완료되었다.

107) 이정주는 고려 말 배불 논쟁이 정치적 주도권을 잡기 위한 전략에 불과하였다고 보았다(이정주, 2003 「공양왕대 정국동향과 척불운동의 성격」『한국사연구』 120). 정치 논쟁은 기

이해는 당시의 논쟁을 피상적이며 비역사적으로 기술하는 것에 그치며, 특히 권력 투쟁으로만 이 문제를 살펴본다면 이 시기의 논쟁을 과소평가하게 된다.

먼저 연복사를 살펴보자. 연복사의 원 이름은 보제사(普濟寺)로서 당사(唐寺), 대사(大寺) 등으로 불리었으며 도성 중앙에 있었다.[108] 보제사는 태조대 10찰 중 하나로 건설된 것이며, 연복사라는 명칭은 충숙왕대부터 등장한다. 이 절은 비보풍수 사상에 의해 건설되었다고 여겨졌으며,[109] 원래 3년에 1번 담선법회(談禪法會)가 열리던 곳이었다.[110]

원래 담선법회는 비보풍수의 측면에서 북병(北兵)의 진압 같은 국방의 안정이라는 목적과 밀접한 관련을 맺고 있었다. 이규보(李奎報)의 담선법회 방문(牓文)에 따르면, 태조가 500선우(禪宇)를 열어 심법(心法)을 찬양함으로써 북병(北兵: 거란병)을 물리칠 수 있었으며,[111] 당대에 적병(賊兵)을 물리치고 재앙을 압승하고자 하는 목적으로 담선법회가 더욱 확장되었다고 하였다.[112] 이는 풍수적으로 훌륭하다고 지정된 장소에서 불교적 도량이나 법회 같은 방법을 통해 재앙을 진압하고 적병을 물리칠 수 있다는 사고였다.

그런데 원 간섭기에 담선법회가 원(元)을 저주하는 것이라는 무고가 발생하자,[113] 국방의 안정이라는 원래의 목적을 드러낼 수 없게 되었을 것이다.

본적으로 정치적 목적에서 비롯하기 때문에 다양한 왜곡과 주장의 번복이 발생한다. 그러나 좀 더 근본적으로 당시 儒臣의 정치적 입지와 상관없이, 혹은 정치 일선에 있지 않은 일개 유생까지도 보여주는 공통적인 특징을 발견함으로써, 이전 시기와는 확연히 구분되는 담론적 격절을 드러내는 것이 필요하다고 생각한다.

108) 『新增東國輿地勝覽』 권4, 開城府上

109) 『陽村集』 권12, 記類 演福寺塔重創記

110) 『東國李相國全集』 권25, 牓文 西普通寺行同前牓
이 글에 따르면, 태조대에는 3년에 1번 보제사에서 담선법회를 열도록 하였는데, 무신집권기에 와서 보제사뿐만 아니라 광명사, 서보통사 등을 3대선우로 지정하여 매 해 대회를 열도록 하였다.

111) 『東國李相國全集』 권25, 牓文 大安寺同前榜

112) 『東國李相國全集』 권25, 牓文 西普通寺行同前牓

113) 『高麗史』 권28, 世家28 忠烈王 4년 3월 "韋得儒盧進義言於茶丘曰 國家談禪法會 所以咀

따라서 적병 퇴치에 대한 기원보다 재변의 제거 및 압승이라는 목적이 좀 더 강조된 듯하다. 이것이 연복사의 연못과 우물의 개착, 탑의 건설과 같은 주술적 방법이 확장되는 결과를 가져온 것으로 보인다.

한편 연복사의 담선법회는 개경이라고 하는 땅과 밀접한 관련을 맺고 있었다. 공민왕대 보우는, 예전에는 구산선문(九山禪門)이 개경 연복사에 모여 단합된 모습으로 담선법회를 열어서 나라가 번창할 수 있었는데 보우가 살던 시대에는 서로 싸우기만 한다고 하며, 이를 일문(一門)으로 통합할 것을 주장한 바 있었다. 담선법회가 개경을 풍수적으로 보완하는 목적으로 사용되었다는 것은 아래 기사에서 좀 더 분명히 드러난다. 조선 태조대 1394년(태조 3)에 조계종 승도들이 담선할 것을 청하였을 때, 도평의사사(都評議使司)에서는

> 前朝에서 談禪하는 법은 松都의 地理를 위해서 설치하던 것이온데, 지금은 전하께서 이미 새 도읍으로 옮겼으니 어찌 송도의 옛일을 쓰겠습니까?[114)]

라고 하여 송도의 지리를 위한 담선법회를 금지하자고 주청하였다. 특히 위 언급이 나온 시기가 황천(皇天), 후토(后土)와 신도(新都) 주변의 산천(山川)에 공사 시작을 알리면서 신도 한양을 본격적으로 건설하기 시작하던 때였음을 염두에 둔다면,[115)] 조계종의 건의는 신도 건설과 관련되어 있는 것임을 알 수 있다. 이처럼 연복사 중창 문제는 단순히 불교를 둘러싼 문제가 아니라, 국도풍수가 함께 결합되어 있는 복합적인 것이었다.

上國 茶丘遣人報中書省."
충렬왕 4년 6월에 원에 가서 왕이 김방경무고사건과 함께 왕이 담선법회에 대해 변호하였는데, 6년에서야 원으로부터 담선법회를 복설하도록 허락받았다(『高麗史』 권29, 世家29 忠烈王 6년 3월 戊辰).

114) 『太祖實錄』 권6, 太祖 3년 12월 庚辰 "曹溪宗僧徒請復談禪之法 上下于都評議使司擬議 使司啓曰 前朝談禪之法 爲松都地理而設之 今殿下旣遷新邑 何用松都古事."

115) 『太祖實錄』 권6, 太祖 3년 12월 戊辰
이날 王都 공사 시작에 앞서 황천, 후토, 산천에 제사를 지냈다.

그런 의미에서 공양왕대 한양천도와 연복사 중창은 공민왕과 그가 추구했던 태조의 정치를 복고하려는 노력의 연장선상에 있었다.[116] 그러나 차이점도 있었다. 공민왕대 보우의 건의는 연복사를 중창하라는 내용이라기보다는 선문 통합의 근거를 대고 이를 이루기 위해 한양으로 옮겨 행하라는 것이었으나, 공양왕대 연복사 중창과 한양천도는 선문의 통합과는 무관하였으며 탑을 건설하고 연못과 우물을 파는 등의 행위에 기반하고 있었다는 점이다.

공양왕의 이러한 시도는 곧바로 반발에 부딪혔다. 한양천도를 시도할 때 이미 박의중(朴宜中)이나 이실(李室) 등은 참위술이 허탄하며 백성들을 곤란하게 한다는 의견을 제시하였다.[117] 이러한 논리는 예종대 오연총(吳延寵)이 주장한 것과 별반 다르지 않았다.

예종대 서경에 용언궁궐을 창건하려 할 때 오연총은 이 사업에 세 가지 불가함이 있다며 다음과 같이 상소하였다.

> 문종과 같은 총명하신 임금으로도 術數에 혹하여 서경에 左·右宮을 창건하셨지만 얼마 못가서 그것이 아무런 감응도 없음을 깨닫고 후회하시어 마침내 巡御하지 않으셨으니, 재력만 허비한다는 것이 그 첫 번째 불가함입니다.
>
> 근자에 南京을 개창한 지도 8년이나 지났으나 아무런 吉應이 보이지 않는다는 점이 그 두 번째 불가함입니다.
>
> 西京舊宮이 지금 구하여 얻은 龍堰과 거리가 서로 멀지 않은 곳이니 지세에 吉凶의 차이가 꼭 있을 리도 없고 하물며 참고할 만한 명확한 비결도 없는데, 祖宗이 지은 舊宮을 버리고 새 대궐을 건축하여 민가를 철거하고 인민을 소동

116) 이정주도 공양왕이 중흥의 군주를 자임하면서 태조의 유업을 계승하겠다는 여러 조처들을 행하여, 의례적 행위로서 종묘와 적경원을 수리하였으며, 개태사 진전 참배 등을 행하였다고 보았다(이정주, 2003 「공양왕대 정국동향과 척불운동의 성격」 『한국사연구』 120, 150~151쪽).

117) 『高麗史節要』 권34, 恭讓王 2년 7월

시키게 될 것이라는 점이 그 세 번째 불가함입니다.[118]

오연총은 재변과 풍수 행위 사이의 관련 자체를 부정하지 않고 있다. 그는 다만 이미 벌인 사업으로도 충분하며 민력이나 재정이 힘들다고만 거론할 뿐이었다.

박의중이나 이실의 반대도 이와 별반 다르지 않았다. 즉 이들은 참위술이 허탄함을 논증하기 보다는 백성들을 번거롭게 한다는 점에 더 비중을 둔 것이었다. 그런데 이러한 주장은 설득력에 한계가 있다. 왜냐하면 '음양의 설이 또한 어찌 거짓이겠는가'라는 공양왕의 대꾸에서처럼 풍수의 세계관을 믿는 이라면 송도의 지덕을 쉬게 하여 국가와 왕실이 중흥할 수만 있다면 백성들이 잠깐 곤란한 것 정도는 무시할 수 있기 때문이다.

이처럼 논쟁의 층위가 풍수의 세계관을 부정하는 정도가 아니라면 천도라는 정치행위를 그치게 할 수 있는 방법은 천도를 했는데도 영험이 없으며 재변이 계속되거나 혹은 더 심해졌다는 것 외에는 없다. 인종대 묘청이 서경 천도를 주장했던 시기에 그것에 반박하는 이들의 가장 큰 무기는 서경에 천도를 했는데도 영험이 없으며 재변이 계속된다는 점이었다. 묘청은 이를 극복하기 위해 다양한 전조를 조작하거나 재변이 재변이 아니라고 주장하는 등의 방식을 필요로 하였다. 이러한 논쟁은 풍수의 세계관을 전면적으로 부정하는 담론이 아니라 같은 것을 믿고 있는 담론 위에서 벌어지고 있는 것이다.

실제 1391년(공양왕 3) 공양왕이 송도로 돌아오게 된 계기는 "지난번에 술사가 재이(災異)로써 도읍을 옮겨 화를 피하기를 청하였으나, 지금 도읍으로 옮긴 지 오래되었는데도 사나운 범이 사람을 해치고 변괴가 그치지 않으니 술

---

118) 『高麗史』 권96, 列傳9 吳延寵傳 "延寵駁曰今作龍堰宮有三不可 以文宗明睿 猶惑術數 作西京左右宮 旣而悔悟以爲無應 終不巡御 虛費財力 其不可一也 近者開創南京八年 而無吉應 其不可二也 西京舊宮 與今所求龍堰 相去不遠 地勢吉凶 未必有異 況無明訣 可徵 而棄祖宗舊宮 別構新闕 毁撤屋廬 騷動人民 其不可三也."

사의 말은 증험이 없다."는 형조판서 안원(安瑗)의 상소였다.[119] 이러한 논의는 고려중기와 비교할 때 그다지 다를 바가 없는 층위에서 벌어진 것이었다.

그런데 공양왕대에는 이를 넘어서 이러한 풍수적 세계관을 전면 부정하는 논의가 나오기 시작하였다. 윤회종(尹會宗)은,

> 국운의 장구함은 왕이 덕을 많이 쌓고 인을 베풀어 나라의 근본을 배양하는 데 달렸을 뿐이온데, 어찌 도성 지세의 旺氣만 믿겠습니까.…… 전하께서 다만 강물의 빛이 붉게 끓어오르며, 太白星이 낮에 나타났다 하여 참위의 말을 믿고 천도하여 이를 피하고자 하시며, 또 중 法猊의 說에 혹하여 연복사를 수리하면서 사방에 있는 민가를 모두 허물어 집을 잃은 자가 많으니, 신은 전하께서 잘하신다 생각하지 않습니다. 전하께서는 도읍 옮기는 일을 중지하시고 법예를 내쫓으시며, 조심하시고 반성하시어 天心에 보답하고 邪說에 미혹됨이 없게 하소서.[120]

라고 하여 국운의 장구함이 국왕의 수신에 달려 있으며 지기(地氣)와 무관하다고 역설하였다. 강회백(姜淮伯) 역시 비슷한 맥락으로 다음과 같은 상소를 올렸다.

> 길흉은 밖으로부터 이르는 것이 아니고, 화복은 오직 사람이 부르는 것입니다. 어찌 불교와 술수를 믿어 복리를 바라는 이치가 있겠습니까?

---

119) 『高麗史節要』 권34, 恭讓王 2년 12월 "刑曹判書安瑗上言曰 向者術士以災異 請遷都避禍 今遷都已久 猛虎傷人 變怪不息 術士之言 旣無驗矣 乞速還都 以應天意 以慰人望 王納之."

120) 『高麗史節要』 권34, 恭讓王 2년 8월 "刑曹摠郞尹會宗上疏曰 國祚之長 在乎人君積德累仁 培養邦本而已 夫豈恃都城地勢之旺氣哉 昔盤庚之去耿 以有河決之患 大王之去豳 以有狄人之侵 平王之東遷 以有犬戎之亂 今無此數事 將遷漢陽 物議驚駭 殿下特以江水赤沸 太白晝見 乃信讖緯之言 欲移蹕以避之 又惑浮屠法猊之說 修演福寺 盡毁四傍人戶 失所者多 臣爲殿下不取 願殿下 罷移都 黜法猊 恐懼修省 以答天心 無徒惑於邪說."

> 불씨의 도는 淸淨寡欲을 제일의 뜻으로 삼는데, 만약 민력을 고갈시켜 불탑을 조성한다면 도리어 불씨에게 죄를 입어 앙화가 이르는 것입니다. 근일 演福의 역으로 민이 파산실업하니 이것은 仁政을 상하게 하는 큰 단서입니다.
>
> 天時, 地利는 人和만 같지 못하며 一治一亂이 自然의 理이거늘 어찌 地氣에 쇠왕이 있어 國祚에 성쇠가 있겠습니까? 開國 이래 400여 년 동안 일찍이 삼경에 순주하여 36국이 조공한 적이 있습니까? 辛禑가 圖讖을 믿어 南京으로 도읍을 옮겼지만, 어느 나라가 한강에 조공하였습니까?
>
> 災異가 나오는 것은 실로 上天이 仁愛하시는 것이니 人君은 마땅히 恐懼修省하여 매일 삼가고 몸을 검속하고 節用하고 때에 맞춰 가볍게 거두면 위로는 天譴에 답하고 아래로는 民心을 위로할 것입니다. 하필 한양으로 천도하여 농민들을 노역에 몰아넣고 과렴징발하여 농사지을 때를 놓쳐서 나라의 근본을 요동시키고 和氣를 해치십니까?[121]

강회백의 상소는 정확히 두 가지를 겨냥하고 있다. 하나는 연복사역으로 통칭되는 불교이며 또 하나는 술수라고 거론된 천도논의, 즉 풍수이다. 연복사역의 경우에는 불교의 논리로 보아도 이는 재앙을 불러일으킬 뿐더러 인정(仁政)이라는 유교적인 덕목에도 어긋난다. 풍수의 경우에는 역사적 경험에서 그것이 유용하다는 것이 한 번도 증명된 적이 없다. 더구나 지리는 인화만 못하고 일치일란은 자연의 이(理)에 따른 것이라며 지기쇠왕설을 총체적으로 부정하였다. 이는 비보사탑설이나 천도논의 같은 것까지 인간의 수덕(修德)

121) 『高麗史』 권117, 列傳 30 姜淮伯傳 "陞判密直司事兼吏曹判書上疏曰 吉凶非自外至 禍福惟人所召 安有憑佛敎信術數 以冀福利之理乎 佛氏之道 淸淨寡欲 爲第一義 若窮竭民力 造佛造塔 則反得罪於佛氏 而殃禍隨至矣 近日演福之役 民有破産失業 是乃傷仁政之大端也 天時地利不如人和 一治一亂自然之理 安有地氣衰王 而國祚有盛衰乎 開國以來四百餘年 何嘗巡駐三京 而朝三十六國乎 辛禑信圖讖 而移都南京矣 未知何國朝於漢江乎 災異之出 實惟上天仁愛 人君正當 恐懼修省 日愼一日 檢身節用 時使薄斂 則上答天譴 下慰民心 何必遷都漢陽 盡驅農民 以供營繕之役 科斂徵發 使失耕穫之時 以搖邦本 而傷和氣乎."

으로 넘을 수 있다고 하는 전면적인 세계관의 변화를 뜻한다.

강회백은 공양왕 4년 정몽주의 편에서 조준, 정도전 등을 공격했던 인물로서 정도전계가 아니었으나, 윤회종은 정몽주계의 탄핵 때문에 유배되었다가 정몽주가 죽은 후에야 복직할 수 있었던 정도전계였다. 이렇게 두 인물은 고려 말 정치노선에 있어서는 다른 입장에 있었지만 이 둘의 세계관은 일치하고 있음을 볼 수 있다. 이는 양자가 모두 동일하게 성리학적 세계관에 입각해 있기 때문에 가능한 것이었다.

윤회종이나 강회백이 풍수적 세계관을 부정하기는 하였지만, 아직 태조라는 상징을 건드리고 있지는 않았다. 그러나 연복사에 대한 논쟁이 가열되면서 태조라는 군주상에 대해서도 본격적인 논란이 시작되었다.

연복사 중창에 대한 논쟁이 가열된 것은 공양왕 3년의 구언교서(求言教書)에서 비롯되었다. 구언교서에 대한 답으로 연복사역을 중지하라는 상소가 많이 올라왔던 것이다. 이 무렵 연복사역을 반대한 대표적인 논자는 성균관 대사성(成均館大司成) 김자수(金子粹), 성균박사(成均博士) 김초(金貂), 성균생원(成均生員) 박초(朴礎) 등이었으며, 이들을 비판하고 연복사역을 옹호한 논자는 전 전의부정(典醫副正) 김전(金琠), 전 호조판서(戶曹判書) 정사척(鄭士倜) 등이었다. 김자수, 김초, 박초 등은 연복사역을 비판하여 이를 중지할 것을 주장한다는 점에서는 동일하지만, 그 주장의 논거와 중점은 조금씩 달랐다.

우선 김자수의 상소는 사실 일반적인 수준의 연복사역 중지 요청이었다. 그는 먼저 이상적인 사회인 삼대(三代)에는 불법(佛法)이 없었다는 점, 불법을 섬김이 심할수록 나라가 빨리 망했다는 점을 들어, 연복사역 때문에 백성들과 재용이 심하게 소비되었다고 하였다. 그러면서 상제(上帝)가 굽어보는 것처럼 공경하고 삼가는 마음을 가지고서 하늘의 마음을 감동시켜 재변을 소멸시키고 교화를 새롭게 하여 나라를 흥하게 할 것을 주장하였다. 이와 함께 그는

> 어찌 반드시 불법을 높이 받들어서 탑묘를 크게 일으킨 후에야 국가의 복

이 장구하게 되겠습니까. 하물며 '신라와 같이 佛寺를 많이 지어서 멸망하는 데 이르지 말라'고 하신 神聖垂訓을 어길 수 있겠습니까.[122]

라고 하며, 신성수훈(神聖垂訓)을 거론하여 신라와 같이 불사를 많이 지어 멸망에 이르지 말라고 주장하였다. 이 조항은 주지하다시피 훈요 제2조를 지칭한다. 그러나 사실 김자수의 이런 논리는 연복사역 중지를 청하는 데 그다지 도움이 되지 않는다. 왜냐하면 훈요 제2조의 조항은 신라와 같이 불사를 남설하지 말고 도선이 지정한 곳에만 사찰을 두라는 내용이기 때문이다. 연복사는 앞서 서술하였듯이 태조가 창건한 10찰 중 하나이며, 연복사의 탑을 중창하고 삼지구정(三池九井)을 파는 것은 『도선밀기』에 기반하고 있다고 주장된 것이었다. 따라서 김자수가 거론한 논거는 사실상 그의 논지를 전혀 북돋워주지 못하며, 오히려 역공을 당할 수도 있었다. 그럼에도 이러한 주장을 하는 것은 그가 태조의 권위를 통해 자신의 주장을 뒷받침하려는 방식을 취하였기 때문이었다.

온건한 김자수의 상소에 비해 성균박사 김초의 상소는 좀 더 과격하다. 그 역시 재변이 발생하는 것은 국왕의 수신이 부족하고 인사(人事)가 제대로 이루어지지 않았기 때문이라 하였는데, 여기서 더 나아가 그는 다음과 같이 풍수와 불교가 결합되어 있는 비보풍수설을 비판하였다.

거기에 이르기를, '地鉗에 응하여 金刹과 寶塔을 설치하여 이를 진압한다' 라고 하였으나, 3대 이전에는 釋氏가 있지 않았으니 무슨 물건으로 이를 진압

122) 『高麗史節要』 권35, 恭讓王 3년 5월 "願殿下存心以居 對越上帝 雖居幽昧之中 常若有臨之者 及其應接之際 尤謹其念慮之萌 視聽言動 必以禮 出入起居 罔不敬 而其處事不蔽於私欲 不流於姑息 則此心之敬 足以感天心而消變異 幹敎化而興邦國矣 又何必崇奉浮屠 大起塔廟而後 國祚靈長也哉 況無若新羅 多作佛寺 以至於亡 神聖垂訓 其可違耶."

하여 지극히 태평한 다스림을 이루었는지 알 수 없습니다.[123)]

그의 말을 쉽게 풀이하자면 '안 좋은 땅을 진압한다는 도선의 풍수가 맞다고 치자, 그런데 거기에 꼭 절과 탑을 지어서 진압해야 하는 것인가? 그렇다면 불교가 없었던 삼대에는 뭘로 진압해서 태평을 이루었겠는가?'라고 할 수 있다. 그의 주장은 특히 주목할 필요가 있다. 왜냐하면 고려에서 풍수와 불교는 워낙 견고히 결합되어 있어 그 이전에는 던져진 적이 없었던 질문이었기 때문이다. 즉, 절과 탑으로 안 좋은 땅을 진압한다는 풍수적 방법에 대한 근본적인 의문인 것이다.

비보풍수설에 대한 비판보다 김초가 한 발짝 더 나간 부분은 아래에서처럼 '선왕의 법'을 가감할 수 있다는 주장이었다.

> 전하께서 중흥하였으니, 비록 先王의 法이라도 이를 줄이기도 하고 늘이기도 할 수 있는 것인데, 하물며 이 세상을 그르치는 큰 괴이를 더욱 좋아하면서 이를 물리치지 않아서야 되겠습니까.[124)]

김초의 주장은 사실 매우 과격한 것이었다. '선왕의 법'이라 지칭되는 공민왕과 태조의 전통적 권위를 가감할 수 있다는, 즉 경우에 따라서는 폐기할 수도 있다는 것이었다. 이는 선왕의 전통적 권위를 부인하는 것이다.

김자수의 상소에 대해서는 별 반응이 기록되어 있지 않은 것에 비해 위와 같은 김초의 주장에 대해서는 공양왕이 기뻐하지 않았다고 기록되어 있다. 그러나 공양왕은 그의 주장에서 무엇을 트집 잡을 수 있을지 파악하지 못하

---

123) 『高麗史節要』 권35, 恭讓王 3년 5월 "其曰 地鉗之應 置金刹寶塔以鎭之 然三代以上 未有釋氏 不知何物以鎭之 而致雍熙之治歟."

124) 『高麗史節要』 권35, 恭讓王 3년 5월 "殿下中興 雖在先王之法 猶有所損益之者 而況此誤世之大怪 尤好而不黜之可乎."

였다.

> 왕이 金貂가 불교를 훼방한 것에 노하여 이를 죽이고자 하였으나 죄명을 찾아내지 못하니, 左代言 李詹이 아뢰기를, "우리 태조 이후로 대대로 불법을 숭상하고 믿었는데, 지금 김초가 이를 배척하니 이는 先王成典을 깨뜨리는 것입니다. 이로써 죄준다면 죄명이 없다고 걱정할 필요가 없습니다."라고 하니 왕이 옳게 여겼다.[125)]

윗글을 보면 김초가 단지 불교만 비방한 것이라면 죄를 줄 명분이 되지 못한다는 사실을 알 수 있다. 고려 사회에서 불교가 중요한 위상을 차지하고 있었음은 분명하지만 정치 차원에서의 영향력은 분명히 한계가 있었다. 또한 이 시기에는 성리학적 사고의 확대로 어느 정도의 배불론은 이미 사회적 동의를 얻고 있었음도 알 수 있다. 김초가 처벌될 수 있었던 명분은 배불이 아니라 바로 태조로 위시되는 선왕성전(先王成典)을 깨뜨렸다는 점이었다.

비판론이 거세지자 5월에 연복사역을 중지하였는데, 이번에는 다음과 같이 연복사역을 옹호하는 전 전의부정(典醫副正) 김전(金琠)의 상소가 올라왔다.

> 태조께서 나라를 처음 세우실 때 산수의 逆順을 보고, 지맥의 續斷을 살펴서 절을 세우고 불상을 만들며, 民과 토지를 주어 복을 빌고 재앙을 물리치게 하였으니, 이것이 三韓 基業의 근본입니다. 요즈음 식견이 없는 중들이 창업의 뜻을 생각하지 않고, 民土의 산물을 거두어 스스로 그 사업만 경영하여 위로는 부처를 공양하지도 않고, 아래로는 중을 기르지도 않으니, 아아, 그 무리들은 스스로 그 법을 멸함이 심하였습니다. 지금 식견이 얕은 광망한 선비

---

125) 『高麗史節要』 권35, 恭讓王 3년 5월 "王怒 金貂毁佛 將欲殺之 而不得罪名 左代言李詹啓曰 自我太祖以來 歷代崇信佛法 今貂斥之 是破毁先王成典 以此罪之 不患無辭 王然之."

> 들이 三韓의 大體를 생각하지 않고, 한갓 절을 부수고 중을 내쫓는 것만으로 마음을 먹고 있으니, 아아, 聖祖가 창업한 깊은 지혜가 도리어 천박한 선비의 계책만 못하겠습니까. 삼가 바라옵건대, 주상께서 위로 성조의 큰 바람을 받들어 절을 다시 짓고 田丁을 더 주어 불교를 일으키소서.[126]

위 김전의 주장은 훈요의 내용을 그대로 반영한 것이다. 풍수와 불교가 삼한을 일통한 대업의 근본으로서 그것이 태조의 지혜이며, 일부분 불교계에 잘못이 있기는 하지만 그것을 가지고 유자들이 배불을 주창하는 것은 잘못이라는 지적이다.

연복사역에 대한 찬성이 나오자 이제는 더욱 과격한 반대 상소가 나오는데, 이것이 결정적으로 성균관(成均館)의 분열을 불러왔다.[127] 성균생원 박초의 상소는 우선 보편의 가치로서 인륜을 제시하고 불교가 이를 훼손하고 있으므로 이를 따라서는 안 된다고 하였다. 그러면서 유교를 중심으로 하였던 것이 태조가 가졌던 원래의 의지라고 하며 태사(太師) 최응(崔凝)과 태조의 대화를 다음과 같이 인용하였다.

> 우리 태조가 삼한을 통일한 후 오랫동안 쌓인 폐단을 깊이 징계하여, 뒷 세대의 군신들에게 사사로이 願刹을 세우기를 금하였습니다. 이에 太師 崔凝이 佛法을 제거하기를 청하니, 태조가 이르기를, '신라 말기에 불교의 설이 사람들의 골수에 들어갔으므로, 사람마다 죽고 사는 것과 화를 주고 복을 받는 것이 모두 부처가 하는 것이라고 여긴다. 지금 삼한이 막 통일되었으므로 인심

126) 『高麗史節要』 권35, 恭讓王 3년 6월 "前典醫副正金瑱 上書曰 太祖創業 觀山水之逆順 察地脉之續斷 創寺造佛 給民與田 祈福禳灾 此三韓基業之根本也 比來 無識僧徒 不顧創業之義 收民土之產 自營其業 而上不供佛 下不養僧 嗚呼 其徒之自滅其法也甚矣 今狂儒之淺見薄識者 不顧三韓之大體 徒以破寺斥僧爲意 噫 聖祖創業之深智 反不如竪儒之計乎 伏望殿下 上順聖祖之弘願 重營佛寺 加給田丁 以興釋敎."

127) 박초 등이 상소를 올리는 데에 15명만이 참여하였고, 상소 후에도 동맹휴업 논의 등에서 갈등이 계속되었다.

이 안정되지 않았는데, 만약 갑자기 불교를 개혁한다면 반드시 해괴하다는 생각을 가질 것이다'라고 하면서 이에 훈요를 지어, '신라가 불사를 많이 만들어 멸망에 이른 것을 거울로 삼을 것이다'라고 하였으니, 그렇다면 태조가 뒷세상에 훈계를 전한 것이 지극히 깊고 간절합니다. 역대의 군신이 聖祖께서 남겨 주신 뜻을 체득하지 못하여, 구습을 따르고 구차하게 미봉하여 절을 짓고 탑을 세우는 일이 어느 대에도 없는 때가 없었으며, 지금까지 이르게 되어 그 폐해가 더욱 심하였으니, 인심과 세도를 위하여 생각하는 사람이 가슴 아프게 생각하지 않겠습니까.[128)]

위 서술은 태조가 원래 나라의 운영에 중심으로 삼으려고 하였던 것은 유교인데 당시 사회적 현실이 뒷받침되지 못했을 뿐이었으므로, 후대의 임금들은 태조의 원 뜻을 계승해야 할 것인데 오히려 그러지 못하고 있다는 지적이다. 그러면서 김전의 상소에 대하여 다음과 같이 비판하였다.

지금 佞臣 金琠이 아첨하여 임금의 뜻에 순종하고 시비를 어지럽혀 부모와 임금을 무시하는 교를 일으켜, 고금 성현의 도를 폐하고자 하여, '태조가 나라를 세운 것은 모두 부처의 힘을 입은 것이다'라고 하면서, 불교를 배척하는 사람을 가리켜 태조의 죄인이라고 합니다.[129)]

즉, 김전은 부처의 힘만이 대업의 바탕이라고 하며 이를 배척하면 태조의

128) 『高麗史節要』 권35, 恭讓王 3년 6월 "惟我太祖統三之初 深懲積弊 禁後代君臣 私立願刹 於是 太師崔凝 請除佛法 太祖以爲 新羅之季 佛氏之說 入人骨髓 人人以爲死生禍福 悉佛所爲 今三韓甫一 人心未定 若遽革佛氏 必生駭心 乃作訓曰 宜鑑新羅多作佛事以至於亡 然則太祖之垂訓於後世者 至深切矣 歷代君臣 不能體聖祖之遺意 因循苟且營庵立塔 無代無之 式至于今 爲弊滋甚 爲人心世道計者 可不痛心哉."

129) 윗 기사 "今佞臣金琠 阿意順旨 變亂是非 欲興無父無君之敎 以廢古今聖賢之道 以爲太祖開國 皆蒙佛力 以指闢佛者 爲太祖之罪人."

죄인이라고 하는데, 박초가 보기에는 이러한 입장이 오히려 태조의 원 뜻에 어긋난다는 것이었다.

위와 같은 박초의 주장은 공양왕 2년 찬영(粲英)을 왕사로 맞이하려는 것을 반대하며 윤소종(尹紹宗)이 올린 상소와 유사하다. 당시 그가 올린 상소 역시 삼강오상만이 천하와 나라의 대본이라 하여 인륜이라는 가치가 보편적임을 주장하고, 그를 멸절하는 불교를 비판하여 스승이라는 것은 유교적인 스승만이 가능하다고 역설하였다. 흥미로운 점은 박초와 윤소종 모두 최응과 태조의 대화를 인용하였던 점이다.[130)]

고려 초부터 승려들을 국사나 왕사로 임명하는 것은 중국 상고시대에 군주들이 신하들을 스승으로 둔 사례에 비유되는 등 원래 승려를 국사(國師)나 왕사(王師)로 임명하는 것은 고려 사회에서 유학과 상치되지 않았다. 또한 이것은 훈요10조에 기반한 태조유훈으로 해석되었다. 공민왕 1년에 각진국사(覺眞國師) 복구(復丘)를 왕사로 임명할 때에 불교를 존중하여 왕사를 임명하는 것이 불법 존숭을 언급한 훈요 제1조에 따른 것이라고 하였던 것이 대표적인 사례이다.[131)] 국사, 왕사 임명이 태조의 유훈을 실천하는 것으로 여겨지

---

130) 『高麗史』 권120, 列傳33 尹紹宗傳 "王遣吏曹摠郎李浘 迎曹溪僧粲英爲師 紹宗與兼大司憲成石璘等 伏閤諫 石璘曰 釋氏以清淨寂滅爲宗 無補國家 昔成湯師伊尹 文王師太公以致商周大平之治 未聞以釋氏爲師也 紹宗曰 殿下如欲求師 有元老大臣 在何用僧爲 遂退交章論奏曰 綱常天下國家之大本 堯舜三代 享國長久 以臻至理由此道也 …… 我太祖深懲積弊 禁後代君臣私作佛刹 是時太師崔凝 請除佛法 太祖以爲 新羅之季 佛氏之說 入人骨髓 人人以爲死生禍福 悉佛所爲 今三韓甫一人心未定 若遽去佛法 必生反側 乃作訓曰 宜鑑新羅 多作佛事以至於亡 聖祖所以拔誕妄之源 本期後王之繼述者 至甚切矣."

131) 허흥식, 1990 「국사 왕사제도와 그 기능」 『고려불교사연구』, 일조각, 398~399쪽.
"昔我太祖肇造邦家 凡可以贊毗王化 保佑民生者 靡所不爲 謂佛氏其化仁於 吾東方 政敎爲允 迪遂廣置仁祠 以居其徒 粤禪若敎 各以其法福于國 禪視敎爲尤盛 主道場者 非其人不敵處焉 其所以尊崇之意 旣已炤然 尙慮後之或怠 爲信誓十條 而詔之 其一曰敬信三寶 自是厥後 必擧其徒之德尊者 禮事而爲之師 代有成規 禮儀浸備 洪惟我主上 勵精圖理 宵旰憂勤 凡所施爲率繇舊章 咨于相府 訪諸宗門 若曰眇沖嗣位 適値時艱 恐無以臨涖 將以僧中碩德者 尊拜爲師 以輔予理用光祖訓疇歟 僉曰無如覺儼尊者 前代尊崇號稱其德 迺命有司 遂册爲王師 (佛岬寺覺眞國師碑)."

는 상황에서, 공양왕대 윤소종 등은 이를 극복하기 위해 최응과 태조의 대화를 통해 '태조의 원 뜻'이 그러한 것이 아님을 설파한 것이다.

이처럼 최응과 태조의 대화는 윤소종이나 박초의 주장에서 매우 핵심적인 역할을 하고 있다. 이는 태조대의 정사가 불법을 수호하며 풍수를 바탕으로 한 것이었다는 태조유훈에 대한 전통적인 인식을 반박할 수 있는 좋은 논거가 되기 때문이다. 공양왕대의 유자들은 이 글을 인용하면서 그 맥락을 바꿈으로써 그에 따라 훈요의 내용도 변화시켰다. 원래 훈요 2조는 1조와 밀접한 관련을 맺고 있어서, 불교를 존중해야 한다는 대의를 따르면서도 그 통제책으로 풍수를 거론한 것이다. 따라서 사찰을 짓거나 불사를 완전히 금지하는 것이 아니라 풍수를 통해 이미 정해진 곳은 유지하라는 명이기도 하였다. 연복사가 원래 태조 10찰에 해당하는 절이라는 점을 염두에 둔다면, 원래의 훈요 맥락에서는 연복사역을 중지시켜서는 안 되고 더욱 장려해야 한다는 결론으로 이어질 수도 있다.[132] 그러나 공양왕대 유신들은 최응과 태조 사이의 대화와 훈요 제2조의 일부를 연결시킴으로써 태조의 원 뜻이 불교 숭상에 있지 않았다고 주장하였던 것이다. 이는 태조와 훈요의 의미를 재해석함으로써 자신들의 주장을 강화한 것이다.

이러한 노력은 정치일선의 유신들에 의해서만 행해진 것이 아니었다. 이첨(李詹, 1345~1405)이 공양왕대 작성한 것으로 보이는 아래 글을 보면,[133] 위와 같은 주장이 연복사역 논쟁의 중심에 있던 사람들만의 것이 아님을 읽을

132) 의종대 역대 비보사사가 잔폐해졌다면서 이를 복구하도록 지시한 사례는 훈요 제2조가 기존 불교 사원을 유지하는 방향으로 해석될 수 있었던 좋은 증거이다.

133) 이첨의 생애와 본문의 내용을 맞추어 볼 때, 본문의 글은 1388년~1391년 사이에 작성된 글로 짐작된다. 이첨은 김진양 사건에 연루되어, 제1차 왕자의 난 이후에야 다시 등용될 수 있었다는 점을 볼 때, 그는 조선 개국에 반대한 이른바, 온건개혁파로 분류될 수 있는 인물이다. 그런 인물조차도 불교와 풍수를 태조와 연결시키는 것에 비판적으로 살펴보았다는 것은, 앞서 윤회종과 강회백의 사례에서처럼 정치 노선과 상관없이 비보풍수에 대해 비판적으로 사고하였음을 보여준다. 이는 전통적인 비보풍수와 태조의 권위에 의지한 공양왕의 사업이 얼마나 지지를 얻기 힘들었는가를 다시 한번 보여주는 사례라 할 것이다.

수 있다.

> 부도의 법은 東漢 때부터 중국에 들어와서 간흉을 열고 떳떳한 윤리를 없애서 천하의 화가 되었다. …… 태학생 金久齡의 저서가 그 해로움을 극력히 논하고 반복하여 뜻에 이르름이 지극히 깊고 간절하다.
>
> 聖祖가 흥성한 것에 대해서는 하늘과 인심에 순응하여 이른 것이지, 道詵의 도참으로 말미암은 것이 아니라고 하였다. 성조의 덕을 발휘하여 삼한의 의혹을 떨쳐버렸으며, 우리 道를 높이고 사특한 설을 물리쳤으니, 세상을 가르침에 깊이 보탬이 된다. 그가 태학에 있는데, 제생들은 모두 과거를 보는 것에만 힘쓰지만 구령은 홀로 주의를 두지 않고 종일토록 묵묵히 앉아서 經을 보는 것만 하니, 제생들이 모두 탄미하였다. 僚友 尹茂松이 일찍이 학관이 되었는데, 그가 이와 같음을 보고 나에게 말해주었다.[134]

이는 '일개' 성균관 학생까지도 불교에 대한 비판을 가하면서, 태조와 불교 사이의 연결을 해체하기 위해 노력하였다는 점을 잘 보여준다. 이를 위해 태조는 최대한 '유교적 현군'으로 묘사되었다. 그 연결고리가 해체되지 않는 한 고려 사회에서 불교나 풍수에 대한 진정한 비판이나 패퇴는 불가능하였기 때문이다.

이러한 분위기 속에서 병조좌랑(兵曹佐郎) 정탁(鄭擢)이 김초를 옹호하며 올린 상소 역시 매우 흥미롭다.

> 병조좌랑 정탁이 소를 올리기를, "김초가 이단을 배척하여 말을 다하여 숨

134) 『雙梅堂先生篋藏文集』 권25, 跋類 題金久齡書後 "浮屠之法 自東漢入中國 啓奸凶敗彝倫 爲天下禍 …… 大學生金久齡著書 極論其害 反復致意 至深至切 至謂聖祖之興 自應天順人而致 非由道詵圖讖也 發輝聖祖之德 以祛三韓之惑 尊吾道闢邪說 深有補於世敎也 其在大學也 諸生皆務學業 久齡獨不寓目 終日危坐 惟經是治 諸生皆嘆美之 僚友尹茂松曾爲學官 見其如是 以語余云."

> 기지 않았는데 주상께서 先王成典을 깨뜨렸다고 하여 극형에 처하려고 하니, 신은 전하를 위하여 이를 애석하게 여깁니다. 『書經』에, '先王의 成憲을 본보기로 삼아 영구히 허물이 없게 한다' 하였으니, 이른바 선왕의 성헌이란 것은 삼강오륜에 지나지 않습니다. 그런데 불교는 모두 이를 어겼으니, 김초가 先王成典을 깨뜨린 것이 아니라, 곧 주상께서 스스로 이를 깨뜨린 것입니다."라고 하였다. 代言 등이 왕이 노할까 두려워하여 감히 계하지 못하였다.[135]

위 상소에서 정탁은『서경(書經)』을 거론하며 선왕성헌(先王成憲)의 의미를 아예 바꾸었다. 그는 선왕성헌이란 삼강오륜에 지나지 않는다고 함으로써 유교적인 선왕, 즉 삼대의 이상적인 군주만이 선왕으로 거론될 수 있다고 하였다. 이는 고려 선왕의 말씀 정도로는 '선왕성헌'이 될 수 없다는 주장까지 내포한 것으로서 고려 왕권의 전통적인 권위를 아예 부정하는 것이다. 뿐만 아니라, 삼강오륜 같은 근본 가치를 훼손한 것은 다름 아닌 공양왕이라는, 매우 극단적인 내용의 글이었다. 그렇기 때문에 공양왕에게 대언 등이 감히 올리지도 못한 것이다.

이처럼, 고려 말 성리학을 사상적 배경으로 하는 유자들은 재변의 제거나 정치가 풍수적 행위나 불교적 방법에 의해 가능하다고 보지 않았다. 그들은 적극적으로 풍수와 불교 사업들을 비판하였고, 그를 위해 태조와 풍수, 또 풍수와 불교 사이의 연결고리를 해체시키기 위하여 노력하였다. 공민왕대 이래의 천도논의에서도 볼 수 있듯이 재변의 제거나 주술적 기원은 더 이상 천도, 혹은 순주론의 수위를 차지하지 못하고 방어상의 문제나 조운 등 '현실적 이유'가 충족되어야 하였다. 더구나 공양왕은 일반적인 수준의 배불론(排佛

135)『高麗史節要』권35, 恭讓王 3년 7월 "兵曹佐郎鄭擢上疏曰 金貂排斥異端 極言不諱 上以破毁先王成典 將置極刑 臣竊爲殿下惜之 書曰 監于先王成憲 其永無愆 所謂先王成憲者 不過三綱五常 而佛氏皆背之 非貂毁先王成典 乃殿下自毁之也 代言等畏王怒 不敢啓."

論)에는 저항할 명분도 찾기 힘들었다. 이는 사실상 고려 사회 내부에서 풍수나 불교가 정치 현장에서 배격되어야 한다는 인식이 확산되어 있었음을 보여준다. 그 속에서 태조에 기반한 고려 왕권의 전통적 권위는 해체되었고 공양왕대에 이르면 아예 노골적으로 이를 무시하는 언사들이 나왔다.

이와 같이 고려 말을 거치며, 풍수와 불교에 대한 철학적 비판이 이루어졌고, 이들 사상과 태조 사이의 공고한 결합도 해체되었다. 이제현이나 이색의 사례에서 보이듯이 전통적인 고려의 국도풍수와 민간신앙, 이에 기반한 의례 사이의 관련성은 이 시기에 더 이상 이해받지 못하였다. 때문에 국왕의 순주를 통해 지덕과 교감하는 행위는 그 정당성을 얻을 수 없었다. 당시 유신(儒臣)들은 정치적 입장과 상관없이 비보풍수적 방법을 통해 재변을 제거할 수 있다는 사고를 부정하였고, 성리학적 세계관에 바탕하여 인간의 수덕(修德)이 근본이며 자연의 이(理)가 존재한다고 보았다. 또한 김초의 상소에서처럼 이전에는 의문시되지 않았던 풍수와 불교가 결합된 비보풍수에도 의문을 제기하였다. 이는 고려중기에 비보풍수를 대체할 만한 자연철학을 제시하지 못하고 풍수와 불교의 결합에 대해서도 의문을 품지 못하였던 한계를 극복한 것이었다.

더구나 풍수와 불교가 정치적으로 작용할 수 있게 한 태조라는 존재는 더 이상 이들을 바탕으로 삼한통일을 이끌어낸 것이 아니라 실상은 유교를 지향하는 군주였다고 해석되거나, 때로는 진정한 선왕(先王)도 아니라고 폄훼되기까지 하였다. 풍수와 불교가 고려 정치상에서 큰 역할을 할 수 있었던 것은 어디까지나 태조의 권위를 등에 업은 것이었다는 점을 볼 때, 이들 고리가 해체된 것은 풍수와 불교의 정치적 입지가 축소되는 것을 의미한다.

이러한 점을 염두에 둘 때, 고려 말 연복사역을 둘러싼 논쟁이 치열했음에도 불구하고, 조선 초에 이러한 논의가 다시 일지 않은 것은 이단 배척에 대한 사상적 불완전성 때문이라거나, 권력투쟁을 위해 도구적으로 만들어낸 논쟁이었기 때문이 아니었다. 새 왕조의 탄생을 통해 새로운 태조가 탄생하게 된 이상, 고려의 태조에 근거한 행위들은 상당 부분 그 의미가 퇴색되었다. 따라서 논쟁의 지점이 변화하며 그 대상은 이제 철학 그 자체로 향하게 되었다.

제4장

조선 초 국도풍수론의 퇴조

1. 한양천도와 고려 국도풍수
2. 도참서(圖讖書) 금지와 지리서(地理書) 정비

태조 건원릉 신도비

1. 한양천도와 고려 국도풍수

1) 고려 국도풍수의 영향

고려 말에 벌어진 천도논의는 명목상으로는 천도라고 칭해졌지만, 실제 실천 방식을 보면 여전히 국왕의 순주였다. 그러나 새 왕조가 들어서며 이제 순주가 아니라 실제로 도읍을 옮기는 명실상부한 천도논의가 벌어지게 되었다.

즉위한 지 1달 만에 이성계는 한양천도를 명하였다가 중지한 적이 있었다. 이후에도 여러 지역들이 천도대상지로 거론되고 계룡산의 경우에는 공사가 일부 진행되기도 하는 등 1394년(태조 3)까지 천도논의가 분분하였다. 또한 정종(定宗) 즉위 후 개경으로 환도하였다가 1404년(태종 4) 한양천도가 다시 결정될 때에도 여러 논의가 분분하였다. 당시 논의를 정리하면 〈표 16〉과 같다.

〈표 16〉 朝鮮 太祖~太宗代 천도논의

서기	왕력.월.일	내용	비고
1392	태조01.08.13	한양으로 移都 명령	01.07.17 즉위
	태조01.08.15	李恬 보내서 한양 궁실 수리하게 함	
	태조01.09.03	趙浚 등, 한양천도 서두르지 말자고 건의	
1393	태조02.01.02	권중화, 계룡산 기슭 추천	
	태조02.02.09	태조 계룡산 거둥, 02.10 측량	
	태조02.03.24	계룡산 중심으로 京畿 설정	02.04~11 개경 內城축성공사, 개경 花園 수리.
	태조02.12.11	하윤 상언으로 계룡산 공역 停罷	7월 성석린·권중화 등 원종공신 책봉 08.05~03.02.29 개경성곽수축

1394	태조03.02.14	『지리비록촬요』 만들고 2일후 무악 상지 河崙 외 모두 반대	
	태조03.07.02	서운관 불일사와 선점 건의 07.04, 07.05 도평의사사에서 서운관 건의한 곳 가보고 모두 좋지 못하다고 함	07.12 음양산정도감 설치
	태조03.08.08	태조, 도평의사사와 대성·형조의 관원 각각 한 사람씩과 친군위, 왕사 자초와 무악 천도지로 출발	
	태조03.08.11	무악 상지	
	태조03.08.13	한양 상지, 한양으로 천도지 결정	
	태조03.08.16	양원식 건의한 적성 광실원 동쪽 계족산 아래 상지	
	태조03.08.17	백악 신경 상지	
	태조03.08.18	민중리 건의한 도라산터 상지	
	태조03.09.01	신도궁궐조성도감 설치 09.09 정도전·권중화·심덕부·김주·이직 등 종묘, 궁궐터 정함	
	태조03.10.25	한양천도(28일 도착) 한양부 객사를 이궁으로 씀	
	태조03.11.25	무악에 대해 다시 논하게 함	
	태조03.12.04	종묘·궁궐 등 공사 착공	
1395	태조04.09.29	종묘·궁궐 등 완성	
	태조 04.윤9.13	도성조축도감 설치, 정도전이 터 완정	
	태조04.10.27	정도전이 궁궐 여러 전각 이름지음	
	태조04.12.28	태조, 경복궁 입어	
1396	태조05.02.28	도성 일부분 빼고 일단 완성	
	태조05.08.04 ~09.24	도성 미비처 보완	
	태조05.06	문묘 조성	
	태조05.06.28	평양 궁터 살피게 함. 7.18 중지	
1399	정종01.03.07	개경으로 천도	태조07.08.26 1차 왕자의 난 정종즉위년.09.10 일체 토목공사 정지 정종즉위년.11.11 절비 한씨 추존

1400	태종즉위년. 11.13	태상왕이 항상 한양으로 환도하고자 하였는데 이때 임금(태종)에게 한양 환도하려는 내 뜻을 받들겠느냐 하니 따르겠다고 함	01.28 2차 왕자의 난 02.04 정안군 세자로 책봉 11.11 정종 선위, 13일 태종즉위
	태종즉위년. 12.22	수창궁 화재로 한양 환도 의논. 서운관에 명하여 술수·지리에 관한 서적을 감추도록 함	
1401	태종01.07.23	개경 추동 궁궐 확장, 10.29 入御	
1402	태종02.07.11	한양환도 다시 논의케. 태종 양경제 언급	
1403	태종03.01.08	사헌부, 종묘·사직 개경으로 옮기자고 청함. 01.22 대간에서도 02.23 三府 의논에서도 개경에 도읍을 정하고 만월대 지역인 건덕전 옛 터에 짓기로 결정	
1404	태종04.07.10	삼부와 종친의 제군 모아서 도읍에 관하여 의논. 兩京制를 실시하고 때때로 순행할 것이며 다시 의논하지 않겠다고 결정	
	태종04.09.01	태조, 송도에 도읍하는 것은 시조의 뜻에 따르는 것이 아니라고 전지. 태종 바로 의정부에 한양천도명함. 이궁조성도감 설치(→궁궐수보도감)	08.06 禔를 왕세자로 책봉 09.01 세자, 한양 종묘 알현
	태종04.10.02	조준·하윤·권근·이천우 등 여러 종친 데리고 무악 상지. 10.06 한양천도 결정	09.19 하윤, 무악천도 再上書 10.18 이거이·이저 부자 진주에 안치
1405	태종05.10.11	한양천도, 19일 이궁(창덕궁) 완성 후 입어 10.25 이궁 창덕궁으로 명명	06.04.01 광연루 완공 06.04.03 해온정 완공

* 『太祖實錄』, 『定宗實錄』, 『太宗實錄』에 바탕하여 정리함.

〈표 16〉은 태조~태종대 천도논의의 흐름을 보여준다. 태조 2~3년 시작된 천도논의로 여러 지역을 물색하였으나 신료들의 반대가 심하였다. 분분한 논의를 거쳐서야 최종적으로 한양천도를 결정할 수 있었다. 당시에는 신료들의 반대를 무릅쓰고 행하였기 때문에 수도의 제반 시설들을 갖추기도 전에 먼저 천도를 하였다. 그러나 제1차 왕자의 난 후 정종이 즉위하면서 4년만에 결국 개경으로 돌아갔다. 이는 한양천도에 대한 대중적 지지가 그만큼 취

약했기 때문이었다. 그러나 태종대 다시금 여러 차례 천도에 대해 논의한 후 최종적으로 태종 4년에 한양으로 천도할 것을 결정하고, 건물 수리 및 창덕궁 건설을 거쳐 이듬해에 한양으로 최종적으로 천도하였다. 이후 한양은 조선의 수도로서 확정되어 그 역사는 현재까지 계속되고 있다.

당시 천도논의에서는 고려 국도풍수의 영향력이 보이는 동시에 여기에서 벗어나는 새로운 흐름이 나타나고 있다. 고려 국도풍수의 영향으로는 첫째 고려의 도참을 역으로 조선의 건국을 정당화하는 예언으로 이용하였다는 점, 둘째, 지맥(地脈)의 근본 및 단군(檀君)에 대한 인식, 셋째 비보사사(裨補寺社)를 불교 교단 재편에 이용하였다는 점 등이다. 첫 번째와 두 번째 측면을 잘 보여주는 것이 권근(權近)이 지은 건원릉신도비명(健元陵神道碑銘)이다. 권근이 지은 건원릉신도비명은 두 가지 본이 전한다. 그가 이 글을 짓고 얼마 지나지 않아 사망하는 바람에 다른 사람의 수정을 거쳐 비명이 작성되었기 때문이었다.[1] 원본과 수정을 거친 석각본은 미묘한 차이가 있는데, 특히 도참에 대한 서술 부분은 그 차이가 크다. 관련 부분을 나란히 제시하면 다음과 같다.

> **원본:** 九變圖의 局에 十八子의 설이 檀君 때부터 이미 있어 수천 년을 지났는데, 지금에 와서야 징험을 할 수 있다. 또한 異僧이 智異山 암석 사이에서 기이한 책을 얻어 가지고 와서 바쳤는데, 그 설이 위에서 언급한 것처럼 단군 시대에 나왔다는 것과 서로 부합된다. 이 또한 光武 때 있었던 赤伏符의 유로서, 讖緯의 설이 비록 믿을 만하지는 못하지만, 또한 理數가 혹 그런 경우도 있는 것이 옛날부터 여러 번 징험되었으니, 하늘이 덕 있는 이를 돌본다는 것은 진실로 근거가 있다.[2]

---

1) 『陽村集』 권36, 碑銘類 有明謚康獻朝鮮國太祖至仁啓運聖文神武大王健元陵神道碑銘 幷序 "元本先生撰進此文 未閱月考終 今石刻文 頗經人更改 與此文不同 故兩存之."

2) 『陽村集』 권36, 碑銘類 有明謚康獻朝鮮國太祖至仁啓運聖文神武大王健元陵神道碑銘 元

석각본: 또 異人이 와서 글을 올릴 것을 묻기를, "智異山 바위틈에서 얻은 것인데 '木子가 삼한을 고쳐 바로잡는다[木子更正三韓之語].'는 말이 있습니다."라고 하기에, 사람을 시켜 나아가 맞으려 하니 이미 가버린 적이 있었다. 書雲觀에 예전부터 간직하여온 祕記에 九變震檀의 圖가 있는데, 나무를 세워 아들을 얻으니[建木得子] 조선이 바로 震檀이라고 하는 설이 있었다. 수천 년 전부터 떠돌았는데 이제야 징험되니, 하늘이 덕 있는 이를 돌본다는 것은 진실로 근거가 있다.[3)]

먼저 석각본과 원본을 보면, '구변도지국(九變圖之局)' 혹은 '구변진단지도(九變震檀之圖)'라고 거론되는 책(앞으로 구변도라 칭하겠음)이 서운관에 소장되어 있었던 것을 알 수 있으며, 원본에 따르면 이는 단군 시기의 책이었다. 구변도를 거론한 이유는 이승(異僧: 원본) 혹은 이인(異人: 석각본)이 지리산에서 얻었다는 조선의 건국을 예언한 책의 내용이 이 책과 일치한다고 설명함으로써, 수천 년의 유래를 갖고 있는 도참으로 조선의 건국을 정당화하기 위한 것이다.

우선 조선의 건국을 예언한 책이 출현하였다는 장소가 '지리산'이라는 점이 주목된다. 지리산은 바로 도선(道詵)이 이인(異人)으로부터 풍수설을 전수받았다는 곳으로 고려시기에 국도풍수에 기반한 도참과 밀접한 관련을 맺고 있는 성소이다. 고려 후기에 지리산이인(智異山異人)은 지리산왕(智異山王) 혹은 지리산천왕(智異山天王)으로 더욱 신비화되고, 태조(太祖) 왕건(王建)에게

本 "九變圖之局 十八子之說 自檀君之世而已有 歷數千載 由今乃驗 又有異僧 從智異山巖石之中得異書而來獻 其說與上所言出於檀君之世者相合 此亦光武赤伏符之類 讖緯之說 雖云不經 然亦理數之或有 自古而屢驗 天之眷佑有德 信有徵哉."

3) 『陽村集』 권36, 碑銘類 有明諡康獻朝鮮國太祖至仁啓運聖文神武大王健元陵神道碑銘 石刻本 "又有異人來問獻書 云得之智異山巖石之中 有木子更正三韓之語 使人出迎則已去矣 書雲觀舊藏祕記 有九變震檀之圖 建木得子 朝鮮卽震檀之說 出自數千載之前 由今乃驗 天之眷佑有德 信有徵哉."

직접 풍수설을 전해주었다고 언급되기도 하였다.[4] 실록에는 지리산에서 얻은 책에 "목자(木子)가 돼지를 타고 내려와 삼한(三韓)의 경계를 다시 바로잡는다."[5]라고 기록되어 있었다고 전하는데, 돼지가 등장하는 모티브는 「고려세계」에서 용녀의 돼지가 송악 터를 점지하는 것과 상통한다. 이처럼 국도풍수에 기반한 도참과 밀접한 관련을 맺고 있는 지리산에서 조선의 건국을 예언한 책이 출현하였다는 윗글의 언급은, 고려 국도풍수의 영향력에 기반하여 조선의 건국을 정당화하려는 시도였다.

그런데 윗글을 좀 더 면밀하게 보면 조선 건국과 관련된 예언을 설명하는 데에 있어 원본과 석각본이 미묘한 차이가 있다. 원본에서는 구변도에 '십팔자(十八子)'의 설이 있었고 이승이 지리산에서 얻어 바쳤다는 책의 내용이 이와 일치한다고 하였지만, 사실 양 도서의 구체적인 내용은 거론하지 않은 채 모호하게 표현하였다. 그에 비해 석각본에서는 지리산에서 얻은 책에 '목자갱정삼한지어(木子更正三韓之語)'가 있었으며, 이것이 구변도의 '건목득자(建木得子)'와 일치한다고 구체적으로 거론하고 있다.

'건목득자'에 대한 서술을 담고 있는 『태조실록(太祖實錄)』을 보면 서운관에 소장된 비기에 '건목득자'의 설이 있고 또 '왕씨가 멸하고 이씨가 흥한다'는 말이 있었다고 함으로써[6] '建木得子'의 木子를 '李'씨의 파자로 이해하도록 유도한다. 그런데 과연 '건목득자'라는 어구가 十八子(원본) 혹은 木子(석각본), 즉 이씨의 건국을 의미하는 말이었을까? 구변도가 단군 이래의 것이라고 주장되었으며, 단군신화에 웅녀(熊女)가 신단수(神壇樹) 아래에서 아이 갖기를

---

4) 2장 3절 참조

5) 『太祖實錄』 권1, 太祖 1년 7월 丙申 "上在潛邸 夢有神人執金尺自天而降 授之曰 慶侍中復興 淸矣而已老 崔都統瑩 直矣而少戇 持此正國 非公而誰 其後有人踵門獻異書云 得之智異山巖石中 書有木子乘猪下 復正三韓境 又有非衣走肖三奠三邑等語 使人迎入則已去 尋之不得 高麗書雲觀所藏秘記 有建木得子之說 又有王氏滅李氏興之語 終高麗之季 秘而不發 至是乃見."

6) 위 각주 참조

기원하였다는 것이 내용이 있다는 점을 염두에 둔다면, '건목득자'는 오히려 어구 그대로 나무를 세워 아들을 얻었다는 내용이 아니었을까? 사실상 '건목득자'가 '목자득국(木子得國)'으로 해석될 만한 텍스트 내적 근거는 존재하지 않는다.[7] 따라서 권근이 작성한 원본에서는 이를 얼버무려 서술하였던 것을, 교열하는 과정에서는 좀 더 구체적인 자구를 거론하며 견강부회한 것이다.

그런데 구변도가 조선 건국을 정당화하기 위해 이용되었다고 해서 이를 조선 초에 만들어진 위서(僞書)라고 볼 수는 없다. 이 책과 유사한 내용이 이미 고려 중기부터 확인되기 때문이다. 『고려사』에서 구변도라는 책 이름이 언급된 적은 없지만, 이와 유사한 언급을 고종대 백승현(白勝賢)의 건의에서 찾아볼 수 있다. 백승현은 "마리산참성에서 친히 초제를 지내고 또 삼랑성 신니동에 가궐을 건설하고 대불정오성도량을 베풀면 8개월이 안 되어 응험이 있어서, 친조(親朝)하라는 명이 그치고 삼한(三韓)이 변하여 진단(震旦)이 되어 대국이 조회하러 올 것"이라고 건의한 적이 있었다.[8] 여기에서 바로 삼한이 변하여 진단이 된다는 언급이 구변도에서 조선이 진단이라고 한 설(석각본)과 상당히 유사하다. 백승현이 건의한 마리산과 삼랑성 등이 단군과 관련된 성소로 거론되었다는 점도 함께 고려한다면, 단군을 가탁하고 있는 구변도는 백승현이 근거했던 참설과 동일한 내용이었다고 보아도 무방할 듯하다.[9]

---

7) 고려 말 위화도회군 무렵 이성계를 놓고 '목자득국'에 대한 동요가 공공연히 유행하였다고 한다(『高麗史節要』 권33, 辛禑4 禑王 14년 4월 乙未). 이는 상당 부분 조선 개창 세력이 조작했을 것이지만, 여하간 이처럼 '목자득국'이라는 말을 조작하는 데에 '건목득자'의 어구가 원용되었을 것으로 추정된다.

8) 『高麗史』 권123, 列傳36 嬖幸1 白勝賢傳 "勝賢又因金俊奏曰 若於摩利山塹城親醮 又於三郎城神泥洞 造假闕 親設大佛頂五星道場 則未八月 必有應 而可寢親朝 三韓變爲震旦 大國來朝矣."

9) 『太祖實錄』에서는 '건목득자', '왕씨멸이씨흥' 등의 내용을 담은 서운관 소장 비기의 글들이 고려 말까지 공개되지 않았다가 조선이 건국되면서 비로소 공개되었다고 하였으나(각주 5 참조), 16세기 인물인 李廷馨(1549~1607)은 우왕대 비로소 등장하였다고 하였다. 이색의 글에서도 공민왕대, 우왕대 서운관 소장 지리 제서들을 검토했다고 하고 있어 적어도 우왕대

이처럼 고려의 국도풍수에 기반한 도참이 역으로 조선의 건국을 정당화하는 내용으로 이용되었다는 점은 그 영향력이 그만큼 컸다는 사실을 증명한다. 그러나 이것을 단순히 정치적인 목적을 달성하기 위한 조작의 수준으로만 치부할 수는 없다. 특히 구변도에 보이는 단군에 대한 인식은 '조선(朝鮮)'이라는 국호의 선택과 수도인 한양(漢陽)을 수식하는 것과 관련되어 있기 때문이다.

고려 후기 이래로 단군조선에 대한 인식이 강화되어 왔음은 주지의 사실이다. 유구한 역사를 상징하는 단군과 문명을 상징하는 기자(箕子)는 이 시기 '조선'이라는 국호가 선택될 수 있었던 근거였다.[10] 그중에서도 단군은 고려 국도풍수 논의에서 그가 도읍을 정했다는 아사달을 찾으려 했던 것이 조선 초 수도를 정하는 데 상당한 영향을 주었다. 공민왕대 이후 벌어진 천도논의에서 좌소(左蘇)가 중시되고 특히 이것이 단군의 사적인 아사달을 가리키는 것으로 주목되었음을 3장에서 서술하였다. 아사달은 단군이 도읍을 정한 곳으로서, 백악(白岳), 백아강(百牙岡) 등 여러 명칭으로 전하는데, 백악과 백아강은 동일한 내용을 한자로 다르게 표기한 것으로서 이는 환한 산 혹은 밝은 산을 의미하는 것으로 추정된다.[11]

원래 서경 혹은 황해도 구월산처럼 개경 이북 지역에 비정되었던 아사달은, 강도 천도기에 삼소 중 좌소가 아사달과 결합하면서 고양주(古楊州), 남경(南京) 부근, 백악(白岳), 강도(江都) 안 등 다양한 곳이 순주의 장소 혹은 어의(御衣)를 봉안할 장소로 모색되었다. 공민왕대 천도논의가 부활하면서는

이후로는 이들 도서들이 관료 사회에 알려졌을 가능성이 크다. 그러나 이들 내용이 조선의 건국을 합리화하는 내용으로 적극적으로 변개된 것은 조선 건국 후의 일일 것이다.

『知退堂集』 권6, 東閣雜記乾 本朝璿源寶錄 太祖 "太祖潛邸時 有人踵門獻異書云 得之智異山巖石中 書有木子乘猪下 復正三韓境等語 使人迎之則已去矣 尋之不得 又高麗書雲觀所藏秘記 有建木得子之說 王氏滅李氏興之語 九變震檀之圖 秘而不發 辛禑時 其書始出."

10) 한영우, 1980 『(개정판) 정도전의 연구』, 서울대학교 출판부, 172~177쪽.

11) 이병도, 1955 「아사달과 조선」 『논문집』, 5쪽.

좌소 아사달이 장단 백악으로, 우왕대에는 회암 등이 상지되었는데, 우왕 8년 한양 순주 이후로는 한양을 아사달로서 수식하는 경향이 나타난다. 이는 한양의 주산인 면악(面岳)이 백악(白岳)으로 지칭되는 지명의 변화에서 잘 드러난다.

고려 숙종대 건설된 남경은 주산이 면악이었으며, 궁궐은 그 아래 임좌병향(壬坐丙向)으로 건설되었다. 이때까지만 해도 남경이 백악이라는 언급이 없었으며, 김위제가 거론한 『신지비사』에서도 서경이 백아강으로 지칭되는 등 백악, 즉 아사달은 서경 지역으로 여겨졌다(2장 참조). 그런데 늦어도 우왕대 무렵부터는 면악이 백악으로 지칭되기 시작하였다. 우왕 8년 한양 순주 당시 지어진 이색의 시를 보면 백악(柏岳)이 등장하는데[12] 한자는 다르지만 발음이 백악이라는 점이 주목된다. 이후 공양왕대 기록에는 백악(白岳)으로 등장한다.[13] 우왕대 이후로는 순주 지역으로 한양만이 부각되면서 고려 말에는 한양을 유력한 아사달의 성지로 인식한 것이다.

한편 고려의 국도풍수는 한양을 지맥의 근본으로 상정하는 인식에도 영향을 미쳤다. 이는 삼각산의 별칭으로 화산(華山) 혹은 화악(華岳)이 부각된 것에서 찾을 수 있다. 원래 이 산은 고려 시기 내내 삼각산(三角山) 혹은 부아악(負兒岳)으로 주로 불렸다. 그런데, 고려 말부터는 화산이라는 별칭이 자주 사용되기 시작하였다.[14]

원래 '화산'이라는 용어, 특히 '화(華 혹은 花)' 자는 지맥의 근본과 관련이 깊었다. 고려 인종대 묘청은 서경에서 대화세(大華勢)의 땅을 찾아 임원역 자

---

12) 『牧隱詩藁』 권33, 詩 朝議還京 "天時人事兩輪車 聖主曾崇六錄書 恨不至今新授受 縱然好古亦吹噓 漢江曉色浮紅日 柏岳晴空照碧虛 陪輦獨慙吾髮白 三朝賦語費居諸."

13) 『高麗史』 권54, 志8 五行2 金 "(恭讓王 2년) 九月甲寅 虎入新都門下府 搏人而去 時遷漢陽 纔數日 虎多害人畜 人皆畏懼 王遣使祭白岳木覓城隍以禳之."

14) 『益齋亂稿』 권6, 記 重修乾洞禪寺記 "今年十月 西域指空禪師將如華山 過而閱之 大稱嘆以爲稀有."
『牧隱詩藁』 권19, 詩 望三角山上雲 "華山絶頂白雲飛 自負無心何處歸 我豈不知巖下宿 只嫌絶學道人稀."

리에 대화궁(大華宮)을 건설하였다.[15] '대화세', '대화궁' 등 '화'자를 사용한 장소명은 고려 시기에 지맥의 근원을 상징하는 의미로 사용되었을 가능성이 크다. 이는 1370년(공민왕 19) 명에서 도사(道士) 서사호(徐師昊)를 보내어 고려의 산천에 대해 제사지냈던 사례에서 좀 더 분명히 드러난다.[16] 당시 서사호가 드린 제문을 보면, "고려(高麗)의 수산(首山)인 대화악신(大華嶽神) 및 제산(諸山)의 신(神)과 수수(首水)인 대남해신(大南海神) 및 제수(諸水)의 신(神)"에게 제사를 드린다고 하였다.[17] 이는 고려의 으뜸 산신을 '대화악신'으로 규정한 것인데, 이는 명의 일방적인 지식이라기보다는 고려의 정보를 바탕으로 하였을 것이다.[18] '대화악신'이란 구체적인 산을 지칭한다기보다는 추상적인 차원에서 으뜸 산을 규정한 것일 텐데, 이 사례에서 으뜸 산 혹은 지맥의 근원에 '화(華)'자를 사용한 것이다. 그런데 고려 말 이후 삼각산의 별칭으로 '화산' 혹은 '화악'이 부각되었다는 것은 으뜸 산에 '화(華)'자를 부여하던 기존의 사고에 기반하여 삼각산을 나라의 으뜸 산으로 인식하며 '화산'이라는 이름을 부여한 것으로 생각한다.

백악과 삼각산뿐만 아니라, 한양의 남산은 고려 숙종대 이래로 목멱산(木覓山)으로 비정되었다. 평양의 목멱산신은 농업을 관장한다고 인식되었고,[19] 고려 시기 내내 동명왕묘, 평양신사 등과 함께 치제(致祭)되던 장소였다. 고

---

15) 『高麗史』 세가에서는 임원역의 형세를 '大花勢'라 표현하였으나, 열전에는 '大華勢'로 표현되어 있다(『高麗史』 권16, 世家16 仁宗2 인종 7년 3월 庚寅;권127, 列傳 40 반역 1 妙淸). '花'자와 '華'자는 서로 통용되어 사용된 것으로 보이는데, 『高麗史』에는 발음이 같을 경우 한자가 혼용되는 경우가 종종 있다.

16) 명에서 고려의 산천에 제사를 지낸 것은, 제후는 경내의 山川에 제사를 지낼 수 있고 천자는 天下의 산천에 제사를 지낼 수 있다는 『禮記』 王制에 입각한 행위였다.

17) 『高麗史』 권42, 世家42 恭愍王 19년 4월 庚辰

18) 당시 서사호는 고려의 산천에 제사드린 것을 기념하는 비석을 세울 장소로 미리 都城 남쪽의 楓川이라는 구체적인 장소를 정해놓고 이곳이 어딘지를 고려인에게 물었다(위 각주 기사). 이는 고려의 산천에 대한 기본적인 정보를 明에서 가지고 있었음을 보여준다.

19) 『東文選』 권2, 賦 三都賦 "西都之創先也 帝號東明 降自九玄 乃眷下土 此維宅焉 …… 又有木覓 稼穡是司 不耕而禾 積如京坻 蔭公庇私 介以耄褫 若是何如."

려 말 조선 초를 거치며 한양을 둘러싼 주요 산들은 새로운 위상을 가지게 되었다. 단군의 사적인 백악, 지맥의 근본인 화산(삼각산), 농업신의 처소인 목멱산으로 둘러싸인 한양이 성소로 거듭난 것이다. 이는 고려 국도풍수의 강한 영향력 속에서 친숙하며 의미있는 장소명을 통해 한양을 수식한 것이었다.[20] 이후 삼각산은 중사(中祀) 악해독(岳海瀆) 중 중악(中岳)으로, 백악과 목멱산은 소사(小祀) 명산대천(名山大川)으로 국가 사전(祀典)에 등재됨으로써 공식적인 제례의 대상이 되었다.

한편 조선 초 불교 교단의 정비과정을 보면, 비보사사를 정비 기준으로 제시한다는 점에서 고려 말 국도풍수 논의를 계승하고 있다. 조선 초 불교 교단의 축소와 정비는 1402년(태종 2) 서운관(書雲觀)의 상언(上言)으로 본격화되었다.[21]

> 신 등은 듣건대 佛氏의 가르침은 청정과욕으로써 세속과 떨어지는 것을 위주로 하지, 국가를 다스리는 도가 있다는 것은 듣지 못하였습니다. 前朝 王太祖가 삼한을 통합한 초기에 어떤 이가 진언하기를, "山水가 背逆한 땅에 절을 두고 불상을 안치하여 어떤 도량을 설행하면 국가를 편안하게 하는 데 한 도움이 될 것입니다."라고 하니, 有司에 명하여 땅에 따라서 절을 두어 토지와 노비를 지급하고 청정과욕한 자를 주지로 삼아 佛僧을 공궤하게 하였으나, 사직을 편안하게 하기 위함일 뿐이었지 梁 武帝가 죄를 두려워하고 복을 좋

---

20) 친숙하고 의미있는 장소명을 통해 어떤 지역을 수식하는 방법은 江都 천도기에 이미 사용된 사례가 확인된다(『高麗史』 권23, 世家23 高宗 21년 2월 癸未 "燃燈 王如奉恩寺 以故叅政車倜家爲奉恩寺 撤民家以廣輦路 時雖遷都草創 然凡毬庭宮殿寺社號 皆擬松都 八關燃燈行香道場 一依舊式").

21) 태종 1년부터 사원과 사원전민의 문제를 해결하자는 상소는 여러 차례 올라왔으며, 태종 2년 2월에는 기존에 면세지였던 공신전과 寺社田에서도 수세를 하기 위한 법이 제정되기도 하였다. 조선 초 불교 개혁의 추이에 대해서는, 한우근, 1957 「麗末鮮初의 佛敎政策」 『서울대학교논문집』(인문사회과학, 6)(1993 『유교정치와 불교』, 일조각 재수록) 참조. 조선 초 사원전을 정비하여 군자전을 확보하는 과정에 대해서는 한영우, 1983 「조선 건국의 정치, 경제기반」 『조선전기 사회경제연구』, 을유문화사 참고.

> 아하여 부처에 아첨하기를 구한 것과는 같지 않았습니다. …… 엎드려 바라옵건대 전하께서 佛氏의 도를 없애버리는 것을 어렵다고 여기신다면 禪宗을 합하여 曹溪로 하고, 五敎를 합하여 華嚴으로 하시고 密記에 소속된 京外 70사를 兩宗에 분속시키고, 덕행이 있어 사표가 될 만한 자를 택하여 주지로 삼으시고 승려가 없다면 차임하는 것을 비워두시면 이제부터는 토지와 노비의 이익을 좇아서 승려가 되는 자가 적어질 것입니다. 그 재주와 행실을 헤아려서 합당하지 않으면 환속시켜 국역에 이바지하는 자가 많아질 것입니다. 엎드려 바라건대 전하께서 密記에 소속된 70개 절 외에 그 나머지 裨補에 등록된 京外 各寺 土田의 조는 영구히 軍資에 속하게 하시어 삼년의 저축을 대비하시고, 그 노비는 各司와 州郡에 분속하면 병사와 식량이 풍족해질 것입니다.[22)]

위 상언은 몇 가지 점에서 고려 말 이래의 국도풍수 논의가 계승되었음을 보여준다. 우선 건의의 주체가 서운관이라는 점이다. 풍수, 천문 등을 관장하는 서운관이 불교계 정비에 대한 건의를 할 수 있었던 것은 정비 기준이 도선과 태조 왕건의 말에 근거한 비보사사였기 때문이다. 이는 원간섭기 이래 비보사사가 불교계 정비의 한 기준으로 자주 언급되어 왔던 경향이 이어진 것이다.

서운관의 건의는 선종과 교종의 여러 종파들을 합쳐서 양종만을 남기고, 소속 절도 70개로 제한하는 등 매우 급진적이었다. 의정부에서는 이를 완화

---

22) 『太宗實錄』 권3, 태종 2년 4월 甲戌 "書雲觀上言 臣等竊聞 佛氏之敎 以淸淨寡欲 離世絶俗爲宗 未聞有治國家之道也 前朝王太祖統三之初 或者進言曰 背山逆水之地 置寺安佛設某道場 則安國家之一助也 乃命有司 隨地置寺 給田與奴 以淸淨寡欲者爲住持 俾供佛僧 但爲安社稷耳 非如梁武帝畏慕罪福 求媚于佛者也 …… 伏惟殿下 若以掃除佛氏之道爲難 則禪宗合爲曹溪 五敎合爲華嚴 以密記付京外七十寺 分屬兩宗 擇其德行足爲師表者爲住持 無其僧闕其差 則自今以後 慕田口之利而爲僧者鮮矣 量其才行之不合 還俗供國役者多矣 伏願殿下 將密記付七十寺外 其餘裨補所載京外各寺土田之租 永屬軍資以備三年之蓄 其奴婢 分屬各司與州郡 則兵食足矣 …… 下議政府議擬申聞 府與司平承樞兩府同議 書雲觀狀申內事意允當 獨於密記付寺社內田民不足者 乃以革罷寺社田民量宜加給 雖不付密記者 常住僧一百已上作法處 姑依舊不動."

하여 밀기(密記)에 수록되어 있으나 잔폐한 사사의 경우엔 혁파된 사사의 토지와 노비를 붙여주도록 하고, 현실적으로 상주승이 100여 명 이상인 경우에는 존속시키도록 수정 건의하였다.23) 그러나 이러한 완화된 건의조차도 태조 이성계의 반대에 부딪혀 바로 무산되면서 교단의 정비는 한동안 답보 상태에 머물렀다.24)

불교계 정비는 1405년(태종 5) 말 이후에야 본격화될 수 있었는데, 이때는 바로 한양천도가 확정적으로 행해진 직후였다. 이 해 10월 태종이 한양에 입어(入御)하고, 태조도 뒤이어 한양에 들어온 11월에 의정부(議政府)에서는 사사(寺社)의 전구(田口)를 혁파할 것을 주장하였다.25) 3년 전 태조 이성계의 반대로 무산되었던 불교 교단의 정비가 이때에 이르러 가능했던 가장 중요한 요인은, 한양천도 등을 계기로 태조와 태종의 관계가 극적으로 개선되었다는 점이었다.

당시 의정부에서 제시한 존폐의 기준은 '전조밀기(前朝密記)에 수록되어 있는 비보사사(裨補寺社) 및 외방각관(外方各官)의 답산기(踏山記)에 수록된 사사(寺社)'와 지방 행정단위의 규모였다. 이는 3년 전 서운관의 건의보다 한

---

23) 위 각주 참조

24) 『太宗實錄』 권4, 太宗 2년 8월 乙卯
이때 태조 이성계는 肉饍을 거부하며 사원의 전지와 노비를 환급하도록 강요하였고, 연회를 베풀면서 전지 환급에 대한 草文을 직접 확인하는 등 매우 강력한 태도로 교단 정비를 중지시켰다. 이에 태종은 매우 위축되어, 密記 외 寺社의 전지를 일체 還屬하는 것은 물론이고 도첩과 상관없이 승려가 되는 것을 허락하였으며 향후 관서에서 이에 대한 비판도 올리지 말도록 명하였다.

25) 태종이 한양에 도착한 것은 10월 11일이었고, 태조는 11월 8일에 도착하였다. 이로부터 10여 일 후 의정부에서 상소하였다.
『太宗實錄』 권10, 太宗 5년 11월 癸丑 "議政府上書請革寺社田口……以前朝密記付裨補寺社 及外方各官踏山記付寺社 新舊京五敎兩宗各一寺 外方各道府官已上禪敎各一寺 監務官已上禪敎中一寺 且仍其舊 令所在官 籍其奴婢口數 各其寺十里外農作居生 其炊饌供給 只用役使奴子 百員居處二十名 五十員居處十名 十員居處以下二名式 每年相遞輪番立役 其餘奴婢身貢及土田所出 併皆收齊 無奴婢寺社 以裨補外寺社奴婢及土田 量宜移給 以居僧多少 每季月計題給 …… 從之 唯衍慶興天華藏神光釋王洛山聖燈津寬上元見菴觀音崛檜庵般若殿萬義京甘露等寺社仍舊."

결 완화된 조건으로서, 도선밀기에 수록된 70개 절 외에도 외방 각 군현마다 군현의 크기에 따라 한두 개씩 절을 존속시키도록 하였으며, 태종은 이에 더하여 연경(衍慶)·흥천(興天)·화장(華藏)·신광(神光)·석왕(釋王)·낙산(洛山)·성등(聖燈)·진관(津寬)·상원(上元)·견암(見菴)·관음굴(觀音崛)·회암(檜庵)·반야전(般若殿)·만의(萬義) 및 서울의 감로사(甘露寺) 등, 태조나 정종과 관련이 깊은 절들은 그대로 둘 것을 명하였다.

이처럼 조선의 개국과 한양천도 등과 관련하여 고려의 국도풍수 전통은 개국을 정당화하고 천도지를 찾고 한양을 성소로 수식하는 데 여러 가지 영향을 미쳤다. 또한 천도의 시점과 맞물려 행해진 불교계의 정비에서도 비보사사가 여전히 기준으로 거론되는 등, 불교와 풍수의 결합 역시 여전한 생명력을 지니고 있었다.

2) 국도풍수의 새로운 흐름

고려 국도풍수의 여전한 영향력에도 불구하고 한양천도를 논의하고 실제 천도하는 과정을 거치며 중대한 변화가 발생하였다. 첫 번째로는 고려 말 수도의 조건으로 대두된 이래 강화되어 온 수도의 입지적 조건, 즉 조운이 소통하고 국토의 중앙에 입지해야 한다는 점이 가장 중요한 기준으로 재확인되었다는 점이다.[26] 두 번째로는 고려의 국도풍수가 '도참(圖讖)'으로 규정되고 중국에서 유래한 풍수설은 '지리(地理)'로 규정되기 시작하면서 국도풍수의 입지가 축소되기 시작하였다는 점이다. 마지막으로 태종대 확정적으로 한양

26) 이태진, 1994「한양천도와 풍수설의 패퇴」『한국사시민강좌』14.
이 글에서는 고려 말 조선 초를 거치면서 수도가 국토의 중앙에 위치하고 조운이 소통되어야 한다는 합리적 기준이 대두되면서 풍수설이 패퇴되었다고 보았다. 이 시기에 수도의 입지에 대한 합리적 기준이 대두되었다는 것은 탁월한 지적이지만, 그것이 풍수설 전체의 패퇴를 이끌어냈다는 것은 지나친 감이 있다. 조선 초 한양천도를 거치며 풍수설 중에서도 패퇴된 측면과 그렇지 않은 부분, 또 새로 재편된 부분들을 좀 더 면밀히 살펴볼 필요가 있다. 이에 대해서는 본문에서 서술하도록 하겠다.

으로 천도한 후에 불교 교단을 정비하면서 비보사탑풍수설이 그 실질적 기반을 상실하였다는 점이다.

먼저 첫 번째와 두 번째 부분을 살펴보자. 기존 연구에서는 조선 초 한양 천도 과정에서 풍수설이 패퇴되었다고 보거나[27] 혹은 호순신(胡舜臣)의 『지리신법(地理新法)』으로 대표되는 중국 이법(理法)풍수가 대두되면서 이를 계기로 고려의 형법(形法)풍수에서 이법(理法)풍수로 전환되었다고 보았다.[28] 그러나 이 시기 천도논의를 좀 더 세밀하게 살펴보면 풍수설 전체가 패퇴되었다거나 형법풍수(자생풍수)에서 이법풍수(중국식 풍수)로 전환되었다고 보는 기존 구도와는 다르다는 점을 확인할 수 있다.

우선 호순신의 『지리신법』으로 대표되는 중국 이법 풍수는 계룡산 천도지에 대해 반대한, 아래 하윤의 상소를 계기로 등장하였다.

> 도읍은 마땅히 나라의 중앙에 있어야 될 것이온데, 계룡산은 지대가 남쪽에 치우쳐서 동면·서면·북면과는 서로 멀리 떨어져 있습니다. 또 臣이 일찍이 신의 아버지를 장사하면서 風水 관계의 여러 서적을 대강 열람했사온데, 지금 듣건대 계룡산의 땅은, 산은 乾方에서 오고 물은 巽方에서 흘러간다 하오니, 이것은 宋 胡舜臣이 이른 바, '물이 長生을 破하여 衰敗가 곧 닥치는 땅'이므로 도읍을 건설하는 데는 적당하지 못합니다.[29]

호순신은 12세기 중반을 산 인물로서, 하윤이 거론한 것은 그의 책인 『지

---

27) 이태진, 위 논문

28) 최창조, 1997 『한국의 자생풍수』, 민음사; 김두규, 2001 『호순신의 지리신법』 장락; 오석민, 2003 「여말선초 풍수설의 변화와 특징」 『건축역사연구』 34.

29) 『太祖實錄』 권4, 太祖 2년 12월 壬午 "京畿左右道都觀察使河崙上言 都邑宜在國中 雞龍山地偏於南, 與東西北面相阻 且臣嘗葬臣父 粗聞風水諸書 今聞雞龍之地 山自乾來 水流巽去 是宋朝胡舜臣所謂水破長生衰敗立至之地 不宜建都."

리신법』이다.[30] 하윤이 부친상을 당한 것이 바로 1394년(태조 3)이므로, 위 인용문을 그대로 인정한다면 하윤조차도 호순신의 설을 검토한 것은 얼마 되지 않은 상황이었다.

하윤이 호순신의 설을 처음 거론하였을 때, 태조의 반응은 매우 전향적이었다. 새로운 설이 맞는지를 검토하기 위해 고려 왕실의 여러 산릉(山陵) 입지를 그린 형지안(形止案)을 바탕으로 그 길흉을 검증하였는데, 이것이 맞아떨어지자 하윤의 건의대로 계룡산 천도 공역을 그만두게 하였다. 천도 공역을 그만두게 할 정도였다는 점은 이 책에 큰 명성을 가져다주어 이후 조선에서 크게 성행하게 되었다.[31] 이러한 사정은 기존 연구에서 고려의 풍수가 전면적으로 쇠퇴하고 중국풍수가 유행하게 된 계기로 꼽혔으며, 경복궁은 중국풍수를 통해 자리잡은 대표적인 장소로 꼽히기도 하였다.[32]

그러나 과연 그럴까? 호순신의 설이 이때 물의를 불러일으킨 것은 맞지만 정작 천도지로 설정된 장소는 가장 새롭지 않은 지역인 한양이었다. 이는 오히려 고려의 국도풍수가 순식간에 패퇴되지 않았다는 점을 의미한다.

좀 더 면밀히 천도논의 과정을 검토해보자. 태조 3년 초반 호순신을 거론하며 하윤이 새로운 풍수설을 제기하자, 그를 비롯한 여러 관리들에게 서운관에 소장된 비록 문서를 검토할 기회가 주어졌다. 이를 바탕으로 『지리비록촬요(地理秘錄撮要)』를 만들고 어전에서 진강(進講)한 후, 관리들을 보내어 하윤이 건의한 무악을 상지하게 하였다. 그러나 하윤 이외에는 모두 무악을 반

30) 호순신은 자신이 이전의 지리론을 근거로 하여 새롭게 하였다는 의미로서 『지리신서』라는 이름을 붙였으나 책 서문에 '地理新法胡舜臣敍'라고 되어 있어 '지리신법' 혹은 저자 이름인 '호순신'으로 더 많이 불렸다. 호순신의 일생에 대해서는 그다지 알려진 바가 없다. 이상에 대해서는 김두규, 『호순신의 지리신법』 해제 참조.

31) 『太祖實錄』 권4, 太祖 2년 12월 壬午

32) 고려 풍수를 자생풍수로 정의하는 최창조의 경우, 경복궁 터에서는 이질적인 불안감을, 만월대터에서는 어머니의 품과 같은 편안함을 느낀다고 하며 이것이 양 지역의 풍수의 차이점에서 기인한다고 하였다(『중앙일보』 1998년 3월 7일자 「북녘산하 북녘풍수」 5. 만월대, 그 자생풍수의 표본).

대함으로써 무악에 대한 1차 상지(相地)는 종료되었다.[33]

이 과정을 보면, 호순신설에 근거하여 무악이 제기되었어도 다시 이를 고려의 비록을 가지고 검증하였다. 즉 호순신설이 제기되었음에도 불구하고 새로운 지역을 선정하기 위해서는 고려의 비록에 맞아야 했던 것이다. 무악을 건의한 하윤도 다음과 같이 말하며 해당 장소가 적합하다고 주장하였다.

> 毋岳의 명당이 비록 협착한 듯하지마는, 松都의 康安殿과 平壤의 長樂宮을 가지고 이를 관찰한다면 조금 넓은 편이 될 것입니다. 또한 前朝의 秘錄과 중국에서 通行하는 地理의 법에도 모두 부합합니다.[34]

무악이 명당이라고 주장하기 위해 하윤은, 실제 사례 측면에서는 송도의 본궐과 평양의 장락궁을 비교 대상으로 삼았고, 이론적으로는 고려의 비록과 중국의 지리법 두 가지에 근거하였다. 송도의 본궐과 평양의 장락궁은 모두 고려에서 큰 의미를 부여하였던 장소로서, 이들이 조선 초 사람들이 생각하는 명당의 실제적 기준이었던 것이다. 한편 위 기사는 이론적인 측면에서 고려의 비록과 중국의 지리법이라는 두 가지 갈래가 구분되어 제기되었고, 둘 중 하나가 아니라 두 가지에 모두 부합하여야 하였다는 점도 보여준다. 따라서 중국 풍수서가 거론되었다 하여 바로 받아들여진 것이 아님을 알 수 있다.

천도에 대하여 거듭 논란이 제기되자, 도평의사사에서는 다음과 같이 음양산정도감(陰陽刪定都監)을 설치하자고 건의하였다.

> 지리의 학설이 분명치 못하므로 사람마다 각각 자기의 의견을 내세워, 서

---

33) 『太祖實錄』 권5, 太祖 3년 2월 甲申; 丙戌; 戊子; 癸巳

34) 『太祖實錄』 권5, 太祖 3년 2월 癸巳 "毋岳明堂 雖似狹窄 然以松都康安殿 平壤長樂宮觀之 則稍爲寬廣 且於前朝秘錄及中國通行地理之法 皆合."

> 로 같기도 하고 다르기도 하니, 진위를 분별하기 어렵습니다. 前朝에서 전해오는 秘錄 역시 같기도 하고 다르기도 하여, 邪와 正을 정하기 어려우니, 청하옵건대 陰陽刪定都監을 두어 교정하여 하나로 정하도록 하소서.[35]

위 건의에서도 지리의 학설과 고려의 비록이 나란히 거론되는데, 이후 전자는 '지리'로 후자는 '도참'으로 거론되기 시작한다. 다음 날 음양산정도감을 설치한 기사에서는 "지리(地理)와 도참(圖讖)에 관한 여러 책을 모아서 참고하여 교정하게 하였다."[36]고 하였을 뿐만 아니라 전통적으로 풍수를 담당하고 있었던 서운관 관원도 도참과 지리를 구별하는 언설을 하기 시작한다. 1394년 8월 천도지를 찾기 위한 여행에서 서운관 관원이 계속 비타협적으로 나오자, 이성계가 노하여 "송도의 지기가 쇠하였다는 말을 듣지 못하였느냐"라고 추궁하였다. 이에 대해 서운부정(書雲副正) 류한우(劉旱雨)는 "이것은 도참으로 말한 바이며, 신은 지리만 배워서 도참은 모릅니다."라고 답변하였다.[37] 송도의 지기쇠왕에 관한 전통적인 고려 국도풍수의 설은 도참으로, 중국풍수는 지리로 구분한 것이다.

그렇다면 중국 지리법의 내용은 무엇인가? 기존 연구에서는 고려풍수를 형세론에 기반한 형법풍수로, 이 시기 등장한 중국풍수를 이법풍수로 규정하는 경향이 있다.[38] 그러나 이 시기 논의에서는 형법과 이법을 아우르고 있

35) 『太祖實錄』 권6, 太祖 3년 7월 戊申 "都評議使司啓曰 地理之學未明 人人各執所見 互相同異 眞僞難辨 前朝相傳秘錄 亦有同異 邪正難定 請置陰陽刪定都監 勘校一定 上從之."

36) 『太祖實錄』 권6, 太祖 3년 7월 己酉
음양산정도감에는 서운관 관원뿐만 아니라 權仲和, 鄭道傳, 成石璘, 南誾, 鄭摠, 河崙, 李稷, 李懃, 平原君 李舒 등이 참여하였다. 권중화는 이전부터 풍수를 잘 아는 인물이었으며, 하윤은 새로이 무악을 제기한 인물이었지만 정도전, 성석린, 정총, 이직 등은 무악에 반대하고 천도 자체에도 반대하였던 공신세력들이다.

37) 『太祖實錄』 권6, 太祖 3년 8월 戊寅 "上怒曰 汝爲書雲觀 謂之不知 欺誰歟 松都地氣衰旺之說 汝不聞乎 旱雨對曰 此圖讖所說 臣但學地理 未知圖讖 上曰 古人圖讖 亦因地理而言 豈憑虛無據而言之 且言汝心所可者."

38) 오석민, 앞의 논문, 162~163쪽.

는 풍수 지식을 중국풍수 혹은 지리로 언급하고 있다.

이직(李稷)은 무악에 대해 평가하면서, 지리서와 동방밀설(東方密說) 두 가지를 구별하여 거론하였다. 먼저 지리서의 내용을 보면 다음과 같다.

> 천도하여 나라를 세우는 땅에 대하여 地理書를 살펴보니, 대략 '萬水千山이 함께 一神에 조회를 하는 大山大水處가 王都나 帝闕이 될 수 있는 곳이다'라고 하였는데, 이는 氣脈이 모이고 漕運이 통하는 곳을 말한 것입니다.
>
> 또 이르기를 '지방 천 리로서 왕이 된 자는 사방 5백 리로 하고, 지방 백 리로 왕이 된 자는 사방 각 50리로 한다' 하였으니, 이는 도리가 균등한 것을 이름입니다.[39]

위 이직의 건의에서 거론된 '만수천산이 함께 일신에 조회를 하는 곳'이란 표현은 『명산론(明山論)』의 「삼십육룡순회(三十六龍順會)」 편에 '지어경도제련(至於京都帝輦) 만수천산구조일신처(萬水千山俱朝一神處)'라는 구절과 일치한다.[40] 이날 하윤 역시 '중국 지리제가(地理諸家)'의 학설을 요약하여 '산과 물이 조회하고 모이는 설'이라 거론하였다. 이는 고려 중기 풍수 논의 당시 '산조수순(山朝水順)'을 따졌던 것과[41] 비교해도 큰 차이를 보이지 않는다는 점에서 『명산론』은 고려 시기 어느 시점부터는 활용되었던 책으로 보인다.

호순신의 『지리신법』이 대표적인 이법풍수서인 것에 비해 『명산론』은 형

오석민은 조선 초 호순신의 『지리신법』이 등장하면서 고려의 풍수관이 전면적으로 바뀌었다고 보았다.

39) 『太祖實錄』 권6, 太祖 3년 8월 己卯

40) 김두규는 『명산론』이 1441년(세종 23) 목효지가 올린 상소에 처음 언급되었다고 하였으나, 동일한 문구가 태조대 천도논의 때 이미 등장한 것으로 보아 그보다 훨씬 일찍부터 조정에 알려져 있다고 봐야 할 것이다

41) 『高麗史』 권18, 世家18 毅宗 12년 8월 甲寅 "太史監候劉元度奏 白州兔山半月岡 實我國重興之地 若營宮闕七年之內 可呑北虜 於是遣平章事崔允儀等相風水 還奏曰 山朝水順 可營宮闕 王然之."

세론의 도서로 구분된다.[42] 따라서 이직과 하윤 등의 언급을 볼 때 이 시기 검토된 중국 풍수서는 단순히 호순신의 『지리신법』으로 대표되는 이법풍수서만이 아니라 형세론의 도서도 포함되어 있었다. 또한 『명산론』의 경우에는 고려 시기에도 활용되었던 도서였다는 점에서 이 시기에서야 비로소 대두된 설이라고 볼 수 없는데도, 이들 두 도서는 '중국 지리제가'의 설로 언급되었다.

지리에 관한 인식에 비해 이 시기 언급된 동방밀설은 아래 이직의 설명에서도 볼 수 있듯이 성소(聖所)에 대한 도참에 해당하였다.

> 東方密說에 이르기를, '三角 南面이라' 하고 또 '漢江에 임하라', 또 '毋山이라' 라고 하니 이 땅[무악]이 거론되는 이유입니다.[43]

하윤은 무악이 동방전현밀설(東方前賢密說)에 대부분 부합한다고 주장하였는데,[44] 특히 도선기(道詵記)에 있다는 '한수입명당(漢水入明堂)' 등의 말을 염두에 둔 것으로 보인다.[45] 이처럼 이른바 '동방밀설'에서는 명당이 갖추고 있는 일반적인 원리[46]를 담고 있다기 보다는, 특정 성지를 지칭하는 말들이

42) 김두규, 『명산론』 해제; 이화, 2005 『조선조 풍수신앙 연구』, 46~47쪽.

43) 『太祖實錄』 권6, 太祖 3년 8월 己卯 "中樞院學士李稷曰 …… 又東方密說曰 三角南面 又曰臨漢江 又曰毋山 此地所以擧論也."

44) 『太祖實錄』 권6, 太祖 3년 8월 己卯 "僉書中樞院事河崙曰 東方古都享國長久者 雞林平壤而已 毋岳形勢雖卑狹 比之雞林平壤宮闕之基 實爲寬廣 加以居國之中 漕運所通 表裏山河 又有可憑 東方前賢密說 亦多相契 又中國地理諸家 山水朝聚之說 擧皆相近 故於前日對問具陳 伏惟王者之興 自有天命定都之事 不可輕議 若欲順一時人心 以除民弊宜且安於松都 若欲用前賢之說 以立萬世之基 無過於此."

45) 『筆苑雜記』 권2 "予年九歲十歲時 與國初日者李陽達同里閈 李年八十五六 精神不衰 常語曰 初定漢都時 河崙云 道詵記有漢水入明堂之語 宜建毋岳南 必今衍禧宮之基 我云華岳之南 實是大地 亦不害漢水八明堂之說 衆議不決."

46) 형법이건 이법이건 간에 혈처의 조건에 대한 일반 원리를 규정하고 있다는 점은 동일하다. 물론 실제에 있어서는 다양하게 변화하거나 미묘한 차이를 가지고 있지만, 근본적으로는 일반 원리를 설명하려는 경향을 지니고 있다고 할 것이다.

담겨 있기 때문에 이 시기에는 이것이 '도참'으로 거론된 것이었다.

종합적으로 볼 때 이 시기 천도논의를 거치면서 형법과 이법을 아우른 풍수 이론은 중국 풍수, 혹은 지리로 언급된 반면 고려의 국도풍수는 밀설(密說), 즉 도참으로 대비되었다. 이는 고려 중기 이래 국도풍수가 신비화되었던 과정의 종착으로서, 그 성격이 완전히 도참으로 축소된 것이었다.

그러나 이 시기 중국 제가의 지리설은 그 영향력에 한계가 있었다는 점 역시 부인할 수 없다. 이 무렵 중국의 지리서들을 검토하였지만, 궁극적으로는 동방 전현의 밀설에도 일치해야 선정될 수 있었다. 따라서 밀설에서 가장 이상적인 땅으로 여겨지는 송경은 누구에게나 가장 중요한 기준이 될 수밖에 없었다. 여러 인물 중 중국 학설에 가장 치우쳐 있던 하윤조차도 무악이 송경과 닮았다고 주장하고, 좋은 땅은 송도 강안전과 같은 곳이라고 언급하였을 정도였다.[47]

이처럼 이때까지도 동방 밀설이 지니고 있었던 영향력은 새 왕조에서 새로운 수도를 찾으면서도 사실 가장 새롭지 않은 땅을 천도지로 선택한 원인이 되었다. 실제 격국(格局)에 대한 해석도 고려 시기와 크게 다르지 않아서, 한양도 개경과 비슷한 자연지세를 보이고 있으며,[48] 공민왕대 만들어진 백악(白岳) 신경(新京) 역시 이색이 "산 형세는 아담하여 개경과 비슷하다."[49]고 읊을 정도로 개경과 비슷한 형세였다. 따라서 조선 초에 중국식 풍수에 의해 한양천도가 결정되었으며, 이를 통해 중국식 풍수로 전환되었다는 기존의 논의는 재검토될 필요가 있다. 천도논의 과정을 볼 때, 태조대 하윤 상서로 시작된 여러 중국 지리서의 검토는 중국식 풍수로의 일방적인 변화를 의미하

---

47) 『太宗實錄』 권8, 太宗 4년 10월 壬申

48) 이원교, 1993 「전통건축의 배치에 대한 지리체계적 해석에 관한 연구」, 서울대학교 건축학과 박사학위논문.

49) 『牧隱詩藁』 권20, 詩 初七日 上幸新京 臣穡留司 以病不能望行色 俯伏吟哦 因成 一首 "上心仁孝自誠明 欲踐先王卜洛行 故向新京訪遺跡 由來勝地匪虛名 山形端小如扶素 水勢縈紆接 禮城 當日侍臣今有幾 留司老病一書生."

는 것이 아니라 고려의 풍수 중에서도 신비적인 내용의 국도풍수와 중국 고전풍수를 도참과 지리로 구별하여 인지하면서, 전자를 도참으로 규정한 계기로 보는 것이 바람직하다.

그러나 궁극적으로는 동방 밀설이건 중국식 풍수건 간에 국토의 중앙에 위치하여 조운이 통해야 한다는 기본 조건이 가장 중요한 요소였다. 앞서 서술하였듯이 조운이 소통되고 국토 중앙에 입지해야 한다는 것은 고려 말부터 제시되기 시작하였다. 조선 초는 그러한 경향이 더욱 강화된 측면이 있었는데, 원천석의 아래 시를 보면, 특히 이 점을 잘 볼 수 있다.

듣자하니 대가가 皇城을 나와
계룡산 며칠 거리를 巡狩하였다 하네
강과 산이 성대한 왕업에 응해야 할텐데
어디로부터 新京을 지을고
皇家가 처음에 鵠峯에 성을 정하니
조회오는 바닷길 육지길 균일한데
삼십여 임금이 왕업을 전한 후에
松京을 감싸던 英氣는 모두 사라졌네[50)]

송경으로 상징되는 고려에 대한 강한 회고와 애착을 보여주는 위 시에서, 원천석은 국토의 중앙에 위치한 개경을 언급함으로써 함축적으로 국토에서 치우쳐 있는 계룡산을 비판하여 그곳에 자리 잡을 경우 왕업이 이루어지겠느냐는 의미를 담았다. 그렇지만 고려 초에는 개경이 국토의 중앙도 아니었을 뿐더러, 태조가 그곳에 수도를 정했을 당시 고려했던 사항도 아니었다. 그럼에도 불구하고 원천석의 시에서 이와 같이 표상되는 것은, 당대의 유신들이

50) 『耘谷行錄』 권5, 詩 南行 "似聞鑾輅出皇城 巡狩鷄龍數日程 河岳泌應扶盛業 定從何處作新京 皇家初定鵠峯城 朝會均調水陸程 三十餘君傳業後 蕩然英氣擁松京."

국토의 중앙에 위치하여 조운이 통해야 한다는 기준에 대해 크게 공감하고 있었고, 그에 따라 현실의 수도인 개경을 조운의 소통과 국토 중앙 입지라는 기준에 걸맞는 곳으로 수식하고 싶어 했다는 의미이다.

이는 계룡산에 도읍을 건설하려고 했던 때에도 마찬가지였다. 계룡산의 새로운 도읍은 무엇보다도 도참적인 이유로 건의가 시작된 곳이었음에도 불구하고, 조운과 도로의 문제, 성곽을 축조할 지세 등이 고려되었다.[51] 또한 하윤(河崙)이 계룡산 신도에 대해 반대의사를 표명했을 때에도 마찬가지였다. 그의 상소는 호순신을 거론하기에 앞서, 계룡산 지역이 조운이 통하지 않는다는 점을 먼저 서술하였다. 하윤의 상소에서도 첫 번째로 조운 소통과 국토의 중앙 입지를 거론하고 있다는 것은 그만큼 이 두 조건이 당대에 중시되었다는 의미이다.[52]

3장에서 서술하였듯이 조운 소통과 국토 중앙 입지는 고려 말 이래의 새로운 기준으로서, 고려 시기의 순주경 전통으로부터 확연히 전환되었음을 보여주는 것이었다. 물론 이는 기본적으로는 조선 초 상황이 순주를 할 장소를 찾는 것이 아니라 실제로 새로운 도읍을 찾으려는 데에서 비롯한 것이기도 하였지만, 단순히 목적의 차이 때문으로 일축할 수는 없다. 이는 고려 국도풍수의 영향력이 여전한 분위기에서도 이를 배제하려는 의도적인 노력에 바탕을 두고 있기 때문이다.

---

51) 『太祖實錄』 권3, 太祖 2년 2월 甲申 "上率群臣 相新都山水形勢 命三司右僕射成石璘 商議門下府事金湊 政堂文學李恬 審漕運便否 程途險易 又命義安伯和及南誾 審城郭形勢."

52) 조운 등의 문제와 상관없이 계룡산을 선택하였던 이성계의 경우에도, 후에 적성 광실원에 관한 건의가 들어왔을 때 "조운이 통하지 않는데 어찌 도읍터가 되겠는가?"라는 부정적인 의사를 표시하였다(『太祖實錄』 권6, 太祖 3년 8월 庚辰 "前典書楊元植進曰 臣之所藏密書 前者承命已進 積城廣實院東有山 問其居人 名曰雞足 相其地 密書所說 似相近也 上曰 漕運不通 安敢爲都會之處乎 元植對曰 自臨津至長湍 水深可以行舟"). 이는 이성계 역시 최종적으로는 조운 등에 대한 기준에 동의하지 않을 수 없었음을 잘 보여주는 것이라 하겠다.

태조대 천도논의를 통해 최종적으로 한양천도가 결정되면서,[53] 그 과정에서 한양이라는 장소가 도참이나 지리에 의한 것이 아니라 조운과 국토의 중앙에 입지한다는 기준에 의해 설정되었음이 의도적으로 강조되었다. 한양이 천도지로 결정된 후 도평의사사의 상서에서는 '사방으로 통하는 도로의 거리가 고르며 배와 수레도 통할 수 있다'는[54] 것만이 장점으로 서술되었지, 도참이나 지리설은 전혀 언급되지 않았다. 당시 권근이 찬진한 화산시(華山詩)에서도 사방으로 도리가 균평하고 배와 수레가 다 통한다는 점이 찬미되었다.[55] 이는 계룡산 천도를 위한 이성계의 행행 때 권근이 올린 풍요(風謠)에서 풍수와 지덕을 운운하거나[56] 태종대 한양천도가 결정된 후 다시 지은 숭화시(嵩華詩)에서 한양이 도록(圖籙)에 부합한다거나 구변지국(九變之局) 같은 도참을 거론한 것과 완전히 상반된 태도였다.[57] 이는 그만큼 태조대 공신들과 절충을 통해 한양이 결정된 1394년 무렵에는 도참이나 지리에 관련한 사안들이 제기되지 못하는 분위기였음을 잘 반영한다.

이처럼 태조대 어렵사리 한양천도가 결정되고 실행되었지만, 최종적으로 한양이 수도의 입지를 확정적으로 갖게 된 것은 1405년(태종 5) 천도를 통해

---

53) 한양이 새로운 도읍으로 결정될 수 있었던 것은 천도를 원하는 이성계와 이를 원치 않았던 공신세력들의 절충이 가능했기 때문이었다. 한양은 고려 시기에 고려 말 이래로 순주와 관련한 장소로 여러 차례 논의에 오른 적이 있었고 이미 개경에 버금가는 제2의 도시로서 각종 조운로 등이 갖추어져 있었다는 점에서 양자의 요구를 어느 정도 다 충족시킬 수 있었던 것이다. 이에 대해서는 장지연, 2000「여말선초 천도논의에 대하여」『한국사론』43 참고.

54) 『太祖實錄』 권6, 太祖 3년 8월 辛卯

55) 『陽村集』 권1, 進天監華山神廟詩 幷序 "華山美定都于漢陽也 朝鮮受命 定都于漢水之陽 以基萬世之業 四方道里之均 舟車所通 人民便焉."

56) 『陽村集』 권1, 進風謠 幷序 "前朝季世 運祚衰替 良由王政之失 抑亦地德有盛衰也歟 天眷有德 以開上聖 宜建新都 以基億萬世無疆之休 以答上天維新之命 上心愈嘉 伻遣大臣 相地于鷄龍山之陽 厥區祕奧 厥壤肥沃 山川磅礴 襟袍完固 金城湯池 天作地設 風水之勝 自昔而稱 誠可爲王者之所都也."

57) 『陽村集』 권1, 進嵩華詩 幷序 "顧我漢城之都 實應圖籙 太上王之所定也 宗廟社稷之所在也 民迺重遷 不適有居 殿下乃以宗祀之重 堂搆之義 不可以不遷也 嵩嵩華岳 滔滔漢江 環拱完固 天作之邦 淑氣攸積 啓我有德 誕膺眞符 九變之局 惟神斯基 惟聖斯復 神聖相承 永保民極."

서였다. 태종대 한양천도는 국도풍수론 중에서도 비보사탑풍수설이 깨지는 중요한 계기였다. 1405년 한양천도 후에 불교 교단의 재편에 관하여 의정부에서 상서를 올린 데 이어,[58] 1406년(태종 6) 3월에는 처음 안과 조금 달라진 다음과 같은 방안을 의정부에서 제시하였다.

> 본부에서 일찍이 받은 受敎에, ❶ 前朝 密記에 소속된 裨補寺社 및 외방 각관 踏山記에 소속된 寺社 중에 新都와 舊都의 五敎兩宗은 각 1寺를, 외방의 牧府에는 禪敎 각 1寺를, 郡縣에는 선교 중 1寺를 헤아려 남겨두도록 하였는데, 이제 의논하기를, ❷ 신도와 구도 각 寺 중 선교 각 1사는 屬田은 200결, 노비는 100구, 常養은 100원으로 하고, 그 나머지 각 寺는 속전은 100결, 노비는 50구, 常養은 50원으로 할 것이며, 各道界首官은 선교 중 一寺에 속전 100결, 노비 50구를, 各官邑內 資福寺는 給田 20결, 奴婢 10구, 常養 10원을, 邑外 各寺는 給田 60결, 노비 30구, 常養 30원을 두자고 하였습니다. ❸ 또한 신도 명당에 소속된 각 寺는 구도 명당을 비보한다는 명목이니, 신도 명당에는 실제로 손익이 없습니다. 원컨대 거기에 속한 田民을 신도의 오교양종에 이급하게 하시고, 田民이 없는 各寺 또 정해진 수효 외의 寺社의 田民은 정해진 수효 내의 각사로 이급하게 하시고, 그 나머지는 屬公하게 하십시오.[59]

윗글에서 가장 주목되는 부분은 밀기에 수록된 비보사찰이 신도인 한양을

---

58) 『太宗實錄』 권11, 太宗 6년 2월 丁亥

59) 『太宗實錄』 권11, 太宗 6년 3월 丁巳 "議政府請定禪敎各宗 合留寺社 啓曰 本府曾受敎 前朝密記付裨補寺社 及外方各官踏山記付寺社內 新舊都五敎兩宗各一寺 外方牧府禪敎各一寺 郡縣禪敎中一寺量留 今來議得 新舊都各寺內禪敎各一寺 屬田二百結 奴婢百口 常養百員 其餘各寺 屬田一百結 奴婢五十口 常養五十員 各道界首官 禪敎中一寺屬田一百結 奴婢五十口 各官邑內資福 給田二十結 奴婢十口 常養十員 邑外各寺 給田六十結 奴婢三十口 常養三十員 若前朝密記付各寺 則名爲舊都名堂裨補 其於新都明堂實無損益 願將所屬田民 移給新都五敎兩宗無田民各寺 又將定數外寺社田民 移給定數內各寺 其餘屬公."

비보하는 데에는 아무런 도움이 없다고 하며 이들에 속한 전지와 노비를 신도(新都) 한양의 오교양종(五教兩宗)으로 옮길 것을 주장하였다는 점이다(인용문의 ❸ 부분). 이는 불교 교단의 중심이 개경에서 한양으로 이동되는 변화일 뿐만 아니라, '국도(國都)=개경'을 비보하는 사찰이라는 관념, 즉 비보사탑풍수설이 현실적으로 깨지는 중대한 계기였다. 태조대 신도 한양 건설을 앞두고 조계종에서 담선법회를 건의하자, 이에 대해 도평의사사에서 담선법회가 '송도의 지리를 위해 설치하였던 것'인 만큼 신도에서는 사용할 수 없다고 하여 설행하지 않은 적이 있었다.[60] 이처럼 태조대 담선법회를 금지하거나 태종대 불교 교단을 정비한 사례들에서 한양이라는 새로운 도읍지가 선택된 것을 계기로 여러 가지 불교적 의례나 비보사사가 개경을 비보하는 것이라는 이유로 패퇴될 수 있었음을 알 수 있다.

한편 ❶과 ❷를 보면, 수정안이 나오면서 절을 존치하도록 하는 외방의 행정단위의 기준도 바뀌었다. 원안에서는 부목(府牧)과 군현(郡縣)으로 외방의 행정 단위가 제시되었으나, 수정안에서는 각도 계수관과 각관의 읍내와 읍외로 구분되고 있다(〈표 17〉 참조). 이러한 변화는 밀기(密記)와 외방 답산기에 수록된 절들이 고려의 행정 단위에 기초하고 있었기 때문에 원안대로 부목군현(府牧郡縣) 단위로 사찰들을 골라서 정하는 것이 어려움이 있었기 때문으로 추정된다.

〈표 17〉 1406년 議政府의 寺院 정리안

구분	원안	수정안
수도	新都와 舊都: 五教兩宗 각 1사	그대로
지방	府牧: 禪教 각 1사	各道界首官: 禪教 중 1사
	郡縣: 禪教 중 1사	各官 邑內 資福寺
		各官 邑外 각사

* 각주 59번 기사에 의거하여 정리함.

60) 『太祖實錄』 권6, 太祖 3년 12월 庚辰

그런데 이후 정비과정을 거치면서 외방 소재 절들의 존치 기준이 다시금 변화한다. 고려 말부터 교단 정비의 기준은 도선밀기(道詵密記)와 외방답산기(外方踏山記)에 등록된 절이었지만, 실제 이들 비보사사들 중에는 명목만 남아 있고 쇠락한 경우가 상당하였다. 이는 고려 말 잔폐한 비보사사를 복구하도록 한 조처나, 조선 초 서운관과 의정부의 초기 건의 등에서 잔폐한 비보사사의 경우에는 전지와 노비를 붙여서 복구시키도록 한 데에서도 잘 드러난다. 그러나 조선 초 사찰의 통폐합을 실행하면서, 잔폐한 비보사사를 복구하기보다는 새로이 '산수승처(山水勝處)'의 대가람을 선택하자는 사간원(司諫院)의 의견이 제시되었다.

> 전하께서 그[필자 주: 불교의] 폐단을 걱정하시어 裨補 외에 긴요하지 않은 寺社를 汰去하시고, 州府郡縣에 모두 절의 개수를 정하고 절의 대소와 승려의 많고 적음을 헤아려 田民의 수를 증감하시어, 그 무리가 거처하게 하시고 그 도를 바로잡았으니, 역대 이래로 일찍이 이런 적이 없었습니다. 그러나 三韓 이래의 大伽藍도 태거의 예에 있기도 하고, 亡廢한 사원에 주지가 차하된 경우도 간혹 있는 듯합니다. 원컨대 전하께서는 山水가 훌륭한 곳[山水勝處]의 대가람을 택하시어 망폐한 사원을 대신하게 하시어 승도들이 머무를 곳을 얻게 하십시오.[61]

사간원의 건의는 망한 비보사사를 복구하기 보다는 현재 유지되고 있는, 산수가 훌륭한 곳의 대가람을 택하라는 것이다. 이에 따라 1407년(태종 7) 제주(諸州) 자복사(資福寺)들이 명찰(名刹)로써 대체되었다.[62] 이는 개경을 비보

61) 『太宗實錄』 권12, 太宗 6년 閏7월 戊午 "司諫院上言……殿下軫慮其弊 汰裨補外不緊寺社 乃於州府郡縣 皆定寺額 量寺之大小僧之多寡 增減田民之數 使其徒群居而各正其道 歷代以來所未曾有也 然自三韓以來大伽藍亦在汰去之例 其於亡廢寺院住持差下者 容或有之 願殿下擇山水勝處大伽藍 以代亡廢寺院 則僧徒得居止之處矣."

62) 『太宗實錄』 권14, 太宗 7년 12월 辛巳

하며 고려의 전국적인 행정 단위와 조응하며 체계를 유지하였던 비보사사의 틀 자체가 깨지고, 산수의 승지, 역대의 명찰 같은 새로운 기준으로 교단이 정비된 것을 의미한다.

한편 개경 주변에 존재하였던 고려 왕실과 관련된 제사처들 역시 1414년(태종 14) 산천(山川)에 대한 사전(祀典)을 정비할 때, 대거 혁거(革去)되었다. 송악산(松嶽山)과 오관산(五冠山)은 각각 중사(中祀)와 소사(小祀)의 치제 대상으로 살아남았지만, 작제건(作帝建)과 용녀(龍女)의 첫 정착지였던 영안성(永安城), 산신으로 추앙받았던 호경(虎景)의 구룡산(九龍山)은 혁거되었으며, 용녀가 드나들던 대정(大井)은 명산대천에서 제외되고 소재관에서 제사를 지내는 대상이 되었다.[63] 이는 산천신앙의 측면에서도 고려 왕실과 깊은 관련을 맺고 있었던 개경 주변의 여러 장소들이 가졌던 중심성이 상실되는 과정이었다.[64]

이처럼 조선 초에는 여러 부면에서 고려 국도풍수의 영향이 보였지만, 한양으로 수도를 옮기면서 큰 변화를 겪게 되었다. 천도논의 속에서 고려의 국도풍수는 도참으로 규정되며 점점 입지가 축소되었고, 조유이 소통하고 국토의 중앙에 입지해야 한다는 기준은 확고하게 자리잡았다. 개경을 중심으로 편제되어 있었던 비보사사는 한양천도 후 처음에는 불교 교단 정비를 위한 기준으로 제시되었지만, 정비를 거치며 개경을 비보한다는 개념과 고려시기 전국 행정 단위와 조응하고 있었던 외방 비보사찰들의 입지체계 등이 해체되었다.

이때 자복사들은 모두 명찰로 대체되었는데, 조계종 24개사, 천태종 17개사, 화엄종 11개사, 자은종 17개사, 중신종 8개사, 총남종 8개사, 시흥종 3개사 등 총 88개사였다.

63) 『太宗實錄』 권28, 太宗 14년 8월 辛酉

64) 개경 주변의 여러 제사처들이 제거되었음에도 불구하고, 15세기 梁誠之의 경우에는 조선의 嶽海瀆과 名山大川 체제가 삼국과 고려시기를 인습하고 있다고 비판한 바 있다(『世祖實錄』 권2 세조 2년 3월 丁酉).

2. 도참서(圖讖書) 금지와 지리서(地理書) 정비

1) 도참서 금지 과정

조선 초 천도논의 과정에서 도참과 지리가 구분되어 인식되었으며, 이를 통해 고려 국도풍수 관련 내용들이 도참으로 규정되었음을 앞서 살펴보았다. 이 과정에서 고려 국도풍수 관련 도서들도 국가적으로 정리되기 시작하였다.

고려 국도풍수 관련 도서들은 공민왕대와 우왕대에도 한 차례 정리된 적이 있었는데, 조계종 승려를 포함하여[65] 민중리(閔中理),[66] 권중화(權仲和)[67]와 이색(李穡) 같은 유신(儒臣)도 참여하였다.[68] 조선에 들어서서는 태조대 한양천도논의를 통해 본격적으로 정리되기 시작하였다. 하윤의 건의로 계룡산 천도가 좌절되었던 1394년(태조 3) 2월에 서운관에 소장되어 있던 동방 역대 현인들의 비결을 검토하게 하였는데,[69] 이를 바탕으로 요약본인 비록촬요를 작성하여 진강(進講)하기도 하였다.[70] 이때 작성한 촬요(撮要)는 무악 상지를 앞둔 준비 작업의 성격이 컸다.[71]

---

65) 이색의 시에 따르면 국도풍수 관련 논의들을 검토할 때 猊禪師라는 인물이 등장하는데, 다른 글에서 조계종 승려 예공 혹은 예사라고 거론되기도 한다. 이름이나 인물의 성격을 볼 때 공양왕대 연복사역을 건의한 法猊와 동일 인물로 추정된다(『牧隱詩藁』 권10, 古風 一首 上天生太祖 密封書出時 萬代必不絕 明徵乃在玆 司天衆君子 博考仍覃思 精微可到底 幸有猊禪師; 권11, 詩 天台判事携酒見訪 靑溪猊公適至).

66) 민중리는 우왕대 도선밀기로 後蘇를 건의하였고, 조선 초 천도논의 때 도라산터를 건의하기도 하였다.

67) 권중화는 우왕대 후소를 찾을 때에 직접 그곳에 가서 궁궐터를 찾아냈으며, 조선 초에도 태실증고사로 이성계의 태실 자리를 찾고 그 과정에서 계룡산을 건의하는 등 풍수 관련 지식이 있는 인물로 여겨졌던 것으로 보인다.

68) 이색은 우왕의 명령을 받고 六錄 등 秘書를 검토하였는데, 거기에는 조계종 승려뿐만 아니라 한림원 사람들이 참여하고 있었고 검토한 내용을 비서로 제출한 것으로 보인다(『牧隱詩藁』 권10, 詩 觀書席上; 曉吟; 廿一日 司天監官來傳曺六宰語 趣進祕書).

69) 『太祖實錄』 권5, 太祖 3년 2월 甲申

70) 『太祖實錄』 권5, 太祖 3년 2월 丙戌

71) 『太祖實錄』 권5, 太祖 3년 2월 戊子

천도논의가 본격화되자 7월에 음양산정도감을 설치하고 도참서들과 지리서들을 산정하게 하였다. 또한 천도논의의 외연이 확장되면서 서운관 소장 비록뿐만 아니라 개인도 비기(秘記)가 있을 경우 이를 바치기도 하였다.[72] 그러나 당시 검토 과정을 보면, 지리서 내용을 검토하기 위해서라기 보다는, 천도과정에서 불거지는 다양한 이설(異說)들을 차단하기 위한 목적이 더 컸다.

『지리비록촬요』를 만들 때와 음양산정도감에 참여한 인물들을 정리하면 〈표 18〉과 같다.

〈표 18〉「地理秘錄撮要」 및 陰陽刪定都監 참여 인물

구분	참여인물	비고
지리비록촬요	權仲和·李茂方·鄭道傳·成石璘·閔霽·南誾·鄭摠·權近·李稷·李懃·河崙	서운관원 참여 없음
음양산정도감	權仲和·鄭道傳·成石璘·南誾·鄭摠·河崙·李稷·李懃·李舒	서운관원 참여

* 음영표시는 양쪽에 모두 참여한 인물.
**『太祖實錄』 권5, 太祖 3년 2월 甲申; 권6, 太祖 3년 7월 己酉

〈표 18〉을 보면 고려 말에 비할 때 승려가 배제되었고, 정도전을 위시하여 거의 대부분이 개국공신세력이었다. 예외적인 인물이 권중화, 이무방, 민제, 권근, 하윤, 성석린인데, 이 중에서도 음양산정도감에까지 참여한 것은 권중화, 하윤, 성석린뿐이다. 하윤은 무악을 건의하였다는 점에서 전문지식을 인정받은 것으로 보이고, 권중화는 고려 말 이래 풍수 관련 지식을 인정받아 지속적으로 참여한 것으로 보인다.[73] 성석린은 개국공신이 아니었지만, 추후에 권중화와 함께 포상되었다.[74] 그 외 인물들은 음양산정도감에는 참여하지 않았다. 즉 개국공신과 일부 풍수지식을 지닌 이들만을 도감의 구성원으로

72) 『太祖實錄』 권6, 太祖 3년 8월 庚辰
73) 권중화는 의약, 지리, 복서까지 통하지 않은 것이 없다는 평을 받았다(『太宗實錄』 권16, 太宗 8년 11월 丁卯).
74) 『太祖實錄』 권3, 太祖 2년 7월 庚午

참여시킨 것이다.

태조대의 이와 같은 작업들은 실제로는 천도논의에서 잡설이 대두되는 것을 방지하기 위한 것이었지, 지리에 대하여 심도 있는 논의를 위한 것이 아니었다. 이는 8월 천도지 답사 때 이들이 낸 의견들을 보면 알 수 있는데, 이직이나 하윤을 제외하고는 정도전, 정총, 성석린 등은 산의 규모와 모양에 대한 일반론 외에는 지리서나 도참서를 언급한 바가 전혀 없었다. 이는 이들이 음양산정도감에 참여하였음에도 불구하고 실제로는 지리서나 도참서를 검토하지 않았기 때문이었다. 음양산정도감은 공신세력들이 천도지 선정을 주도하고 기타 인물의 참여를 배격하기 위한 것이었다.[75]

태종대에도 이러한 경향은 이어졌다. 특히 도참서들의 경우에는 이들을 검토하기 보다는 바로 금지시키고 불살라버렸다. 태종은 1405년(태종 5) 한양천도에 대하여 강한 비판에 직면했을 때를 제외하고는 시종일관 도참을 배격하였다.[76] 이는 태종대의 경우, 도참이 분분할 경우 새로이 천도한 한양의 위상을 저하시킬 뿐만 아니라, 왕조가 오래 가지 못한다는 등의 불안 심리를 조장할 우려가 컸기 때문이다. 제일 처음 도참서들을 금지시킨 것은 1400년 12월에 태종 즉위 후 벌어졌던 한양 환도논의 때였다.

術數에 관한 圖籍을 금하도록 명하였다. 漢都로 돌아갈 것을 의논하게 하였

---

75) 『지리비록촬요』는 임금의 명에 따라 편찬되었으나 음양산정도감은 도평의사사의 건의로 설치되었다. 그만큼 음양산정도감은 개국공신들의 입김이 많이 반영된 기구였다.

76) 1404년 한양천도가 결정된 후, 창덕궁을 조성하고 관아들을 수리하며 1405년 천도하려고 하였다. 그러나 막상 천도를 실행하려하자 흉년 등을 이유로 다시금 반대론이 거세게 제기되었다. 이때 태종은 송도는 임금을 폐하는 신하의 땅이라는 말이 있으니 한양천도를 반대하는 자들은 흉악한 마음을 품고 있는 것이라고 하며 반대론자들을 질타하였다(『太宗實錄』 권10, 太宗 5년 8월 壬申). 이 무렵에는 태종이 적극적으로 한양과 개경에 관련한 도참을 거론함으로써 한양천도를 시도하였으나, 이때를 제외하고는 도참을 인정하는 발언을 한 적이 없다. 태종은 정도전이 지은 「受寶籙」, 하윤이 찬진한 「修貞符」 등의 악곡이 참위에 바탕하고 있다 하여 악장에 넣는 것을 거부하기까지 하는 등 도참을 배격하였다(『太宗實錄』 권23, 太宗 12년 1월 甲寅).

> 는데, 平壤伯 趙浚, 昌寧伯 成石璘 이하 문신 10여 인에게 이르기를 "불행히도 재변이 있으니, 경 등은 書雲觀의 秘密圖籍을 살펴서 천도의 이해관계를 의논하여 아뢰도록 하라."라고 하였다. 이때에 논의가 분분하여 정해지지 않고, 右政丞 河崙은 毋岳으로 천도해야 한다고 건의하였다. 임금이 여러 대신들에게 이르기를, "지금 讖緯 術數의 말이 종횡으로 나오며 그치지 않아서 인심을 현혹시키고 있으니 어떻게 처리해야 하겠는가?"라고 하였다. 여러 재상들이 모두 "따를 수 없다"라고 하였으나, 大司憲 金若采만이 따를 만하다고 하였다. 임금이 "新都는 父王이 지으신 곳이니, 하필 따로 도읍을 건설하여 백성들을 수고롭게 하겠는가?"라고 하고 드디어 書雲觀에 명하여 術數地利의 책들을 감추도록 하였다.[77]

위의 기사를 통해, 서운관에 소장된 비록들을 살피는 것이 한양천도에 대한 확실한 근거를 얻기 보다는 오히려 분분한 논란만을 키우게 되었음을 알 수 있다. 결국 태종은 서운관에 소장된 참위, 지리서들을 금지시켰다.[78] 이처럼 도참서를 검토하거나 금지시킨 것은 우선 천도 문제나 국운의 지속 여부에 대한 이론(異論)이 나오는 것을 막기 위한 목적에서였다.

도참서들이 본격적으로 금지된 것은 한참 후인 1417년(태종 17)~1418년(태종 18)에 걸쳐 장제(葬制)를 논의하면서였다. 당시 장례 풍속에서 가장 문제가

---

77) 『定宗實錄』 권6, 定宗 2년(太宗 卽位年) 12월 壬子 "命禁術數圖籍 議還漢都 謂平壤伯趙浚 昌寧伯成石璘以下文臣十餘人曰 不幸有災 卿等按書雲觀秘密圖籍 議遷都利害以聞 時論議紛紜未定 右政丞河崙建議 宜都毋岳 上謂諸大臣曰 今讖緯術數之言 縱橫不止 眩惑人心 何以處之 諸宰相皆曰 不可從也 大司憲金若采獨以爲可從 上曰 新都乃父王所創也 何必別建都邑 以勞民乎 遂命書雲觀 藏術數地利之書."

78) 1412년(태종 12)에 忠州史庫에서 서울로 책들을 가져오면서 새로운 도참서들이나 음양서들을 발견하기도 하였다. 당시 음양서의 경우에는 서운관에 내려 보관하도록 하였으나, 『神秘集』 같은 도서의 경우 태종이 직접 검토하고 이를 불태워버리도록 명한 적도 있었다(『太宗實錄』 권23, 太宗 12년 6월 乙亥; 권24, 太宗 12년 8월 己未).
『신비집』이라는 도서의 성격은 분명치 않지만 '神秘'라는 제목과 이 책을 검토한 태종이 '怪誕하고 不經한 설'이라고 평한 것으로 볼 때 도참서의 일종으로 추정된다.

된 것은 아래 태종의 언급에서 볼 수 있듯이 음양(陰陽)의 구기(拘忌) 등을 이유로 장례 일자가 지연되는 풍습이었다.

> 옛날에는 天子는 7개월, 諸侯는 5개월, 大夫는 3개월, 士는 달을 넘겨 장사지냈는데, 이제는 간혹 해를 넘겨도 장사지내지 않는 자가 있으니, 심히 古制에 어긋난다. 또 假葬한다고 일컬으며, 들판에 두고서는 '아무 해 아무 달 아무 날은 어느 아들, 어느 손자의 生日을 범하므로 누구누구가 표적이 된다'고 하면서, 그 자손의 利害를 불러가며 헤아리니, 그 자손이 많은 사람은 혹 2년에서 3년에 이르도록 장사지내지 않는 자도 또한 많게 된다.[79]

장례에 관련한 구기(拘忌)는 고려 이래로 여러가지가 전해져 유행하고 있었다. 윗글에서 나오는 상주들의 생일과 장례일이 상충으로 인한 문제는 그 한 예였을 뿐이다. 이 때문에 벌어진 논의가 확대되며, 여러 종류의 장서(葬書)[80] 때문에 이론이 분분하게 된다는 의견이 제시되었다. 그러자 서운관에 소장된 장서뿐만 아니라 민간의 괴서(怪書)들도 금지시키자는 의견이 제안되었다.[81] 태종은 서운관 소장 참서에 대하여 다음과 같이 언급하며, 이를 모두

---

79) 『太宗實錄』 권33, 太宗 17년 6월 乙酉 "上曰 古者天子七月 諸侯五月 大夫三月 士踰月而葬 今或有踰年未葬者 甚乖古制 且稱爲假葬 置諸原野 以爲某年某月某日 犯某子某孫生日 於某某爲的呼 計其子孫利害 如其子孫衆多者 或二年以至三年不葬者 亦多有之."

80) 장례 풍속 논의 과정에서 등장한 葬書는 곽박의 『葬書』를 가리키는 것이 아니라, 장례에 관련된 일반적인 도서들을 총칭하는 것이다.

81) 『太宗實錄』 권33, 太宗 17년 6월 乙酉 "禮曹判書卞季良曰 三日葬非古制 請從五月三月踰月之制 吏書判書朴信曰 陰陽家集諸家葬書 異論蜂起 使人誑惑 悉集葬書 令書雲觀撮其大要 其他怪異之書 悉除不用 以杜人惑 上曰 創法立制 須使後世不改 遽立法制 則毁之必速 卿等依古葬法定制 以圖永傳 趙末生據禮曹狀 啓大夫之葬三月 士踰月之制 上曰 是誠美法 令大臣擬議定之 左議政朴訔曰 燒毁葬書之怪者 以杜人惑 季良曰 其在書雲觀怪書 則可得盡燒 若私藏怪書 何能盡燒 立法則人自服從 訔曰 人之私故多端 令書雲觀共議通行葬日 若定月內有故 則延葬之法幷論 然後悉燒怪書 上曰 退而更議以聞 上又曰 予以書雲觀舊藏讖書 悉令燒去 無乃尙存乎 予雖不敏 歷觀帝王之迹 讖緯之說論者皆不取焉 術數則因數而起 若讖緯則出於虛誕 甚不足信 然以漢光武之明 猶惑圖

불태우라고 하였다.

> 내가 書雲觀의 舊藏 讖書들을 모두 불태워버리라고 하였는데, 아직도 있단 말인가? 내가 비록 불민하지만, 두루 제왕의 행적을 보았더니 참위의 설은 논자들이 모두 취하지 않았다. 術數로 말하자면 이는 數로 인해 일어난 것이지만, 讖緯같은 것은 허탄한 것에서 나왔기 때문에 심히 믿을 만하지 못하다. …… 우리 조정에 이르러 讖書에서 이른바 '木子走肖의 설'이 開國하던 초에 있었는데, 鄭道傳이 "이건 好事者들이 지은 것이다."라고 하더니 끝내는 이 글을 따랐으니 조정의 대신도 믿지 않은 자가 없었다. 나는 靖安君이던 시절에도 믿지 않았는데, 遷都하던 날에 晋山府院君 河崙이 이 글을 깊이 믿어서 毋岳에 천도하고자 하였으나, 나만 믿지 않고 漢都로 정하였다. 만약 讖書를 불태우지 않고 후세에 전한다면 理를 밝게 보지 못하는 자들이 반드시 깊이 믿을 것이니 빨리 불살라버려야 李氏 社稷에 손실됨이 없을 것이다.[82]

태종의 언급을 보면 '술수는 숫자로 인한 것이지만 참위는 허탄한 것'이라고 하여 술수와 참위가 분리되어 거론된다. 그리고 고려 국도풍수는 개국을 예언하고 무악천도를 주장하는 참위의 범주로 언급된다. 이는 통상적으로 음양술수의 범주에서 거론되었던 고려 국도풍수가, 술수로부터도 분리되며 그 입지가 더욱 좁아진 것을 의미한다.

讖 論者譏之 是光武之不純乎道也 至我朝 讖書所言木子走肖之說 在開國初 鄭道傳曰 此必好事者之所作也 然竟從是書 朝之大臣莫不信之 予以靖安君時 尙不之信 遷都之日 晋山府院君河崙深信此書 欲定都毋岳 予獨不信 乃定漢都 若不燒讖書 以傳後世 則見理不明者 必深信矣 亟令燒去 於李氏社稷 必無所虧."

82) 『太宗實錄』 권33, 太宗 17년 6월 乙酉 "上又曰 予以書雲觀舊藏讖書 悉令燒去 無乃尙存乎 予雖不敏 歷觀帝王之迹 讖緯之說 論者皆不取焉 術數則因數而起 若讖緯則出於虛誕 甚不足信……至我朝 讖書所言木子走肖之說 在開國初 鄭道傳曰 此必好事者之所作也 然竟從是書 朝之大臣莫不信之 予以靖安君時 尙不之信 遷都之日 晋山府院君河崙深信此書 欲定都毋岳 予獨不信 乃定漢都 若不燒讖書 以傳後世 則見理不明者 必深信矣 亟令燒去 於李氏社稷 必無所虧."

한편 윗글에서 볼 수 있듯이 고려 국도풍수에 기반한 참위서들은 도읍 문제만을 다루는 데 그치는 것이 아니라 나라의 운수 문제를 다루고 있었다. 때문에 태종으로서는 이들을 금지시킬 필요성이 절실했다. 마침 이 무렵에 강계(江界)의 무녀(巫女)들이 요언(妖言)을 만든 사건이 발생하자[83] 태종은 서운관 소장 참서들을 모두 불태우게 하고, 민간에 소장된 참서들을 자수하여 바치도록 하였다.[84] 당시 불사른 서운관 소장 참서가 약 2상자 정도였다.[85]

이때 서운관 소장 참서들이 한 차례 소각되었지만, 이듬해인 1418년(태종 18)에 성녕대군(誠寧大君)의 죽음을 계기로 장일(葬日) 문제가 다시 제기되면서, 참서들이 다시금 문제시되었다. 출발은 장례 일자에 관련된 것이었으나, 이때 논의는 근본적으로 풍수(風水)의 유래와 이론적 근거에 대한 다음과 같은 질문으로 이어졌다.[86]

> 임금이 또 묻기를, "예로부터 城郭宮闕의 제도가 있었는데, 무엇에 근거한 것이었는가?"라고 하자, 朴訔이 아뢰기를 "城郭宮闕은 天文地理를 따라서 方位를 정한 것인데, 天文地理는 五行의 理를 논하고 있으니, 없어서는 안됩니다. 신등이 불태우고자 하는 것은 葬書입니다." 하였다. 임금이 "陰陽地理의 법은 어느 대부터 시작되었는가? 中原도 땅을 택해 장례하는 법이 있는가?"

---

83) 『太宗實錄』 권33, 太宗 17년 6월 庚寅 "江界巫女二人造妖言 罪應死 命減等施行 上因曰 讖僞之書 予不信久矣 王氏李氏之間 有木子之言 有三角之南 眼見三池之說 人皆信之 鄭道傳初曰 人有閑事者 造言書出 終乃信之 遂上受寶籙歌 河崙亦信之 予以爲 如此之事不可歌詠德政 曾命改之 宗社禍福長短 安有以此而知之 曾命書雲觀 如此妖書皆火之 予未知皆火之否 乃命內官崔閑 問諸書雲觀 判事崔德義進曰 未知事由."

84) 『太宗實錄』 권34, 太宗 17년 11월 丙辰 "下敎禁讖書 下旨禮曹曰 讖緯術數之言 惑世誣民之甚者也 爲國者所當先去 故已命書雲觀 擇其妖誕不經之書 付諸烈焰 自今京外私藏妖誕之書 來戊戌年正月爲限 自首顯納 亦令燒去 如或定限不納者 許諸人陳告 照依造妖書之律施行 將犯人家産 告者充賞."

85) 『太宗實錄』 권34, 太宗 17년 12월 丙申 "焚書雲觀所藏讖書二篋 俗因前朝之習 酷信陰陽拘忌 親死累年不葬者有之 上命朴訔 趙末生 坐書雲觀 盡索陰陽書 擇其妖誕不經者焚之."

86) 『太宗實錄』 권35, 太宗 18년 2월 戊子

라고 물었다. 金汝知가 아뢰기를, "東晋 때 陶侃이라는 자가 있어 陰陽地理의 법을 제정하였습니다."라고 하였고, 柳廷顯이 "신이 일찍이 사신이 되어 중원에 갔었는데, 밭머리와 냇가에 사람들의 무덤이 빼곡하였으니, 이걸로 보건대 중원의 사람들은 지리를 택하지 않습니다."[87]

윗글을 보면, 먼저 태종이 풍수에 따라 건설되기 마련인 성곽 궁궐의 제도의 근거가 무엇인가를 질문하였다. 이에 대해 박은은 성곽 궁궐의 제도는 천문지리에 따라 건설되는 것으로서, 이것은 오행의 이치를 논하고 있으므로 필수불가결하지만, 장서의 법은 쓸모가 없다고 답변하였다. 그러자 태종이 음양지리의 법, 즉 장서의 법의 유래와 중국에서도 사용하는지 여부에 대해 질문하였다. 이는 풍수의 유래와 보편성에 대한 질문이었다.

장례 관련 풍속을 논의하는 과정에서 이처럼 풍수에 대한 질문으로 확대되었는데, 음택풍수의 보편성이 무시되면서 풍수 중에서도 매우 제한된 분야만이 필요성을 인정받았다. 즉 음택풍수도 근거가 박약한 것이라고 비판하고 성곽과 궁궐을 짓는 양기풍수의 입지론만이 인정받은 것이다. 전통적으로 음양술수(陰陽術數)의 분야로 포괄되어 왔던 고려의 국도풍수는 아예 참위로 분류됨으로써 그 존재의의를 상실하고 있었다.

이러한 분위기에서 여러 장서(葬書)들을 다시 수거하고 이를 몰래 수장할 경우 수장금서율(收藏禁書律)로 논하도록 하였으며,[88] 최종적으로는 장례일의 기준을 담은 『장일통요(葬日通要)』가 1419년(세종 1) 편찬되었다. 이를 통해 사대부의 상사(喪事)를 3개월 이내로 한정하여 장통일(葬通日)을 사용하게 하

87) 『太宗實錄』 권35, 太宗 18년 2월 戊子 "上又問曰 自古有城郭宮闕之制 何所據乎 朴訔曰 城郭宮闕 從天文地理 以定方位 天文地理 論五行之理 不可無也 臣等所欲焚者 葬書也 上問 陰陽地理之法 始於何代歟 中原亦有擇地而葬之之法乎 金汝知曰 東晋時 有陶侃者 始制陰陽地理之法 柳廷顯曰 臣嘗奉使中原 田頭川岸 人塚纍纍 以是觀之 中原之人不擇地理也."

88) 『太宗實錄』 권35, 太宗 18년 3월 甲戌

였고, 준수 여부를 사찰하였다.[89]

『장일통요』의 편찬과 이에 기반한 사찰은 꽤 효과가 있었다. 인쇄 반포 후 얼마 되지 않아 장례일자에 관한 구기는 어느 정도 사라진 것으로 보인다.[90] 국도풍수 자체는 장례와 관련된 음택풍수와는 차이가 있었지만, 2장에서 살펴보았듯이 고려 국도풍수는 '천문(天文)과 시수(時數)'를 살피는 행위와 무관하지 않았고 재변을 피하고 기업을 연장하기 위한 각종 음양구기와도 무관하지 않았다. 따라서 장례일자에 대한 구기를 통하여 각종 음양구기가 청산되고 참서들이 모두 소각되면서 국도풍수의 영향력은 사라질 수밖에 없었다.

2) 지리서의 정비

도참서들은 가리지 않고 소각될 운명에 처한 것에 비해 지리서의 경우는 달랐다. 지리서는 과거제도를 정비하면서 함께 조정되었다. 1406년(태종 6) 하윤은 잡학(雜學)에 10학을 설치할 것을 건의하였는데, 그 안에 '음양풍수학(陰陽風水學)'으로서 풍수학이 포함되었다.[91] 1430년(세종 12)에는 의례상정소(儀禮詳定所)에서 제학(諸學)의 취재(取才) 경서(經書)와 제예(諸藝)에 대한 수목(數目)을 올렸는데, 이 중 음양학은 천문(天文), 지리(地理), 성명복과(星命卜科)로 구분되었다. 그중에서도 지리에 해당하는 도서들을 살펴보면, 고려와

---

89) 『世宗實錄』 권3, 世宗 1년 3월 癸丑

90) 기한을 넘도록 장사지내지 않는 것은 杖刑 1백에 해당하는 贖錢을 바치도록 하는 등 重罪로 취급되면서(『世宗實錄』 권30, 世宗 7년 10월 戊子), 世宗 28년 무렵에는 葬期를 넘기는 경우가 거의 없었던 것으로 보인다(『世宗實錄』 권112, 世宗 28년 6월 甲寅).

91) 『太宗實錄』 권12, 太宗 6년 11월 辛未
이때 설치된 10학은 儒學, 武學, 吏學, 譯學, 陰陽風水學, 醫學, 字學, 律學, 算學, 樂學이었다. 음양풍수학에는 천문과 명과, 풍수가 함께 포함되어 있었던 것으로 보이는데, 세종대에 이를 천문학과 음양학으로 구분하기도 하였다가 음양학을 풍수학으로 개칭하는 등 『경국대전』 체제로 정리될 때까지 약간의 변동이 있었다(『世宗實錄』 권83, 世宗 20년 10월 癸酉).
『經國大典』 단계에서 잡과는 譯科, 醫科, 陰陽科, 律科로 구분되고 음양과 안에 天文學, 地理學, 命課學으로 구분되었다(『經國大典』 권3, 禮典 諸科).

도 차이가 있었으며 후에 정식으로 결정된『경국대전』의 고시(考試) 도서와도 차이가 있었다. 이를 비교하면 〈표 19〉와 같다.

〈표 19〉 高麗와 朝鮮의 地理學 考試 도서

<table>
<tr><th></th><th>高麗 地理業 試式</th><th>1430년
儀禮詳定所
取才 조목</th><th>『經國大典』
初試와 覆試</th><th>『經國大典』
取才</th><th>구분</th></tr>
<tr><td rowspan="2">도서</td><td rowspan="2">『新集地理經』,
『劉氏書』,
『地理決經』,
『經緯令』
『地鏡經』,『口示決』,
『胎藏經』,『謌決』,
『蕭氏書』,</td><td rowspan="2">『大全』
『地理全書』,
『天一經』,
『靈經』</td><td>『靑烏經』,
『錦囊經』</td><td>『靑烏經』,
『錦囊經』</td><td>背講
背誦</td></tr>
<tr><td>『胡舜臣』,
『明山論』,
『地理門庭』,
『撼龍』,
『捉脈賦』,
『疑龍』,
『洞林照膽』</td><td>『捉脈賦,『指南』,
『辨妄』,『疑龍』,
『撼龍』,『明山論』,
『坤鑑歌』,
『胡舜臣』,
『地理門庭』,
『掌中歌』,
『至玄論』,『樂道歌』,
『入試歌,『尋龍記』,
『李淳風』,
『剋擇通書』,
『洞林照膽』,</td><td>臨文</td></tr>
</table>

*『高麗史』권73 志27 選擧1 科目1
*『世宗實錄』권47, 世宗 12년 3월 戊午
*『經國大典』권3, 禮典 諸科 陰陽科初試·覆試; 禮典 取才

〈표 19〉를 보면, 고려 시기의 지리업 고시 도서와 세종대 도서,『경국대전』에 수록된 도서들이 거의 일치하지 않는다. 다만 고려 시기의『신집지리경』이나『대전』혹은『지리전서』등은 관련 서적들을 여러 종 모아서 편집한 책일 가능성이 있기 때문에 서로 관련성이 있을 가능성도 배제할 수는 없다. 고려 시기 도서 중『경위령』이나『태장경』등은 조선 초에는 활용되었으나[92] 세종대 이후 취재 도서에 포함되지 않았다. 고려 시기 활용된 도서들이 조선 초에도 존재하고 있었음에도 불구하고 이를 고시 과목에 포함시키지 않은 것은, 태종·세종대를 거치면서 지리학 관련 도서들을 의도적으로 변화시킨 결과

92)『文宗實錄』권3, 文宗 卽位年 9월 己酉; 권7, 文宗 1년 4월 壬午

였다.

한편 세종대 일차적으로 취재 도서들이 정해졌으나 『경국대전』과 비교하면 이 역시 일치하는 도서가 거의 없다. 세종대 결정된 취재 도서와 『경국대전』의 도서가 차이를 보이는 것은 비단 지리학 분야만이 아니라, 천문, 의학, 명과학 분야 모두 그러하다. 지리학 분야의 경우에는 적은 종의 책을 시험보는 것에서 많은 종으로 변화하였지만, 천문이나 의학, 명과학 등은 반대로 많은 종의 책을 시험보던 것에서 적은 종으로 변화하였다.

그럼에도 천문이나 의학, 명과학 등은 『경국대전』과 세종대 의례상정소 조목상 등장하는 도서가 서로 일치하는 것이 있어서 완전히 다르지는 않지만, 지리학 분야의 경우에는 적어도 도서명만 놓고 볼 때는 일치하는 것을 하나도 찾을 수 없다. 다만 세종대 언급된 『지리전서』는 『청오경』 혹은 『동림조담』 등을 포함한 도서였을 가능성이 농후하며, 지리대전에도 여러 도서들이 섞여 있을 가능성을 생각해볼 수 있지만 확언할 수는 없다.[93] 이러한 점들을 종합해본다면 지리학 분야는 같은 음양학 중에서도 매우 변화가 컸음을 알 수 있다. 이는 세종대 분분했던 풍수 논쟁으로 지리학 관련 도서들이 정비되어야 한다는 필요성이 대두되었기 때문이었다.

세종대에는 여러 차례 풍수 관련 논쟁이 있었다. 헌릉(獻陵)의 고갯길 개

---

93) 규장각에는 『地理全書靑烏先生葬經』이라는 서목의 도서가 여러 종 존재한다. 그중 〈奎中2329〉본의 경우에는 '地理全書靑烏先生葬經卷之六'이라고 하여, 『지리전서』 중 『청오경』이 한 권을 이루었을 가능성을 보여준다. 『청오경』은 원래 1권 분량의 매우 짧은 도서이기 때문이다. 다만 이 본의 경우 19세기 후반에 편찬된 것으로 추정되기 때문에 이를 가지고 세종대의 『지리전서』를 추정하는 데에는 무리가 있다.
한편 誠庵古書博物館에는 계미자본의 『地理全書汎氏洞林照膽』이 전해지고 있다. 계미자가 1410년부터 경자자가 만들어진 1420년(세종 2) 사이에 서적을 인출하는 데 사용된 금속활자라는 점에서 이는 태종·세종대 『지리전서』의 모습을 반영한다. 이를 볼 때 『지리전서』가 『동림조담』이거나, 혹은 『동림조담』 등을 포함한 여러 도서들의 편집책이었을 것으로 가능성이 있다. 그렇지만 세종대 여러 논쟁에서 『지리전서』는 『동림조담』 등과 구별되어 별도로 거론된다는 점에서 현재는 그 정확한 형태를 알 수 없는 지리서일 가능성도 크다(『世宗實錄』 권61, 世宗 15년 7월 癸酉).

통 및 주산(主山)의 내맥(來脈) 문제, 한양의 주산 논쟁, 문종비 능지 문제 등 여러 차례 풍수 관련 논란이 끊이지 않고 일어났다. 이때의 논란은 주로 최양선(崔揚善), 목효지(睦孝智) 등 몇몇 인물들이 제기하고, 이를 조정의 관료들과 서운관원 등이 검토하여 반박하는 형식이었다. 논란의 시작은 미미하였으며, 문제 제기자들도 전직 서운관 관리(최양선)거나 관노(官奴: 목효지)처럼 재야의 인물들로 공식적으로 지리 분야를 담당하고 있던 인물들도 아니었다. 그러나 세종이 이들이 제기한 문제를 억압하거나 금지하지 않고 조정의 일반 관료들과 서운관원 등에게 검토하게 하고, 직접 한양의 주산을 살펴보는 등 우호적인 태도를 취함에 따라 논란이 확산되었다.

세종대 벌어진 논쟁으로 인해 원래의 입지가 변경되는 일은 사실상 거의 없었다. 그런 점에서 한양 건축물들의 입지에 직접적으로 변화를 가져오지는 않았다.[94] 그러나 그 과정에서 다양한 도서들이 검토되고 그 판본과 내용이 문제시되어 도서를 수입하고 정비하는 데에는 큰 영향을 미쳤다.

예를 들어, 1430년(세종 12) 최양선이 처음으로 헌릉의 고갯길 문제를 제기하였을 때 행부사직(行副司直) 고중안(高仲安)은 이를 반박하며 다음과 같이 풍수서의 판본 문제를 거론하였다.

> 신이 엎드려 崔揚善의 上書를 살펴보니, 龍湖禪刹과 歐陽太守의 廟碑의 말을 끌어다가 우리 獻陵 蜂腰의 길을 막고자 하는데, 臣이 감히 묵묵히 있을 수 없어서 삼가 좁은 소견을 가지고 天聽을 번거롭게 하고자 합니다.…… 하물며 『捉脈賦』 한 책은 范麟이 주석을 단 본인데, 한 판본에는 龍湖의 말이 있고, 한 판본에는 이 말이 없습니다. 또한 끌어다 쓴 일의 증거가 이처럼 無實합니다. 그러므로 신이 의심컨대 한 본은 范麟의 주석이지만, 그가 인용한 龍湖의 일

94) 처음 문종비의 장지로 예정되었던 安山을 제외하고는 한양의 주산이나 헌릉의 고갯길 및 주산 등은 변경되지 않았다. 다만 한양 주산의 경우, 최양선 등이 주장했던 승문원 내맥을 고려하여 이 일대 관청들만 일부 이동되었을 뿐이었다.

은 范麟의 주석이 아니라 후세 호사가가 덧붙인 말인 듯합니다.[95)]

최양선은 헌릉의 고갯길 문제를 제기하며 『착맥부』의 용호선찰 관련 구절을 근거로 삼았다. 그러나 고중안은 최양선이 근거한 『착맥부』의 내용이 다른 판본에는 없다고 하며 이것이 정본(正本)이 아닐 가능성을 제기하였다. 이처럼 논란이 잦아들지 않은 상황에서, 이듬해인 1431년(세종 13) 고중안은 서운관에 『지리전서(地理全書)』 몇 건 및 『대전(大全)』 1부만이 소장되어 있다고 하며, 『지리대전』,[96)] 『지리전서』, 『지리신서』,[97)] 『부영경(夫靈經)』,[98)] 『천일경(天一經)』, 『지주림(地珠林)』 등을 간행하자고 청하였고, 예조에서는 북경의 사신 편에 지리 관련 서적들을 무역해오자고 청하였다.[99)] 이때는 의례상정소에서 서목을 정한 지 1년 남짓 지났을 때로서, 그 서목에 해당되는 『지리대전』, 『지리전서』, 『영경』, 『천일경』 등이 부족하다는 건의였다. 고중안은 사람들이 풍수서들을 널리 보지 못하여 고법(古法)에 어두우면서 이해를 망녕되게 말한다고 하면서 도서의 간행과 무역을 건의한 것이다.

당시 유통되는 풍수서들에 문제가 많다고 본 것은 고중안만의 생각이 아니었다. 헌릉(獻陵)의 주산 내맥 문제와 한양의 주산 문제로 논쟁이 한창이던 1433년(세종 15)에 풍수학제조(風水學提調)였던 조비형(曹備衡)은,

---

95) 『世宗實錄』 권49, 世宗 12년 7월 乙巳 "臣伏覩崔揚善上書 引龍湖禪刹與歐陽太守廟碑之辭 欲防塞我獻陵蜂腰之路 故臣不敢含默 謹以管見 仰瀆天聰……況捉脈賦一書 范麟所註本也 而一本有龍湖之辭 一本無此辭 又且援引事證 如此其無實 故臣疑一本 范麟之註也 其引龍湖之事 非范麟之註也 乃後世好事者附益之辭也."

96) 『지리대전』은 明代 같은 제목으로 편찬된 도서들이 있는데, 시기상으로 볼 때 명대 도서를 가리키는 것으로는 보이지 않는다. 이름으로 볼 때 풍수서 여러 종을 모아 놓은 도서로 보아야 할 듯하다.

97) 『지리신서』는 王洙(宋) 등이 편찬한 책으로 추정된다(『宋史』 藝文志; 列傳 권294, 掌禹錫傳 참조).

98) 세종 12년 상정소 조목에는 『영경』이라 나오는데, 13년 고중안의 상소에서는 『부영경』이라 나온다(〈표 19〉 참조). 『영경』과 『부영경』은 동일한 도서를 가리키는 것으로 보이는데, 夫자가 허사로 쓰였거나 혹은 『영경』에서 夫자가 탈루되었을 가능성이 크다.

99) 『世宗實錄』 권51, 世宗 13년 1월 丁丑

> 前朝에서 송나라에 사신을 보내어 地理書를 청하였는데, 太祖皇帝가 寫本을 내려주어 이것을 따라 시행은 하였으나, 그 이치를 터득하지 못하였고, 겨우 그 이치를 안다는 자도 우활하고 불경한 말을 면하지 못하였으나, 유식한 군자가 미워하고 싫어하게 되었으니, 어찌 음양학의 죄이겠습니까.[100)]

라고 하여 기존의 풍수서들에 문제가 많으며, 이를 극복하기 위하여 훈도(訓導)를 두어 학습하게 할 것을 청하였다.

이러한 문제들이 제기되자 세종은 1442년(세종 24)에 승정원에 다음과 같이 말하며, 사신(使臣) 편에 『극택통서(剋擇通書)』를 구해오도록 하였다.

> 地理의 설은 허탄하여 믿기 어려우나 그 유래가 이미 오래되어 부득이하게 사용하는 것이니 없을 수는 없다. 근래에 사람들이 각각 의논이 다르기 때문에 따를 바를 찾지 못하게 되니, 欽天監에 질문할 수 있겠는가? 북경에 가는 사신에게 적당히 질문하게 하고 『克擇通書』를 구해오도록 하라.[101)]

윗글에서처럼 세종은 지리설과 관련하여 명의 흠천감에 질문하게 하고, 또한 『극택통서』를 구해오도록 하였다. 『극택통서』는 명과학의 시험 도서인 동시에 지리학의 취재(取才) 도서였다. 이 책도 세종대 의례상정소 조목에는 없다가 『경국대전』에 들어간 것이었다. 『극택통서』는 이때 수입해서 처음 알려진 책이 아니었다. 앞서 『장일통요』의 편찬 때 이미 참고가 되었던 책이었지만, 시험 과목에는 들어가 있지 않았던 것이다. 그런데도 다시금 이 책을

---

100) 『世宗實錄』 권61, 世宗 15년 7월 癸酉 "風水學提調前中樞院副使曹備衡啓……其在前朝遣使大宋 請地理書 太祖皇帝賜以寫本 於是遵而行之 未得其理 纔知其理者 尙未免迂怪不經之談 使有識君子 惡而不齒 豈陰陽之罪哉."

101) 『世宗實錄』 권98, 世宗 24년 11월 癸未 "地[理]之說 虛誕難信 然其來已久 不得已用之 不可無也 比年 人各異論 莫適所從 可得質問於欽天監乎 使赴京使臣隨宜質問 且求克擇通書以來."([ ]은 衍文이라 보고 필자가 교감한 것임)

수입해온 것은 판본 등의 정비와 무관하지 않을 것이다. 이를 통해 세종대 도서 수입이 지리학 분야 도서들을 결정하는 데 미친 영향을 간접적으로 짐작해볼 수 있다.

이처럼 세종대의 논쟁을 거치며 다양한 도서들이 거론되면서, 판본을 정비하고 새로이 간행할 필요가 있다는 인식이 모아졌다. 당시 거론된 도서들 상당수가 『경국대전』에 고시 서목으로 기록되는 것에 비해, 세종대 고시 조목이었던 『천일경』, 『부영경』, 『지주림』 같은 도서들은 이후 거론되지도 않고 『경국대전』에도 수록되지 않았다. 이들 도서들은 세종대 정비 과정을 통해 소멸된 것으로 추정된다.

3) 새로운 지리서의 특징

그렇다면 『경국대전』에 수록된 도서들은 어떠한 특징을 갖는가? 앞서 표에서 본 것처럼 지리학 초시와 복시에 사용된 풍수경전으로는, 『청오경(青烏經)』, 『금낭경(錦囊經)』, 『호순신(胡舜臣)』, 『명산론(明山論)』, 『지리문정(地理門庭)』, 『감룡(撼龍)』, 『착맥부(捉脈賦)』, 『의룡(疑龍)』, 『동림조담(洞林照膽)』 등이 있다. 이 중 앞의 2권은 배강/배송 대상이며 나머지 책은 임문에 해당한다. 이들 도서들을 살펴보면, 몇 가지 특징이 드러난다. 첫째, 양균송(楊筠松)의 영향이 크다는 점이다. 『감룡』, 『의룡』이 우선 양균송의 도서일 뿐 아니라, 『동림조담』의 편찬자인 범월봉(范越鳳) 역시 양균송의 제자인 증문천(曾文遷)의 제자로서,[102] 강서(江西) 지방에서 활동하였다. 또한 현존하는 중국의 일

---

102) 王玉德著, 2003 『神秘的風水』, 廣西人民出版社, 64~69쪽.
왕옥덕은 범월봉을 唐代 인물로 보았으나 실록에는 五代의 인물로 나온다. 양균송이 당말에 활동한 인물이라는 점을 볼 때, 범월봉은 당대 인물이라기보다는 실록에 언급된 대로 오대의 인물로 보는 것이 바람직할 듯하다. 『文獻通考』에 따르면 그의 저술로 『洞林別訣』이 전하는데, 곽박이 쓴 諸家地理書의 득실을 모아서 이 책 24편을 만들었고, 여기에 司空班이 「尋龍入式歌」를 첨부하였다고 하였는데, 『동림별결』이 바로 『동림조담』이다 (四庫全書 『文獻通考』 권22; 『直齋書錄解題』 권12, '洞林照膽一卷　范越鳳撰 又名洞林別訣 相傳為縉雲人家於將樂' 『직재서록해제』는 宋 吳興, 陳振孫이 역대의 전적을 53류

반적인 판본들이 『청오경』에 대한 주석으로 금(金) 승상(丞相) 올흠측(兀欽仄)의 것을 사용하고 있는 것과는 달리 조선의 『청오경』은 양균송의 주석을 사용하고 있다는 점도 주목된다.[103] 이러한 점은 조선 시기의 풍수가 이법풍수라고 보는 통설과는 달리, 실제로는 강서지법(江西之法)의 영향력이 여전히 강하였음을 보여주는 것이다.

둘째, 송(宋) 채성우(蔡成禹)의 책이 많다는 점이다. 『명산론』과 『지리문정』이 모두 채성우의 도서였다.[104] 그런데 이 채성우는 바로 채원정(蔡元定)의 아버지인 채발(蔡發)로 여겨졌다. 채원정은 주희(朱熹)의 절친한 친구이자 제자로서, 주희의 저술을 돕고 그의 『역학계몽(易學啓蒙)』의 초안을 작성하기도 하였다.[105] 그는 상수학(象數學), 우주론적인 측면에서 주희와 토론하며 그의 사상체계를 성립시키는 데 지대한 공을 세웠는데, 풍수에 대해서도 깊은 조예를 가지고 있었다. 이러한 그가 풍수에 대한 조예를 갖게 하는 데에는 아버지인 채발의 영향력이 컸으며, 채발은 『발미론(發微論)』을 저술하기도 하였다.[106]

그런데 조선 초에 바로 이 채발과 채성우가 동일한 인물로 여겨졌다는 점이다. 『명산론』의 서문과 후기에서는 채성우가 자신을 북암거사(北巖居士) 혹

로 분류하여 해제를 단 책이다). 「심룡입식가」는 『송사』 예문지에도 司空班과 범월봉의 저술로 실려 있다(『宋史』 권206, 志 159 藝文 5 子類 五行類). 江西 지방 일대에는 범월봉과 관련된 설화 등이 많이 전한다(四庫全書 『江西通志』 권10; 권12).

103) 장성규, 2009 「청오경의 문헌적 고찰」 『건축역사연구』 63, 36쪽.
규장각에는 『지리전서청오선생장경』이라는 이름으로 여러 판본의 『청오경』이 전하는데, 모두 양균송의 주석본이다.

104) 『명산론』에는 현존본에 채성우의 편찬작임이 명기되어 있으나, 『지리문정』은 현존본이 없다. 다만 실록의 기사에 『지리문정』의 편 중에 「辨妄篇」이 있음이 밝혀져 있고 이 「변망편」의 저자가 채성우로 밝혀져 있는 만큼 『지리문정』 역시 채성우의 작품이라 볼 수 있다(『世宗實錄』 권3, 世宗 1년 3월 癸丑; 권61, 世宗 15년 7월 癸酉).

105) 『宋史』 권434, 列傳 193 儒林 4 蔡元定

106) Patricia Ebrey, "Sung Neo-Confucian views on Geomancy", pp.92~95 (『*Meeting of Minds: intellectual and religious interaction in East Asia traditions of thought: essays in honor of Wing-tsit Chan and William Theodore de Bary*』, edited by Irene Bloom and Joshua A. Fogel, 1997)

은 북암노인(北巖老人)이라 소개하였는데, 채발의 호는 목당노인(牧堂老人) 혹은 신여(神輿)로서 채성우와 일치하지 않는다. 따라서 채성우를 곧 채발로 볼 수 없다는 견해가 있으며,[107] 실제 이 둘이 동일 인물이 아닐 가능성도 배제할 수 없다. 그러나 중요한 점은 조선 초 사람들은 채성우가 바로 채발이라고 여겼다는 점이다. 세종대 주산 논쟁이 한창일 때 전 판청주목사(判淸州牧事) 이진(李蓁)이 상서(上書)하기를,

> 宋 牧堂居士 蔡成禹가 이르기를, '地理의 법은 山水向背 4자를 벗어나지 않을 뿐이다' 라고 하였으니, 말은 간략하나 뜻은 다하여서 온전한 지시를 총괄하고 있으니, 얼마나 큰 뜻입니까.[108]

라고 하였다. 이 글에서 조선 초 인물들은 채성우가 바로 목당거사인 채발이라고 여겼음을 단적으로 볼 수 있다.

이와 관련하여 또 한 가지 주목할 점은 배강의 기본 도서로 삼고 있는 『금낭경』의 편집본 역시 채원정의 편집본에 근거하고 있다는 점이다. 채원정이 풍수에 기여한 또다른 측면은 바로 그 이전까지 20여 편이 넘게 구성된 채 유행하던 곽박(郭璞)의 『장서(葬書)』를 산정하여 잡다한 14편을 제거하고 8편으로 정리하였다는 점이다. 곽박 『장서』는 크게 채원정의 편집본인 8편본과 이후 원대(元代) 오징(吳澄)이 내(內)·외(外)·잡편(雜篇)으로 구성한 판본이 나뉘는데, 『사고전서』에 수록된 판본은 오징의 판본으로 추정된다.[109] 그런데 조선 시기 사용된 판본은 8편으로 구성된 채원정의 편집본으로 보인다. 현재

---

107) 김두규, 2002 『명산론』, 비봉출판사, 해제 참조.

108) 『世宗實錄』 권61, 世宗 15년 7월 庚午 "前判淸州牧事李蓁上書曰……有宋牧堂居士蔡成禹以爲 地理之法 不過山水向背四字而已 辭約意盡 摠括大全之指 淵乎旨哉."

109) 王玉德, 앞의 책, 86쪽.
오징의 편집본에 대하여 劉則章이 주석을 달아 보완하기도 하였는데, 『사고전서』에 수록된 『장서』가 劉則章의 주석본인지는 확실치 않다.

규장각 등에는 여러 종의『금낭경』이 전하는데, 모두 당(唐) 연국공(燕國公) 장열(張說), 승(僧) 홍사(泓師)·일행(一行)의 주석을 사용하고 8편으로 구성된 본이다. 규장각 소장본이 총 8편으로 구성되어 있는 데다『사고전서』에 수록된 오징의 판본에는 주석자의 이름이 별도로 등장하지 않는다는 점과 비교해볼 때, 규장각 소장본은 채원정의 편집본에 근거하고 있는 것으로 보인다.[110]

결국『명산론』,『지리문정』을 기본 고시 과목으로 설정하고,『금낭경』의 판본에서도 채원정의 판본을 따른 것 등에서 조선 시기 풍수학 분야에서는 채성우(채발)–채원정의 풍수관을 상당히 중시하였음을 알 수 있다. 이는 곧 주희의 풍수관을 중시한 것이다. 채원정과 주희의 돈독한 관계는 주희가 풍수에 대해 상당히 우호적 태도를 가지게 되는 주요한 이유 중 하나가 되었을 뿐만 아니라, 주희의 풍수관이 기본적으로 채원정의 의견에 상당히 의지하고 있다고 여겨지기 때문이다.[111]

그렇다면 이러한 도서들이 가졌던 내용상의 특징은 무엇이었을까? 우선『명산론』을 살펴보면, 이 책은 형세론적 도서로 분류됨에도 상당히 원리를 강조하고 있는 특징을 보이고 있다. 이 책의 제1편은 대역(大易)으로서 다음과 같다.

> 太易이 나뉘기 이전에는 그 몸통이 한 덩어리로 뒤엉켜 문도 없고 창도 없었으며, 하늘도 아니고 땅도 아니었다. 태초에 氣가 처음 생기고, 太始에 形이 처음 생기고, 太素에 質이 처음 생겨, 가볍고 맑은 것은 하늘이 되고 무겁고 흐린 것은 땅이 되고, 두 가지가 합하여 사람이 되었다.
>
> 形은 이로부터 나타나고 數는 이로부터 생겨났으니, 陰과 陽, 이것을 二氣

110) 최창조는 규장각본이 잡편이 없이 상하 2편으로 구성되어 있다고 보아 오징의 판본으로 오인한 듯하다(최창조, 1995『(역주) 청오경 금낭경』민음사, 52쪽). 규장각본은 권수가 상하 2권으로 구성되어 있을 뿐이지 편으로 따지면 총 8편으로 구성되어 있다.

111) Patricia Ebrey, 앞의 글.

라 일컬으며, 수, 화, 목, 금, 토를 일러 五行이라 한다. 이것에 거스르면 패하고 따르면 성공한다.[112]

위 설명은 태극으로부터 음양, 오행으로 이어지는 만물의 발생을 서술하고 있다. 이러한 서술은 다른 풍수서들에서는 볼 수 없는 특징으로서, 이 책에서는 제1편뿐만 아니라 채성우 본인이 쓴 후기에서도 다시 한번 이러한 내용이 반복됨으로써 태극-음양-오행으로 이어지는 생성과정의 서술이 이 책에서 매우 중요한 위치를 차지하고 있다. 이러한 서술은 음양오행의 교감이 산과 물로 귀결되고, 그것이 다시금 정해진 운수로 풀이될 수 있다는 점을 강조하기 위한 장치였다.

중국 고전 풍수서는 근본적으로 주역의 논리와 음양오행의 사고에 기반을 하고 있는 만큼, 다른 책에서 태극-음양-오행의 관계에 대한 설명이 없다고 해서 특별히 다른 세계관에 바탕을 했다고 볼 수는 없다. 그보다는 너무나 당연한 사고이기 때문에 굳이 서술할 필요를 느끼지 못한 것일 수 있다. 그렇지만 이 책의 이러한 서술이 조선 초의 유자(儒者)들에게는 상당한 중요한 의미를 지니고 있었다. 태극-음양-오행의 만물 생성에 대한 설명은 이 시기 불교식 세계관에 대응할 수 있는 중요한 자연철학이었기 때문이다.

성리학을 받아들이기 위해서는 자연에 보편적 법칙인 천리(天理)가 존재하며, 천리가 인간의 본성에서는 천부된 윤리적 본성인 성(性)으로 존재한다는 점이 가장 기본적인 전제로 수용되어야 한다. 앞서 태종과 박은(朴訔)의 대화에서 박은이 "천문지리(天文地理)는 오행(五行)의 이(理)를 논하고 있으니, 없어서는 안 됩니다"라고 했던 것에서처럼[113] 이 시기 사람들은 천문과

112) 『明山論』 大易第一 "大易未分 其體渾淪 無門無戶 非乾非坤 大初肇氣 大始肇形 大素肇質 輕淸爲天 重濁爲地 沖和爲人 形自此立 數自此生 曰陰與陽 是謂二氣 曰水曰火曰木曰金曰土 是謂五行 逆之則散 順之則成."

113) 각주 87번 참조

지리 같은 자연계 현상에 대한 원리를 오행의 이로 설명하였으며, 그에 대한 적절한 해설을 필요로 하였다.

성리학적 세계관을 설파하기 위해 음양오행의 이를 거론하는 것은 정도전의 『불씨잡변(佛氏雜辨)』을 통해서도 볼 수 있다. 정도전은 불교의 세계관이 윤회관과 인과응보설에 기반하고 있다고 보고, 다음과 같이 이를 공격하였다.

> 사람과 만물이 生生하여 다함이 없는 것은 바로 천지의 조화가 運行하여 그치지 않기 때문이다. 대저 太極이 動靜이 있어 陰陽이 생기고, 음양이 變合이 있어 五行이 갖추어졌다. 이에 無極·太極의 眞과 음양오행의 精이 묘하게 합하여 엉겨서 사람과 만물이 생생한다.[114]

정도전이 보기에 불교의 윤회설은 사람이 죽어도 정신이 불멸한다는 사고에 바탕을 하고 있다. 그는 이를 비판하며 정신은 불멸하는 것이 아니며 사람과 만물이 천지음양의 기가 교합하여 이루어지는 것이라고 주장한 것이다.

윤회설이 만물의 생성과 관련된 것이라면, 인과응보설은 동물과 사람의 차이, 부자와 빈자, 귀하고 천한 사람 사이의 다양한 차이를 빚어내는 이유로 인식되었다. 이에 대해서도 정도전은

> 저 이른바 음양오행이라고 하는 것은 교대로 운행되며, 들쭉날쭉하여 가지런하지 않다. 그러므로 그 氣는 통함과 막힘, 치우침과 바름, 맑음과 흐림, 두꺼움과 얇음, 높고 낮음, 길고 짧음의 차이가 있다. 그래서 사람과 만물이 생겨날 때에 마침 그때를 만나 바름과 통함을 얻은 것은 사람이 되고, 치우치고

---

114) 『三峯集』 권9, 佛氏雜辨 佛氏輪廻之辨 "人物之生生而無窮 乃天地之化 運行而不已者也 原夫太極有動靜而陰陽生 陰陽有變合而五行具 於是無極太極之眞 陰陽五行之精 妙合而凝 人物生生焉."

막힘을 얻은 것은 物이 된다. 사람과 물의 귀하고 천함이 여기에서 나눠지는 것이다. 또 사람에게 있어서 그 맑은 것을 얻은 자는 지혜롭고 어질고, 그 탁한 것을 얻은 자는 어리석다. 뜨거운 것을 받은 자는 부유하고, 얇은 것을 받은 자는 가난하다. 높은 것을 받은 자는 귀하고 낮은 것을 받은 자는 천하다. 긴 것을 받은 자는 오래 살고, 짧은 것을 받은 자는 요절하니, 이것이 그 대략이다.[115]

라 하여 음양오행을 통해 사람과 사물의 성질과 운명의 다양함을 설명하였다.

이처럼 기존의 세계관에 대응하여 정도전이 제시한 설명이 바로 '우리 유가의 음양오행설'이었다.[116] 이는 정도전이 가장 심혈을 기울였던 부분으로서 후대에 높은 평가를 받았던 부분인 동시에, 당대 사람들은 가장 어렵다고 느꼈던 부분이었다. 불교의 윤회설에 대한 정도전의 글은 후에 다시금 질문을 받았고, 정도전은 재답변까지 하였는데도 "선비들도 알지 못할 바가 있는데 용렬한 백성들이 알아들을 수 있겠는가"라는, 여전히 너무 어렵다는 반응을 받았다.[117] 그만큼 태극-음양-오행으로 이어지는 만물의 발생과 음양의 참차에 따른 다양한 현실태에 대한 설명은 이 시기 대중적이었던 윤회설이나 인과응보설보다 받아들여지기 힘든 난해한 설명이었다.[118]

정도전이 시도한 설명이 철학적으로 수준이 높은가라는 문제와는 별개로, 그의 설명은 기존의 세계관을 대체하고 보편적 법칙으로서 천리(天理)를

115) 『三峯集』 권9, 佛氏雜辨 佛氏因果之辨 "夫所謂陰陽五行者 交運迭行 參差不齊 故其氣也有通塞偏正淸濁厚薄高下長短之異焉 而人物之生 適當其時 得其正且通者爲人 得其偏且塞者爲物 人與物之貴賤 於此焉分 又在於人 得其淸者智且賢 得其濁者愚不肖 厚者富而薄者貧 高者貴而下者賤 長者壽而短者夭 此其大略也."

116) 『陽村集』 권17, 序類 佛氏雜辨說序

117) 『三峯集』 권9, 佛氏雜辨 佛氏雜辨識

118) 『陽村集』 권17, 序類 佛氏雜辨說序

설득하려 한다면 반드시 시도될 수밖에 없는 것이었다. 그런데 이러한 단순한 설명조차도 어렵게 여겨졌다는 점은 '천리'를 납득시키는 것이 그만큼 당대에 쉽지 않은 것임을 알 수 있다. 따라서 이들 풍수서들에 천리를 설명하는 데 유용한 내용이 담겨져 있다면 세계관을 변화시키고자 하는 당시 성리학자들에게 의미를 가질 수 있었을 것이다.

그런 측면에서 『명산론』은 다른 풍수서에는 없는 태극–음양–오행으로 이어지는 생성론을 서술하고 있다는 점에서 불교와 습합되어 있던 고려식 비보풍수에 대응할 수 있는 좋은 단서가 되었을 것이다. 2장에서 언급하였듯이 고려 중기에 『주역(周易)』에 대한 이해가 비보풍수에 대한 비판이 될 수 있는데, 풍수서 자체에 대역으로부터의 생성론이 설파되어 있다는 점은 유자(儒者)에게 매력적이었을 것으로 사료된다.

또한 『호순신』의 경우, 이 책은 대표적인 이기론적 도서로서 『장서』를 이기론 관점에서 풀이한 해설판이라고 평가되고 있다.[119] 이 책은 이러한 평가에 걸맞게 다음과 같이 자연의 이(理)를 따라서 땅을 보는 법을 서술하고 있다고 자부한다.

> 나의 법은 천지의 조화와 음양오행, 자연의 理를 따라서 창립한 것이다. 그러므로 이것으로써 다시 州縣이 있는 곳에서 그 대요와 격국이 합치하지 않음이 없다. 합치하지 않은 경우는 산수의 높고 낮음, 있고 없음, 오고 감 등이 산천의 氣를 모으는 데 충분하지 않아서 주현이 되지 못한 것이다.[120]

---

119) 김두규, 2001 『호순신의 지리신법』, 장락, 17쪽.
원래 '호순신'은 저자명이며 저서의 이름은 '지리신법'이므로 『지리신법』이라 칭하는 것이 바람직할 것이지만, 『경국대전』에 수록된 도서명이 『호순신』으로 되어 있으므로 본문에서 『호순신』으로 칭하도록 하겠다.

120) 『胡舜臣』 卷下 變俗論 "吾法以循天地造化陰陽五行自然之理 而創立之者也 故用以覆其所在州縣 其經格無不合者 不合則山水之高低有無來去 不足以聚山川之氣 而不得爲州縣矣."

『명산론』에서 생성론을 설명했다면, 윗글은 이(理)의 존재를 강조한다. 이처럼 두 도서들은 자연의 법칙성을 강조하고 그 근원으로서 이(理)에 대한 인식을 담고 있다. 이는 성리학을 설파하기 위한 가장 중요한 부분이었다.

더구나『호순신』에서는

> 스스로를 닦으면 人事를 다하게 되고, 人事를 다하면 天理를 얻을 것이니, 부귀는 저절로 이르고 그렇지 않으면 마침내 빈천해질 뿐이니 이것 역시 분수이다. 그러므로 길흉이 오는 것은 모두 그 德을 따르는 것이니 이것이 이른바 길흉은 山水의 사이에서 구할 수 없다는 말이다.[121]

라고 할 정도로, 인사(人事)와 천리(天理)의 관련성을 중시하고 궁극적으로는 사람의 수덕(修德)을 중시하고 있어서 성리학자들의 취향에 적극 부합할 수 있었다.

또 한 가지 측면은 이들 책이 당대(當代: 宋代)의 풍속을 변화시키고자 하는 강한 열망을 담고 있다는 점이다. 송대 풍수에도 장례와 관련한 구기(拘忌)가 매우 많았는데, 그중에서도 성씨와 관련한 오음(五音)의 구기가 가장 대표적이었다.『호순신』에는 아예 하나의 편으로서「변속론」이 포함되어 있으며, 채성우의 또다른 책인『지리문정』의「변망편」도 시속(時俗)의 망령된 것을 판별하는 내용을 담음으로써 여러 풍속을 개혁하려는 내용을 담고 있었다. 앞서 서술하였듯이 조선 초 역시 각종 음양구기 등을 개혁하고자 하는 욕구가 강했던 시기였다. 장례일에 관련한 구기를 개혁하기 위해 편찬된『장일통요(葬日通要)』에는『호순신』과『지리문정』중 변망편이 다량 인용되어 있다.[122]

이처럼 조선 초 지리학의 고시 과목으로 선정된 도서들은 기존의 통설과

---

121)『胡舜臣』卷下 變俗論 "自修則人事盡 人事盡則天理得 富貴將自至 否則終於貧賤而已 亦其分也 故曰 吉凶之來 皆象其德 此所以爲吉凶不可求於山水之間也."

122)『世宗實錄』권3, 世宗 1년 3월 癸丑

는 달리 양균송의 저작과 주석에 기반한 형법 풍수의 특징이 여전히 강하게 보인다. 또한 송대 저술이나 편집본이 주류를 이루었고, 특히 주희와 관련이 깊었던 채발(채성우)–채원정의 저술이 많았다. 이들 도서들에는 성리학적 자연관을 설파하고 당대의 풍속을 변화시키고자 하는 내용 등이 담겨 있었는데, 이는 조선 초 유자들이 처했던 시대상황 및 문제의식과 통하는 것이었다.

태종대부터 세종대까지 중국의 이론 풍수서들을 도입하고 정비하면서 고려의 지리서들이 상당 부분 사라졌다. 그러나 조선에서 관심을 가진 도서는 중국 당대에 유행한 도서들과도 성격이 달랐다. 이는 조선의 관심도 그 자체로 독특한 맥락을 가지고 있음을 반영한다. 따라서 조선 풍수가 중국 풍수와 동일하다고 보는 시각은 재고되어야 한다. 이(理)에 대한 추구와 만물의 생성원리에 대한 기초적인 설명이 강한 『호순신』과 『명산론』은 당시 불교와 습합되어 있었던 대중적 자연관을 타파하고 성리학적 자연관을 도입하고자 한 노력과 맞물려 있었다. 이러한 점은 조선의 풍수가 중국의 풍수와도 다른 특징을 갖게 하였다.

이후 임진왜란 시기에 『호순신』의 가치가 의심받기도 하였으며, 후기에 이르면 『지리문정』, 『감룡』, 『착맥부』, 『의룡』 등은 폐지되고, 새로이 명대 서지막(徐之鏌)이 편집한 『탁옥부(琢玉斧)』가 임문도서로 선정되었다.[123] 이러한 변화는 사상사적인 측면에서 시대의 요구가 달라진 데서 비롯된 것으로 파악할 수 있을 것이며, 이는 조선 후기 사상사와 함께 탐구되어야 할 과제이다.

---

123) 『書雲觀志』 권1, 科試
『경국대전』에서는 과시 도서였으나 후기에 이르러 폐지된 도서들은 현재 판본을 찾기 힘들다. 『지리문정』, 『착맥부』는 국내는 물론, 중국에서도 현존하는 판본을 찾기가 힘들고, 『감룡』, 『의룡』 등은 중국에서는 『사고전서』에 포함되어 있으나 국내 판본은 찾기 어렵다.

결론

明山論

北巖居士蔡成禹撰

大易第一

大易未分其體渾淪無門無戶非乾非坤大初肇氣大始肇形大素肇質輕清爲天重濁爲地沖和爲人形自此立數自此生曰陰與陽是謂二氣曰水曰火曰木曰金曰土是謂五行逆之則致順之則成陽交於陰一索而得震再索而得坎三索而得艮陰交於陽一索而得巽再索而得离三索而得兌乾坤震巽坎离艮兌八卦成列而二氣分交天一交地六而得

二

명산론

이 책에서는 풍수의 여러 분야 중에서도 산 자의 주거지를 다루는 양기풍수(陽基風水), 특히 수도에 관한 풍수론을 다루었다. 이 글에서는 이러한 수도에 대한 풍수론을 국도풍수로 정의하였다. 이는 수도를 선정하고 이를 운용하는 것에 대한 풍수론을 의미한다.

수도(首都)[1]라고 하는 공간은 국왕이 거주하는 국가의 핵심 정치 공간이자, 권력의 저장소이다. 이곳은 단순히 권력 행위의 공간적 배경에 그치는 것이 아니라, 국가 조직의 정점이자 핵심 고리로서 기능한다. 국가 혹은 왕실 권력의 정당성을 상징적으로 구현하고 실천하는 장소이기 때문이다.

국도풍수는 국가와 왕실의 권위를 표상하여, 권위있는 중앙으로부터 말단까지 계서적(階序的)인 통치체제를 구축하게 한 원리였다. 따라서 이는 일반적으로 생각하듯이 단순히 좋은 땅을 잡기 위한 방법론에 그치는 것이 아

1) 首都라는 명칭은 전근대 시기 지금과 같은 용례로 사용된 적이 없는 용어이다. 전근대 시기와 근대 이후의 수도는 그런 의미에서 성격이나 위상이 동질적이지 않다. 다만 적어도 우리 역사에서는 수도를 국왕이 머물면서 중앙 정치가 이루어지는 장소로서 다른 도시와는 차별적 위상을 갖는 장소 정도로 정의할 수 있을 듯하다.

니었다. 역사적으로 신라 말부터 조선 초까지 긴 시간 동안 지속적이면서도 상당한 정치적 영향력을 미쳤으며 특히 고려 시기는 태조 왕건과 풍수가 결합하여 태조유훈(太祖遺訓)으로서 중요한 정치적 상징이 되었다. 이러한 맥락에서 국도풍수는 이 시기 국가 체제를 구축하는 데 활발히 활용된, 매우 중요한 의미를 가지는 정치이념이었다. 정치이념으로서 국도풍수는 정치 상황과 조건이 변동하고 정치 주체의 사고가 변화함에 따라 그 위상에 있어서 큰 변화를 가졌다. 이는 정치사적으로, 또 사상사적으로 큰 의미를 지닌다.

이렇듯 고려 시기 풍수는 넓은 의미에서 자연과 입지를 인식하고 설명하는 사고체계로서, 고정적이고 불변하는 지식이 아니라 사회나 사고의 변화에 따라 역사적으로 다양하게 변주되어 온 지식체계였다. 또한 국도풍수는 정치와 밀접하게 결합함으로써 정치사적 변동과 긴밀하게 조응하였다. 풍수에 대한 사상사적 연구는 인간의 자연 인식 및 해석 방법에 대한 통시적 연구이자, 정치사적으로는 정치이념의 변화를 보여주는 중요한 주제이다.

이 글에서는 신라 말~조선 초까지 국도풍수의 변모를 서술하였다. 신라 말은 국도풍수가 시작된 시기였으며, 조선 초는 고려식의 국도풍수 전통이 일단락되는 시기였다. 따라서 국도풍수의 형성부터 종결까지 이 시기를 다루었다. 이를 서술하기 위해, 논리적 측면과 실제 행위 양상이라는 양 축을 통해 추적하였으며, 이를 당대 사회 조건의 변화와 관련시켜 분석하였다. 이는 특히 국도풍수가 정치적으로 중요한 위치를 가짐에 따라 대내, 대외적 조건의 변화에 민감하게 변동하였기 때문이었다.

1장에서는 국도풍수의 형성기로서 신라 말부터 고려 현종대까지를 다루었다. 신라 말 각처에서 성장한 지방세력들은 불교는 물론이고 산천신앙, 풍수설 등 다양한 신앙 요소들을 활용하였으며, 풍수 지식을 가지고 있었던 선승(禪僧)들은 이에 호응하는 이론을 제공하였다. 이 시기에는 이미 고려 시기 유행한 풍수설들의 원형이 보인다. 우선 절이나 탑을 건설함으로써 안 좋은 땅을 보완한다는 비보사탑풍수(裨補寺塔風水) 개념이 확인된다. 절이나 탑의 건설을 통한 비보(裨補)는 불교적인 수단을 사용하는 한편 험악한 산천의 진압과도 관련이 깊다는 점에서 산천신앙과 길항관계를 가지고 있었다. 다른 수단이 아닌 절이나 탑을 통해 비보가 가능해지는 이유는 불교의 교화력 때문이었다. 이는 인간의 행위를 통해 안 좋은 땅도 좋은 땅으로 바꿀 수 있다는 사고라는 점에서 산천신앙의 타력적(他力的) 성격에서 한 단계 나아가 인간 행위의 주체성과 적극성을 보여준다. 하지만 재변의 극복을 위한 행위가 인간의 내면에 있지 않고 도량이나 불탑의 건설 같은 외면적 행위에 근거하며, 자연에 대한 이해가 통합적 원리에 근거하지 않고 있다는 점에서 그 한계 역시 분명하였다.

한편 신라 말에는 삼한통합을 가능하게 하는 땅에 대한 예언이나 관심이 높았음이 확인되는데, 이는 고려 국도풍수와 직접적인 관계가 있었다. 이러한 예언이나 풍수적 언설들을 바탕으로 지방세력들은 자신들의 권위를 북돋우려는 시도를 하였고 고려 태조 역시 다르지 않았다. 신라 말에는 이처럼 산천신앙, 풍수설 등이 혼재되어 있으면서, 일부에서는 상호 습합하기도 하고 일부에서는 상호대립하는 등 다양한 양태를 보이며 지방세력의 성장에 조응하고 있었다.

고려 초 태조는 다른 지방세력들이 자신의 본거지를 현창하는 것처럼 개경과 주변 지역을 풍수적으로 현창하려고 노력하였고, 이를 통해 개경 주변을 태조와 그 선대(先代)의 사적(事蹟)이 가득한 장소로 수식하였다. 그러나 그와 동시에 그는 다른 지역들을 지지하는 풍수설이나 예언들을 잠재움으로써, 왕권을 확립하고 지방을 통제해야 하는 과제를 안고 있었다. 이러한 당면 과제와 사회적 현실이 혼합되어 독특한 특징을 보이는 것이 바로 훈요십조(訓要十條)이다.

훈요십조에서는 대업을 이룬 이유로서 불교(제1조)와 산천의 도움(제5조)을 들고 있는데, 제5조에서는 산천의 도움에 대한 이야기 바로 다음에 서경이 지맥의 근본이라는 언급이 나온다. 산천신앙이 풍수의 범주 속에서 설명되고 있는 것이다. 이는 신라 말에 혼재되어 있었던 이들 사상을, 풍수를 상위의 권위로 하여 산천신앙을 포섭한 하나의 체계를 이루도록 한 것이었다. 이에 더하여 제2조에서 풍수의 권위자로 도선(道詵)만을 지목함으로써, 국가에서 지세 해석을 독점하고 사원 건설을 통제할 수 있는 논리를 제공하였다. 신라 말 선승(禪僧)들이 여러 지방세력과 관계를 맺고 있었던 상황을 역전시킨 것이다.

훈요십조에서 제시된 국도풍수의 특징으로는 크게 비보사탑풍수설(裨補寺塔風水說)과 국왕순주설(國王巡駐說)을 들 수 있다. 비보사탑풍수설은 크게 세 가지 층위로 나누어볼 수 있는데, 첫째 좁은 단위의 격국(格局)을 보완하는 것이며, 둘째 험한 산천을 진압한다는 것이다. 이 두 가지가 미시적 차원의 비보라면, 마지막으로 훈요에서 제시된 비보사탑풍수설은 거시적 차원의 비보로서, 국도(國都)를 기준으로 하고 국운과 관련되어 있는 개념이었다. 훈요 제8조에서 차현(車峴) 이남 공주강(公州江) 밖 지역이 배역(背逆)의 지세라고 한 설명은 국도를 기준으로 한 개념에서 비롯한 것이었다. 이는 경주 중심의 질서를 현재의 국도(개경과 서경) 중심으로 재편하는 것이기도 하였다.

한편 훈요 제5조에서는 서경(西京)을 지맥(地脈)의 근본이라 하며 국왕이 이곳에 정기적으로 순주할 것을 규정하였다. 다른 지역보다도 서경이 중시된 것은 이 지역이 고구려를 상징하는 역사적 권위를 갖고 있어서 대외적으로는 이 일대 종족에 대해서, 대내적으로는 지방세력에 대해 고려 왕실의 우위를 점하는 데에 유리한 지점이었기 때문이었다. 국왕순주설은 후대에 지덕(地德)의 쇠왕 등과 관련하여 연기설(延基說) 등 다양한 풍수행위를 낳았다. 그런데 국왕순주설에서 중요한 개념인 지덕이 무엇을 지칭하는지를 점검할 필요가 있었다. 기존에는 지덕(地德)과 지기(地氣)가 동일시되어 풍수적인 의미로만 인식되었으나, 이 글에서 실제 사료에서는 대부분 지덕이라 거론되었고 그 내용도 산천의 영험함을 뜻하는 사례가 많다는 점을 규명하였다. 이러한 논리에서 볼 때 서경 순주는 지맥의 근본으로서 가장 영험한 지덕을 갖고 있는 성소(聖所)에 힘입어 국왕과 나라가 새로운 힘과 성스러움을 얻게 되는 것을 상징하는 것이었다. 이처럼 태조의 유훈을 통해 신라 말 다양한 민간신앙과 풍수설이 도선의 풍수라는 단일한 내용으로 통합되고, '태조(太祖)'라고 하는 정치적 권위를 얻으면서 고려의 국도풍수가 형성될 수 있었다.

이 시기 국왕의 순주를 통해 국도풍수의 실천 양상을 살펴보면, 태조는 서경을 정비하고 이곳에 여러 차례 순주하였으나 삼한통합이 완성되는 18년 무렵까지만 순주하였다. 이는 이곳의 지력을 빌어 삼한통합을 하겠다는 그의 언사와 상통하는 것이었다.

태조 사후 지방세력의 역관계에 따라 서경의 위상은 상당한 부침을 겪었다. 그러나 성종대 후반 거란과 대립하면서 서경 순주가 가지는 의미가 재발견되고, 지맥의 근본인 서경을 순주하며 산천제사(山川祭祀)를 정비하는 등 지방세력의 신앙적 바탕을 통제하였다. 현종대 거란 침입을 거친 후에는 개경과 서경을 재정비하였다. 그 이전까지 존재하지 않았던 개경의 나성(羅城)을 약 20여 년에 걸쳐 건설함으로써 개경을 실질적 수위로 하면서, 서경의 상징적 권위를 유지하는 방향으로 큰 틀이 정해졌다.

이상을 볼 때 신라 말을 거치며 여러 신앙 중 풍수가 산천신앙과 불교를 포섭하여 논리적 체계를 갖추었는데, 이것이 태조에 의해 지방세력들과 불교 교단을 통제할 수 있는 방법으로 주목되었다. 이는 지방세력들이 민간신앙과 불교 등 다양한 장치들을 동원하여 자신들의 세력을 유지하고 있던 시기에 정치적으로는 지방에 대하여 중앙이 통제권을 가지고, 불교 교단을 공적으로 편제하는 등의 목적을 달성하는 데에 유용한 한 수단이 될 수 있었다. 또한 대외적으로는 서경(西京)을 중시하며 중앙 정권의 상징성을 채워나가는 데에 중요한 역할을 할 수 있었다.

2장에서는 정종(靖宗)~무신집권기 고려 국도풍수론이 의례적으로 정비,

구현되었다가 변화하는 모습을 서술하였다. 고려 중기는 이전 시기의 과거제 실시, 지방 제도 정비 등 일련의 제도개혁을 통해 지방에 대한 중앙의 통제가 어느 정도 달성된 시기였다. 그런 속에서 고려 국도풍수는 전기처럼 직접적으로 지방세력과 관련되기 보다는, 태조(太祖)의 현창을 통해 왕권을 수식하고 왕업의 연장을 기원하는 것으로 그 성격이 변화하였다. 정종대에는 연등회, 팔관회 등의 의례를 정비하는 것과 함께, 서경 순주도 '(10월 이전) 서경 순주-10월 서경 팔관회 개최-개경 환어-11월 개경 팔관회 개최'라는 전형을 갖추었다. 이는 국왕의 순주를 의례로 표상한 것으로서, 고구려 수도인 서경에서 벌어진 고려 국왕의 팔관회 친행은 고려가 고구려의 정통을 계승하고 있다는 선언이자 동(東)·서번(西蕃) 등 주변 종족에 대한 고려의 중심적 위치를 구현한 것이었다. 이와 같은 양상은 숙종대까지 유지되었지만, 여진(女眞)이 성장하여 금(金)이 건국되는 등 국제질서가 변화하면서 유지되기 힘들게 되었다.

예종대부터 인종대에는 서경 순주가 팔관회와 무관하게 행해졌다. 이는 금이 건국되며 고려의 자장(磁場)에 포함되어 있던 종족이 이탈하고, 북송과 요(遼)가 멸망하는 등의 대격동 속에서 서경 팔관회가 가지는 상징적 의미 역시 구현될 수 없었기 때문이다. 이처럼 국왕 순주가 가지는 의례적 기능이 유지되지 못하고 국내적으로 왕권의 위기를 경험하면서, 국왕의 순주는 막연한 왕업 연장의 주술적 기원으로 전락하게 되었다. 묘청의 난은 그 극단이었다.

의종대부터 무신집권기는 국도풍수의 주술성을 제어하였던 문신층이 쇠퇴하며 국도풍수의 건전성이 더욱 쇠퇴하였다. 묘청의 난뿐만 아니라 명종대 조위총(趙位寵)의 난 등을 거치며 서경의 위상이 저하되었다. 반면 개경 내외에 이궁을 건설하고 이어(移御)하거나, 개경을 보완하는 삼소궁(三蘇宮)을 건설하는 등 새로운 국도풍수 주장이나 행위들은 더욱 확대되었다. 그러나 실제 국왕의 행동반경은 개경 주변 이내로 제약되었을 뿐 아니라, 국왕의 잦은 이어(移御)는 오히려 개경 본궐(本闕)의 위상을 떨어뜨렸다. 더구나 강도(江都) 천도기에는 행동반경이 강도를 벗어나지 못하고, 이궁(離宮)이나 가궐(假闕)에는 어의(御衣)를 대신 봉안하여 기원하는 방법이 일반화되면서, 이전의 국왕 순주가 가졌던 민정 시찰과 같은 기본적인 요소조차도 구현되지 못하였다.

이러한 상황에서 이 시기 국도풍수는 주술성이 증폭되었다. 이는 오덕종시설(五德終始說)에 따라 수덕(水德)의 시대가 다해간다는 의식, 또한 산천신앙의 측면에서 인격신적으로 인식된 지덕(地德)이 쇠하거나 왕성해진다는 인식 등이 작용하였기 때문이었다. 국도풍수에 포섭되어 있었던 산천신앙적 요소는 이 시기 전통적인 성소가 새로운 풍수적 명당으로 거론되며 계속되었으며 전통적인 형세론적 설명보다 예언적 설명이 더 힘을 얻게 하였다. 당시의 예언에는 왕업을 연장하여 고려를 중심으로 하는 세계를 다시 구현하고 싶어하는 기원이 담겨 있었다. 문종대 건설된 장원정(長源亭), 숙종대 남경(南京) 연흥전(延興殿), 의종대 중흥궐(重興闕) 등의 전각명은 왕업 연장의 희망을, 이를 통해 36국이 조공한다거나 북로(北虜)가 7년 안에 항복할 것이라는 등의 예언은 고려를 중심으로 하는 세계에 대한 기원을 담은 것이었다.

한편 고구려의 수도라는 서경의 의미가 퇴색된 상황에서, 서경은 새로이 단군조선과 기자조선의 중심지라는 의미가 제시되었다. 숙종대 김위제(金謂磾)가 거론한『신지비사(神誌祕詞)』나 기자사(箕子祠)의 설립은 이러한 사고의 원형을 보여준다. 이는 대몽항쟁기를 거치며 역사의식으로 진전되고 아사달, 강도(江都) 내 참성단(塹星壇), 삼랑성(三郎城) 등 단군의 사적을 찾으려는 경향으로 이어지며 강화되었다.

그러나 이 시기에 사회 전체가 이러한 신비적 언설에 매몰되어 있었던 것은 아니었다. 당대 유자(儒者) 관료들은 이러한 국도풍수에 대해 상당한 비판의식을 보여주었다. 이는 북송과 교류하면서 타자의 시선으로 귀신신앙이나 음양구기(陰陽拘忌) 같은 고려의 전통관념이 재평가할 수 있었고,『주역』에 대한 이해의 심화로 비보풍수설의 문제점을 발견할 수 있었기 때문이었다. 또한 한문에 능한 문신층들이 비록(秘錄)의 산정에 대폭 참여함으로써 비록의 지식이 술사들에게 독점되지 않고 문신층들도 이를 인지하고 이에 참여할 수 있었던 바탕이 되기도 하였다. 한편 예종대 도교와 의학의 도입은 자연관의 변화를 추동할 수 있는 힘이 되기도 하였다.

그럼에도 당시의 비판은 정치적, 사상적으로 큰 한계가 있었다. 우선 정치적으로는 태조의 권위를 부정할 수 없었다. 이 시기 태조가 현창되며 국도풍수 역시 한껏 고양된 상황이었기 때문에, 태조라는 상징을 비판할 수 없는 한 국도풍수론에 대한 비판론 역시 본격화되기 어려웠다. 정치적 제약뿐만 아니라 사상적 한계도 분명하였다. 국도풍수 행위를 통해 재변을 제거할 수 없다면 무엇을 통해 재변을 제거할 수 있는가에 대한 답이 있어야 했는데 당시 유신들은 그러한 답을 갖지 못했다. 최자(崔滋)는 삼도부(三都賦)에서, 통치를 위해 신이함이나 주술성이 아니라 국왕의 덕이 중요하다는 것까지는 제시하였으나 그 덕의 성격은 '검소함'이라는 지극히 빈약한 것이었다. 따라서 이 시기에는 국도풍수가 근본적으로 극복될 수 없었다.

3장에서는 원간섭기 이후 고려 말까지 국도풍수 논의와 행위에 대하여 다루었다. 원간섭기에는 표면적으로 천도논의가 행해지지 않았지만, 일부 전통은 지속되면서도 일부에서는 큰 변화가 시작되었다. 이 시기 원(元)의 충격은 여러 부면에 가해졌다.

대몽항쟁기 개경(開京)에서 강도(江都)로 천도한 것은 고려인들이 최초로 경험한 실제 '천도'였다. 이는 이전 시기에 행해지던 국왕의 순주가 천도로 해석될 수 있는 경험이었다. 또한 강도 천도는 몽골과 대치를 상징하는 요소였기 때문에 원간섭기 내내 관련 논의가 표면화될 수 없게 한 직접적인 원인이기도 하였다. 그럼에도 불구하고 충렬왕대에는 삼소지(三蘇地)를 찾는다거나 서경에도 피서지를 찾는다는 명목으로 새로운 길지를 찾아 기업을 연장하려는 소망이 여전한 부분도 있었다. 그러나 서경은 한동안 동녕부로 편제되며 원에 속하면서 예전과 같은 위상을 두긴 힘들었다. 남경의 경우에는 전렵(田獵) 이외에 국왕의 행차 사례가 거의 없고 일부 순주(巡駐)로 파악할 수 있는 행차도 전렵과 결합하는 등 행위 양식에 큰 변화가 생겼다. 기본적으로 국왕이 원과 고려를 왕래하는 생활을 하였다는 점에서 국왕 순주 행위 자체는 이해되거나 실천되기 힘들었으며, 1308년에는 남경과 동경 등이 부(府)로 격하됨으로써 개경을 중심으로 여러 경(京)을 유지하던 체제가 변화되었다.

사상적으로는 성리학을 수용한 유신들은 통치의 기본을 국왕의 수신(修身)에서 찾고 이전 시기의 국도풍수적 행위를 매우 비판적으로 인식하였다. '태조'의 권위 역시 이러한 분위기 속에서 재해석되지 않을 수 없었다. 더구나 국왕이나 관료층이 국도풍수와 민간신앙, 순주 의례 사이의 관련성을 이해하지 못하였다. 즉 원래의 국왕 순주에 대한 지식이 단절되면서, 국왕이 순주를 해야 하는 전통의 의미나 필요성을 납득할 수 없었던 것이다.

국왕 순주 전통이 단절된 데 비해 도선(道詵)에 대한 추앙은 여전하였다. 그에게는 태조의 삼한통합을 가능하게 한 인물이라는 칭송과 함께 봉작(封爵)이 더해지고, 그의 비보사탑풍수설은 개인이 건립한 사찰이나 사적으로 권세가들과 결탁한 불교 교단을 비판하거나 이를 통제하는 논리로서 적극 거론되었다. 이는 고려 말을 거쳐 조선 초까지 계승되었다.

도선의 풍수설은 원속(元俗)에 대비하여 고려라고 하는 지역적 고유성을 지지해주는 한 축이기도 하였다. 이는 고려의 독자성 및 유구함과 깊은 관련을 갖고 있는 단군에 대한 인식과 맞물려 있어서 원의 정치적 압력에서 벗어나는 공민왕대 이후 단군 관련 성소들이 부각되는 바탕이 되었다.

이러한 제반 특징들은 연속성의 측면에서 공민왕대 '반원개혁'을 시도할 때 천도논의가 부활할 수 있는 바탕이 되면서도, 그것이 '순주'가 아닌 '천도'라는 새로운 형태로 거론되고 풍수론의 내용에서도 변화를 보이는 직접적인 원인이었다.

1356년(공민왕 5) 원 제국의 질서로부터 이탈하려는 시도가 행해지던 바로 그때 남경 천도가 시도되었다. 이는 보우(普愚)의 건의와 원의 압력이라는 두 가지 요인이 작용했던 것이었다. 그러나 당시에는 왜구의 침입과 북방의 불안한 정세 등이 겹치며 좌절되었다가 바로 1360년(공민왕 9) 장단(長湍) 백악(白岳)에 신궁(新宮)을 건설하며 이곳으로 순주하였다. 당시 순주에서는 태조와 도선의 풍수에 따라 이곳에 왔음이 천명되었고 관련 내용들이 적극 현창되었다. 그러나 태조대의 정사를 복고적으로 추구하는 공민왕의 방식은 큰 한계를 가지고 있었다. 당시 유신(儒臣)들이 이를 도참(圖讖)으로 일축하며 동의하지 않았을 뿐 아니라 도선의 글 자체에 대해서도 근거가 없다거나 이상하다는 의문이 제기되기 시작하였기 때문이다. 이러한 분위기에서 공민왕대 후반이 되면 천도론이 제기될 때 풍수적 이유보다 방어와 같은 현실적 이유가 먼저 제시되게 되었다.

우왕대에도 비슷한 맥락에서 왜구 침입이나 명과 관계 등 방어적인 문제, 외교적 긴장관계가 천도론의 일차적인 발생 원인이었다. 이를 해결하기 위해 내지(內地)를 상지(相地)하기도 하고 삼소(三蘇)의 자리를 찾거나 한양(漢陽)을 순주하여 대외적인 문제를 해결하고 선왕인 공민왕과 태조의 권위에 의지하고자 하였다. 그러나 이러한 전통적인 방식은 곧바로 반발에 부딪혔다. 북소(北蘇)와 같이 송도의 지덕을 왕성하게 해줄 땅을 찾았다 하더라도 조운(漕運)이 통하지 않는다는 이유로 거부되었던 것이다. 원래 순주는 실제 천도가 아니라 국왕이 일정 기간 머물며 지덕(地德)과 교감하는 것이다. 인종대 이후로는 어의(御衣)를 봉안하는 행위로도 충분하다고 여겼기 때문에 역대로 조운이 문제시된 적이 없었다. 그런데 조운이 문제가 되어 논의가 중단되었다는 것은 순주가 가졌던 원 개념이 제대로 이해되지 않았던 점을 보여준다.

태조의 권위 역시 예전만 하지 못하였다. 그의 권위에 의지하여 천도논의를 벌이면서도 태조진전(太祖眞殿)의 점괘가 바로 부인되거나 태조와 풍수의 관계에 대한 전통적인 글도 비판을 받았다.

이러한 분위기에서 공양왕대(恭讓王代)에는 연복사(演福寺) 공역과 한양 천도를 둘러싸고 군신간에 전면적인 갈등이 빚어지게 되었다. 이 두 가지는 동일 시기 추진되었으며 비보사탑풍수와 국왕순주설에 기반한 국도풍수론과 밀접하게 관련된 것이었다. 그러나 성리학적 세계관에 기반한 유신(儒臣)들은 이를 전면적으로 비판하였다. 그들은 자연의 변화는 이(理)에 따른 것일 뿐이며 재변은 인간의 수덕(修德)을 통해서만 극복할 수 있다는 시각을 보였다. 또한 비보의 방법으로 절과 탑을 사용하는 것도 문제삼아서 풍수와 불교 사이의 관계에 의문을 제기하기도 하였다. 당시 비판론자들은 고려의 태조가 원래 불법과 풍수를 유지하려 한 것이 아니었다고 주장하거나, 그를 진정한 선왕(先王)으로 인정할 수 없다는 과격한 언사까지 펼쳤다. 풍수와 불교, 태조 사이의 공고한 결합이 해체되기에 이른 것이다.

이들의 비판론은 자연의 이(理)에 대한 확고한 신념, 재변은 인간의 수덕을 통해 극복할 수 있다고 하는 등 질적으로 변화한 자연 철학에 기반하였다. 또한 국도풍수가 정치적으로 작용할 수 있게 한 태조에 대해서도 그 권위를 부인하거나 국도풍수와 무관한 존재로 묘사함으로써 태조라는 존재가 가졌던 전통적 권위도 극복할 수 있었다. 이는 고려 중기에 국도풍수론에 대하여 문인층들이 일부분은 비판하였으나 전면적 반박으로 나아가지 못하였던 상황에서 질적으로 변화한 것이었다.

한편 공민왕대 이후로는 삼소(三蘇) 중에서도 좌소(左蘇)를 찾으려는 노력이 강했다. 이는 단군에 대한 심화된 인식을 바탕으로 단군의 사적인 아사달을 찾는 노력과 관련이 깊었다. 원래 서경이나 황해도 구월산처럼 개경 이북에 비정되었던 좌소 아사달은 강도 천도기부터 강도와 개경 이남 지역으로 비정되는 특징을 보인다. 이러한 경향은 공민왕대~우왕대에도 이어져서 장단(長湍) 백악(白岳), 회암(檜岩) 등이 좌소로 추정되며 상지되거나 이궁이 건설되었다. 그러나 우왕 8년 이후로 국왕이 실제 순주한 장소는 한양뿐이었다. 이는 조선 초 한양으로 천도지를 결정하는 데에 큰 영향을 미쳤다.

4장에서는 조선 초 고려 국도풍수 영향력이 한편에서는 여전하였다는 점을 서술함으로써 하나의 사고체계가 쉽게 단절되지 않음을 살펴보고, 그럼에도 정치권력이 단절되고 세계관이 변화하면서 고려 국도풍수의 영향력이 소멸되어가는 과정을 규명하고자 하였다.

조선 건국 후 고려 국도풍수는 크게 세 가지 측면에서 영향을 미쳤다. 첫째 '건목득자(建木得子)' 설을 비롯한 여러 도참들이 조선의 건국을 정당화하는 것으로 이용되었다는 점, 둘째 지맥의 근본에 대한 사고와 단군에 대한 인식, 셋째 비보사사(裨補寺社)가 불교 교단 재편과 밀접하게 관련되어 있었다는 점이다.

조선의 건국세력들은 고려 이래로 유행해온 국도풍수적인 도참들을 조선의 건국을 정당화하기 위해 여러가지 방법으로 견강부회하거나 혹은 비슷한 모티브의 도참을 만들어냈다. 이는 그만큼 고려 국도풍수의 영향력이 강하였음을 반영하는 것이다. 그런데 이는 단군에 대한 인식과도 관련이 깊었다. '조선'이라는 국호 아래 그 수도 한양은 단군신화의 성소로 수식되었다. 한양의 주산인 백악(白岳)은 원래 면악(面岳)으로 불렸는데, 우왕대 무렵부터는 백악(栢岳 혹은 白岳)으로 지칭되었다. 이는 단군의 사적지로서 아사달=백악을 개경 이남 지역에서 찾아오던 고려 말의 경향을 계승하면서도, 우왕 8년 이후 순주경이었던 한양이 결합하여 한양이 백악으로 수식된 것이었다. 또한 고려 시기 지맥의 근본을 의미한 '화악(華岳)'이라는 별칭이 삼각산(三角山)에 붙여지고 이를 읊는 시가 활발히 제진되었다. 농업신의 처소로 알려진 목멱산(木覓山)이라는 이름은 이미 고려 숙종대부터 남산(南山)에 부여되었던 것으로 보여, 결과적으로 한양은 단군의 사적지이면서 지맥의 근본, 농업신의 처소라는 상징적 의미들로 가득찬 장소로 수식되었다. 그런 의미에서 국도풍수 전통은 고려 말-조선 초 성리학자들의 자국 의식 혹은 소중화(小中華)

의식 등을 탐구할 때에 반드시 함께 고려해야 할 부분이다.

국도풍수의 여전한 영향력과 관성에도 불구하고 한양천도가 결정되면서 새로운 흐름 역시 대두되었다. 첫째 고려 국도풍수가 '도참(圖讖)'으로, 그 외 중국의 풍수설들은 '지리(地理)'로 인식되기 시작하였다는 점이며, 둘째 조운이 소통되고 국토 중앙에 입지해야 한다는 원칙이 확고히 자리 잡았다는 점이다. 마지막으로 한양천도가 확정되면서 불교 교단의 중심이 한양으로 옮겨지고, 그 과정에서 개경을 중심으로 편제되었던 비보사사의 체계가 해체되었다는 점이다.

기존 연구들에서는 한양천도를 계기로 풍수설이 패퇴되었다고 보거나, 이를 계기로 형법(形法)풍수 혹은 자생풍수인 고려풍수와는 다른, 이법(理法)풍수 혹은 중국풍수인 조선풍수가 성립되었다고 보았다. 그러나 실제 이 시기 논의를 보면 고려풍수 중에서도 국도풍수만이 도참(圖讖)으로 규정되고, 형법과 이법을 아우른 중국의 풍수설이 지리로 인식되었다. 즉, 전체 풍수설 중 고려의 국도풍수만이 쇠퇴하는 과정이었으며 형법과 이법을 아우른 이론풍수가 '지리'로 인식되었던 것이다. 그러나 국도풍수건 지리설이건 간에 근본적으로는 조운이 소통되고 국토의 중앙에 입지해야 한다는 조건을 충족시키지 못한다면 수도가 될 수 없었다는 점에서 천도의 근본 원칙이 확인되었다.

한편 1405년(태종 5) 한양으로 천도가 확정적으로 단행되면서 불교 교단의 재편도 본격화되었다. 원래 전국에 존속시킬 사찰의 기준은 『도선밀기(道詵密記)』와 외방답산기(外方踏山記) 등에 수록된 비보사찰로서, 이를 행정구역에 따라 일정 액수씩만 남긴다는 것이었다. 이는 원간섭기 이래 교단 재편 방법으로 주목되었던 비보사사에 대한 인식의 연장선상이었다. 그런데 한양으로 천도하면서 개경의 비보사사에 있던 토지와 노비 등이 한양으로 이속되었으며, 이 과정에서 여러 의례(儀禮)가 신도(新都)인 한양의 비보에는 도움이 되지 않는다는 이유로 폐지되었다. 이는 '국도(國都)인 개경(開京)을 비보하는 사찰'이라는 비보사찰의 관념이 깨지는 중대한 계기였다. 또한 일련의 정비 과정 속에서 원래 비보사사를 기준으로 존속시키고자 하였던 외방 소재 사찰들의 존속 기준도 산수가 훌륭한 곳에 있는 대가람이라는 새로운 기준으로 바뀌었다. 이는 개경을 비보하며 고려의 전국적인 행정 단위와 조응하며 체계를 유지하고 있는 비보사사의 틀 자체가 깨진 것이었다.

이후 『장일통요(葬日通要)』의 편찬과 같이 장례에 관한 음양구기(陰陽拘忌)를 청산하는 과정에서 본격적으로 제반의 도참서들이 금지되고 소각되었다. 이를 통해 고려 국도풍수가 이론적으로 근거할 수 있는 기반이 상실되었다.

그에 비해 지리학 분야는 태종대부터 과거제를 정비하고 세종대 여러 풍수 논쟁을 거치면서 지리서를 수입, 정비하면서 큰 변화를 가지게 된다. 『경국대전(經國大典)』에 최종적으로 정리된 지리학의 시험 도서를 보면, 첫째 형법풍수의 대표자인 양균송(楊筠松)의 영향이 크고 둘째 송(宋) 채성우(蔡成禹)의 책이 많다는 특징을 가진다. 전자의 측면에서 볼 때 과거 고시 도서로서 양균송의 도서를 많이 사용할 뿐만 아니라 『청오경(靑烏經)』 같은 기본 풍수서의 주석도 중국과 달리 양균송의 주석본을 사용하였는데, 이는 조선에서도 여전히 그의 풍수론이 강한 영향력을 가졌음을 보여주는 것이다. 후자의 측면에서 볼 때 채성우는 조선 초 채원정(蔡元定)의 아버지인 채발(蔡發)로 인식되었다는 점이 주목된다. 채원정은 주희(朱熹)의 절친한 친구로서, 사실상 주희의 풍수관은 채원정과 그의 아버지인 채발의 의견에 상당히 의지하고 있다는 점에서 채성우에 대한 중시는 주희의 풍수관에 대한 중시를 의미한다.

이 시기 선정된 도서들을 보면 자연의 이(理)에 대한 서술과 관심, 인간의 수덕(修德)에 대한 강조를 볼 수 있으며, 당대의 풍속을 변화시키고자 하는 의지가 강하다는 점을 볼 수 있다. 이는 조선 초 성리학을 설파하며 문화를 개혁하고자 하는 의지가 높았던 유신(儒臣)들의 세계관에 부합할 수 있었다.

이처럼 고려 중기 이래 신비적 성격이 강화되었던 고려의 국도풍수는 조선 초 도참으로 규정되며 퇴색하였다. 그러나 고려의 풍수 전체가 쇠퇴한 것이 아니라 성리학적 철학 체계에서 새로운 자연관으로 재편된 것이었다. 그 속에서 고려의 지역적 독자성을 지지하고 단군의 사적을 발굴해내었던 국도풍수의 사고는, 문명의 보편질서를 따르면서도 지역적 독자성을 가진다는, 조선의 독특한 문화의식 속에 살아남았다.

성리학적 철학체계 속에 자리잡은 풍수는 이제 새로운 사회적 문제를 양산하기 시작하였다. 부자(父子)간 동기(同氣) 감응, 효(孝) 윤리의 강조 속에서 문중(門中) 조직이 발달하며 음택풍수(陰宅風水)가 번성하기 시작하였다. 이는 투장(偸葬), 암장(暗葬) 등 다양한 문제로 번져 산송(山訟)이 빈발하는 등 사회적 문제를 낳았다. 또한 조선 후기에는 『정감록(鄭鑑錄)』 같은 풍수도참서들이 유행하면서, 한양이나 계룡산 천도 같은 내용을 원용하며 새로운 시대에 대한 예언으로 크게 유행하였다. 그러나 이들은 고려의 국도풍수와는 또 다른 성격을 가진 조선풍수의 새로운 문제였다.

참고문헌

윤도

1) 사료

『高麗史』

『高麗史節要』

『太祖實錄』

『太宗實錄』

『世宗實錄』

『新增東國輿地勝覽』

『東文選』

『東國李相國集』

『拙稿千百』

『牧隱詩藁』

『陽村集』

『入學圖說』

『三峰集』

『補閑集』

『破閑集』

『筆苑雜記』

『雙梅堂先生篋藏文集』

『東人之文四六』

『柳巷先生詩集』

『動安居士集』

『及菴先生詩』

『宣化奉事高麗圖經』

『益齋集』

『帝王韻紀』

『三國遺事』

『三國史記』

『書經』
『漢書』
『史記』
『宋史』
『舊唐書』
한국고대사연구회 편, 1992『역주 한국고대금석문』Ⅲ

2) 저서 및 학위논문

C. E 메리엄 저/ 신복룡 역, 2006『정치권력론』, 선인.
가노우 요시미츠 저/동의과학연구소 역,『몸으로 본 중국사상』, 소나무.
강옥엽, 1997「고려 전기 서경세력의 연구」, 이화여자대학교 박사학위논문.
고지마 쓰요시 저/신형승 역, 2004『송학의 형성과 전개』, 논형.
溝口雄三 등편/김석근 등역, 2003『中國思想文化事典』, 민족문화문고.
권선정, 2003「풍수의 사회적 구성에 기초한 경관 및 장소 해석」, 한국교원대학교 박사학위논문.
金子修一, 2001『古代中國と皇帝祭祀』, 汲古選書.
金子修一, 2006『中国古代皇帝祭祀の研究』, 岩波書店.
김두규, 2001『호순신의 지리신법』, 장락.
김두규, 2002『명산론』, 비봉출판사.
김상범, 2005『당대 국가권력과 민간신앙』, 신서원.
김열규, 1977『한국신화와 무속연구』, 일조각.
김용선, 2006『고려묘지명집성』, 한림대학교 출판부.
김인호, 1999『고려후기 사대부의 경세론 연구』, 혜안.
김정권, 2006「고려중기 維新政治 연구」, 서강대학교 박사학위논문.
김창현, 2002『고려 개경의 구조와 그 이념』, 신서원.
김창현, 2006『고려의 남경, 한양』, 신서원.
김혜정, 2008『중국고전의 풍수지리사상』, 한국학술정보.

김혜정, 2008『풍수지리학의 천문사상』, 한국학술정보.

김홍남, 2009『중국한국미술사』, 학고재.

나희라, 2003『신라의 국가제사』, 경인문화사.

노명호, 1988「高麗社會의 兩側的 親屬組織 硏究」, 서울대학교 국사학과 박사학위논문.

노명호, 2009『고려국가와 집단의식』, 서울대학교 출판문화원.

데이비드 이스턴 저/이용필 역, 1988『정치생활의 체계분석』, 법문사.

渡邊欣雄, 1990『風水思想と東アジア』, 人文書院.

도현철, 1999『고려말 사대부의 정치사상연구』, 일조각.

막스 베버 저/박성환 역, 1997『경제와 사회』1, 문학과지성사.

문경현, 1987『고려태조의 후삼국통일연구』, 형설출판사.

문철영, 2005『고려 유학사상의 새로운 모색』, 경세원.

박종기, 1990『고려시대 부곡제연구』, 서울대학교 출판부.

박종기, 2002『지배와 자율의 공간, 고려의 지방사회』, 푸른역사.

박호원, 1997「韓國 共同體 信仰의 歷史的 硏究」, 한국정신문화연구원 박사학위논문.

변태섭, 1971『고려정치체도사연구』, 일조각.

西島定生, 1961『中國古代帝國の形成と秩序』, 東京大學出版會.

서영대, 1991「韓國古代 神觀念의 社會的 意味」, 서울대학교 국사학과 박사학위논문.

성동환, 1999「나말여초 선종계열 사찰의 입지연구: 九山禪門의 풍수적 해석」, 대구효성카톨릭대박사학위논문.

小野澤精 등편/전경진 역, 1987『氣의 思想-중국에 있어서의 자연관과 인간관의 전개』, 원광대학교 출판국.

아모스 라포포트 저/이규목 역, 1985『주거형태와 문화』, 열화당.

안병우, 2002『고려 전기의 재정구조』, 서울대학교 출판부.

안지원, 1999「高麗時代 國家佛教儀禮 硏究 : 燃燈·八關會와 帝釋道場을 중심으로」, 서울대학교 국사학과 박사학위논문.

양계초, 풍우란 외 지음/김홍경 편역, 1993『음양오행설의 연구』, 신지서원.

애브너 코헨 저/윤승용 역, 1982『이차원적 인간』, 한벗.

엘리아데 저/심재중 역, 2003『영원회귀의 신화』, 이학사.

엘리아데 저/이은봉 역, 1996『종교형태론』, 한길사.

禹成勳, 2006「高麗の都城開京に關する都市史的硏究」, 東京大學大學院 博士學位論文.

宇野哲人 지음/손영식 옮김, 2005『송대 성리학사』2, 울산대학교 출판부.

王其亨 等著, 2005『風水理論硏究』, 天津大學出版社.

王玉德著, 2003『神秘的風水』, 廣西人民出版社.

윤이흠 외, 2002『고려시대의 종교문화 - 그 역사적 상황과 복합성』, 서울대학교 출판부.

윤이흠 외, 2006『단군, 그 이해와 자료』, 서울대학교 출판부.

이극찬, 1994『정치학』, 법문사.

이몽일, 1991『한국풍수사상사연구』, 일일사.

이범직, 1997『한국중세예사상연구』, 일조각.

이병도, 1980『(개정판) 高麗時代의 硏究: 特히 圖讖思想의 發展을 中心으로』, 아세아문화사.

이석명, 2004『회남자-한대 지식의 집대성』, 사계절.

이원교, 1993「전통건축의 배치에 대한 지리체계적 해석에 관한 연구」, 서울대학교 건축학과 박사학위논문.

이익주, 1996「高麗·元關係의 構造와 高麗後期 政治體制」, 서울대학교 국사학과 박사학위논문.

이화, 2005『조선조 풍수신앙연구: 유교와의 상호관계를 중심으로』, 한국학술정보.

蔣秋華, 1986『宋人洪範學』, 國立臺灣大學 文學院.

정수아, 1999「高麗中期 改革政治와 北宋新法의 受容」, 서강대학교 박사학위논문.

정요근, 2008「高麗·朝鮮初의 驛路網과 驛制 연구」, 서울대학교 국사학과 박사학위논문.

정은정, 2009「고려시대 開京의 도시변화와 京畿制의 추이」, 부산대학교 박사학위논문.

정학수, 2008「高麗前期 京畿制 硏究」, 건국대학교 박사학위논문.

제임스 탈리 엮음/유종선 옮김, 1999『의미와 콘텍스트-퀜틴 스키너의 정치사상사 방법론과 비판』, 아르케.

조선미, 1984『한국의 초상화』, 열화당.

조재모, 2003「조선시대 궁궐의 의례운영과 건축형식」, 서울대학교 건축학과 박사학위논문.

지두환, 1994『조선전기 의례연구』, 서울대학교 출판부.

채웅석, 2000『고려시대의 국가와 지방사회』, 서울대학교 출판부.

村山智順, 1931『朝鮮の風水』, 朝鮮總督府(최길성 역, 1990『朝鮮의風水』, 민음사).

최길성, 1987『한국인의 조상숭배』, 예진사.

최화선, 2005「고대 후기 그리스도교 순례에 관한 연구 : 4~6세기를 중심으로」, 서울대학교 종교학과 박사학위논문.

최원석, 2004『한국의 풍수와 비보: 영남지방 비보경관의 양상과 특성』, 민속원.

최창조, 1984『한국의 풍수사상』, 민음사.

최창조, 1995『(역주) 청오경 금낭경』, 민음사.

최창조, 1997『한국의 자생풍수』, 민음사.

최혜숙, 2004『고려시대 남경연구』, 경인문화사.

캐서린 벨 저/류성민 역, 2007『의례의 이해』, 한신대학교 출판부.

하워드 웨슬러 저/임대희 역, 2005『비단같고 주옥같은 정치』, 고즈윈.

하현강, 1988『한국중세사연구』, 일조각.

한영우, 1983『(개정판) 정도전사상의 연구』, 서울대학교 출판부.

한영우, 1983『조선전기 사회경제연구』, 을유문화사.

한우근, 1993『유교정치와 불교』, 일조각.

한국도교사상연구회 편, 1989『도교사상의 한국적 전개』, 아세아문화사.

허흥식, 1984『고려과거제도사연구』, 일조각.

허흥식, 1990『고려불교사연구』, 일조각.

홍순민, 1999『우리 궁궐 이야기』, 청년사.

3) 연구논문

강명구 · 박상훈, 1997「정치적 상징과 담론의 정치」『한국사회학』 31.

강문식, 1999「『입학도설』의 편찬 목적과 특징」『규장각』 22.

강호선, 2001「원간섭기 천태종단의 변화」『보조사상』 16.

권순형, 1990「고려중기 남경에 대한 일고찰: 문종-인종대를 중심으로」『향토서울』 49.

今西龍, 1912「新羅僧道詵に就っきて」『동양학보』 제2권 제2호.

今西龍, 1918「高麗太祖訓要十條に就きて」『東洋學報』 제8권 제3호.

김갑동, 1986「'고려초'의 주에 대한 고찰」『고려사의 제문제』, 삼영사.

김갑동, 2002「나말여초 천안부의 성립」『한국사연구』 117.

김광수, 1988「고려조의 고구려계승의식과 고조선인식」『역사교육』 43.

김기덕, 2004「고려시대 개경과 서경의 풍수지리와 천도론」『한국사연구』 127.

김당택, 2001「고려 仁宗朝의 西京遷都, 稱帝建元, 金國征伐論과 김부식의 『삼국사기』 편찬」『역사학보』 170.

김동욱, 1998「조선초기 창건 경복궁의 공간구성」『건축역사연구』 15.

김상현, 1991「화랑에 관한 제명칭의 검토」『신라문화제학술발표회논문집』 12.

김성윤, 1999「백호 윤휴의 홍범관 연구」『역사와현실』 34.

김성준, 1979「십훈요와 고려태조의 정치사상」『한국사상대계』 3, 성균관대학교 대동문화연구원.

김성환, 2004「4세기 동아시아 질서의 재편과 한국사상의 전환」『동양철학』 22.

김승혜, 1987「동문선 초례 청사에 대한 종교학적 고찰」『도교와 한국사상』.

김용천, 2002「전한시대 군국묘 폐지 논의」『동국사학』 37.

김용천, 2006「前漢 元帝期 韋玄成의 宗廟制論」『동양사학연구』 95.

김인호, 1993「이규보의 현실이해와 정치경제 개선론」『학림』 15.

김인호, 2002「고려의 元律 수용과 高麗律의 변화」『한국사론』 33, 국사편찬위원회.

김인호, 2003「원간섭기 이상적 인간형의 역사상 추구와 형태」『역사와현실』 49.

김창현, 2005「고려 초기 정국과 서경」『사학연구』 80.

김창현, 2005「고려시대 평양의 동명 숭배와 민간신앙」『역사학보』 188.

김창현, 2007「고려 서경의 행정체계와 도시구조」『한국사연구』137.

김철웅, 1995「고려중기 도교의 성행과 그 성격」『사학지』28.

김철웅, 2005「고려시대 태묘와 원묘의 운영」『국사관논총』106.

김철준, 1969「韓國古代政治의 性格과 中世政治思想의 成立過程」『동방학지』10.

나각순, 1993「高麗時代 楊州地方의 變遷과 그 官人의 任用形態」『향토서울』53.

나각순, 1997「고려시대 남경의 도시시설」『성대사림』12 · 13.

나각순, 2002「高麗末 南京復置와 漢陽遷都」『강원사학』17 · 18.

남동신, 2000「북한산 僧伽大師像과 僧伽信仰」『서울학연구』14.

남동신, 2005「나말려초 국왕과 불교의 관계」『역사와현실』56.

남동신, 2006「목은 이색과 불교 승려의 시문 교유」『역사와현실』62.

노명호, 1986「고려초기 왕실출신의 '향리'세력-여초 친속들의 정치세력화 양태-」『고려사의 제문제』, 박영사.

노명호, 1987「이자겸일파와 한안인일파의 족당세력」『한국사론』17.

노명호, 1997「東明王篇과 李奎報의 多元的 天下觀」『진단학보』83.

노명호, 1999「고려시대의 다원적 천하관과 해동천자」『한국사연구』105.

노명호, 2004「고려태조 왕건 동상의 유전과 문화적 배경」『한국사론』50.

민현구, 1987「민지와 이제현」『두계이병도박사구순기념한국사학논총』.

박성봉, 1986「고려인종조의 양란과 귀족사회의 추이」『고려사의 제문제』, 박영사.

박종기, 1993「예종대 정치개혁과 정치세력의 변동」『역사와현실』9.

박종기, 2003「고려시대 남경지역의 개발과 경기제」『연구논문집』1, 서울역사박물관.

박희병, 1998「이규보의 도가사상」『국문학과 도교』, 태학사.

변동명, 1991「정가신과 민지의 사서편찬활동과 그 경향」『역사학보』130.

山内弘一, 1981「北宋の國家と玉皇-新禮恭謝天地を中心に」『東方學』62.

山内弘一, 1985「北宋時代の神御殿と景靈宮」『東方學』70.

서성호, 1993「숙종대 정국의 추이와 정치세력」『역사와현실』9.

서영대, 1985「『삼국사기』와 원시종교」『역사학보』105.

서영대, 2001「한국과 중국의 성황신앙비교」『중국사연구』12.

손태도, 2000「광대집단에 대한 연구-경기 이남의 화랑, 무부, 광대의 관계」『판소리

연구』 11.

송봉호, 2003「전통신앙과 불교의 대립에 관한 연구」,『한국무속학』 7.

송춘영, 1985「고려시대의 서경학교」『대구사학』 28.

신호철, 2003「고려 태조의 후백제 유민정책과 '훈요 제8조'」『이화사학연구』 30.

오석민, 2003「여말선초 풍수설의 변화와 특징」『건축역사연구』 34.

오석민, 2007「풍수지리 고서의 분류와 해제」『풍수지리문화의 이해』, 형지사.

奧村周司, 1979「高麗における八関会的秩序と国際環境」『朝鮮史研究会論文集』 16.

윤경진, 2008「『高麗史』 지리지 '대경기' 기사의 비판적 검토」『역사와현실』 69.

윤선태, 2002「신라 중고기의 村과 徒」『한국고대사연구』 25.

윤홍기, 1994「풍수지리설의 본질과 기원 및 그 자연관」『한국사시민강좌』 14.

이강근, 1983「경복궁에 관한 건축사적 연구」 한국정신문화연구원 석사학위논문.

이강한, 2008「고려 충선왕의 국정 및 '舊制' 복원」『진단학보』 105.

二宮啓任, 1960「高麗朝の恒例法會」『朝鮮學報』 15.

이근화, 1987「고려 성종대의 서경경영과 통치조직」『한국사연구』 58.

이기백, 1975「신라 오악의 성립과 그 의의」『신라정치사회사연구』, 일조각.

이만, 1985「담선법회에 관한 연구」『한국불교학』 10.

이병도, 1955「阿斯達과 朝鮮」『논문집』, 서울대학교.

이익주, 1995「공민왕대 개혁의 추이와 신흥유신의 성장」『역사와현실』 15.

이익주, 2003「14세기 유학자의 현실인식과 성리학 수용과정의 연구-민지의 사례를 중심으로-」『역사와현실』 49.

이익주, 2003「고려후기 단군신화 기록의 시대적 배경」『문명연지』 4.

이익주, 2005「고려시대 남경 연구의 현황과 과제」『도시역사문화』 3.

이익주, 2006「공민왕대의 개혁정치와 한양천도론」『향토서울』 68.

이재범, 1989「최씨정권의 성립과 산천비보도감」『성대사림』 5.

이재범, 1997「고려 태조의 훈요십조에 대한 재검토-제8조를 중심으로」『성대사림』 12·13합집.

이정주, 2003「공양왕대 정국동향과 척불운동의 성격」『한국사연구』 120.

이종봉, 2003「나말여초 양주의 동향과 김인훈」,『지역과 역사』 13.

이창국, 2001「원간섭기 민지의 현실인식」『민족문화논총』24.

이태진, 1972「예천 개심사 석탑기의 분석」『진단학보』53.

이태진, 1977「김치양난의 성격–고려초 서경세력의 정치적 추이와 관련하여」『한국사연구』17.

이태진, 1994「한양천도와 풍수설의 패퇴」『한국사시민강좌』14.

이혜옥, 1982「고려초기 서경세력에 대한 일고찰」『한국학보』8.

임동권, 1989「산신고」『한국민속문화론』, 집문당.

장동익, 1999「신자료를 통해 본 충선왕의 재원활동」『역사교육논집』23、24집.

장성규, 2009「청오경의 문헌적 연구」『건축역사연구』63.

장지연, 1999「여말선초 천도논의와 한양 및 개경의 도성계획」, 서울대학교 국사학과 석사학위논문.

장지연, 2000「개경과 한양의 도성구성 비교」『서울학연구』15.

장지연, 2000「여말선초 천도논의에 대하여」『한국사론』43.

장지연, 2006「고려후기 개경 궁궐 건설 및 운용방식」『역사와현실』60.

장지연, 2007「태조대 景福宮 殿閣名에 담긴 의미와 사상적 지향」『한국문화』39.

赤塚忠 등 저/조성을 역, 1987『중국사상개론』, 이론과실천.

정구복, 1981「이제현의 역사의식」『진단학보』51.

정요근, 2006「고려중·후기 '臨津渡路'의 浮上과 그 영향」『역사와현실』59.

조성호 · 성동환, 2000「신라말 구산선문 사찰의 입지 연구」『한국지역지리학회지』제6권 제3호.

진영일, 1986「고려전기 災異사상에 관한 일고–군왕의 성격과 관련하여」『고려사의 제문제』, 박영사.

채웅석, 1986「고려전기 사회구조와 본관제」『고려사의 제문제』, 삼영사.

채웅석, 1993「의종대 정국의 추이와 정치운영」『역사와현실』9.

채웅석, 1994「고려 중기 사회변화와 정치동향」『한국사』5, 한길사.

최병헌, 1972「신라하대 선종구산파의 성립–최치원의 사산비명을 중심으로」『한국사연구』7.

최병헌, 1975「나말여초 선종의 사회적 성격」『사학연구』25.

최병헌, 1975「도선의 생애와 나말여초의 풍수지리설」『한국사연구』11.
최병헌, 1978「고려시대의 五行的 역사관」『한국학보』13.
최병헌, 1980「고려중기 현화사의 창건과 법상종의 융성」『한우근박사정년기념사학논총』.
최병헌, 1983「고려중기 이자현의 선과 거사불교의 성격」『김철준박사화갑기념논총』.
최병헌, 1986「대각국사 의천의 천태종 창립 동기」『박재규학장정년기념논문집』.
최병헌, 1988「고려건국과 풍수지리설」『한국사론』18, 국사편찬위원회.
최병헌, 1990「고려시대 화엄종단의 전개과정과 그 역사적 성격」『한국사론』20, 국사편찬위원회.
최병헌, 1991「의천의 渡宋활동과 高麗, 宋의 불교 교류」『진단학보』71 · 72 합집.
최병헌, 2000「문학 · 사학 · 철학 통합의 방법과 사학연구(上)－김부식의 사학과 인문학 전통의 재인식－」『인문논총』43.
최병헌, 2002「도선의 풍수지리설과 고려의 건국이념」『한국의 풍수문화』, 박이정.
최연식, 1993「대각국사비의 건립과정에 대한 새로운 고찰」『한국사연구』83.
최연식, 1995「고려말 정치상황과 신흥유신 공민왕의 정치적 지향과 정치운영」『역사와현실』15.
최연식, 2004「佛教思想과 사회운영원리의 상관성에 대한 試論」『보조사상』21.
하현강, 1967「고려서경고」『역사학보』35 · 36합집.
하현강, 1970「고려 서경의 행정구조」『한국사연구』5.
한정수, 2005「고려시대 君主觀의 二元的 이해와 정치적 상징」『국사관논총』106.
홍승기, 1994「고려초기 정치와 풍수지리」『한국사시민강좌』14, 일조각.

찾아보기

ㄱ

ㅂ

ㅅ

ㅇ

ㅈ

ㅌ

ㅍ

ㅎ

역사문화연구총서 18

고려·조선 국도풍수론과 정치이념

초판 1쇄 발행 2015년 6월 30일

지은이 장지연
펴낸이 김정일
펴낸곳 신구문화사
디자인 은디자인

등 록 1968. 6. 10. 제1-205호
주 소 경기도 성남시 중원구 광명로 395번길 1
전 화 031-741-3055~6
팩 스 031-741-3054
이메일 shingupub@naver.com
홈페이지 www.shingubook.com

ISBN 978-89-7668-211-6 93910
값 25,000원